U0803310

平远年鉴

PINGYUAN YEARBOOK

2018

（总第27卷）

平远年鉴编纂委员会 编

方志出版社

图书在版编目（CIP）数据

平远年鉴. 2018 / 平远年鉴编纂委员会编. —北京：方志出版社，2018.9
ISBN 978-7-5144-3287-9

Ⅰ. ①平… Ⅱ. ①平… Ⅲ. ①平远县—2018—年鉴 Ⅳ. ①Z526.54

中国版本图书馆CIP数据核字（2018）第219714号

平远年鉴（2018）

编　　者：平远年鉴编纂委员会
责任编辑：罗　滔

出 版 人：冀祥德
出 版 者：方志出版社
地址　北京市朝阳区潘家园东里9号（国家方志馆4层）
邮编　100021
网址　http://www.fzph.org
发　　行：方志出版社图书经销中心
电话（010）67110500
经　　销：各地新华书店
印　　刷：梅州市强鑫印务有限公司

开　　本：787×1092　1/16
印　　张：25.5　插页：36
字　　数：522千字
版　　次：2018年9月第1版　2018年9月第1次印刷
印　　数：0001～1500册

ISBN 978-7-5144-3287-9　定价：200.00元

·版权所有　翻印必究·

平远县人民政府地方志办公室　广东省地图院　合编

审图号：粤S(2017)08-020号

致读者

《平远年鉴》是综合记载平远县自然、经济、政治、社会各方面资料的年度性工具书，具有很强的实用性。一方面，它为各方人士了解和研究平远县历史，为平远县招商引资、对外文化交流等提供丰富的信息资料；另一方面，为各级领导进行科学决策、发展经济提供翔实的资料依据。由于年鉴纸质本印数较少，传播渠道相对狭窄，信息利用率偏低，有悖于年鉴编写出版的初衷，故平远县人民政府地方志办公室从2007年起，与清华大学中国学术期刊（光盘版）电子杂志社合作，将《平远年鉴》各年版本均编入电子期刊《中国知识资源总库》的《中国年鉴全文数据库》（China Yearbook FuII-text Database简称CYFD）中，以互联网的形式传播，并与《中国知识资源总库》中其他数据内容关联整合，向公众提供全文搜索、浏览、下载服务。这将为《平远年鉴》信息传播打开广阔的空间，充分发挥其“存史、资治、教化”的功能。

CYFD网站：http://www.cnki.net

编辑说明

一、《平远年鉴(2018)》为总第27卷，以马克思列宁主义、毛泽东思想、邓小平理论、“三个代表”重要思想、科学发展观、习近平新时代中国特色社会主义思想为指导，贯彻落实习近平总书记系列重要讲话精神和治国理政新理念新思想新战略，坚持辩证唯物主义和历史唯物主义的立场、观点和方法，主要记载2017年平远县经济社会发展和精神文明建设等方面的情况，供有关单位和各界人士了解和研究平远时参考使用，既是为平远经济建设和社会各项事业发展服务，亦为下轮编修县志积累资料。

二、该年鉴采用述、记、录、图、表等体裁，图文结合，以文为主。该年鉴正文采用分类编辑法，以类目、分目、条目组成主体，条目为基本形式，其标题以黑体字加“【 】”表示。不同层次的标题，以不同的字体、字号和版式加以区别。正文设特载、大事记、县情概览、中共平远县委员会、平远县人民代表大会常务委员会、平远县人民政府、政协平远县委员会、中共平远县纪律检查委员会、社会团体、法治、军事、农业·水利·气象、工业、信息产业、公路与汽车运输、商业·贸易、旅游开发、财税·金融·保险、城建·市政管理、综合经济管理、行政管理、教育·科技、社会科学、文化·传媒、卫生·计划生育·体育、各镇概况、光荣榜、文献法规选编、附录等类目。全书约522千字，彩页36版。

三、该年鉴资料来源，由各镇、县直各单位（部门）及省、市属驻平远单位提供年度工作总结、有关资料及年鉴专稿（凡提供专稿的单位，均在稿末注明撰稿人姓名），由年鉴编辑部人员分工编纂，主编负责总纂，修改后形成征求意见稿，反馈给各单位修改、补充，年鉴编辑部汇总修改后，打印成本，进行集中评议后，形成第二次征求意见稿，交由年鉴编纂委员会委员修改和补充，最后由年鉴编纂委员会主要负责人审查定稿。

四、数字、标点运用等，一律按国家的有关规定执行。计量单位，除个别便于表述和为世人所理解使用市制(如“亩”)外，其余均使用法定计量单位。所用统计数据来自平远县统计局和有关单位确定上报的数字。所用照片除署名者外，均为该编辑部或各有关单位提供。

五、为促进各部门工作及保存人事资料的需要，该年鉴继续收录局级以上单位正、副职及副局级单位正职负责人名录和各镇党委、人大、政府领导名录。具体名单由县直各单位及各镇上报。

六、该年鉴特设有“重要任职”“领导关怀”“大事剪影”等系列彩页。为反映全县重大活动和各行各业新貌，部分彩页照片年限可延至2018年。

平远年鉴编纂委员会

顾　　问　宋才华

主　　任　杨　栋

副 主 任　刘兰娇

委　　员　（以姓氏笔画为序）

王志平　刘　胜　刘梅峰　杨旭辉　肖洪海

肖维江　吴远平　陈东英　林志红　林敦清

姚　涌　姚爱军　黄新生　韩园德　温义军

平远年鉴编辑部

主　　编　韩园德

副 主 编　林绪远

责任编辑　林绪远　刘莹子　吴奕珊　刘　岳　赖荣烽

特约编辑　张文坚

编　　务　赖荣烽

数字平远·2017

◆土地面积1381平方千米

◆年末常住人口23.5万人

◆年末户籍总人口26.66万人

◆地区生产总值80.09亿元

◆第一产业增加值11.4亿元

◆第二产业增加值25.5亿元

◆第三产业增加值43.18亿元

◆人均地区生产总值3.4万元

◆农林牧渔业增加值11.41亿元

◆工业增加值22.41亿元

◆规模以上工业增加值12.82亿元

◆固定资产投资55.05亿元

◆社会消费品零售总额27.57亿元

◆出口总额2.99亿美元

◆进口总额 299万美元

◆实际利用外资287万美元

◆地方财政一般预算收入8.14亿元

◆地方财政一般预算支出 23.86 亿元

◆国家税收收入4.95 亿元

◆地方税收收入7亿元

◆城乡居民人民币存款余额84.82亿元

◆城镇居民人均可支配收入2.24万元

◆农村居民人均可支配收入1.52万元

◆卫生机构床位640张

杨栋同志任平远县人民政府县长

2018年1月12日，平远县第十五届人民代表大会第三次会议，选举杨栋同志为平远县人民政府县长。

杨栋同志主要简历

杨栋，男，梅江区人，汉族，1975年4月出生，1997年9月参加工作，2000年6月加入中国共产党，在职研究生学历，公共管理硕士、农业推广硕士，现任中共平远县委副书记，县人民政府党组书记、县长。

1993年9月至1997年7月在暨南大学化学系食品科学与工程专业大学学习毕业，获工学学士学位；1997年9月梅州市人民检察院干部；1998年7月任梅州市人民检察院书记员；2000年1月任梅州市人民检察院助检员；2002年11月任梅州市人民检察院办公室副主任；2003年3月任梅州市人民检察院检察员、办公室副主任；2003年12月任共青团梅州市委副书记（其间：2001年9月至2004年7月在北京大学法学院法学专业大学学习毕业，获法学学士学位；2005年6月至2007年5月挂任大埔县委常委、银江镇党委书记、人大主席）；2007年12月任共青团梅州市委书记、党组书记；2010年2月任梅州市委副秘书长（正处级）（其间：2010年3月至2011年1月在新加坡南洋理工大学公共管理专业研究生班脱产学习毕业，获公共管理硕士学位；2011年2月挂任广州市（梅州）产业转移工业园管委会副主任、市招商局副局长；2009年4月至2011年6月在华南农业大学经济管理学院学习取得农业推广硕士学位）；2012年2月任梅州市外事侨务局局长、党组书记；2017年12月任中共平远县委副书记，县人民政府党组书记、县长候选人；2018年1月3日任中共平远县委副书记、县人民政府党组书记、副县长、代理县长；2018年1月12日任中共平远县委副书记，县人民政府党组书记、县长。

领导关怀

2017年2月14日，市委书记谭君铁（左一）到平远县石正镇调研梅片树产业发展情况

2017年6月14日，梅州市市长方利旭（右一）到平远县调研

2017年4月20日，省农业厅厅长郑伟仪（左三）率省联合督查组到平远督查产业共建、精准扶贫、重点项目建设等情况

2017年4月11日，省旅游局局长曾颖如（右一）一行到平远调研全域旅游示范县工作

大事剪影

2017年3月14日，平远县创建省级卫生县城总结表彰暨创建“国家卫生县城”和“广东省县级文明城市”动员部署会议在县迎宾馆召开。图为“广东省卫生县城”授牌仪式 （朱双玲 供）

2017年3月25日，2017“天之草”平远足球联赛在平远县实验中学足球场开踢。梅州市体育局、梅州市教育局和平远县政府、县政协领导，以及省足球协会副秘书长席兵出席开幕式 （朱双玲 供）

2017年3月30日，平远县举办三月三“客家炒绿”茶香节，省农科院茶叶研究所、华南农业大学茶叶研究所、市农业局、市旅游局、市农科院等单位以及平远县委、县人大、县政府、县政协的有关领导和专家出席活动启动仪式（朱双玲 供）

2017年8月14日，平远县和广州市南沙区正式签订共建国际经贸合作中心框架协议。签订仪式在南沙区政府举行（朱双玲 供）

2017年8月18日，平远县公安机关在县人民广场举行“迎接十九大·忠诚保平安”誓师大会，以集体“亮剑”的方式，誓言保卫十九大安全。图为民警在平远大道巡游 （朱双玲 供）

2017年10月27—29日，平远县举办第十七届全国红层与丹霞地貌学术讨论会暨平远县旅游发展研讨会，中山大学地理科学与规划学院教授彭华，东华理工大学教授郭福生，甘肃省科学院地质自然灾害防治研究所所长王得楷，杭州师范大学副教授王少华等来自全国各地的100多名嘉宾参加研讨会 （朱双玲 供）

2017年11月11日，绿地·中信银行杯第八届北京国际山地徒步大会梅州·平远站活动在差干镇五指石景区开走，来自国内外近万名徒步爱好者参加该次活动。图为开幕式场景

（朱双玲 供）

2017年11月11日，平远县举办以“酒乡·酒香”为主题的八尺镇首届酒香节活动，来自各地的领导、嘉宾、专家和酒类企业代表共100多人以酒为媒，共话发展。主要有广东省酒业发展论坛、平远酒类产品展销展示、客家题材电影《酒娘》开机仪式、酒神祭祀大典、品酒大会和“酒歌飞扬醉八方”文艺晚会等活动。图为嘉宾举杯庆祝场景

（朱双玲 供）

2017年11月15日，中共平远县委、平远县人民政府隆重举行第五届世界客商大会平远县系列活动，包括9个重点项目竣工、11个重点项目动工及何冬青基金会龙腾盛世系列工程集中交付。图为第五届客商大会平远重点项目竣工仪式现场

（涂常晖 摄）

宜居宜业美丽县城

建设与管理并重 平远城建写华章

文：县方志办　图：县委宣传部、县住建局供

美丽县城　（谢远　摄于2017年7月）

2017年，平远县紧紧围绕建设宜居宜业美丽县城目标，坚持完善布局与提升功能相互促进，提升县城综合承载和辐射带动能力，以城带乡统筹发展。通过加速县城扩容提质、加强城镇建设管理、加快交通水利等城乡重点基础设施建设等措施，城乡人居环境得到持续优化。

到年底，兴隆路建成通车；大柘河、岭下河“两河四岸”和法谦公园完成景观提升；碧桂园一期、优山美地二期、平城花园三期、金绿新城等宜居社区加快建设；平城中路、建设路雨污分流及人行步道改造项目有序推进；南区市场片区改造实施清拆；城区实现公交试运营。深入实施城市综合管理体制改革，城市管理和综合执法局挂牌成立，数字化城市管理平台投入使用；持续加大违法建设查处力度；成功创建“广东省县级文明城市”；镇域基础设施整体水平得到有效提升；深入开展绿满平远大行动；大力开展跨境河流水源水质保护和大气污染防治工作，全年环境空气质量保持优良。

改造后的平城中路

（刘岳、吴奕珊　摄于2018年8月）

创建“广东省县级文明城市”之“一园一特色”

（县委宣传部供　摄于2017年8月）

湿地公园

（刘岳、吴奕珊　摄于2018年8月）

平远县县城防洪堤围工程，于2009年按50年一遇防洪标准进行改造、完善。建有堤长13.6千米，工程总投资为7500多万元。图为改造后的县城河堤雷公陂段
（张文勇 摄于2017年4月）

兴隆路通车
（刘岳、吴奕珊 摄于2018年8月）

城乡公交车
（刘岳、吴奕珊 摄于2018年8月）

志愿服务
（县委宣传部供 摄于2017年8月24日）

优山美地国际社区 （县住建局供　摄于2012年9月）

宜华金色华府（县住建局供　摄于2012年9月）

建设中的碧桂园（刘岳、吴奕珊　摄于2018年8月）

建设中的翠拥华庭（刘岳、吴奕珊　摄于2018年8月）

建设中的鸿禧中心城（刘岳、吴奕珊　摄于2018年8月）

平城花园宜居小区 （县住建局供　摄于2012年9月）

生态工业园区

完善基础设施建设 促进园区生态发展

文：黄瑜杰 图：林庄

生态工业园区一角

广州南沙（平远）产业转移工业园位于平远县城西南边，横跨大柘、石正两个中心镇，规划总面积22.42平方千米，至2017年年底，园区基础设施投入达10.94亿元，比增281.2%；园区建成区面积4平方千米；园区共有81家企业（含签约项目），投产企业51家、在建企业17家；实现工业固定资产投资21.47亿元，占全县比重84.43%；实现工业总产值29.63亿元，占全县工业总产值的36.1%；实现规模以上工业总产值27.29亿元，占全县规模以上工业总产值的47%；实现规模以上工业增加值6.52亿元，占全县规模以上工业增加值的50.5%；税收1.81亿元，占全县工业企业比重45.3%。

三大主导产业企业43家，占园区企业总数的53.75%。其中，稀土新材料有广晟智威、中合稀土、恒宝缘新材料等5家；机械制造有获赛尔、恒明、洪裕、广益、航驿等13家；家居制造企业有仕达、洪福、方鼎、新光明等25家。电子信息、生物医药等企业18家，占园区企业总数22.5%。其中，电子信息有亚力盛、雅玛西、恒盛宇、宇时代、元芯等10家；食品加工有南台水、金绿果业等6家；生物医药有华清园、新大地等2家企业。其他产业企业有19家，占园区企业总数的23.75%。

2017年5月17日，梅州市经信局有关领导到园区调研

2017年1月18日，平远县工业企业家座谈会在县迎宾馆召开

生态工业园区一角

生态工业园区一角

生态工业园区一角

广晟智威稀土有限公司

公司产品

海通静电有限公司

雅玛西科技有限公司

广东北斗星航科技有限公司及产品

洪福家具有限公司产品

生态富民带之一

差干山水田园旅游综合体

文/图：差干镇 供

差干镇以乡村振兴发展为主线，以生态旅游为依托，全力创建旅游特色小城镇，围绕丰富业态，调整旅游产业发展空间结构，做足“山水田园”文章：山即为建设五指石丹霞生态旅游休闲区，继续发挥好五指石景区引擎拉动作用；水即是建设烟雨松溪旅游度假区（长布半岛），丰富配套好旅游上下游产业；田即是结合新农村建设，打造金星、罗车、黎坊田园综合示范点，使之成为乡村振兴产业发展示范带；园即是将古驿道的活化利用与塔子里3000亩脐橙产业园改造结合起来，将塔子里打造成农旅结合的示范区。

差干广场之耕读园

三达村村标

五指石栈道

松溪桥

加丰金星改造后的民居

生态富民带之二

仁居古镇

文/图：仁居镇 供

仁居镇是平远县的老县城（1562—1952年曾是平远的县城所在地），是梅州四大古镇之一。仁居镇历史悠久，文化底蕴深厚，现存的古建筑、古街巷、古桥梁、古民居等古迹遗物见证了仁居四百多年繁荣昌盛的传奇历史。仁居现有四个省级文物保护单位，分别是明朝万历年间的邹坊文祠，国民党少将严应鱼的故居小树庐，广东四大银行金库旧址和井下吴屋。仁居古建筑如民国时期的素庐、驾虹桥、青云桥、永昌桥、古城墙、明代摩崖石刻等均保存完好。另外，仁居文化底蕴深厚，较有特色的是省级非物质文化遗产船灯舞和市级非物质文化遗产保护项目民族舞蹈香火龙，还保留有祭江等民俗活动。仁居还建有广东省第一个以纪念中国工农红军为主题的纪念园——平远县红军纪念园，是广东党史教育基地、广东红色旅游示范基地、梅州市爱国主义教育基地。仁居拥有全省最多的红军标语墙，反映抗日战争时期历史史实的电视剧《铁笔游击队》《乱世三美人》《井冈山会师》等纪录片曾在仁居取景拍摄，广东省文学院原院长、著名作家程贤章所著《胭脂河》一书取材也源自仁居。

仁居境内有粤东第二高峰、平远第一高峰项山甑（海拔1529.8米）和大华山竹海、畲溪原生态景观、井下姐妹瀑（又名“浴佛”）、古丁梯田等自然风光。

红四军纪念馆

民国时期的四大银行金库和青云桥

邹坊文祠（八角亭）

驾虹桥与祭江活动

木溪车帅坝

生态富民带之三

八尺酒业特色小城镇

文/图：八尺镇 供

八尺是传统的酿酒大镇，拥有深厚的酿酒历史文化底蕴，近年来，八尺全力打造一个产业发达、魅力独具的酒业特色小城镇。现有酿酒企业及小作坊60家，其中较具规模的有八珍娘、禾米香、大客丰、好八方、一抹禾香等企业，年产米香型白酒6000多吨（一抹禾香一期投产后可实现年产优质白酒3万吨），娘酒2500多吨，总产值约2.9亿元，带动禾米、黑香米、糯米等种植1.5万亩、上下游产业就业约5000人，被誉为“广东酒香小镇”，是梅州市酒业专业镇。八尺有广东省第一家镇级酒业协会——八尺酒业协会，还与广东省仲恺农学院共建有“仲恺八尺酒业研究院”，已进驻梅州义乌商品城。

八尺圩镇风貌

八尺镇首届酒香节签约仪式

八珍娘酒

八尺特色农业——石斛

八尺特色农业——白玉蜗牛

生态富民带之四

河头鹏翔蔬菜种植基地

文/图：河头镇 供

鹏翔蔬菜种植基地项目发展范围为省定贫困村向阳村，由平远县鹏翔蔬菜种植专业合作社负责组织实施，规划总面积400亩，分2期建设，共需投入资金250万元。第一期规划200亩，主要发展无公害蔬菜标准化生产示范基地，第二期规划200亩，主要建设休闲观光体验区。项目通过“公司+合作社+基地+农户（贫困户）”的模式，打造高产高效蔬菜种植示范基地、休闲农业观光基地、特色精准扶贫基地，主要种植产出西红柿、黄瓜、白菜、萝卜、辣椒、茄子等新鲜蔬菜约30多种品种，产品主要供应餐饮公司及梅州市场，每年产量可达500吨，产值可达250万元，毛利近100万元，纯利15%，促进30户以上贫困户每年增加收入2000元以上。该基地自2017年11月启动以来，已流转40户60亩土地，聘请15名固定务工人员，其中贫困户9名，主要种植有冬瓜、苦瓜、西葫芦、西红柿、茄子、土椒、长椒、角豆、苦麦、通心菜、玉米、丝瓜等品种，预计亩产1万元，年毛利约40万元。

鹏翔蔬菜种植基地办公场所

鹏翔蔬菜种植基地

西红柿

青瓜

茄子

西葫芦

玉米

豆角

尖椒

生态富民带之五

中行金穗休闲旅游区

文/图：中行镇 供

金穗休闲旅游区位于中行镇快湖村，始建于2010年11月，园区规划总面积1.5万亩，首期开发面积4800亩，是集生态旅游、休闲养生、科普示范、亲情体验、文艺家创作交流于一体的现代农业生态旅游区。金穗休闲旅游区被评为“广东省休闲农业与乡村旅游示范点”和“国家AAA级旅游景区”。

金穗休闲旅游区是以现代农业生产为核心、以生态旅游为提升、以有机农业生产为抓手、以体验休闲农业为延伸、以休闲养生为价值走向，打造集旅游、娱乐、休闲、度假、科普教育于一体的现代农业生态旅游区。园区按“五园一文”的布局来打造，规划为四季农园、科普园、亲情乐园、浪漫田园、休闲养生园和客家民俗文化。

园区环境优美，接待设施齐全，配套有木屋别墅、游客中心、水上竹楼餐厅和生态楼等旅游服务设施及各类体验活动，为游客提供农村田园生活的吃、住、玩享乐，并为团体提供会议、培训场地及拓展、创作交流等活动平台，致力于打造成粤东地区候鸟式生态、休闲、养生基地和“浪漫田园·印象金穗”粤东地区婚庆摄影基地。

浪漫田园

木屋别墅

水车

水上竹楼餐厅

生态富民带之六

上举旅游特色小镇

文：上举镇 图：李程 等

上举镇因丰富的生物多样性和独特的资源优势，被专家誉为“物种宝库、粤东明珠”。

近年来，上举镇将社会主义新农村建设列为头号工程，紧紧围绕“生态立镇、旅游旺镇、富民安镇”发展战略，严格按照“产业兴旺、生态宜居、乡风文明、治理有效、生活富裕”总体要求，以示范村八社村、上举村为建设重点，有序推进“三清三拆三整治”、客家特色民居外立面改造、规划设计和节点打造等工作，畲脑、上举、八社一条带的美丽乡村雏形初步显现，并顺利完成八社村虎踞整村搬迁安置工作，上举乡村面貌焕然一新。

八社村一角

八社村虎踞整村搬迁安置点

外立面改造后的赤城

上举圩镇一角

上举圩镇新貌

生态富民带之七

泗水梅畲田园综合体

文：泗水镇 图：刘强 王世雄

梅畲村位于泗水镇东南部，是远近闻名的“长寿村”，依托优美的生态环境和深厚的客家文化底蕴，该村在2017年3月入选第四批中国传统古村落目录。2017月6月，广东鸿艺集团决定在梅畲投资建设打造梅州第二个“客天下”，大力发展观光旅游、特色种养、休闲度假、养生养老等于一体的田园综合体。按照党委主导、支部推动、党员示范、企业与村民共建共享共治的指导思想，由村民推选成立梅畲村村民理事会和平远梅畲农旅文化发展有限公司，顺利与客天下对接。围绕“农民变股东变员工、农村变景区变乐园、农业变实业变产业”的目标，梅畲村与客天下携手共进，在短期内实现土地流转、核心景观区打造和古祠堂修缮等关键工作高效推进，项目整体已投入资金1300多万元，古旧的传统村落正焕发出振兴发展新面貌和新气象。

村民理事会成立

2017年11月8日上午，梅州市客天下实业有限公司与梅州市平远梅畲农旅文化发展有限公司签订《共建田园梅畲合作协议》及其他有关协议

梅畲风景之一

梅畲风景之二

外出乡贤回乡参加“群策群力 共建家园”座谈会

传统村落焕新颜

生态富民带之八

东石特优农产品精深加工基地

文/图：东石镇 供

近年来，东石镇按照质量兴农、绿色兴农、品牌强农的要求，发挥农业龙头企业示范带头作用，打造农业服务综合体，重点发展茶叶、油茶、花生、金柚等现代富民农业产业，全力打造东石特优农产品精深加工基地。支持金宝树、鸿基生态园、金润农业开发、梅州彧园山仁公司等公司开展无公害、绿色、有机等农产品“三品”认证，推进农产品产业基地基础设施建设和标准化建设，解决东石农产品生产、精深加工、冷藏问题，延长产业链，打响东石农产品品牌，围绕打造东石“特产小镇”，重点包装“茶叶、油茶、花生、金柚”等优质特色农产品。

广东茗丰茶业有限公司锅叾茶厂

锅叾茶园

冷水坑水库

金宝树蔬菜基地之一

金宝树蔬菜基地之二

生态富民带之九

大柘镇红色黄沙村

文/图：大柘镇 供

近年来，大柘镇坚持党建引领，以“三清三拆三整治”为基础，推进公共设施建设，提升村庄生态宜居水平，探索发展生态富民产业的好路子。充分利用黄沙村地处城乡接合部的区位优势，重点突出黄沙村是原中央苏区秘密交通站的历史地位，通过修复红色遗址、宣讲红色故事、重修古驿道、重走红军路，挖掘保护红色资源，配套道路优化升级、集中供水、垃圾污水处理等基础设施，以及推进“三变”改革开发产业采摘园、红色体验园等项目，带旺“周末游”“家庭游”产业等措施，致力将黄沙村打造成红色教育、绿色发展的生态宜居美丽乡村。

外立面改造后的下角姚氏祖屋航拍图

红色文化广场效果图

黄沙村排上马唐里“三变”改革开发产业采摘园

梅平武工队平远革命根据地旧址修缮效果图

黄沙村全景

生态富民带之十

石正镇稳步发展特色产业

文/图：石正镇 供

近年来，石正镇积极引导农村土地规范流转，促进规模化种植、产业化经营，新增发展樟头垇片区千亩或园牧草、坪湖村湖阳莲种植项目，新建先锋村、石正村2个蔬菜基地和10亩“稻花鱼”试验示范基地，继续发展中东南药、东台葡萄等千亩精致高效农业示范点。同时，南台酒（水）、梅片树、有机茶等特色优势产业不断巩固发展，华清园、园山湖、源丰等农业深加工项目加快建设，农业产品加工转化率和产品附加值不断提升。

梅片树及梅片树原料加工产品

南台茶及其采摘加工全过程

石正云雾茶茶园一角

园山湖茶园一角

南台酒厂全貌

生态富民带之十一

曼佗山庄

文/图：新大地公司 供

2015年，广东新大地生物科技股份有限公司以原万亩油茶产业基地为载体，引进旅游元素发展休闲农业和乡村旅游，融合农旅、文旅、工旅、商旅相结合的发展模式，以“四季如春•百花争艳”为核心理念倾力打造山茶花主题生态园，它是集有机生态种植、农业产业化生产、农耕文化展示、农业科普教育、花卉园林观赏和山茶文化展示于一体的现代农业休闲基地。至目前为止，已开放曼陀园、四季花海、桃花源、樱花谷、花卉培育基地和油茶有机种植基地等6大核心景观，吸引了大批游客，并已通过“国家AAA级旅游景区”评定和获得“十佳休闲农业长寿体验基地”的称号。

产业带动就业

曼佗山庄——四季花海

曼佗驿站

新大地高产油茶种植示范基地

曼佗山庄俯瞰图

热柘温泉

文/王淦彬　图/曹维颂

热柘镇热水村具有丰富的热水资源。昔日泉边有一月湖寺，寺院香烟袅袅，湖中温泉汩汩，形成有名景观，名曰“月湖沐浴”，热水村也因此得名。热水温泉属优质硫磺温泉，水量充沛，泉清水热，热度适中，泉水温度一般在45℃～52℃。

热柘镇认真做好“水”字文章，打响“乡村温泉”品牌，形成“一村、一城、一河、一镇”的总体发展格局。一村：温泉公社——热水村；一城：生态温泉城；一河：柚树河；一镇：特色中心镇（镇街的配套）。分三步走，逐步推进：第一步，规范农家温泉开发、管理与服务；第二步，提升梅远生态温泉城开发建设水平；第三步，打造整体温泉特色小镇。

家庭式温泉浴楼

热水温泉

男大池温泉

女大池温泉

目　录

特　载

大　事　记

县情概览

中共平远县委员会

平远县人民代表大会

平远县人民政府

政协平远县委员会

中共平远县纪律检查委员会

社会团体

法　治

军　　事

农业·水利·气象

工　业

信息产业

公路与汽车运输

商业·贸易

旅游开发

财税·金融·保险

城建·市政管理

综合经济管理

行政管理

教育·科技

社会科学

文化·传媒

卫生·计划生育·体育

各镇概况

光荣榜

文献选编

附　录

特　载

在县委十三届四次全会第一次全体会议上的讲话

（2017年12月17日）

中共平远县委书记　宋才华

同志们：

这次县委全会的主要任务是，按照省委十二届二次全会、市委七届三次全会的部署，深入学习宣传贯彻党的十九大精神，以习近平新时代中国特色社会主义思想为指引，围绕“三个定位、两个率先”和“四个坚持、三个支撑、两个走在前列”的要求，研究分析平远在新时代面临的形势和任务，进一步谋划平远未来发展，动员全县党员干部群众更加紧密地团结在以习近平同志为核心的党中央周围，不忘初心，牢记使命，奋力开创平远发展新局面，让习近平新时代中国特色社会主义思想在平远落地生根、结出丰硕成果。

一、坚决按照中央和省委、市委的部署，再动员、再部署，推动党的十九大精神学习宣传贯彻往深里走、往实里抓

党的十九大召开之后，县委按照中央和省委、市委的部署，坚持领导带头学、带头讲、带头干，县委常委会组织开展了县委理论中心组学习会、专题研讨班、瞻仰革命旧址重温入党誓词等系列活动；全县各级各部门紧扣“十个深刻领会”“七个讲清楚”和“六个聚焦”，学习方式上突出“五学”，学习内容上突出“七学”，迅速兴起了学习宣传贯彻热潮。当前，贯彻落实党的十九大精神、奋力开创平远发展新局面，成为全县上下的共同意识和行动自觉。

学习宣传贯彻党的十九大精神是一个逐步深化的过程，是一项长期的政治任务。目前工作开局良好、成效初显。我们要乘势而上，继续围绕学懂弄通做实要求，往深里走、往实里抓，把学习宣传贯彻党的十九大精神持续引向深入。

（一）深刻把握“四个最重要成果”，充分认识党的十九大的重大现实意义和深远历史意义。党的十九大在政治上、理论上、实践上、制度上，对坚持和发展中国特色社会主义做出了新的决策部署，对新时代开启新征程、续写新篇章具有重大现实意义和深远历史意义。学习贯彻党的十九大精神，要在全面系统学习的基础上，抓住思想精髓、核心要义，进行重点领会、准确把握。

最重要的政治成果，是选举产生了以习近平同志为核心的新一届中央领导集体。对我们这样一个大党大国来说，领导核心至关重要。党的十八大以来，党和国家事业之所以能够取得历史性成就、发生历史性变革，最根本的就是有以习近平同志为核心的党中央定向掌舵。今天，肩负新时代的历史使命，我们党更加需要一个坚强的领导核心，我们国家更加需要一个坚强的党中央。党的十九大选举产生了以习近平同志为核心的新一届中央领导集体，顺应民意、众望所归。有以习近平同志为核心的新一届中央领导集体，有习近平总书记这位在伟大斗争中形成的党的核心、人民领袖，党和国家就有了坚强的主心骨，有了最可信赖的领路人，这是党之大幸、国之大幸、民之大幸！

最重要的理论成果，是把习近平新时代中国特色社会主义思想确立为我们党必须长期坚持的指导思想。习近平新时代中国特色社会主义思想是马克思主义中国化的最新成果，是指引我们实现“两个一百年”奋斗目标、实现中华民族伟大复兴的光辉旗帜，为新时代党和国家事业发展提供了强大的思想武器和科学的行动指南。只要我们学深悟透，只要我们老老实实地以习近平新时代中国特色社会主义思想为指引，在夺取新时代中国特色社会主义伟大胜利的新征程中，就能破解各种各样的麻烦和问题，就能战胜严峻复杂的各种风险和挑战。

最重要的实践成果，是描绘了决胜全面建成小康社会、全面建设社会主义现代化国家的宏伟蓝图。党的十九大明确了决胜全面建成小康社会的重点，作出了全面建设社会主义现代化国家分“两步走”的战略安排。在这张新蓝图上，基本实现社会主义现代化的目标提前了15年，充分表明了我国长期向好的发展态势，展现了我们党高度的历史担当和使命追求；第二个百年奋斗目标表述更加完整、内在要求进一步提升，必将极大激励全党全国各族人民，满怀豪情地投身建设富强民主文明和谐美丽的社会主义现代化强国，凝聚起实现中华民族伟大复兴中国梦的磅礴力量。

最重要的制度成果，是通过了党章修正案。党的十九大审议通过了党章修正案，为新时代推进党的建设新的伟大工程提供了基本遵循。党章吸纳了十八大以来党的理论创新、实践创新、制度创新成果，把十九大报告确立的重大理论观点和重大战略思想写入其中，特别是确立习近平总书记的核心地位，确立习近平新时代中国特色社会主义思想为党的行动指南，重新概括了新时代党的建设总要求，进一步回答了“建设什么样的党、怎样建设党”这一重大课题，标志着我们党对执政党建设规律的认识达到新的高度。全县各级党组织和广大党员干部，要结合“两学一做”学习教育，把学习党章与学习贯彻党的十九大精神、学习《习近平谈治国理政》第二卷结合起来，切实提高党性修养、政治意识和政治能力，做到自觉学习党章、模范贯彻党章、严格遵守党章、坚决维护党章。

（二）牢牢抓住“五个全面准确把握”，进一步用党的十九大精神统一思想、凝聚力量、引领发展。学懂弄通做实党的十九大精神，必须做到内化于心、外化于行，让党的十九大确定的重大理论观点、重大方针政策、重大工作部署入脑入心，统一思想、凝聚共识，形成合力、共推发展。

一要全面准确把握新时代党的建设总要求，坚决维护以习近平同志为核心的党中央权威和集中统一领导。党的十九大报告提出了新时代党的建设总要求和八个方面的重点任务，着重强调把政治建设放在首位。对党绝对忠诚是政治建设的内在要求。长期以来，我们工作的一条根本经验就是扎扎实实抓好中央和省委、市委决策部署的落地落实。站在新时代的新起点上，全县党员干部要在任何时候、任何情况下都体现“四个意识”，自觉忠诚核心、拥戴核心、维护核心、捍卫核心，坚决维护以习近平同志为核心的党中央权威和集中统一领导，始终在思想上政治上行动上同以习近平同志为核心的党中央保持高度一致，坚决按照中央和省委、市委的部署要求开展工作，确保中央和省委、市委的各项政令部署在平远畅通无阻。

二要全面准确把握习近平新时代中国特色社会主义思想，不断提升理论联系实际的能力水平。习近平新时代中国特色社会主义思想来源于实践，蕴含着马克思主义哲理和科学精神，从理论和实践结合上系统回答了“新时代坚持和发展什么样的中国特色社会主义、怎样坚持和发展中国特色社会主义”这一重大历史性课题，具有很强的创新性、前瞻性、指导性、实践性。要紧紧围绕“8个明确”基本内容和“14个坚持”基本方略，全面准确、系统深入地学习领会习近平新时代中国特色社会主义思想，把思想精髓刻在骨子里、融入血液中，切实做到真学真懂真信真用。

三要全面准确把握过去五年的历史性成就、历史性变革，切实增强“四个自信”。党的十九大报告明确指出，过去5年的成就是全方位的、开创性的，5年来的变革是深层次的、根本性的。这5年，平远的改革发展也发生了巨大变化，经济综合实力持续增强，城乡面貌日益改善，人民群众得到更多实惠，社会大局和谐稳定。这一系列成就充分彰显了以习近平同志为核心的党中央的坚强领导和英明决策，充分彰显了社会主义制度的优越性。站在新的历史起点，我们要保持政治定力，进一步增强“四个自信”，高举习近平新时代中国特色社会主义思想伟大旗帜，以永不懈怠的精神状态和一往无前的奋斗姿态，满怀信心地为实现中华民族伟大复兴的中国梦而努力奋斗。

四要全面准确把握中国特色社会主义进入新时代、社会主要矛盾已经转化等重大政治论断，描绘好新时代平远发展蓝图。认清发展所处的历史方位，是制定所有发展战略的原点和起点。党的十九大报告作出中国特色社会主义进入新时代的重大政治论断，清晰指出党和国家事业所处的时代坐标。报告指出新时代社会主要矛盾已经转化为人民日益增长的美好生活需要和不平衡不充分的发展之间的矛盾，深刻揭示了我国经济社会发展的阶段性特征。平远经过近40年的改革开放，经济社会取得了长足进步，人民群众的衣食住行已经不是主要问题，而是希望享受更好的教育、更好的医疗服务、更好的居住环境等多方面的美好需求。我们要把握当前所处的历史方位和时代坐标，准确认识当前我县各项工作面临的新形势、新问题，立足新起点，适应新要求，绘制好平远发展蓝图。

五要全面准确把握实现“两个一百年”奋斗目标的战略部署，主动承担新时代的历史使命。党的十九大关于实现“两个一百年”奋斗目标的战略部署，明确了全面建成社会主义现代化强国，实现中华民族伟大复兴中国梦的时间表、任务书、路线图。中央对广东寄予厚望，习近平总书记先后对广东提出“两个率先”和“两个走在前列”的重要指示要求。省委李希书记来梅调研时强调把梅州的问题解决好了，就是把广东发展不平衡问题解决好了。市第七次党代会提出了构建“一区两带六组团”发展新格局，对“平远组团”有着明确的定位和要求。我们要立足国家和省市发展大局，认真落实中央和省委、市委的决策部署，确保与全省同步全面建成小康，不拖全省实现“两个走在前列”的后腿。

（三）坚持做到“四个结合”，扎扎实实把党的十九大精神创造性地贯彻落实到平远的各项工作中去。学习贯彻党的十九大精神，最终要靠实干，要把雷厉风行和久久为功结合起来，把党的十九大的各项部署要求落到实处。

一要把贯彻落实党的十九大精神和习近平总书记对广东工作的重要批示精神以及省委李希书记来梅调研讲话精神结合起来，一体把握、整体贯彻落实。习近平总书记先后对广东作出“三个定位、两个率先”和“四个坚持、三个支撑、两个走在前列”等重要指示批示，这是习近平新时代中国特色社会主义思想的理论逻辑和实践逻辑在广东的具体化。李希书记来梅调研时强调要深入学习贯彻党的十九大精神，进一步深化对市情县情区情的认识，把握“变”与“不变”的辩证关系，把习近平新时代中国特色社会主义思想贯彻到改革发展全过程各方面，科学走对走好发展路子。我们要深入贯彻落实习近平总书记重要批示精神和省委李希书记来梅调研精神，把中央和省委、市委的决策部署转化为推动我县改革发展的工作思路和具体举措，坚持用习近平新时代中国特色社会主义思想指导平远开创改革发展新局面。

二要把“大学习”和“深调研”结合起来，为深入贯彻落实党的十九大精神奠定坚实基础。李希书记要求，要把学习和调研有机结合起来，为推动党的十九大精神的贯彻落实提供坚实的思想保障和决策支持。省委和市委全会都专门研究部署了影响全省、全市发展的重大问题“深调研”活动。我们要大兴调查研究之风，聚焦落实党的十九大提出的新目标、新要求、新思路、新举措，围绕事关平远发展的全局性、战略性和前瞻性问题，扑下身子、沉到一线，听实话、察实情，深入开展调查研究。既要到工作局面好和先进的地方去总结经验，又要到困难较多、情况复杂、矛盾尖锐的地方去发现问题，切实把存在问题搞清楚，把产生的原因弄明白，有针对性地制定贯彻落实的思路举措、行动计划，推动党的十九大精神落到实处。

三要把当前和长远结合起来，朝着党的十九大确定的目标奋勇前进。党的十九大提出了一系列鼓舞人心的新目标新任务。完成这些任务，必须把当前和长远结合起来，既要以时不我待的紧迫感，雷厉风行抓好当前工作，又要保持战略定力，坚持久久为功，走出一条生态富民强县新路子。要做好计划安排，按照轻重缓急，列出任务清单，明确时间表、路线图，每年制定具体行动计划，一步一步把宏伟蓝图变为现实。

四要把分类指导与总结推广结合起来，推动学习贯彻工作取得实效。指导督导是推动党的十九大精神贯彻落实的重要手段。要针对县镇村等不同层级和机关、企业、学校等不同情况，明确具体工作要求，开展分类指导督导，持续传导压力和责任。对落实不力的责成整改，坚决防止空喊口号、流于形式。要及时发现总结各级各单位贯彻落实党的十九大精神、推动改革发展的好经验好做法，在全县复制推广，发挥示范带动效应，营造比学赶超的浓厚氛围。

接下来，全县各级各部门要按照省委、市委开展“大学习、深调研、真落实”活动的部署要求，把这项活动作为深入学习宣传贯彻党的十九大精神的重要抓手，并为“不忘初心、牢记使命”主题教育做好思想准备和工作准备。通过系统学习、深入调研，进一步深化认识和把握县情，明确思路，扎扎实实把党的十九大精神贯彻落实到各项工作中去。

二、以习近平新时代中国特色社会主义思想为指引，把握县情、理清思路，找准新时代平远发展的新起点

中国特色社会主义进入新时代，平远发展面临新的形势和任务。我们要以习近平新时代中国特色社会主义思想为指引，运用辩证唯物主义和历史唯物主义的世界观和方法论，准确把握基本县情，找准立足点和发力点，解放思想、理清思路，贯彻新发展理念，走对走实走好生态富民强县新路。

（一）用辩证的思维看待变与不变。中国特色社会主义处于新的历史方位，我国社会主要矛盾已经发生了深刻变化，同时我国处于社会主义初级阶段的基本国情这个“最大实际”没有变。这种“变”与“不变”的辩证关系也体现在我县经济社会发展的方方面面。我们要用辩证的眼光，既要看到“不变”的一面，又要看到“变”的一面，保持战略定力和战略耐心，不提超越阶段的目标，不做脱离实际的事情，与时俱进地调整完善工作思路、工作方法、工作举措。

一是发展作为第一要务没有变，发展理念和发展方式变了。我们县域经济社会发展总体落后、小康社会实现程度低等基本县情没有变，发展不平衡不充分的问题较为突出，加快发展任重道远。从全县来看，经济总量仍然很小，不足百亿元，人均生产总值仍然较低，2016年全县人均GDP为32540元，仅为全国的60.3%、全省的44.7%，要实现赶超目标任务还很艰巨。财政收支矛盾突出，预计今年县级财政收入8.12亿元，而各项社会事业、民生保障等刚性支出不断加大，总支出超过25亿元，支出是收入的3.1倍，要靠省的财政转移支付、税收返还及专项补贴维持运转。从社会层面看，群体之间也存在发展不平衡不充分的问题，城乡居民收入差距较大，2016年全县农村常住居民可支配收入13915元，仅为城镇居民可支配收入的68.5%。社会事业短板还比较明显，精准脱贫任务还较为艰巨，文化教育、医疗卫生等基本公共服务还存在总量不足、质量不高、城乡不均等问题。发展是解决一切问题的总钥匙。习近平总书记指出，新发展理念是关系我国发展全局的一场深刻变革。我们要牢牢扭住发展第一要务，坚持以经济建设为中心不动摇。但发展方式要转变过来，决不以牺牲生态环境为代价换取一时的高速发展，决不走拼资源、拼土地、先污染后治理的老路。我们必须坚定不移贯彻新发展理念，在保持经济增长合理区间的基础上，推动经济发展质量变革、效率变革、动力变革，实现经济更高质量、更有效益、更可持续发展。

二是改革开放作为“关键一招”没有变，改革的任务和要求变了。地处改革开放前沿和华侨之乡，我们要以迎接改革开放40周年为重要契机，珍惜敢为人先的改革精神，做到代代相传、届届接续，坚持改革开放不动摇，把改革进行到底。进入新时代，推进改革的历史条件和任务都发生了很大的变化。全面深化改革作为“四个全面”战略布局之一，中央立足全局进行顶层设计和总体规划，搭建了改革的“四梁八柱”，这与改革开放之初“摸着石头过河”境况有很大不同。我们要按照省委把广东建设成为向世界展示习近平新时代中国特色社会主义思想的“窗口”和“示范区”的要求，对照党的十九大关于全面深化改革的新部署，准确把握、深刻理解重点内容，与时俱进审视我县全面深化改革工作，牢牢把握人民群众对美好生活的向往，聚焦平远经济社会发展的“牛鼻子”，切实加强党委对全面深化改革的领导，着力推进有利于增强群众获得感的改革，充分调动广大干部推进改革的积极性，提高改革总体效能，扩大改革受益面。

三是为人民谋幸福的根本宗旨和“初心”没有变，满足人民群众生活需要的内涵和方式变了。带领人民群众创造美好生活，不断增进人民群众福祉，始终是我们共产党人的“初心”，为人民服务的根本宗旨没有变，也绝不能变，但满足人民群众美好生活需要的内涵和方式要与时俱进。随着生活水平的不断提高，人民群众的“美好生活需要”内容更广泛，不仅包括物质需要这些客观“硬需求”，也包括在此基础上衍生出来的获得感、幸福感、安全感以及尊严、权利、当家作主等主观愿望较强的“软需求”。我们要加大对公共产品和公共服务的投入，努力为人民群众提供更好的教育、更稳定的工作、更满意的收入、更可靠的社会保障、更高水平的医疗服务、更舒适的居住条件、更优美的环境、更丰富的精神文化生活等。在这个过程中，要立足平远经济欠发达的基本县情，既尽力而为，又量力而行，善于发挥群众的主体作用，引导和带领群众在参与共建共享中提升幸福感、增强获得感，依靠自己的双手创造美好的生活。

四是苏区精神作为优良传统没有变，传承方式和奋斗目标变了。我们平远作为原中央苏区县，红色是我们发展的最深的底色和价值。习近平总书记在纪念中央革命根据地创建暨中华苏维埃共和国成立80周年座谈会上指出，“坚定信念、求真务实、一心为民、清正廉洁、艰苦奋斗、争创一流、无私奉献”是苏区精神的主要内涵。在这一精神的引领下，平远县先后为中央苏区地方党政机关和红军部队输送了260多名革命骨干，并大多数为革命牺牲。现在，进入了和平时期，干事业不用牺牲生命，但事业成败同样事关人心向背。因此，我们任何时候都要像当年苏区党员干部一样，干好革命事业高于一切，为革命不惜牺牲生命，只要我们传承这种豪迈气概，转化为破难攻坚的具体行动，平远全面建成小康社会的目标就一定会如期实现。全县各级党组织要立足苏区精神，深入开展“铭记光辉历史，传承红色基因”专题教育，引导党员干部在革命先辈身上汲取精神养分，以革命先辈不怕牺牲的大无畏精神激励自己，不忘初心、牢记使命、艰苦奋斗，以新时代的新作为告慰革命先辈、不负人民重托。

（二）用发展的眼光分析优势和短板。深化认识和把握县情，要用发展的眼光，坚持扬长补短，统筹兼顾。既要善于把长处发挥出来，将存在的优势和有利条件转化为前进的信心和动力；又要把短处转换过来，将存在的短板作为发展的空间和潜力。在长与短之间找准矛盾转化的关键所在，明确工作的着力点和突破口，进一步巩固优势、补齐短板，把我县的发展优势和发展潜力充分释放出来。

一要巩固厚植发展优势，坚定发展信心，保持发展定力。平远文化底蕴深厚、生态环境优美、社会和谐平安，这些都是我们得天独厚的有利条件。李希书记来梅调研时强调要“坚持绿色发展，努力实现美丽与两个走在前列完美结合”，要“转变发展理念，推进供给侧结构性改革”。只要我们因地制宜，精心策划，突出特色，改善供给，就会赢得市场的青睐，走出一条符合平远实际的科学发展道路。

二要补齐拉长短板，拓展发展空间，释放发展潜力。在长期发展过程中，受历史条件和传统发展模式的影响，我县积累了不少深层次结构性问题。产业发展方面，产业结构不够合理，工业园区处于起步阶段，受限产业配套、人才缺乏等因素影响，一直难以引进大项目、好项目，形成产业集聚仍需一段时间。工业短板依然突出，资源型、劳动密集型产业占比较大，缺少重大项目和优势骨干企业支撑，缺乏科技含量高、带动能力强的企业，要实现转型升级，形成创新驱动能力困难还很多。去年，我县工业产值最大的产业是家具制造业，有18.7亿元，离市委、市政府提出的打造百亿产业还相差甚远；最大的企业是华企稀土，有5.8亿元，大约蕉岭县塔牌集团的1/6。农业特色较为突出，但还只是停留在“种”的层面，深加工还不足，农业还不强、效益还不高。旅游业尚处于培育发展阶段，要素配套还不完善，综合效益的释放仍需时日。基础设施方面，支撑未来发展的交通、水利、信息、科技、环保等现代化基础设施体系不完善，特别是对外快速交通建设相对滞后，瑞梅铁路仍未最终确定，平蕉大高速、连平武高速还在积极争取，短期内还难以有效接受发达经济圈的辐射带动。城镇化水平比较低，全县城镇化率为54%，比全省平均水平低15.2个百分点，城乡基本公共服务不平衡不充分问题尤为突出，市政配套不完善，县城集聚功能不强，乡村振兴任重道远。项目支撑方面，项目是发展的硬通货，没有项目就没有实力，就没有发展后劲。一直以来，缺少大项目，缺乏发展后劲，是困扰平远发展的最大问题。对比周边县，蕉岭新上塔牌600万吨生产线，大埔有韩江高陂水利枢纽工程，五华有抽水蓄能电站项目，丰顺电声也将成为全市第三个百亿产业。而我们平远，有的重点项目推进不快，新谋划落地的重大项目不够多，面临着缺乏后续大项目支撑的困境，带来发展后劲与区域竞争力下滑的隐忧。我们要切实增强解决问题的紧迫感和责任感，看到短板背后蕴藏的空间和潜力，只要在这些短板上加大投入、下足功夫，不仅可以改善发展条件，还能拉动有效投资，拓展发展空间，释放发展潜力，形成新的经济增长点。

（三）用全面的观点把握整体和局部。我们要始终把全局、大局作为考虑问题的出发点和立足点，以更宽视野、更大格局、在更大空间谋划和推动发展。

一要坚持全县一盘棋抓工作。县里要充分考虑各镇之间的差异，加强统筹协调和分类指导，把各镇的优势充分发挥出来，把大家的积极性都调动起来，共同做大发展“蛋糕”，用经济社会发展的新成效适应人民群众新期待。各镇要强化大局意识和协作意识，在全县一盘棋中谋划自身发展，不能因为差异性而只讲特殊性，更不能自行其道不顾大局。比如，在发展县域经济上，要依托县域资源禀赋和产业基础，以县城为核心，以中心镇、专业镇、新农村为节点，依托产业园区、农业基地、特色小镇、田园综合体等载体，构建点、线、面相结合的县域经济发展格局，促进县域经济特色化、组团式发展，统筹城乡融合发展。在产业发展上，要认真落实培育1~2个百亿元主导产业的规划，避免低水平重复建设和恶性竞争，形成产业布局合理、有序发展的空间格局。在生态建设上，我县作为国家重点生态功能区，要坚决保护好青山绿水，决不能因为眼前的利益突破生态环保底线。各镇要结合全县主体功能区规划中的定位，该重点发展的重点发展，该优化发展的优化发展，该保护起来的坚决保护起来，不要规划一套做一套。

二要立足全省全市大局抓工作。省委十二届二次全会提出，要研究更加有效的区域协调发展机制，在更高起点上持续推动粤东西北地区加快发展。市委七届三次全会提出，要探索一条如何落实省委更高起点推进区域发展的路子。我们要积极对接省委更加有效的区域协调发展战略和市委“一区两带六组团”发展格局，继续运用好苏区振兴发展政策，积极争取各方面的支持，突出抓好产业转型升级、城市品质提升、基础设施完善、乡村振兴发展等中心工作，确保我县发展与省市发展大局同频共振、同步推进。

三要对标先进抓工作。我们要牢固树立开放包容意识，登高望远，树立标杆，学习别人的点子，创新自己的路子。比如，省委李希书记来梅调研时充分肯定了梅州打造特色小镇，建设美丽乡村的做法，要求我们在生态文明建设、实施乡村振兴战略上走在全省前列。上个星期，市委君铁书记专门带队到浙江杭州、丽水、衢州等地学习考察，不仅看到了浙江建设特色小镇的生动实践，也让我们看到了发展理念、发展思路和发展动力上的差距，政绩考核导向上的差距，干部群众创新创业热情和学习能力上的差距，还看到了项目谋划策划能力和团队执行力上的差距。当前，我县特色镇村建设有一定基础，但正处于由点上探索向线上、面上推进的起步阶段。我们要对标浙江特色小镇建设，把他们的先进经验学到手，把他们的政策吸收消化创新好，正确认识“小镇经济”的重要意义和重大作用，把“小镇经济”当作贯彻落实习近平新时代中国特色社会主义思想和李希书记来梅讲话精神的重要抓手，当作绿色发展的重要载体，按照科学规划、培育精品、产业支撑的原则，树立全县“一盘棋”思想，根据各自的资源禀赋、产业优势、文化特色、区位条件等，科学规划建设特色小镇和田园综合体，推动生态富民强县。

认识把握县情也是一个由表及里、逐步深化的过程。李希书记一再强调，按照党的十九大精神，要深化对市情县情的认识和把握。希望全县各级领导干部把学习党的十九大精神与深入认识把握县情紧密结合起来，自觉用习近平新时代中国特色社会主义思想，用贯穿其中的历史唯物主义和辩证唯物主义世界观方法论，把县情镇情研究透、思考透，看清楚、想明白，在任何时候都要做到心中有数，谋定而后动，牢牢把握工作的主动权。

三、以事关平远长远发展的重大问题为导向，深调研、真落实，更好地以习近平新时代中国特色社会主义思想谋划平远改革发展

学习贯彻党的十九大精神，要以习近平新时代中国特色社会主义思想为指引，聚焦事关平远长远发展的重大问题，深入开展全县“大学习、深调研、真落实”活动，找寻着力点、找准突破口、找到新路径，努力探索实现生态富民强县新目标。

（一）深入研究贯彻新发展理念，解决发展不平衡不充分的问题。党的十九大报告指出，我国社会主要矛盾已经转化为人民日益增长的美好生活需要和不平衡不充分的发展之间的矛盾。发展不平衡不充分是矛盾的主要方面。对平远来说，有区域、城乡、经济社会、产业和群体等之间的不平衡不充分。这些发展不平衡不充分，是现阶段主要矛盾的根源所在，必须找到破解问题的发力点和突破口。一要从区域协调发展的角度出发，要按照省委统筹珠三角和粤东西北地区一体化发展的要求，深入研究与珠三角地区特别是与广州南沙区的合作共建机制，发挥“南沙·平远国际经贸合作中心”平台作用，完善双向招商合作机制，共享自贸区政策红利。要利用世界客商大会等活动平台，创新招商引资方式，不断推进开放型经济体制建设；运用好“两大振兴政策”等，争取G206线绕城段、凤池水库、瑞梅铁路、连平武高速等重大项目尽快动工建设，夯实发展基础；加强与潮汕揭、海西区和粤赣闽原中央苏区等区域的合作，推进交通互联、经济互通、文化互鉴。二要从城乡融合发展的实际出发，推进新型城镇化与乡村振兴联动发展。要突出抓好县城扩容提质、中心镇和建制镇的建设，实施“六个一”工程，打造一批“特色小镇”，把城镇群建设成农民市民化的重要载体，引导乡贤回归和农民就近就地安居就业。要通过新型城镇化，促进农村土地流转、人口流动、产业转型，结合扶贫攻坚，引进企业建设特色小镇、田园综合体，发展农业适度规模经营，增强贫困村和贫困户发展内生动力，促进乡村振兴。三要研究补齐民生社会事业短板，抓住人民最关心最直接最现实的利益问题，争创广东省推进教育现代化先进县，建设卫生强县、打造健康平远，完善就业服务体系，实现更高质量和更充分就业，着力解决教育、医疗卫生、就业等重大问题，逐步提高保障和改善民生水平。

（二）深入研究推进供给侧结构性改革，壮大县域综合实力的问题。党的十九大报告强调，必须以供给侧结构性改革为主线，推动经济发展质量变革、效率变革、动力变革。产业是经济发展的根本支撑。单从工业来看，我县现有的稀土、家具、建材、铁矿等支柱产业属于资源依赖型产业。就算是近年来，发展比较好的旅游产业，绝大部分还处在观光旅游阶段，公共服务配套设施远远不足，高标准的旅游特色小镇、景区还十分缺乏，在提升旅游层次上还有很大的空间。从总体上看，我县的经济发展不管是量还是质，都离建设现代化经济体系有较大差距。我们必须抓住发展第一要务不放松，坚持质量第一、效益优先，下大力气推动经济提质增效。一要研究实施创新驱动战略。我县创新发展总体还处在起步阶段，高新技术企业少，高层次创新人才紧缺，新兴产业发展缺乏领军企业和骨干企业。要健全以企业为主体、市场为导向、产学研深度融合的技术创新体系，落实人才新政，努力引进高层次创新人才，支持重点企业建立研发机构，培育发展一批高新技术企业，不断增强平远经济创新力和竞争力。二要研究推动工业转型升级。重点研究深化供给侧结构性改革，从供给端入手优先发展先进制造业和新兴产业，注重产权制度和要素市场改革，完善产业园区交通、物流、管网、水利、环保等基础设施，提升园区承载力，推动产业转型升级，做强做大实体经济。三要研究壮大生态富民产业。这几年，我们以创建国家全域旅游示范县为目标，充分利用生态资源，打造了五指石、相思谷等一批生态旅游综合体。我们要按照李希书记的要求，聚焦生态富民产业建设，着力培育发展健康养生、健康食品、体育休闲、特色农业等重点产业，南部重点推动工业园区、南台卧佛度假区、风池特色小镇以及石正中心镇“六个一”建设，促进新型城镇化和新型工业化融合发展，打造产城融合的“特色小城镇”，北部重点推动八尺酒香小镇、仁居古镇、五指石、相思谷、梅畲田园综合体以及沿线一批新农村建设，促进生态旅游、休闲农业与新农村同步建设。四要研究推进农业供给侧结构性改革，打造名优特农业品牌。深化农业供给侧改革和农村集体产权制度改革，以脐橙、南药、油茶、优质稻、茶叶、梅片树等为主，推广“一镇一业”“一村一品”特色农业发展模式，大力发展乡村旅游产业，切实发挥“旅游+”的带动串联作用，加快建设一批休闲农业体验综合体以及农业深加工项目，延伸农业产业链，推进一、二、三产业融合发展，促进农业强、农村美、农民富，加快乡村振兴发展。

（三）深入研究推进全面深化改革问题，激活发展动力和活力。党的十九大对全面深化改革提出了新任务，部署了一大批力度更大、要求更高、举措更实的改革任务，开启了全面深化改革的新征程。我们必须坚决破除一切不合时宜的思想观念和体制机制弊端，突破利益固化的藩篱，扎实推动改革落地见效。一要研究落实中央和省委、市委改革部署，全面梳理新提出的改革任务和举措，逐项研究，明确分工和进度安排，加大力度推进落实。二要研究推进重点领域和关键环节改革，严格按照中央顶层设计，进一步加强对改革重点和突破口的研究，排出优先次序，带动各项改革整体推进，不断取得突破。要着力推进降低制度性交易成本的系列改革；进一步转变政府职能，深化简政放权，更好发挥政府作用；深化营商环境综合改革、商事制度改革和投融资体制改革，增强发展环境的吸引力和竞争力；建立完善常态化的政企沟通机制，着力构建“亲”“清”新型政商关系。三要研究创造有利于改革的环境，落实“三个区分”容错纠错机制，激发各级干部锐意改革、勇于创新的积极性，充分释放全社会的改革活力。

（四）深入研究推进生态文明建设问题，增创环境新优势。党的十九大报告强调，要加快生态文明体制改革，建设美丽中国。我县是国家重点生态功能区，我们必须牢固树立“绿水青山就是金山银山”理念，坚持节约优先、保护优先、自然恢复为主的方针，还自然以宁静、和谐、美丽。一要研究推进绿色发展。以绿色为标尺引领产业转型升级，研究构建绿色发展的空间格局、产业结构、生产方式和生活方式，加快建立绿色生产和消费的政策导向。二要研究打好污染防治攻坚战。坚持源头防治，解决水、大气、土壤等突出环境问题，积极构建政府主导、企业主体、社会组织和公众共同参与的环境治理体系。三要研究构建生态保护体系。探索推进生态文明制度改革，加快构建国土空间开发保护制度，积极申报创建国家地质公园和广东平远国家公园。加强城镇与乡村的生态规划和建设，让绿色成为城乡人居环境的底色，引导全县群众共建美丽家园。

（五）深入研究传承优秀客家文化的问题。客家文化源远流长，爱国爱乡、崇文重教、开拓创新、艰苦奋斗是其最本质的核心内涵。正是有这种精神，让客家人在不同时代都有非凡表现。一要认真弘扬客家文化。研究繁荣客家文艺精品创作，出台扶持政策，创新文化供给模式，推动客家文化事业和文化产业发展，增创平远文化发展新优势。二要大力传承革命文化。研究制定保护传承平远革命文化的行动计划，修复革命旧址、苏区遗存，发掘革命人物精神内涵，打造一批红色教育基地和红色旅游载体，深入开展“铭记光辉历史、传承红色基因”革命文化教育，让苏区党员干部永葆革命本色。三要推进文化多元发展。研究弘扬具有平远特色的程旼文化、客商文化等优秀传统文化，通过精神提炼、人物研究、理论探讨等方式，创新传承发展载体，不断丰富客家文化的外延和内涵。四要把践行社会主义核心价值观、传承红色文化，与弘扬客家人文精神结合起来，把道德建设、文明创建融入群众的日常生产生活中，培养彰显时代特征的平远人精神。

（六）深入研究加强法治平远和平安平远建设问题，打造良好社会环境。党的十九大报告对深化依法治国实践、加强和创新社会治理作出了全面部署。平远群众安全感和政法工作群众满意度连续多年居全省前列。当前，平远处于爬坡越坎的攻坚期，决胜全面小康的关键期，更迫切需要推进法治建设和平安建设。一要按照深化依法治国实践的要求，加强人民当家作主制度保障，支持和保障县镇人大依法履职。二要推动法治平远系列工程的实施，着力建设法治政府，推动依法行政，严格规范公正文明执法；深化司法体制改革，提升司法效能和公信力；推进全民普法，使法治观念深入人心。三要把客家文化特别是文明乡风、家风渗入创新社会治理、化解社会矛盾的各个领域，提升社会治理整体水平。四要加快社会治安防控体系建设，依法打击和惩治黄赌毒黑拐骗等违法犯罪活动，确保社会和谐稳定，为平远改革发展提供强有力的法治和安全保障。

（七）深入研究干部队伍和基层党组织建设问题，为改革发展提供坚强保障。党的十九大报告对建设高素质专业化干部队伍和加强基层组织建设提出了新任务新目标新定位。党的基层组织建设事关全县改革发展稳定大局，具有战略性、全局性。一要落实党委抓基层组织建设的责任。各级党委书记要把基层党建工作作为重中之重的工作，作为义不容辞的“天职”，着力抓统筹、抓投入、抓落实。要掌握基层党组织的现状，找到影响作用发挥的关键性问题，提出阶段性目标，分期分批有针对性地落实解决办法，力争用3至5年时间，使全县基层党组织建设上新水平。二要研究增强基层党组织的组织力问题。加强基层党组织带头人和党建人员队伍建设，强化基层党组织对各领域社会基层组织的政治领导、引领带动作用；落实基层党组织“三会一课”等制度，增强党员教育管理针对性和有效性。三要推动基层党建与基层治理紧密结合，确保基层党组织在化解社会矛盾、查处违法违纪、维护群众合法权益中发挥一线作用，特别是引领基层其他社会组织，善于围绕党委意图做好各类群众工作，在新形势下更加有力地巩固党的执政基础。四要坚持党管干部和党管人才。认真研究开展“铭记光辉历史、传承红色基因”的革命精神教育，充分运用苏区革命文化资源，锻造党员干部的理想信念、党性党风，筑牢精神支柱。要继续抓好干部大培训和人才培养工程，不断提升党员干部队伍的“八个本领”，建设一支高素质专业化干部和人才队伍。

上述7个问题，是我县贯彻落实党的十九大精神中大家感到比较突出、迫切需要研究解决的重大问题，不可能涵盖全县工作要解决的所有问题，更不是贯彻落实党的十九大精神的全部内容，没有讲到的问题不意味着不重要，更不意味着不要解决。全县各级各部门要认真对标党的十九大精神，把抓重点和全面推进有机结合起来，全面落实好党的十九大提出的各项决策部署。接下来，要按照县委《关于深入开展重大问题调研的方案》要求，用半年左右时间，深入开展调查研究，提出具体的政策和行动方案，形成推进落实的具体行动计划和行动方案，切实把习近平新时代中国特色社会主义思想贯彻到全县经济社会发展各方面全过程。

四、坚持党要管党，全面从严治党，为全面贯彻落实党的十九大精神提供有力政治保证

李希书记强调，各级党组织书记首先是管党治党的书记，党要管党、从严治党。我们要认真贯彻落实新时代党的建设总要求，全面推进党的政治建设、思想建设、组织建设、作风建设、纪律建设，把制度建设贯穿其中，深入推进反腐败斗争，不断提高党的建设质量，把各级党组织锻造得更加坚强有力。

（一）抓好政治建设。党的政治建设是党的根本性建设。要牢固树立“四个意识”，坚决维护习近平总书记的核心地位，始终在思想上政治上行动上同以习近平同志为核心的党中央保持高度一致。要按照中央和省委、市委的统一部署，深入开展“不忘初心、牢记使命”主题教育，坚持以习近平新时代中国特色社会主义思想武装头脑，加强党性锻炼、坚定理想信念，认真执行新形势下党内政治生活若干准则，完善和落实民主集中制各项制度。要坚持挺纪在前，严明党的政治纪律和政治规矩，教育党员干部牢记

“五个必须”，杜绝“七个有之”。要大力弘扬忠诚老实、公道正派、实事求是、清正廉洁等价值观，形成风清气正的良好政治生态。要构建“亲”“清”新型政商关系，切实增强底线意识、红线意识，不与不法商人勾肩搭背、搞权钱交易。同时，要加强服务型政府建设，积极作为、主动服务，为企业合法经营、健康发展排忧解难。

（二）抓好干部队伍建设。进入新时代，平远要有新作为，就必须锻造一支有新气象的高素质专业化干部队伍。要坚持党管干部原则，把好干部标准落到实处，坚持正确用人导向，突出政治标准，提拔重用牢固树立“四个意识”和“四个自信”、坚决维护党中央权威、全面贯彻执行党的理论和路线方针政策、忠诚干净担当的干部。要加强领导班子建设，按照高素质、专业化要求，选优配强不同层次、不同领域的领导班子。要崇尚实干，为敢于担当负责、勇于攻坚克难的干部撑腰鼓劲，充分调动干部队伍的积极性、主动性、创造性。要教育引导干部把讲规矩与改革创新统一起来，既不能碰中央和省委划定的“红线”，又要善于创造性开展工作。要把提振干部干事创业的精气神摆在突出位置，优化正向激励，强化约束，使干部始终保持锐意进取的勇气、敢为人先的锐气、蓬勃向上的朝气。要加强干部培训和实践历练，帮助干部增强“八个本领”。

（三）抓好意识形态工作。要牢牢掌握意识形态工作的领导权、管理权、主动权，切实加强意识形态阵地建设管理，着力构筑齐抓共管的意识形态工作格局，全面筑牢意识形态安全的“防火墙”。要围绕建设具有强大凝聚力和引领力的意识形态，坚持正确舆论导向，提高新闻舆论传播力、引导力、影响力、公信力。要加强互联网内容建设，建立网络综合治理体系，营造清朗的网络空间。要落实意识形态工作责任，领导干部要敢于发声、敢于亮剑，坚决反对和抵制意识形态领域的各种错误思想观点，决不能“视而不见”，明哲保身。

（四）抓好党风廉政建设和反腐败工作。坚决落实“两个责任”，持之以恒正风肃纪，巩固拓展落实中央八项规定精神成果，坚持不懈纠正“四风”，在这里我强调一下，各级领导干部要带头转变作风，身体力行，以上率下，形成“头雁效应”。主动探索实践监督执纪“四种形态”，抓早抓小，防微杜渐。深入推进纪委派驻和巡察工作，加大整治群众身边腐败问题力度，着力发现和解决全面从严治党方面存在的问题，重点强化政治纪律和组织纪律，带动廉洁纪律、群众纪律、工作纪律、生活纪律严起来。认真落实中央关于国家监察体制改革的决策部署，牢牢把握改革正确方向，集中力量抓好转隶，选优配强领导班子，按期完成机构组建，确保人心稳定、队伍稳定、工作稳定，为县监察委员会起步运行奠定坚实基础。

同志们！美好蓝图已经绘就，光荣使命催人奋进。让我们更加紧密团结在以习近平同志为核心的党中央周围，高举中国特色社会主义伟大旗帜，深入学习贯彻习近平新时代中国特色社会主义思想，认真落实习近平总书记对广东作出的重要指示批示精神，不忘初心、牢记使命，锐意进取、埋头苦干，奋力谱写决胜全面小康、建设美丽幸福平远的崭新篇章！

在县委十三届四次全会第二次全体会议上的讲话

（2017年12月17日）

中共平远县委书记　宋才华

这次全会虽然只有半天，但开出了成效，实现了预期的目标。会议以习近平新时代中国特色社会主义思想为指引，对我县进一步做好党的十九大精神学习宣传贯彻工作进行了再升温、再动员、再部署，同志们围绕会议主题进行了热烈的分组讨论，提出了一些很好的意见建议，我们将认真梳理、仔细研究、充分吸纳。这次全会，还审议通过了《中共平远县委关于贯彻落实〈中共梅州市委关于落实《中共广东省委关于持续深入学习宣传贯彻党的十九大精神推动习近平新时代中国特色社会主义思想在南粤大地落地生根结出丰硕成果的决定》的意见〉的意见》，必将推动全县上下更好学习宣传贯彻党的十九大精神，推动习近平新时代中国特色社会主义思想在平远大地落地生根、结出丰硕成果。

会议结束后，各镇各单位要迅速抓好传达、学习和贯彻工作，按照全会部署和县委《意见》要求，切实提高政治站位、保持政治清醒，自觉把十九大精神和省委、市委、县委的各项重大决策部署不折不扣落实到工作中，体现在行动上；自觉把习近平新时代中国特色社会主义思想落实到经济社会发展各方面，体现到做好岁末年初各项工作及未来工作之中，推动党的十九大精神学习宣传贯彻往深里走、往实里抓。下面，就落实好全会部署，我再强调三点意见。

一、以强烈的政治担当持续抓好党的十九大精神学习宣传贯彻工作

持续深入学习宣传贯彻好党的十九大精神，是当前和今后一个时期的首要政治任务，各镇各单位要在前段时间取得良好开局的基础上，进一步向广度拓展、向深度进展，以高度的政治责任、强烈的政治担当，持续深入抓好党的十九大精神学习宣传贯彻工作。

一要坚持领导带头。党委（党组）要落实主体责任、党支部要落实直接责任，党委（党组）书记、党支部书记要牢固树立主业意识，切实把学习贯彻工作当作第一责任、第一要务，抓实抓细本地本单位本支部的学习贯彻工作，引导党员干部更加坚定地以党的十九大精神，以习近平新时代中国特色社会主义思想统一认识、统一步调、统一行动。各级领导干部要带着信仰学、带着忠诚学、带着感情学、带着使命学，以更高标准、更严要求学懂弄通做实，以上率下带领广大党员干部跟着学、照着做，在全县上下形成持续深入学习贯彻党的十九大精神的浓厚氛围。

二要突出抓住重点。学习内容上，要将学习习近平新时代中国特色社会主义思想当作重中之重，将其作为各级各类学习培训的主要内容和核心课程，贯穿党的十九大精神"大学习"全过程。学习对象上，要抓住"一把手""关键少数"，通过党校举办主体班、专题班等形式，实现县处级领导干部、镇党政主要领导、县直各单位负责人和基层党组织书记的培训全覆盖。同时，要对各镇各单位各行业在学习贯彻中的先进典型、鲜活经验和良好风貌进行及时宣传报道，树立先进典型，发挥榜样力量，营造良好的学习氛围，推动党的十九大精神家喻户晓、深入人心。

三要持续用力深化。要紧密结合“两学一做”学习教育常态化制度化、“不忘初心、牢记使命”主题教育、全省“大学习、深调研、真落实”活动以及全市“铭记光辉历史，传承红色基因”革命主义精神教育等活动，坚持常态化、长期性，系统安排、有序推进，持续用力深化学习宣传贯彻工作。同时，尤其要注重抓好学习成果转化，坚持以学促干、干学结合，坚持用习近平新时代中国特色社会主义思想指导实践，不断深化对县情镇情村情的认识，与时俱进完善发展思路和工作举措，在结合上更加紧密、在实践上更加扎实。当前，要按照市委七届三次全会“十二个重大问题”调研的部署，结合实际抓好我县九个重大问题的调查研究，深入剖析问题，科学谋划思路，狠抓工作落实，切实把调研成果转化为推动平远加快振兴发展的具体行动、具体项目。

二、把学习贯彻十九大精神的成效转化为推动工作的强大动力，全力以赴做好岁末年初各项工作

各镇各单位要用习近平新时代中国特色社会主义思想统领一切工作，坚持用实在的工作成果来检验学习贯彻工作成效，将学习贯彻党的十九大精神落脚到抓好岁末年初各项工作中去，切实担当作为，鼓足干劲，全力以赴完成各项任务。

一要全力以赴，确保完成年度各项目标任务。据全市1—10月各县（市、区）主要经济指标排位情况显示，我县主要经济指标完成情况不容乐观，特别是固投累计增速排全市倒数第二、规上工业增加值累计增速排全市倒数第二。对此，我们要有清醒的认识，要采取更加有效举措，紧紧围绕年度工作任务，持续攻坚，在年底有限的时间里，精准有效发力，全力以赴完成好各项年度工作目标任务。同时，要统筹做好各类迎检考核工作，严格对照考核要求，全面梳理总结，坚持问题导向抓好整改，重点要做好精准扶贫精准脱贫、河长制验收、安全生产、综治维稳、环境保护、工业园区等各类考核考评工作，要把一年来的工作成效在年终检查考核中体现出来。

二要抓紧抓牢，确保社会大局安定和谐有序。岁末年初，各镇各单位要按照“一岗双责”要求，始终绷紧稳定这根弦，全面落实管控防范处置责任，做好各类社会矛盾的排查、化解、稳控工作，开展安全生产隐患大排查、行业大检查行动，重点突出抓好交通运输安全、项目建设施工安全、消防安全、森林防火、烟花爆竹监管等各类安全工作，杜绝出现安全生产责任事故，狠抓社会治安综合治理，严厉打击各种刑事犯罪，全力维护社会稳定大局。同时，要扎实做好县三所医院、村级卫生站规范化建设、农村危房改造、农村小水利建设等各项民生实事、民生工程的收尾工作，兑现好政府向群众的庄严承诺；要做好岁末年初困难群众生活保障工作，切实帮助群众解决生产生活中的实际困难和问题，全力维护安定祥和的良好社会环境。

三要及早谋划，确保明年工作开好局起好步。各镇各单位要围绕县委贯彻新发展理念、推动生态富民强县的要求，认真抓好客商大会“三个一批”项目的对接落实工作，结合开展大调研活动，重点谋划好明年的重点项目和重点工作。同时，要稳妥有序认真做好县委五次全会和人大、政协“两会”的筹备工作，为推动明年各项工作开展凝聚思想共识，明确工作重点和举措，切实推动各项工作开好局、起好步。近期，还要严格按照中央、省和市的要求，扎实做好县监察委职能划转、人员安排等工作。

三、驰而不息抓好作风建设，为开创平远工作新局面提供强力保障

加强纪律性，革命无不胜。历史和实践证明，良好的作风始终是我们战胜困难、夺取胜利的重要法宝。当前，我们高举习近平新时代中国特色社会主义思想伟大旗帜，深入学习贯彻党的十九大精神，奋力开创平远工作新局面，尤为需要驰而不息纠“四风”，持之以恒转作风，为干事创业汇聚更大正能量。

一要深化认识。最近，习近平总书记在新华社一篇《形式主义、官僚主义新表现值得警惕》的文章上作出重要指示，指出文章反映的情况，看似新表现，实则老问题，再次表明“四风”问题具有顽固性反复性。纠正“四风”不能止步，作风建设永远在路上。这一重要指示，充分表明了以习近平同志为核心的党中央坚定不移全面从严治党、持之以恒正风肃纪的鲜明态度和坚定决心。我们要充分认识进一步纠正“四风”、加强作风建设的重大意义，严格按照习近平总书记的重要指示精神，紧紧围绕省委、市委部署，不折不扣贯彻执行好中央八项规定精神，坚决克服麻痹松懈思想，坚决做到标准不降、力度不减，不断巩固深化拓展作风建设成果。

二要深入查摆。各镇各单位要对照“四风”10种新的表现形式，重点在调查研究、服务群众、项目建设、会风文风、决策部署、担当作为、总结报告、履职尽责、反映情况、作风纪律等10个方面进行自查自纠，查出存在差距，找到突出问题，拿出切实有效的举措，认认真真地进行整改。县领导、各镇各单位“一把手”要发挥以上率下的领导带头作用，带头查摆问题、带头改进作风，严格要求自己，主动与“四风”做斗争，推动作风建设不断引向深入。

三要立行整改。对查摆出来的“四风”问题，要坚持即知即改、立行立改。尤其是各级党员领导干部要发挥模范带头作用，始终坚持勤政为民，根除阻碍发展的惰政行为，倡导担当有为的实干之风，带动社风民风持续好转。当前，元旦、春节临近，各级领导干部要以身作则、模范践行，守住道德底线，不碰纪律红线，带动全县上下持续改进作风，营造节俭文明廉洁过节的氛围。纪检监察机关要加大明察暗访力度，强化执纪问责，对顶风违纪问题，绝不姑息，严肃查处。

同志们，立足新时代，开创新局面，我们激情满怀、信心满满。让我们更加紧密团结在以习近平同志为核心的党中央周围，以习近平新时代中国特色社会主义思想为指引，在省委、市委的坚强领导下，扎实做好平远改革发展实践各项工作，奋力开创新时代平远工作新局面！

政府工作报告

——在平远县第十五届人民代表大会第三次会议上

(2018年1月11日)

平远县代县长　杨　栋

2017年工作回顾

2017年，县政府在市委、市政府和县委的正确领导下，在县人大和县政协的监督支持下，深入学习贯彻党的十九大精神、习近平总书记系列重要讲话以及对广东工作的重要指示批示精神，紧紧围绕市"一区两带六组团"发展新格局，克难攻坚、砥砺前行，扎实推进经济社会各项工作，较好地完成十五届人大二次会议确定的各项目标任务。预计全县生产总值84亿元，比增7.3%；固定资产投资55亿元，比增26.1%；一般公共预算收入8.14亿元，比增12.4%；规上工业增加值12.8亿元，比增7%；社会消费品零售总额27.5亿元，比增9.3%；出口总额2.98亿美元，比增10.2%。

——工业经济加快发展。投入1.2亿元，园区新征土地350亩、平整土地1000亩，新增建设用地1600亩，创业创新孵化基地、标准厂房等配套设施建设加快推进，水电路讯等基础设施更加完善。贯彻实施"省实体经济十条"，完善县级扶持政策，共落实股权投资、信贷风险补偿、专项扶持等各项政策资金5000多万元，促成元宝时代家居、华和精密制造等14个项目落户园区，元芯科技、平实实业等9个项目动工建设，佳之朋、利天新能源等8个项目建成投产，完成固定资产投资22.1亿元，投产企业达50家，预计实现规上工业增加值6.8亿元，税收1.85亿元，分别比增29.8%和28.5%，自2013年升格为省级园以来第三次获评省优秀园区。在园区的有力带动下，全县工业经济提速增效，完成技改投资5亿元，比增90.8%，新增获赛尔机械制造、华清园生物科技、亚力盛电子3家国家高新技术企业，新培育宇时代科技、兴盛伟业等14家规上企业，预计全县实现规上工业总产值59.46亿元，比增6.7%。深化与南沙区共建共享，"南沙·平远国际经贸合作中心"基本建成；落实专业招商队和领导干部"一对一"对接联系责任，共引进一抹禾香酒业、航驿水上乐园设备等20个项目，计划投资达163.8亿元。大力扶持培育建筑安装类企业上等级、扩市场，实现创税6000万元，比增30%。

——城乡人居环境持续优化。全年盘活存量用地3162亩，储备城镇建设用地1000多亩。城北、城南、城西、城东、老城"五个片区"共完成年度投资9亿多元。兴隆路建成通车；大柘河、岭下河"两河四岸"和法谦公园完成景观提升；碧桂园一期、优山美地二期、平城花园三期、金绿新城等宜居社区加快建设；平城中路、建设路雨污分流及人行步道改造项目有序推进；南区市场片区改造实施清拆；城区实现公交试运营。深入实施城市综合管理体制改革，城市管理和综合执法局挂牌成立，数字化城市管理平台投入使用；持续加大违法建设查处力度，全年依法整治违法违章建筑20宗3.6万平方米；不断提升公共文化服务水平，成功创建"广东省县级文明城市"。投入1.6亿元，石正、仁居、东石3个中心镇“六个一”工程加快推进，镇域基础设施整体水平得到有效提升。深入开展绿满平远大行动，完成造林3.5万亩和60公里生态景观林带建设，龙文—黄田省级自然保护区获评“中国最美森林”“中国森林氧吧”，上举镇被认定为广东省首批森林小镇。大力开展跨境河流水源水质保护和大气污染防治工作，主要河段交接断面及饮用水源地水质达到或优于国家地表水Ⅱ类标准，全年环境空气质量保持优良。

——“三农”发展基础不断夯实。全力推进农村土地承包经营权确权登记颁证工作，全县颁证率达99.03%。出台加快现代农业发展扶持政策，积极引导农村土地规范流转，促进规模化种植、产业化经营，脐橙、油茶、南药、优质稻、梅片树、有机茶等特色优势产业不断巩固发展，华清园、园山湖、源丰、飞龙等农业深加工项目加快建设，农产品加工转化率和产品附加值不断提升。积极培育壮大新型农业经营主体，全年新增1家省级龙头企业、2家市级龙头企业和51家专业合作组织。大力推进农旅融合，在国省道、旅游公路沿线打造18个现代农业示范基地和品牌农业示范公园，曼佗山庄获评“广东省农业公园”，金穗山庄获评“全国休闲渔业示范基地”。预计全年实现农业总产值19.3亿元、农村居民人均可支配收入15028元，分别比增4.2%和8%。加快推进省定贫困村新农村示范村建设，完成20条省定贫困村整治规划和创建规划，“三清三拆三整治”取得阶段性成效。深化与南沙区的对口帮扶，积极推广特色种养、资产收益、小额贷款、乡村旅游、光伏、“互联网+”等扶贫模式，累计筹集扶贫资金1.12亿元，投入帮扶资金7104.97万元，全年实现预脱贫人口1558人，预脱贫率达70.4%。

——全域旅游建设步伐加快。完善促进旅游产业发展专项资金使用办法，出台保障旅游产业发展用地指导意见，加大旅游产业扶持力度。投入1.9亿多元推动景区提档升级，五指石贵妃湖环湖步道动工建设，岭东大酒店建成营业；长布半岛一期首批土地完成征收；南台卧佛山旅游度假区一期启动征地；曼佗山庄、金穗山庄等休闲体验综合体项目续建扩建。引进棕榈股份、铁汉生态、鸿艺集团等行业龙头企业，启动凤池特色小镇、仁居古镇、梅畲田园综合体项目建设。持续完善旅游接待配套，县旅游综合服务区和各镇旅游咨询中心建设有序推进，56座旅游厕所新建改建任务基本完成。强化旅游宣传营销，成功举办第八届北京国际山地徒步大会梅州·平远站、三月三“客家炒绿”茶香节、六月六民俗文化节、九月九酒香节、脐橙文化旅游节等活动，平远旅游知名度、美誉度得到进一步提升，全县接待游客人次、旅游综合收入分别比增11%和12.2%，获评“生态自然旅游城市和大众休闲健康养生旅游城市”“2017中国候鸟旅居县”“广东旅游创新发展十强县”。

——交通水利等重点基础设施建设加快推进。全年投入8.5亿元推进高速公路、国省干线和县乡公路建设，梅平高速平远段实现无障碍施工，完成建设总工程量的52%；平武高速列入省中长期发展规划；平蕉大高速列入市“十三五”路网规划；积极配合做好瑞梅铁路前期工作；国道206线绕城段各项工作全面启动；国道358线湍溪至八尺段完成立项审批；省道225线大柘至热柘段路面改造工程即将完工通车；省道239线、334线等4条总长87.67公里的新升级省道改建项目列入市未来三年行动计划，前期工作有序开展；新农村公路建设指标向贫困村倾斜，全年新建新农村公路60.48公里，完成安保工程64公里、国道示范工程29.78公里，全县道路技术等级和通行能力不断提高。投入3亿多元，全面推动山区中小河流治理、村村通自来水、城乡污水处理设施等9项12宗水利重点工程建设，凤池水库立项前期各项工作进展顺利；全面落实河长制，推动江河湖库长效化常态化治理，民生水利保障和支撑能力不断提高。同时，电力、信息基础设施全面提升，投入1亿多元推进基础电网建设，供电可靠率达99.92%；全面完成原中央苏区农村超高速无线局域网试点工作；持续巩固电商进农村成果，新增40个村级电商驿站。

——民生福祉持续改善。坚持公共财政支出向民生倾斜，全年落实各类民生资金19.8亿元，较去年增支1.73亿元，增幅达10%，统筹推进教育医疗、社会保障等重点民生建设。完成年度“十件民生实事”。完善创业扶持政策，以创业带动就业，年度发放小额担保贷款331万元，贴息98.34万元，扶持327人创业，带动1804人就业。全年城镇新增就业2016人，城镇失业人员再就业1984人，城镇登记失业率控制在2.4%以内。扎实做好机关事业单位养老保险改革，城乡居民养老保险和医疗保险保持全覆盖。低保、五保、优抚标准逐步提高，底线民生得到保障。投入2亿多元实施一批重点教育项目，特殊教育学校建成投入使用；实验中学西教学楼加快建设；顺利完成“广东省推进教育现代化先进县”督导验收和教育创强复评。投入4.16亿元改善县镇村三级医疗卫生基础设施，县中医医院、县慢病站和县120急救指挥中心完成主体工程建设；县人民医院综合大楼启动前期工作；“卫生两基示范镇”项目加快建设；129间村卫生站实施规范化升级改造；“全国基层中医药工作先进单位”完成国家级考核验收。整理出版《客家（平远）家训》《平远古今诗词选》，获评“广东省诗词之乡”。完成409户农村危房和85套棚户区改造，以及10个残疾人社区康园中心建设。大力推进足球振兴，棕榈国际足球学院平远青训中心挂牌成立。自然村落历史人文普查工作顺利推进。全面两孩政策稳妥实施，人口计生工作均衡发展。安全生产形势持续稳定，食品药品安全监管不断强化。大力推进“中心+网格化+信息化”建设，切实做好舆情监测管控，有效化解社会矛盾。圆满完成党的十九大、第五届世界客商大会等重大活动安保维稳任务。国防动员、兵役征集、国防教育、双拥、国家安全等工作扎实推进，关爱妇女儿童，民族宗教、外事侨务、监察、统计、供销、粮食、烟草、气象、对台、打私、打假、应急、人防、档案和红十字会等工作取得新成绩。

——政务环境优化提升。深化“放管服”改革，推行“双随机一公开”监管、减证便民和政府服务“马上办”，调整行政审批事项65项，取消行政审批中介服务事项15项。积极推进“一门式、一网式”政府服务模式改革，全面完成县级职能部门行政许可及公共服务事项标准化建设，县镇村三级一门式综合服务窗口全面运行。成功入选全国基层政务公开标准化规范化试点单位。持续深化商事制度改革，全年新增各类市场主体1754户，比增16%。认真执行县人大及其常委会各项决议、决定并向其报告工作，坚持向人民政协通报情况，全年共办理人大议案1件、建议49件，政协提案56件。广泛听取党外代表人士、工商联和工青妇等人民团体意见。加强法治政府建设，在省市依法行政考评中连续三年获评优秀；完善县政府工作规程和法律顾问制度，行政复议案件受理率、结案率均达100%。坚持“两学一做”学习教育常态化制度化，积极做好党的十九大精神宣传宣讲，严格执行中央八项规定精神和廉洁从政各项规定，切实加强行政监察和审计监督，有效促进权力公开透明运行。

各位代表！一年的奋斗，为今后厚积薄发夯实牢固根基；一年的实践，为今后攻坚克难积累宝贵经验；一年的成就，为今后砥砺前行鼓舞必胜士气。成绩来之不易，这是市委、市政府和县委正确领导的结果，是县人大和县政协监督支持的结果，是全县人民团结拼搏的结果。在此，我代表平远县人民政府，向全县人民、驻平部队官兵和社会各界人士，致以崇高的敬意！向长期关心和支持我县建设与发展的省市属驻平单位、港澳台同胞、海外侨胞及外出乡贤，表示衷心的感谢！

在看到成绩的同时，我们也清醒地认识到，工作中还面临不少困难和问题：产业竞争力不强，自主创新能力偏弱，具有核心竞争力的支柱产业尚未真正成型；支撑发展的大项目、好项目不多，民间投资意愿不强，持续增长后劲不足；民生补短板任务还很艰巨，教育、医疗、养老等公共服务与群众需求还有较大差距；财政收入基础比较薄弱，保运转与求发展的矛盾依然突出；干部不敢担当、消极懈怠等现象在个别单位和领域仍然存在，破解难题、创新作为的能力还有待提高，等等。对这些问题，我们不回避、不掩饰、不推诿，将积极采取有效措施加以解决。

2018年工作安排

2018年，是贯彻党的十九大精神的开局之年，是改革开放四十周年，是决胜全面建成小康社会、实施“十三五”规划承上启下的关键一年，做好今年工作意义重大。县委十三届五次全会对今年工作进行了科学谋划，为政府工作提供了行动纲领和政治保证，只要我们坚定发展的信心，增强抢抓机遇的意识，谋在先，干在前，就一定能将平远各项事业不断推向前进。今年政府工作的总体要求是：**深入学习贯彻党的十九大精神，以习近平新时代中国特色社会主义思想为指导，统筹推进“五位一体”总体布局和协调推进“四个全面”战略布局，按照中央、省、市和县委的部署，牢固树立和贯彻落实新发展理念，紧扣社会主要矛盾变化，大力实施“一城一区一带”发展战略，推动生态富民强县，奋力开创决胜全面建成小康社会新局面。**

今年全县经济社会发展的主要预期目标是：生产总值增长7.5%左右，一般公共预算收入增长10%，固定资产投资增长20%，居民人均可支配收入增速与经济增长基本同步。

围绕上述目标，我们将重点抓好以下五个方面工作：

一、以做大“一城”为支撑，提升城乡宜居宜业水平

紧紧围绕县委提出的建设宜居宜业美丽县城目标，坚持完善布局与提升功能相互促进，提升县城综合承载和辐射带动能力，以城带乡统筹发展。

——*加速县城扩容提质*。完成县城总体城市设计及控制性详细规划编制，提高城市发展的前瞻性、系统性、科学性。结合国道206线绕城段、瑞梅铁路和县旅游综合服务区等重大项目的规划建设，推进形成政府、企业、农民多方共赢的土地利用模式，采取征收、流转等多种方式对项目周边地块进行有效储备；用好用活产业发展用地政策相关指导意见，强化933亩垦造水田在建项目监管，落实1800亩水田占补平衡任务，启动新一轮土地利用总体规划修编工作；严把用地指标报批关，严禁土地私买私卖行为，通过有效保障城镇建设用地进一步拉开城市架构。继续完善碧桂园、平城花园、优山美地、金绿新城等商住项目；加快推进老粮所片区改造；积极做好南区市场片区改造项目招商选资工作，上半年必须完成已签户清拆；启动县城各片区临时集市选址布设，以及县医疗养生保健中心周边道路与寨北路、杞凤路硬底化改造；加快县城人行步道、雷公陂至龙台桥休闲步道、车上桥至水门山绿道建设，通过项目的推进不断提升县城商业综合服务功能和群众宜居水平。

——加强城镇建设管理。坚持建管并重，强化规划刚性约束，建立健全规划执行监管、责任追究等体制机制，严肃查处违法违规建设行为，不断提升规划管理水平。巩固提升“广东省卫生县城”和“广东省县级文明城市”创建成果，以深化城市综合管理体制改革为契机，进一步理顺管理职能，通过持续开展环境综合整治、“六乱”整治等专项行动，打造畅通、整洁、有序的市容环境；同时，加快智慧城市建设，完善数字化城市管理平台，实现精细化、网格化管理，深入推进“国家卫生县城”创建，全面启动“全国县级文明城市”创建工作。

——加快交通水利等城乡重点基础设施建设。积极营造良好的施工环境，全力保障梅平高速平远段2019年上半年建成通车；充分利用福建省武平县先动工的有利契机，力促平武高速立项建设；积极争取平蕉大高速列入国家和省路网规划；主动对接瑞梅铁路建设方案，力争项目早日立项；加快推进国道206线绕城段报批立项等各项工作，并同步启动征地拆迁；尽快动工建设国道358线湍溪至八尺段改建工程、省道332线十二排至茅坪段路面改造工程；稳步推进省道225线下丰段至园山湖产业园公路，差干上坊至五指石、五指石至塔子里和泗水至普滩旅游公路，以及省道239线、334线等新升级省道建设各项前期工作。继续推进城乡公交一体化建设，加快完善公交站亭和新农村公路建设，确保行政村客运班车通达率达100%，提升交通运输公共服务水平。全面完成湖洋河、长田河2条共21.7公里的山区中小河流治理项目，开工建设黄地河10.2公里山区中小河流治理项目，打造水清岸美的生态环境。动工建设平远县城供水扩容工程，完成村村通自来水工程建设，着力保障城乡各类用水需求。完成镇村污水处理设施建设，有效改善人居环境。推进风池水库工程立项、征地拆迁、招投标等各项前期工作，加快项目开工建设。同时，继续优化城乡电网规划，实施富远变电站等主网、镇村配电网基建项目建设；完成省定贫困村电网改造任务；推动光伏发电等新能源利用和充电桩设施建设。全面扩大农村超高速无线局域网和光纤宽带覆盖范围。

二、以打造“一区”为引擎，发展壮大工业经济

紧紧围绕县委提出的建设万亩生态工业园区目标，坚持把园区作为工业发展的主战场、招商引资的主阵地、产业集聚的新高地，真抓实干出成效。

——抓基础创优平台。大力推进园区扩容，重点抓好温氏种猪场和荣源公司周边等地块收储工作，完成新征土地1000亩、平整1000亩任务，跟进用地调规和报批，保障入园项目用地需求。继续完善园区水电气讯等管沟工程;加快工业园污水处理厂配套管网工程建设；重点推进南沙路、科创路、塘厦路、省道225线裁弯取直段建设，构建“三横一纵”园区路网，全面贯通园区回环道路；加快园区创业创新孵化基地、标准厂房建设，推动教育、医疗等公共服务资源向园区延伸，通过以产兴城、以城促产、产城联动，达到融合发展。加大项目跟踪服务力度，确保元芯科技、恒盛宇电子等10个在建项目建成投产，元宝时代家居、华和精密制造等10个签约项目上半年动工建设，实现

10个项目投产、10个项目动工，固定资产投资达20亿元以上。

——抓项目打造标杆。结合产业基础和资源优势，坚持特色发展、错位发展，围绕稀土新材料、机械制造、家居建材、电子信息等优势产业，加快产业引进和整合集聚，优化产业结构，改善产品质量，强化产业配套，全力推进稀土产业园、智能装备产业园、家居建材产业园、电子信息产业园、生态共建园五个“园中园”建设，积极构建“一区多园”发展格局，努力把优势产业打造成全县工业的标杆产业，产值占全县工业总产值70%以上。继续完善总部企业落户激励措施，做大做强总部经济基地。

——抓升级加快转型。全面落实“省实体经济十条”和创新发展“八大抓手”，以及技术改造、股权投资、事后奖补等扶持政策，加快企业转型升级、智能化改造，确保工业技改投资增长10%以上，全年新增国家高新技术企业1家，高新技术入库培育企业2家；加快创新平台建设，积极引导规上企业建立研发机构，大力支持华清园生物科技、汇胜木业等企业建设省级工程研发中心。加大力度扶持中小企业发展，培育一批企业达到规上企业规模，重点培育广益游乐设备、禾米香酒业、佳之朋等16家拟上规模企业，确保有10家企业新上规模；加大企业上市扶持力度，推动企业利用资本市场融资发展，加快获赛尔机械制造等重点企业主板上市进程，规上企业工业增加值增幅达10%以上。深入实施质量品牌升级工程，发挥政府质量奖“酵母”作用，弘扬企业家精神和工匠精神，积极争创驰名商标、著名商标，打造名牌产品。

——抓招商集聚后劲。围绕合同投资总额超60亿元、实际投资额超16亿元目标，加快完善南沙·平远国际经贸合作中心运营机制，借助南沙自贸区的制度创新、政策创新，拓宽“总部+基地”共建模式，积极承接珠三角产业梯度转移；结合园区产业基础和未来导向，狠抓招商单位责任落实，深入开展领导招商、商会招商、以商引商、产业链招商等各类招商活动，引进一批潜力大、增长性强的企业；同时，深入实施“乡贤回归兴业工程”，积极加强与广大乡贤企业的对接，争取更多乡贤回乡投资兴业。

三、以构建“一带”为抓手，加快乡村振兴发展

紧紧围绕县委提出的建设生态富民带目标，着力激活各类资源要素，注重分类指导，以点带面，综合施策，全面落实乡村振兴战略。

——大力推进全域旅游发展。积极对接梅江韩江绿色健康文化旅游产业带，全力推进国家全域旅游示范县建设。五指石景区要完成贵妃湖环湖带建设，启动西山林场项目建设；长布半岛休闲度假区要完成一期第二批土地征收，全面启动商业街、养生度假酒店、休闲度假木屋，以及松溪河景区二期整体提升工程；南台卧佛山旅游度假区要完成土地征收，启动游客中心、生态停车场、步道、索道等项目建设；全面启动热柘温泉度假区土地征收工作；在抓好重点景区建设的同时，加大扶持服务力度，支持曼佗山庄、金穗山庄、上举龙文、大河背等旅游项目加快建设步伐，以点带面促进全域旅游发展；切实加强红色资源的保护利用，充分挖掘红色文化的历史内涵，融合生态旅游、乡村旅游等功能，把红军纪念园打造成为传承红色基因、发展红色旅游的示范区；积极加强粤闽赣旅游合作，整合区域旅游资源和特色旅游线路，建立互为旅游目的地的客源互送机制。加快县旅游综合服务区、旅游大数据中心和各镇旅游咨询中心建设，完善酒店、驿站、民宿等梯级接待体系，不断优化旅游配套服务。同时，进一步放大节会效应，创新旅游营销，丰富旅游活动，打造精品旅游线路，切实把平远一方山水宣传好、推介好，吸引游客来平远、游平远，力争全年实现游客接待量、旅游总收入均增长10%以上。

——全力打造特色小镇。围绕产业“特而强”、功能“聚而合”、形态“精而美”、体制“活而新”定位，注重引入战略投资者，吸引多元主体参与特色小镇、田园综合体的建设和发展。突出品牌打造，集中优势资源，重点加快梅畲田园综合体、凤池特色小镇、仁居古镇等已确定投资主体项目的规划建设，打造试点，形成示范带动效应；同时，加大招商力度，谋划启动八尺酒香小镇、火车站场物流小镇等项目规划，打造一批富有地方特色、具有龙头产业支撑、能吸引和留住客人、能实现经济效益的小镇经济项目。此外，围绕建设新型城镇化和乡村振兴发展目标，结合专业镇、中心镇发展，在继续实施好石正、仁居、东石3个中心镇“六个一”建设工程的同时，立足各镇资源禀赋，注重生产、生活、生态的融合，突出产业建镇，积极开拓产业发展路径，每个镇至少要谋划打造1个产业发展平台，引导农村劳动力回归和就近就业，加快城镇化进程。

——积极推动农村一、二、三产业融合发展。推进农村土地制度和集体产权制度改革，稳定土地承包经营延续30年不变的农村基本经营制度，全面完成土地确权颁证任务。坚持质量兴农、绿色兴农，顺应消费主流的需求，推广良种良法和生态种养，发展高端生态农业，推动农业生产基地规模化发展、林下经济特色化发展。积极推行村集体和农民通过土地、资金等形式入股企业合作经营；每个镇至少创建1个“三变”改革示范点，有效保障农民持续增收。坚持“农业+”促进产业融合发展，充分利用脐橙、油茶、南药、优质稻、梅片树、有机茶等特色优势产业基地，引导和支持社会资本，继续打造一批农旅示范庄园，促进农副产品变礼品、民房变民宿、农区变景区，带动相关配套产业发展，扩大农村就业容量。大力推进“互联网+农业”，依托广东华泰农兴农产品交易中心平台、电子商务进农村综合示范工程、“互联网+消费扶贫”等项目，提高农产品的质量效益，拓宽销售渠道，促进农民增收致富。坚持最严格的耕地保护制度，稳定粮食生产。

——全面建设社会主义新农村。围绕“三年见成效、五年大提升、十年根本改变农村落后面貌”目标，推广河头镇向阳村新农村建设模式，加快推进“20+10”新农村示范村建设，有效统筹配置资金和项目资源，大力开展“三清三拆三整治”，确保20条省定贫困村均达到整洁村标准。全面完成省定贫困村20户以上自然村村道硬底化、生活垃圾和污水处理、集中供水等基础设施建设，带动农村面貌以点为基、串点成线、连线成面。严格按照村庄规划规范农村建房，坚决整治农村违法建设行为。分步推进削坡建房改造、搬迁，加强风貌引导，建设一批客家特色民居。充分发挥村民理事会等社会组织作用，广泛发动乡村制订村规民约，积极开展文明镇村评比、立家训家规等活动，引导村民参与乡村事务管理，建立健全自治、法治、德治相结合的乡村治理体系，让农村的“内在气质”和“外在颜值”同步提升。加强对古村落、历史建筑、古驿道、革命遗址的修复保护，促进“千村一面”向“各美其美”升级，建设有历史记忆、地域特色、文化特点的美丽乡村。

——强化生态环境治理。实行国土空间开发保护制度，严厉打击破坏耕地、水田建房等行为。严格森林、绿地、河湖水系等生态保护红线管控，加强自然生态空间保护。深化集体林权制度改革，深入开展绿满平远大行动，完成6200亩森林碳汇造林、6万亩中幼林抚育和960亩生态景观林带建设，实现森林质量精准提升。严格落实森林防火条例，确保森林火灾受害率控制在0.5‰以下。执行最严格的环境保护监管制度，建立健全环保责任追究和生态补偿等制度。强化大气污染防治及工地道路扬尘污染、工业源污染、露天焚烧污染等防控，完成黄标车淘汰和锅炉整治任务，确保城区空气质量全年保持优良。全面推行河长制，加强环境监管执法和水源地水质监测巡查，强化畜禽养殖污染治理，切实保障饮用水源水质安全。扎实推进土壤污染管控和修复，切实加强农业面源污染治理，保障人居环境健康和农产品安全。

四、以改善民生为根本，促进社会事业全面发展

坚持以人民为中心，持续加大投入、强化举措，努力在幼有所育、学有所教、劳有所得、病有所医、老有所养、住有所居、弱有所扶上不断取得新进展。

——*办好“十件民生实事”*。*一是提高困难群众救助补助标准*。城镇、农村低保对象最低生活保障人均补差水平分别从每月457元、206元提高到503元、228元。特困人员基本生活标准按不低于当地最低生活保障标准的1.6倍，且不低于当地现行特困人员基本生活标准确定。孤儿基本生活最低养育标准集中供养水平从每人每月1450元提高到1560元、分散供养水平从每人每月880元提高到950元。城乡低保对象政策范围内基本医疗救助比例达到80%以上，建档立卡贫困人口政策范围内基本医疗救助比例达到80%以上。困难残疾人生活补贴标准从每人每年1800元提高至1890元，重度残疾人护理补贴标准从每人每年2400元提高至2520元。*二是扶持就业创业*。扶持创业250人、城镇新增就业1700人、城镇失业人员再就业1500人。对符合条件参加职业技能晋升培训、法定劳动年龄内的省内外城乡劳动者，按规定给予补贴，提升1000人次就业技能水平。*三是提高边远地区学校教师生活补助*。鼓励引导人才向边远贫困地区流动并长期从教，农村边远地区学校教师生活补助从每月人均不低于900元提高到不低于1000元。*四是改善困难群众居住条件*。开工建设棚户区改造安置房30套（户）、基本建成30套，发放租赁补贴50户。全面完成贫困户危房改造建设任务。*五是提升医疗卫生养老保障水平*。将职工基本医疗保险基金年度累计最高支付限额从9万元提高至10万元，职工补充医疗保险年度累计最高支付限额从27万元提高至28万元。将职工医疗保险住院起付线一级医院从450元降低至200元、二级医院从600元降低至450元、三级医院从800元降低至650元；将城乡居民医疗保险住院起付线二级医院从500元降低至450元、三级医院从800元降低至650元。将城乡居民大病保险起付标准从1万元降为8000元、报销比例从70%提高为75%；城乡五保供养对象、建档立卡贫困人员起付标准从2000元下调至1000元，报销比例从80%提高至85%，不设年度最高支付限额。城乡居民养老保险基础养老金最低标准从每人每月120元提高至130元。升级改造1家县级人民医院、1家县级中医院以及1家县级妇幼保健院。扩大家庭医生签约服务人群，实现家庭医生签约服务覆盖率达30%以上、重点人群达60%以上。*六是增加教育体育公共资源供给*。镇中心以上学校全部实施校园网提速工程，实现光纤网络延伸入班，普通教室配备多媒体教学设备；教学点实现30%以上。建设城乡

15分钟健身圈，为省定贫困村配建一套8件以上器材的健身路径。完成1个、动工建设1个公共体育场馆建设。七是巩固提升人居环境。全县20条省定贫困村基本建成新农村整洁村。实施49宗村村通自来水工程建设。完成削坡建房边坡整治66户。建设环境质量生态自动监测网络，在县城规划区内增设1个空气监测站；增加VOC自动监测点。八是实施交通便民工程。新改建国省道48.8公里，改造国省道路面11.1公里，整治急弯陡坡、临水临崖等影响安全通行路段53.6公里。新增21条公交线路，45辆纯电动公交车，建设1座纯电动公交车充电站、38个充电桩。九是健全社会矛盾纠纷化解机制。支持镇人民调解委员会聘请专职人民调解员，实行“以案定补”制度，加强调节组织规范化建设，调解成功率不低于97.5%，“民转刑”案件比2017年下降10%。十是增加农民农业生产补助。对拥有耕地承包权的种地农民（含农场职工），按平均每亩不低于85元进行直接补贴，补贴总面积不少于118531亩。增加政策性农业保险保费补贴险种，扩大保险覆盖面，提高保障标准，其中水稻保险参保率达到80%以上，每亩每造保额从400元提高到800元。对全县85万亩省级以上生态公益林，按规定提高每亩补偿标准。

——坚决打赢精准扶贫精准脱贫攻坚战。围绕“三年攻坚、两年巩固”要求，切实履行主体责任、属地责任，注重扶贫同扶智相结合，保证脱贫质量。积极争取对口帮扶单位的支持，联动发挥民政、教育、住建、金融、人社、农业等职能单位作用，深入实施“八项工程”和“五个一批”，确保“三保障”政策落实到位，实现应保尽保，确保不因贫辍学，防止因病致贫。加强实用技术培训，促进贫困人口就业，鼓励有条件的农民自主创业，带动就业。落实产业扶贫、旅游扶贫、电商扶贫、金融扶贫等长效帮扶模式，突出抓好长效稳定脱贫机制建立与贫困村连片脱贫有机结合，健全“公司+基地+合作社+贫困户”的收益结联机制，切实发挥农业龙头企业的带动作用，带动贫困户持续稳定增收。管好用好专项扶贫资金，提高精准扶贫成效，努力实现“小康路上一个都不能掉队”。

——强化社会治理创新。大力弘扬社会主义核心价值观，培养树立正面典型，激励全社会见贤思齐、崇德向善。加快民主法治创建，深入开展“七五”普法。加强预防和化解社会矛盾机制建设，依法及时就地解决群众合理诉求。积极推进打假打私工作，维护市场经济秩序。全面压实安全生产责任，强化重点行业领域安全生产攻坚。加强社会信用体系建设，推行信用监督、警示和惩戒机制。强化食品药品源头治理，保障群众舌尖上的安全。进一步加大公共安全管理力度，依法严厉打击各类违法犯罪活动，健全信息化、立体化社会治安防控体系，确保社会和谐稳定。

——统筹发展社会各项事业。实施第三期学前教育行动计划，不断扩大公办和普惠性民办幼儿园比例。在县城启动新建一所小学，逐步解决城区大班额问题。加快实验中学西教学楼及运动场等教学基础设施建设，巩固提升“广东省教育强县”“广东省推进教育现代化先进县”创建成果，大力开展教师“县管校聘”试点工作。鼓励引导高校毕业生、农民工多渠道就业创业，城镇登记失业率控制在3.5%以内。完成县医疗养生保健中心一期工程建设，以及仁居、泗水、大柘、长田、热柘5个“卫生两基示范镇”创建，动工建设县人民医院综合大楼，全面完成129间村级卫生站软硬件建设的同时，加强管理服务水平，确保成功创建广东省卫生强县。加强社会保障体系建设，推进社会保险扩面征缴，稳步提高城乡低保、农村五保等补助标准，及时开展各类救灾救济工作，保障困难群众基本生活。注重医养结合，促进和规范养老机构发展。不断加强住房保障，全面完成518户农村危房改造任务。积极争取棕榈体育优质青训资源的支持，振兴平远足球。继续办好北京国际山地徒步大会梅州·平远站等各类体育活动，提高全民健身水平。完成自然村落历史人文普查。深入推进质量强县建设。加强国防动员工作，推动军民融合创新发展。进一步做好国家安全、人防、双拥、妇女儿童、民族宗教、外事侨务、港澳、对台、残联、气象、防灾减灾、统计、档案、应急等各项工作。

五、以提升效能为重点，树立政府良好形象

坚持把从严治党要求落实到从严治政之中，持续深入改进作风，大力推进服务创新，努力建设人民满意政府。

——*始终坚定正确政治方向*。把学习宣传贯彻党的十九大精神作为首要政治任务，扎实开展“不忘初心、牢记使命”主题教育，牢固树立“四个意识”，切实坚定“四个自信”，真正做到“五个纯粹”。坚决维护以习近平同志为核心的党中央权威和集中统一领导，始终在思想上政治上行动上同以习近平同志为核心的党中央保持高度一致。坚决贯彻中央、省、市和县委的决策部署，确保政令畅通、执行有力。

——*全面提升依法行政水平*。持续加强法治政府建设，自觉用法治思维和法治方式推动工作。完善重大事项公众参与、专家论证、风险评估、合法性审查和集体讨论制度，全面推行决策、执行、管理、服务、结果“五公开”。自觉接受县人大及其常委会的依法监督，支持县政协开展各项履职活动，办好人大代表议案、建议和政协委员提案，主动听取党外代表人士、工商联和工青妇等人民团体意见建议。全面推进基层政务公开标准化规范化试点建设，切实保障人民群众的知情权、参与权和监督权。

——*着力弘扬务实高效之风*。紧紧抓住“想干事、会干事、干成事”这个关键，着力破除部分干部“不愿为、不会为、不敢为”的问题，攻坚克难抓好各项工作落实，同时坚持激励和约束并重，旗帜鲜明为担当者容错、为实干者撑腰、为创新者鼓劲，努力营造敢谋敢干敢抓的良好氛围。持续抓好政府行政效能建设，深化“互联网+政务服务”改革，继续推进“马上办”改革和减证便民行动，为企业和群众提供便捷高效的政务服务。

——*时刻坚守清正廉洁底线*。严格执行中央八项规定精神，加强制度建设，持续推进党风廉政建设和反腐败斗争。强化对重点领域和关键环节权力运行制约监督，进一步规范土地招拍挂、工程招投标、国有资产管理等行为。加强反腐倡廉制度建设，健全廉政风险防控机制，强化财政资金监管和审计监督。严厉查处各种违纪违法行为，坚决纠正损害群众利益的各种不正之风，切实做到干部清正、政府清廉、政治清明。

各位代表！新时代呼唤新气象，新征程期待新作为。让我们更加紧密地团结在以习近平同志为核心的党中央周围，高举中国特色社会主义伟大旗帜，坚持以习近平新时代中国特色社会主义思想为指导，在市委、市政府和县委的正确领导下，团结和依靠全县人民，不忘初心、牢记使命，锐意进取、真抓实干，全力构建“一城一区一带”科学发展新格局，为加快建设新时代幸福平远而努力奋斗！

名词解释

1.“一区两带六组团”：嘉应新区起步区、梅兴华丰产业集聚带、梅江韩江绿色健康文化旅游产业带、兴宁组团、平远组团、蕉岭组团、大埔组团、丰顺组团、五华组团。

2.中心镇“六个一”工程：完善一个合实际、能落地的规划；建设完善一批市政工程和学校、医院、文化、环保及公园等公共设施；整理或征用一片建设用地和产业用地；建成一个有品质、能聚人的住宅小区；改造提升一条有特色、聚人气的商业街；建设一个便民利商的政务中心。

3.“三清三拆三整治”：三清即清理村巷道及生产工具、建筑材料乱堆乱放，清理房前屋后和村巷道杂草杂物、积存垃圾，清理沟渠池塘溪河淤泥、漂浮物和障碍物；三拆即拆除旧房危房、废弃猪牛栏及露天厕所茅房，拆除乱搭乱建、违章建筑，拆除非法违规广告、招牌等；三整治即整治垃圾、生活污水及水体污染，然后对乡村的环境进行美化绿化。

4.“卫生两基示范镇”：基本医疗和基本公共卫生服务示范镇。

5.“两学一做”：学习共产党党章党规、学习贯彻习近平总书记系列重要讲话精神、做合格党员。

6.“五位一体”：经济建设、政治建设、文化建设、社会建设、生态文明建设。

7.“四个全面”：全面建成小康社会、全面深化改革、全面依法治国、全面从严治党。

8.“一城一区一带”：宜居宜业美丽县城、万亩生态工业园区、生态富民带。

9.创新发展“八大抓手”：高新技术企业培育发展、新型研发机构建设、企业技术改造、孵化育成体系建设、高水平大学建设、自主核心技术攻关、创新人才队伍建设、科技金融结合。

10.“三变”：资源变资产、资金变股金、农民变股东。

11.“八项工程”：产业发展扶贫工程、劳动力就业扶贫工程、社会保障扶贫工程、教育文化扶贫工程、医疗保险和医疗救助保障扶贫工程、农村危房改造扶贫工程、基础设施建设扶贫工程、改善人居环境扶贫工程。

12.“五个一批”：发展生产脱贫一批、易地扶贫搬迁脱贫一批、生态补偿脱贫一批、发展教育脱贫一批、社会保障兜底一批。

13.“三保障”：义务教育、基本医疗和住房安全有保障。

14.“县管校聘”：是指全体公办义务教育学校教师和校长全部都实行县级政府统一管理，特别是统一定期强制流动到县域内的义务教育学校，从而将教师和校长从过去的某学校的“学校人”改变为县义务教育系统的“系统人”。

15.“四个意识”：政治意识、大局意识、核心意识、看齐意识。

16.“四个自信”：道路自信、理论自信、制度自信、文化自信。

17.“五个纯粹”：向习近平总书记看齐必须纯粹，对党忠诚必须纯粹，贯彻落实中央决策部署必须纯粹，为党和人民事业担当必须纯粹，做党和人民放心干净的好干部必须纯粹。

大 事 记

1月

4日 市消防检查组到平远县市政府挂牌督办火灾隐患重点地区河头镇检查验收火灾隐患整治工作。副县长、公安局局长张善波陪同检查。

6日 市公安交警支队一行到平远县督导农村道路交通安全“两站两员”建设工作。副县长、公安局局长张善波陪同检查。

11日 国务院和省市分别召开安全生产工作电视电话会议，县委常委、常务副县长温助民等在平远分会场收听收看会议。

13日 市督导组一行到平远督查H7N9禽流感防控工作，副县长刘兰娇陪同督查。

16日下午 石正镇周畲村发生一起误食自采有毒植物海芋（俗称“滴水观音”）中毒事件，先后有25人被送往医院治疗。事发后，县委、县政府第一时间将情况上报，市长方利旭、副市长曾尚忠先后做出指示，要求平远县各相关单位全力以赴、密切配合，全力确保患者安全，及时做好社会稳控和事故调查处理。县长刘许川第一时间赶往医院看望患者，并现场召开紧急会议，组织开展医疗救治和事故调查工作。截至19日上午12时止，25名患者中有14人已出院，11人留院观察。

18日 平远县召开工业企业家座谈会，县领导刘许川、温助民、韩旭、罗益新等出席。

是日 县长刘许川率平远县拥军慰问团，到梅州军分区及96169部队开展慰问活动，县领导周玉奎、张善波以及县人武部部长王士刚等参加慰问活动。

2月

6日 苏州赛菲集团到平远考察，协商投资项目建设事宜，助推平远经济发展。县领导刘许川、韩旭等陪同考察。

8日 梅州军分区司令员武启龙到平远县调研国防教育基地建设工作。县领导刘许川、周玉奎、陈远航，县人武部部长王士刚及县府办、县旅游局负责人陪同调研。

10日 平远县首届“我爱唱山歌”大赛活动总决赛举行。整个赛程历时两个月，近百人报名参加。

14日 市委书记谭君铁在市委常委、秘书长余其豹，副市长、县委书记曾尚忠，市林业局局长朱少辉陪同下到平远县调研梅片树产业发展情况。县领导刘许川、陈琼宏、罗益新等陪同调研。

是日 平远县在迎宾馆大会堂举办创建“国家全域旅游示范县”培训班。县领导刘许川、凌志达、凌声宏、胡新文、肖桂华、黄钧震、徐万宝、林忠云等，以及县人武部、法检“两长”，龙文—黄田省级自然保护区管理处主任，县委办、县政府办班子成员，各镇党政负责人，各村（居）委会支部书记、主任，县直各副局级以上和省、市属驻平远各单位主要负责人，县旅游协会和旅游企业代表共计300多人参加培训。

23—25日 为进一步加强平远县H7N9流感防控工作，保障公众健康和公共卫生安全，该县对全县活禽经营市场实行临时性休市3天。

24日　全市旅游厕所建设管理工作现场会在平远县召开。市旅游局局长朱瑛、副县长陈远航，以及兄弟县（市、区）旅游局负责人参加会议。

26日　中山大学孙逸仙纪念医院与平远县人民医院签订放射科技术托管协议，决定由中大孙逸仙医院放射科、远程医疗会诊中心对县人民医院放射科技术进行管理，拓展MR、CT影像标志项目。省卫计委医政处处长张伟，中山大学孙逸仙纪念医院副院长刘超、林仲秋，副县长韩旭，县政协副主席、县人民医院院长卢斌及卫计局等相关部门负责人参加仪式。

3月

7日　平远县召开第三次全国农业普查工作会议，县委常委、常务副县长温助民出席会议并讲话。

8日　副市长吴泽桐到平远县调研交通公路建设和工业企业发展工作，县领导刘许川、温助民、李远林、韩旭以及罗益新等陪同调研。

14日　市委书记谭君铁率队到平远县广东华清园生物科技股份有限公司现场调研梅片树产业发展情况。

是日　平远县召开“五区一体”概念规划及河岭嶂片区城市设计方案评审会，嘉应学院、梅州市城市规划设计院专家，县领导曾尚忠、刘许川、凌声宏、胡新文、陈琼宏、陈远航、刘志刚以及罗益新等出席评审会。

是日　平远县召开创建省级卫生县城总结表彰暨创建“国家卫生县城”和“广东省县级文明城市”动员部署会议，县领导曾尚忠、刘许川、凌声宏、肖桂华、陈琼宏、徐万宝、陈远航、刘兰娇、卢斌等出席会议。

15日　平远县纪念“3·15”国际消费者权益日暨“网络诚信·消费无忧”年主题宣传咨询活动在官田广场举行，副县长李远林出席活动。

16日　由商务部外事局跨境电商联盟广东省办事处、长田镇人民政府、长田镇卫生院联合主办的医带医路“互联网+医疗”公益捐赠启动仪式在长田镇卫生院举行。县委常委、统战部部长林忠云，商务部外事局跨境电商联盟广东省办事处、中国管理科学研究院跨境电商产业研究中心常务副主任谢穗嘉，马来西亚拿督杨丽娜女士等出席捐赠启动仪式。

是日　平远县在广州举行招商交流会，广州军区空军原副司令员张书田将军，广州军区空军原副司令员、参谋长刘新江将军，广州军区空军原副政委荆树森将军，副市长、县委书记曾尚忠，武警广东省总队副司令姚玖尹，省农业厅副厅长牛宝俊，省公安厅党委委员、政治部主任江理达，省行政学院院长陈述，省社会组织管理局局长刘平波，广东省平远商会荣誉会长、欧派家居集团股份有限公司董事长姚良松，广东省平远商会会长、广州天诚伟业通信科技有限公司董事长刘忠平和广东省平远商会全体会员，广东省客家商会、广东省阳江商会等商会相关负责人以及县领导刘许川、凌志达、凌声宏、姚永波、陈琼宏、黄钧震、林忠云、韩旭等和县直相关部门负责人参加活动。

19日　平远县与广东省农村电子商务协会在广州云图电商产业园签订《共建全国消费扶贫示范县、电商扶贫示范县合作协议》，县领导温助民、韩旭及县农业、扶贫、经信、招商等相关部门负责人参加签约仪式。

25日　2017“天之草”平远足球联赛在平远县实验中学足球场开踢。市体育局局长陈建新，市教育局局长吴寿康，市体育局副局长陈颖明，县长刘许川，县政协副主席韩垂辉，省足球协会副秘书长席兵出席开幕式。

27日　全省村（社区）“两委”换届选举工作电视电话会议在广州召开。刘许川、胡新文、黄钧震、陈永和等县领导在平远分会场收听收看电视电话会议。

29日　省中医药局检查组到平远县调研指导中医药医疗卫生工作，县委常委刘海鹏陪同调研。

30日　平远县举办三月三“客家炒绿”茶香节，省农科院茶叶研究所所长操君喜，华南农业大学茶叶研究所所长、园艺学院副院长曹潘荣，市农业局高级农艺师古广文，市旅游局副局长张卫东，市农科院院长谢岳昌，县委副书记胡新文，县委常委、统战部部长林忠云，县人大常委会副主任马文生，副县长陈远航，县政协副主席涂其标、罗益新等领导和专家出席活动启动仪式。

30—31日　市老年人体育协会工作会议在平远县召开，市政协原主席何万真，市人大常委会原副主任刘广新，原副市长李柏华，市人大常委会原副主任、市老体协副主席李纯通，市政协原副主席、市老体协常务副主席陈珍书等市、县老干部，以及副县长刘兰娇，县政协副主席姚小玲等参加活动。

4月

1日上午，平远县各界人士在县革命烈士陵园举行祭奠革命先烈活动，县领导周玉奎、林忠云及县人武部部长王士刚等，县老战士联谊会代表和部分县离退休老同志代表，县军烈属、复员退伍转业军人代表，学生代表，驻平远部队代表及县民政局全体干部职工等共400人参加祭奠活动。

6日　副市长张晨到平远县调研医联体和村卫生站建设工作，副县长刘兰娇陪同调研。

7日　全县领导干部大会在县迎宾馆召开，市委常委、组织部部长杜敏琪，副市长曾尚忠，市委组织部副部长卓利清，以及宋才华、刘许川、凌声宏、胡新文等县委、县人大常委会、县政府、县政协、县纪委全体领导，法检“两长”，县委委员、候补委员，各镇党政、县直正科以上单位负责人等出席会议。大会宣布省委关于平远县委主要领导调整决定。省委决定，宋才华任中国共产党平远县委员会书记；曾尚忠不再兼任中国共产党平远县委员会书记职务。

11日　省旅游局局长曾颖如到平远县调研全域旅游示范县工作，副市长曾尚忠，县委书记宋才华，市政府副秘书长张映辉，市旅游局局长朱瑛，县委常委、县委办主任陈琼宏，副县长陈远航等陪同。

13日　省人大常委会调研组一行到平远调研档案馆库建设工作。县人大常委会副主任廖文香，副县长刘兰娇以及市县相关单位负责人陪同调研。

20日　市委常委、组织部部长杜敏琪到平远调研指导村级换届选举工作，县委常委、常务副县长温助民，县委常委、组织部部长黄钧震陪同调研。

是日　省农业厅厅长郑伟仪率省联合督查组到平远县，通过实地走访和座谈汇报，就平远县贯彻落实省委、省政府振兴粤东西北“三大抓手”建设、产业共建、精准扶贫精准脱贫、补齐全面建成小康社会短板、重点项目建设等目标任务的落实情况进行督查。市委常委、常务副市长李远青，市委常委、市委秘书长余其豹，县委书记宋才华，县委副书记、县长刘许川，县委常委、县委办主任陈琼宏，副县长陈远航、李远林、韩旭及县直相关单位负责人等陪同督查或参加座谈会。

20—21日　国家林业局森林病虫害防治

总站副站长闫俊一行到平远检查松材线虫病防治工作，省林业厅党组成员陈俊勤，市林业局局长朱少辉，县领导陈远航、罗益新、韩垂辉等陪同检查。

27日　省农业厅副厅长、省畜牧兽医局局长郑惠典一行到平远督导调研农业工作，县领导宋才华、温助民、陈琼宏等陪同调研。

是日　广州南沙区委常委、组织部部长朱承志率队到平远开展对口精准扶贫实地调研工作。县委副书记、县长刘许川，县委常委、副县长刘海鹏陪同调研或参加座谈会。

是日　县人武部党委第一书记任职大会在县人武部召开，梅州军分区司令员武启龙，县委书记宋才华，县长刘许川，县委常委、人武部政委周玉奎，县人武部部长王士刚，县委常委、县委办主任陈琼宏等出席任职大会。梅州军分区党委决定：县委书记宋才华任县人武部党委第一书记。武启龙宣读梅州军分区党委对平远县人武部党委第一书记宋才华的任职命令并颁发证书。

28日　平远县举办学习贯彻习近平总书记重要批示精神专题研讨班，县领导宋才华、刘许川、凌志达、凌声宏等参加研讨。

5月

5日　国家开发银行广东省分行副行长常守国率调研组到平远县调研，并就农村人居生态环境整治、新农村示范村建设等项目合作事宜进行座谈交流。县领导宋才华、刘许川、陈琼宏、韩旭以及县相关部门负责人陪同调研。

9日　市政协主席陈建青在副主席曾祥海，秘书长张阳，县委书记宋才华，县政协主席凌声宏，县委常委、县委办主任陈琼宏等的陪同下，到平远县政协机关看望慰问全体干部职工，并与县政协班子座谈交流，了解平远县及县政协机关工作进展情况。

12日　平远县在县迎宾馆大会堂举行学习贯彻习近平总书记对广东工作重要批示精神宣讲报告会。县领导宋才华、刘许川等到场聆听报告。

13日　县长刘许川受红色旅游与经济发展高峰论坛组委会邀请出席第十三届中国（深圳）国际文化产业博览交易会在深圳会展中心举行的红色旅游与经济发展高峰论坛。

是日　安徽联德投资公司一行到平远考察，寻求双方合作共赢的商机，并初步达成在平远县投资落户的意向。县领导宋才华、凌声宏、陈琼宏、韩旭等，以及闻泰集团董事会主席张学政、口子酒业公司副总经理黄绍刚等领导嘉宾参加座谈会。

23日　市公路局局长王忠率督查组到平远督查省、市交通重点项目建设推进工作，县长刘许川等陪同督查。

24日　平远县召开第十七届全国红层与丹霞地貌学术讨论会暨平远县旅游开发培训会，邀请广东梅州文化旅游特色区管理委员会副主任谢小康进行授课。副县长陈远航等参加活动。

26日　县教育局与中国烛光教育基金联合举办乡村中小学校长教育研讨会。副县长刘兰娇出席研讨会开幕式。

27日　平远县副县长李远林在县综合政务服务中心为广东五指石科技有限公司颁发该县首张电子营业执照，标志着该县全面推行发放电子营业执照工作正式启动。这是该县深化商事登记制度改革的又一具有里程碑意义的重要举措。

6月

3日　平远县与棕榈生态城镇发展股份有限公司签订城乡生态环境综合治理及配套产

业发展项目战略合作框架协议。县领导宋才华、刘许川、凌志达、温助民、陈琼宏、韩旭、罗益新等出席签约仪式。

4日 2017“天之草”平远足球联赛在县体育场落下帷幕。县长刘许川，市体育局局长陈建新，县委常委、政法委书记姚永波，县人大常委会副主任廖文香，县政协副主席卢斌等出席闭幕仪式并为获奖球队颁奖，副县长刘兰娇主持闭幕式。

7日 广东省金秋慈善基金会会长黄治洵率省金秋基金会调研组一行到平远县调研生态旅游扶贫工作开展等情况，副县长陈远航陪同调研。

是日 省调研组到平远专题调研加快粤东西北地区产业园建设工作。县领导刘许川、刘海鹏、韩旭陪同调研。

8—9日 由省中医药医政处调研员肖纹绮率领的省评审组，到平远县评审创建全国基层中医药工作先进单位工作。县长刘许川、市卫计局副局长刘水，副县长刘兰娇，县政协副主席卢斌等出席创建工作汇报会或陪同评审。

9日 市人大常委会副主任蓝伟东率市人大常委会组成人员到平远县视察“绿满梅州”大行动实施情况，市政府副秘书长张映辉，副县长韩旭，县政协副主席韩垂辉，县政协副主席、林业局局长罗益新陪同视察。

13日 全国简政放权放管结合优化服务改革电视电话会议召开。县领导刘许川、刘海鹏、李远林、韩旭等在平远分会场收听收看电视电话会议。

是日 平远县成立徒步协会，副县长刘兰娇、县政协副主席姚小玲出席成立大会并为协会牌匾揭幕。

14日 市委副书记、市长方利旭率队到平远县调研，强调平远要集中整合资源力量，加大基础设施投入，不断夯实支撑发展的底部基础，全力加快振兴发展、实现后发赶超。市人大常委会副主任蓝伟东，副市长吴泽桐，市政协副主席曾祥海，市政府秘书长、办公室主任林健雄和县委书记宋才华，县长刘许川以及市、县有关单位负责人等参加调研。

15日 市验收评估组一行到平远县复审验收“卫生两基示范镇”创建工作。副县长刘兰娇陪同验收。

16日 以国家防汛防旱总指挥部办公室副巡视员李兴学为组长的国家防总工作组到平远县督导检查强降雨防御工作，市政府副秘书长张映辉，市水务局局长陈海燕，县长刘许川，县委常委、常务副县长温助民等陪同。

20日 县政府与深圳市铁汉生态环境股份有限公司签署《平远县仁居特色小镇战略合作框架协议》。县委副书记、县长刘许川，深圳市铁汉生态环境股份有限公司梅州区域运营中心总经理温镇彝，县人大常委会副主任马文生，副县长陈远航、韩旭，县政协常务副主席刘志刚及相关单位负责人出席签约仪式。

21日 市委常委、秘书长余其豹率队到平远县检查、督导重点项目建设和信访工作。县领导刘许川、胡新文、陈琼宏、李远林、刘兰娇、韩旭等陪同。

是日 省政府办公厅到平远县调研基层政务公开标准化规范化试点工作，副县长李远林以及市、县相关部门负责人陪同调研。

26日 市检查组一行深入平远县督查指导中小学校安全工作，副县长刘兰娇陪同检查。

是日 市交通运输局局长谢胜扬、市公路局局长王忠率队到平远县调研交通公路建设情况。县领导宋才华、李远林等陪同调研或参加座谈。

是日　中共平远县委巡察工作暨纪委派驻机构改革工作会议在迎宾馆召开，县领导宋才华、凌志达、胡新文、姚永波、肖桂华、陈琼宏、黄钧震、徐万宝、林忠云等出席会议。

28日　省政府教育督导室一行到平远县督查中小学校安全工作，副县长刘兰娇陪同督查。

29日　市委常委、组织部部长杜敏琪到挂钩的平远县大柘镇超竹村走访慰问生活困难党员和老党员，并调研该县村（社区）“两委”换届选举工作。

是日　平远县扶贫济困日捐款活动启动仪式在县委大楼门前举行，县领导宋才华、刘许川、凌志达、凌声宏、胡新文、肖桂华、温助民、周玉奎、陈琼宏、黄钧震、徐万宝、林忠云、刘海鹏等率先垂范，带领县委、县政府大院内各单位干部职工伸出友爱之手奉献爱心。

30日　平远县民营企业家代表座谈会在广东华清园生物科技有限公司召开。县委书记宋才华出席会议。

7月

11日　中共中央政治局委员、广东省委书记胡春华到平远县调研新农村建设等工作。

13日　国家和省旅游局调研组到平远县开展“厕所革命万里行”调研活动，副县长陈远航陪同调研。

16日　县政府与安徽永遇乐电子商务有限公司签订广东一抹禾香酒业有限公司米酒生产项目投资协议书。县领导宋才华、刘许川、凌声宏、陈琼宏、韩旭、罗益新，闻泰科技董事长、总裁张学政，口子酒业副总经理黄绍刚，禾香酒业董事长孔军，禾香酒业总经理魏学彬等签约代表参加签约仪式。

18—19日　省国土资源厅地勘处处长许史兴率环保督查组到平远县督导检查环保督察问题整改落实工作情况，副县长陈远航陪同督查。

19日上午　市委宣讲团到平远宣讲学习贯彻习近平总书记关于意识形态工作系列重要讲话精神。县领导刘许川、凌志达、凌声宏、胡新文、肖桂华、黄钧震、林忠云等聆听宣讲报告会。

是日　平远县召开涉农领域腐败问题专项治理工作暨惠民信息公开平台建设工作会议，县委常委、常务副县长温助民，县委常委、县纪委书记徐万宝，县纪委副书记梁裕彛，县纪委副书记、监察局局长冯浪等出席会议。

20日　国务院安委会召开全国安全生产电视电话会议，县领导刘许川、温助民及相关部门负责人在平远分会场收听收看电视电话会议。

26—28日　广州市南沙区卫计局专家组一行到平远开展对口支援帮扶活动，在县人民医院开展学术讲座、临床教学等。县委常委、副县长刘海鹏，县政协副主席、县人民医院院长卢斌等参加活动。

29日　广东鸿艺集团有限公司董事长蔡鸿文一行到泗水镇梅畲村考察古村落开发及旅游发展情况，副县长陈远航陪同考察。

8月

1—2日　平远县举行全市卫生应急技能竞赛暨卫生应急演练。市卫计局副局长陈潮宁，副县长刘兰娇，县政协副主席卢斌等出席并观摩整个演练过程。

2日　省委、省政府在广州召开全省贫困村创建社会主义新农村示范村工作电视电话会议，县领导宋才华、刘许川、胡新文、温助民、黄钧震、马文生、涂其标等在平远分会场收听收看会议。

14日　平远县和广州市南沙区正式签订共建国际经贸合作中心框架协议。签订仪式在南沙区政府举行，南沙区政协主席钟华英，副区长邓耀棋，县领导宋才华、凌声宏、姚永波、陈琼宏、刘海鹏、韩旭，广东省平远商会会长刘忠平及两地相关单位负责人参加签约仪式。

16日　省军区党委常委、办公室主任林楚明率工作组到平远检查指导征兵和人武部建设工作，梅州军分区政委彭延虎，县委副书记、县长刘许川，县人武部部长王士刚陪同检查。

17日　棕榈体育产业集团到平远县开展工作交流，县委副书记、县长刘许川，副县长刘兰娇，棕榈体育产业集团董事杨镜良，棕榈体育产业集团副总裁李培等参加座谈会。

是日　市委常委、组织部部长杜敏琪到平远县调研新农村建设、重点项目推进和挂点企业生产经营情况，县委书记宋才华，县长刘许川陪同调研。

18日　平远县公安机关在县人民广场举行“迎接十九大·忠诚保平安”誓师大会，以集体“亮剑”的方式，誓言保卫中共十九大安全。县委书记宋才华，县长刘许川等参加誓师大会。

22日　市政协副主席叶解春率市政协港澳台侨外事委员会主任黄功銮、市质监局局长巫敏和等到平远县督导挂钩企业、中心镇“六个一”项目和社会主义新农村建设。县领导宋才华、凌声宏、陈琼宏、刘兰娇、刘志刚等陪同督导或参加座谈。

24日　省商务厅副厅长任少一行到平远县调研电子商务进农村综合示范县建设工作，县领导刘许川、刘海鹏等陪同调研。

24日　省方志办副巡视员吕克坚率调研组到平远县调研综合年鉴编纂出版工作，市方志办主任钟伟基，副县长刘兰娇等陪同调研。

25日　县委书记、县人武部党委第一书记宋才华主持召开党委议军会议，县委副书记、县长、县国防动员委员会主任刘许川等参加会议。

9月

1日　平远县电子商务协会成立大会在迎宾馆举行，广东省农村电子商务协会秘书长余巧芸，副县长韩旭出席成立仪式并为协会成立挂牌揭幕。

5日　市委常委、副市长刘棕会率队到平远县调研实体经济发展情况，县领导宋才华、姚永波、陈琼宏、刘海鹏，市发改、财政、招商等部门相关负责人参加调研。

6日　平远县在县迎宾馆召开庆祝2017年教师节暨刘宪奖教奖学金颁奖大会，奖励2016—2017年度教学工作的先进集体和个人。

7日　省委宣传部巡视员、省文明办主任顾作义到平远县调研创建广东省县级文明城市工作，市委常委、宣传部部长张丽霞，县委副书记、县长刘许川，县委常委、宣传部部长肖桂华等领导陪同调研。

8日　平远县在县人武部举行欢送2017年新兵入伍仪式，县委副书记、县长刘许川，县人武部部长、县征兵办公室主任王士刚出席仪式。

是日　第二届北京国际徒步论坛在北京市门头沟区龙泉宾馆召开，县政协副主席、县筹备办主任姚小玲受邀代表作为北京国际山地徒步大会分站的平远县出席论坛。

18日　梅州市“清风飞扬”廉政专题文艺节目巡回演出在县迎宾馆举行。宋才华、凌声宏、胡新文等县委、县人大常委会、县政府、县政协、县纪委在家领导观看演出。

20日　省档案局副局长黄菊艳率队到平远调研指导工作，县委常委、县委办主任陈琼宏陪同调研。

25—26日　粤闽赣边三省八县老年人体育协会第十一次联谊会在平远县文体中心召开，县长刘许川，副县长刘兰娇出席开幕式。

27日　全国百县心律失常规范化治疗与新技术培训项目（广东站）启动仪式在县迎宾馆举办。县政协主席凌声宏，副县长刘兰娇，县政协副主席卢斌等县领导出席启动仪式。

是日　全市县级公立医院能力建设推进座谈会在平远县召开，副县长刘兰娇参加座谈会。

28日　省委组织部副厅级组织员、组织二处处长欧阳贵有一行到平远县调研新农村建设工作，市委常委、组织部部长杜敏琪，县委副书记胡新文，县委常委、县委办主任陈琼宏陪同调研。

30日　县纪委、县文联主办的“明家训·正家风·促清廉”全县优秀美术、书法、摄影作品联展在县文联开幕。

10月

11日　平远县在县迎宾馆开展省定相对贫困村创建社会主义新农村示范村整治规划编制培训，副县长陈远航参加培训。

是日　县委书记宋才华率队督查中共十九大期间维稳安保及安全生产等各项工作，县领导胡新文、姚永波、陈琼宏、张善波等陪同督查活动。

17日　梅州市食品药品监督管理局局长黄国良、副局长张秀英一行6人到平远调研指导食品药品安全监管工作，副县长李远林陪同调研。

是日　市委常委、组织部部长杜敏琪到平远县调研农村党组织在创建社会主义新农村、精准扶贫中如何发挥作用，并开展接访下访工作，市委组织部常务副部长张海涛，县领导胡新文、陈琼宏、黄钧震等陪同调研。

18日　中国共产党第十九次全国代表大会在北京开幕，习近平代表十八届中央委员会向大会作报告。刘许川、凌志达、胡新文等在家县领导通过广播、电视和网络等途径收听收看十九大开幕式直播。

19—20日　梅州市全市各县爱卫办主任暨卫生创建经验交流现场工作会议在平远县召开，市卫计局局长林雨兰，副局长刘水，副县长陈远航，以及全市各县（市、区）爱卫办主任和市县相关部门负责人参加会议。

27—29日　平远县举办第十七届全国红层与丹霞地貌学术讨论会暨平远县旅游发展研讨会，中山大学地理科学与规划学院教授彭华，县委副书记、县长刘许川，东华理工大学教授郭福生，市国土资源局副局长张奕祥，甘肃省科学院地质自然灾害防治研究所所长王得楷，副县长陈远航，杭州师范大学副教授王少华等来自全国各地的100多名领导嘉宾参加研讨会。

11月

2日　平远县召开全县传达贯彻党的十九大精神大会，县领导刘许川、凌志达、凌声宏、姚永波、陈琼宏、黄钧震、徐万宝、林忠云、刘海鹏等参加会议。

10日　“一带一路”与“国际徒步”座谈会在平远县召开。县领导刘许川、陈远航、姚小玲等参加会议。

11日　绿地·中信银行杯第八届北京国

际山地徒步大会梅州·平远站活动在差干镇五指石景区开走，来自国内外近万名徒步爱好者参加活动。

14日　省卫计委基层指导处处长赵祖宏率省卫计委督导组，到平远县督查基本公共卫生服务项目。县委常委、副县长刘海鹏陪同督查。

15日　县委、县政府隆重举行第五届世界客商大会平远县系列活动，包括9个重点项目竣工、11个重点项目动工及何冬青基金会龙腾盛世系列工程集中交付。县领导宋才华、刘许川、凌志达、凌声宏、胡新文等出席系列活动。

15—16日　省环境监测中心质量检查组到平远县开展国家重点生态功能区县域生态环境质量考核工作，并召开质量考核会议，副县长韩旭出席会议并讲话。

29日　省委农办副主任刘洪盛率队到平远县开展实施乡村振兴战略专题调研，县长刘许川、副县长韩旭陪同调研。

12月

1日上午　粤赣闽湘边界护林联防委员会第一联防区第56次会议在平远县召开，县委常委、统战部部长林忠云，政协副主席韩垂辉、罗益新等领导参加会议。

4日　棕榈国际足球学院平远青训中心挂牌仪式在县城南中学举行，县长刘许川、棕榈体育董事杨镜良以及来自英足总的两名教练员共同为“棕榈国际足球学院平远青训中心”揭幕。

6—7日　县长刘许川率队赴五华、丰顺学习交流重点项目推进与新农村建设工作，县委常委、县委办主任陈琼宏，副县长陈远航，县政协副主席、龙文—黄田省级自然保护区管理处主任罗益新等随同学习交流。

18日　省民政厅副巡视员刘平波率队到平远指导开展防寒保暖工作并深入一线慰问困难群众。市政协副主席、市民政局副局长马志元，县委常委、常务副县长温助民陪同慰问。

18—19日　省商务厅验收组到平远县验收督查电子商务进农村综合示范项目建设工作，副县长韩旭陪同验收督查。

21日　平远县与深圳市建艺投资控股有限公司举行签约仪式，双方就热柘温泉度假区投资开发项目签署框架协议。深圳市建艺装饰集团股份有限公司董事长、总裁刘海云，县委副书记、县长刘许川，县委常委、县委办主任陈琼宏，副县长韩旭以及相关部门负责人出席签约仪式。

24日　广州市委常委、南沙区委书记蔡朝林到平远县调研精准扶贫精准脱贫、社会主义新农村建设、产业共建等对口帮扶工作。市委常委、副市长刘棕会，南沙区委常委、区委办主任翁殊武，副区长邓耀棋，区政协副主席、农林局局长李刚，县领导宋才华、温助民、陈琼宏、刘海鹏、韩旭等陪同调研。

26日上午　参加全省深化集体林权制度改革现场会人员到平远县参观考察。省林业厅厅长陈俊光，副厅长杨胜强，省森林公安局局长罗燕喜，副市长曾尚忠，县领导宋才华、刘许川、温助民、陈琼宏、罗益新等陪同考察。

28日　广州市南沙区委副书记、区长曾进泽率队到平远县开展精准扶贫和对口帮扶工作调研，南沙区副区长邓耀棋、区政协副主席、农林局局长李刚，县委副书记胡新文，县委常委、常务副县长温助民，县委常委、副县长刘海鹏，县政协副主席罗益新等陪同调研。

县情概览

基本地情

【地理位置】 平远县地处广东省东北部，梅州市西北部，位于北纬24° 23'38"～24° 56'01"、东经115° 23'41"~116° 07'01"之间。东邻蕉岭县，南接梅县、兴宁，西、北分别与江西省、福建省交界。全县总面积1381平方千米。

【地形地貌】 平远县属丘陵山区，山地、丘陵占总面积的80.8%，其余为河谷盆地。地形平面呈四指并拢向上的巴掌状。因有闽赣边境的武夷山脉南伸所致，西北部高于东南部，形成北高南低的地势。海拔高度大多为200～800米。县境内海拔1000米以上的山峰有4座：北部与江西省交界的项山甑，海拔1529.8米，为平远县最高峰；西部八尺的角山嶂，海拔1030米；中部东石的尖山，海拔1007米；东部与蕉岭县交界的铁山嶂，海拔1164米。差干的五指石和石正的南台山，属丹霞地貌，形成南北对峙的姐妹山，为古今游人向往的风景山，海拔分别为460米、645米。

平远山脉以北部最高峰的项山甑为主，分为两支，一支从项山向东折南，较高的山峰有鸡笼嶂、五指石、鹅石(又名凤山)、梯云岭、尖笔山、大和峰、尖山；另一支从项山向西南方向延伸，高山有帽子山、珠宝峰、七娘峰、屏风峰、角山嶂、黄坑嶂、河岭峰、石龙寨等。

【建置沿革】 平远县治始设于明嘉靖四十一年（1562年）。当时以广东程乡县的豪居都（今仁居镇）为中心，并析福建的武平、上杭，江西的安远，广东惠州府的兴宁四县边地，以原设在豪居都林子营通判府馆址为基础，扩大筑城，罢馆置县。因其界于武平、安远之间，故名“平远”。初隶江西赣州府。明嘉靖四十三年（1564年），调整县域，归还闽赣两省武平、上杭、安远三县原析之地，增析程乡的义化、长田、石窟三都及兴宁原析之大信一里，仍组成平远县，改隶广东潮州府，县治仍设在豪居都。明崇祯七年（1634年），析平远的石窟一图、二图，及程乡部分地域，增置镇平县（即今蕉岭）。清雍正十一年（1733年），程乡县升格为嘉应州，平远改隶嘉应州，与程乡、兴宁、长乐、镇平4县并称嘉应五属。

中华民国成立后，废除原有建制，省县之间另设道。民国3年（1914年），设潮循道，平远为下属之一县。民国9年（1920年），裁道，平远直属于省。民国25年（1936年）8月，两广还政中央，广东取消绥靖区，改设9个行政督察区，平远属第六区。民国38年（1949年），调整改属第九行政督察区。

1949年5月22日，平远宣告和平解放。是年10月，中华人民共和国成立后，省县之间仍沿袭民国时期的专员公署制，作为省派出机构以领导县，平远隶属于兴梅专员公署。1952年，兴梅专署被撤销，改隶粤东行政公署。1956年，粤东行政公署被撤销，分设惠阳、汕头两个专区，平远隶属于汕头专区。1965年，兴梅与潮汕分设专区，平远隶属于梅县地区行政专员公署。1988年，梅县行署改为市一级政权机构，称梅州市，平远隶属于梅州市。

1951年5月，大信乡划归兴宁县辖。1956年1月，梅县石扇乡黄竹坪村划入平远热柘乡。至此，县属地域均为原程乡县地。县治所在地，从1562年建县至1952年的390年，一直在仁居镇（明朝称“豪居都”）。1952年6月，平远与蕉岭合署办公，领导土地改革。8月，广东省人民政府行文:“平远并入蕉岭县”“保留平远县名”。县治设在蕉城镇。1954年3月，平远与蕉岭分县而治，平远县治迁往大柘镇。1958年11月，为适应当时人民公社化运动和“大跃进”的需要，平远并入兴宁县，县治设在兴城镇。1961年1月，兴宁、平远分县。此后，平远县治一直设在大柘镇。

【行政区划】 平远明朝建县后，设4都2图，即义田都、义化都、长田都、石窟都，石窟一图、二图。明崇祯年间割石窟一图二图与镇平，仍有4都，后改划为15乡。民国26年（1937）调整为13乡，全县划为160保、1758甲。民国30年（1941），实行新县制，按《县各级组织纲要》规定，全县调整为142保、1676甲。

中华人民共和国成立初期，全县设7个区、3个市、56个行政村。1950年调整为4个区、2个镇、13个乡。1954年，划为4个区、71个小乡、2个镇。1956年撤区并乡，成立13个乡、1个镇、71个村。1958年“政社合一”，全县成立4个人民公社、1个镇。1961年与兴宁分县后，平远县调整为14个公社、3个农场、1个镇。20世纪70年代中期，划为16个公社、1个镇。1983年11月，恢复区、乡建制，取消政社合一的队制。全县设14个区（差干、仁居、黄畲、八尺、中行、河头、上举、泗水、东石、坝头、大柘、石正、长田、热柘）、1个区级镇（大柘镇）、95个乡、3个城镇管理区、4个县属国营农林场。

1986年11月撤区建乡设镇。全县设立5个镇（大柘、仁居、东石、石正、八尺），11个乡（差干、黄畲、河头、中行、上举、泗水、坝头、茅坪、超竹、长田、热柘），149个村，7个城镇居委会。1994年，11个乡改镇建制，全县设16个镇。2003年9月，撤销超竹镇、黄畲镇和茅坪镇的镇级行政区划建制。原超竹镇并入大柘镇，原黄畲镇并入仁居镇，原茅坪镇并入东石镇。2004年11月，撤销坝头镇的镇级行政区划，将其并入大柘镇行政区划。行政区划调整后，全县设12个镇（差干、仁居、八尺、河头、中行、上举、泗水、东石、大柘、石正、长田、热柘）。2014年，全县辖12个镇、136个村委会、7个居委会。县城设在大柘镇。

【常年气候特点】 平远县地处南亚热带与中亚热带过渡的气候区，气候温和，四季分明，夏冬长，秋春短，雨热同季，热量丰富，雨量充足，风力小，霜期短。年平均气温20.7℃，历年变化范围在20.1℃～21.7℃之间，变幅1.6℃；年平均日照时数1859.8小时，日照百分率为42%；年平均降水量为1683.6毫米。

【河流】 平远境内主要河流有3条，即北部的差干河、中部的柚树河和南部的石正河，均属韩江水系。全县集雨面积100平方千米以上的河流6条，10平方千米的小溪18条。这些河流，除差干河自西向东流外，其他河流均由西北流向东南。此外，八尺境的排下溪，向西北经江西省寻乌县到广东省龙川县汇入东江，是县境内唯一不属韩江水系支流。

【土地资源】 平远县土地资源丰富，且土地肥沃。地带性的自然土壤为红壤，有利于发展立体生态农业和多种商品生产基地。全县土地面积138100公顷。其中，农用地

127247.3公顷；建设用地7753.3公顷；未利用地3099.4公顷。人均土地面积0.57公顷。

【水力资源】　平远县水力资源丰富，水力资源理论蕴藏量为5.93万千瓦，可开发量为4.26万千瓦，发电量1.7亿千瓦时。平远县是全国首批100个电气化县之一。

【矿物资源】　平远县地质构造复杂，矿物资源丰富。现有的资源中，计有矿种29个，矿床、矿（化）点159个，其中中型规模的矿床7个：铁矿、铌钽铷矿、高岭土矿、石灰岩、珍珠岩各1个，离子吸附型稀土矿2个。按矿种分类，黑色金属矿物有铁矿和锰矿；有色金属和贵金属有钨、钼、钴、铜、锡、铅、锌、铋、金；稀有金属矿有钽、铌、铷、稀土；建筑材料和非金属矿物有石灰岩、高岭土、萤石、脉石英、珍珠岩、沸石、钾长石、建筑石等；燃料矿物有无烟煤；其他矿物有铀矿、矿泉水、温泉等。铁矿蕴藏量7800余万吨，稀土8万吨，石灰石藏量2亿吨以上，花岗岩100万立方米。经国家地质部门勘查，境内稀土矿属品位较高、开采条件较好的中型矿藏。

【森林资源】　平远县森林资源丰富，是全国造林绿化先进县、中国绿色名县、省林业生态县、省用材林基地县。2017年，全县林业用地面积10.88万公顷，森林覆盖率78.35%，活立木蓄积827万立方米，是粤东动植物资源保护得最好的县之一。县内龙文—黄田自然保护区为省级自然保护区。据调查，全县有野生维管植物188科、642属、1300种，由乔木、灌木、藤木、草本组成种类树种。有珍稀濒危植物25种。其中，属国家一、二级保护植物21种；省级保护植物4种。

【野生动物资源】　平远的野生脊椎动物有78科206属287种。主要分布在山高林密的北部山区，主要有：野猪、黄猄、长尾鹊、猫头鹰、画眉、黑斑蛙、蛇类、松鼠、黄鼠狼、果子狸、刺猬、穿山甲、白头翁、白鹇、鸢、鹧鸪、燕隼、翠鸟、雉鸡等。

【旅游资源】　平远是“中国最佳文化休闲旅游县”“全国森林旅游示范县”。旅游资源按国家旅游分类系统标准，主要涉及有自然旅游资源、人文旅游资源和服务资源3大景系，共有7个景类、37个景型。主要景区有五指石景区、松溪河景区、南台山景区、上举相思谷景区（龙文景区）、大河背景区和仁居古镇等。广东省地质公园、国家AAAA级景区、省级风景名胜区五指石以“中国丹霞地貌盆景”著称，其中的广东第一高空栈道——五指石栈道是广东旅游的新亮点；松溪河景区是国家AAA级旅游景区，原始生态的迤逦山水风光被大家称为“小桂林”，景区内有清道光年间（1821—1850年）建造的保存得特别完好的石拱桥——松溪桥，是通往下坝村的必经之桥，还有革命战争年代红四军走过的红军路；粤东名胜、广东南台山国家森林公园的南台卧佛山号称“世界第一天然大佛”；上举相思谷景区（龙文景区）也是国家AAA级旅游景区；大河背景区内，群峰突兀，岩崖峻峭，呈现独特的“奇峰丛立，沟壑纵横，赤壁悬崖”的丹霞地貌景观，山势雄浑，自然风光秀丽；长田AAA级景区曼佗山庄，一片花海；中行AAA级景区金穗休闲旅游区，生意盎然。

【民族】　到2010年第六次人口普查，全县除汉族外，少数民族有148人，占全县总人口的0.64‰。少数民族有壮族、苗族、瑶族、满族、黎族、土家族、蒙古族等16个，全县姓氏共有157个。

【人口】　2017年年底，全县户籍人口26.66万人，常住人口23.5万人。

【语言】　语言以本土的客家话为主，随着外来人员的增多，普通话交流亦较为普遍。

【平远精神】　1997年，平远县把“团结、务实、创新、自强”确定为“平远精神”。

【平远县花】 1998年1月，县十届人大常务委员会第三十一次会议确定“宝巾花”（又名为簕杜鹃）为平远县花。

【平远人文】 平远人文资源厚重，客家文化特点鲜明，是粤东客家先民的始兴地，客家先贤程旼的故乡，享有“世界客都文化始祖地”“世界客都第一村”美誉。境内有保存完好的客家围龙建筑，有客家传统民间艺术船灯舞、落地金钱等，是中国民间文化艺术之乡（船灯舞）。曾涌现世界客属名贤首贤程旼，明监察御史韩元勋，辛亥革命时期广东北伐军总司令姚雨平，民国时期的爱国侨领姚德胜、文学博士吴康、京都宦显曾养甫和抗日英烈黄梅兴、姚子青、姚中英等著名人物。中华人民共和国成立后，为新中国建设事业做出贡献的有外交大使吕志先（原名姚琬卿），北京航空学院一级教授林士谔，老红军林钦才，知名教授吴三立等。

平远是原中央苏区县，历史上，太平军4次进入平远，红四军3次到过平远，抗日战争后期，广东省政府曾播迁到平远办公。

【平远名片】 平远县是原“中央苏区县”“世界客都文化始祖地”“世界客都第一村”“中国最佳文化休闲旅游县”“中国最佳文化生态旅游目的地”“全国十佳生态休闲旅游城市”“全国休闲农业与乡村旅游示范县”“中国仙草之乡”“中国油茶之乡”“广东橙乡”“中国绿色名县”“全国农产品加工创业基地”“全国绿色食品原材料标准化生产基地”“全国粮食生产先进县”“全国造林绿化先进县”“全国森林旅游示范县”“广东省中医药文化养生旅游示范基地”“中国民间文化艺术之乡（船灯舞）”“生态自然旅游城市”“大众休闲健康养生旅游城市”和“中国候鸟旅居县”。

【平远土特产】 平远土特产有平远脐橙、金柚、八珍娘系列酒、黄粄、梅菜、锅叾茶、石正云雾茶、南台茶、香菇、木耳、水柿、蒜头、浸姜、蜂蜜、牛肉干、高山茶油等。

2017年经济社会发展概况

【经济社会发展情况】 2017年，平远县紧紧围绕市“一区两带六组团”发展新格局，克难攻坚、砥砺前行，扎实推进经济社会各项工作，较好地完成十五届人大二次会议确定的各项目标任务。全县生产总值80.09亿元，比上年增长6.3%。其中，第一产业增加值11.4亿元，增长2.4%；第二产业增加值25.5亿元，增长4.9%；工业增加值22.41亿元，增长3.5%；第三产业增加值43.18亿元，增长8.7%。人均地区生产总值34111元，增长6.0%。规模以上工业总产值58.4亿元，增长2.9%。农林牧渔业总产值17.96亿元，增长-6.5%。固定资产投资55.05亿元，增长26.2%。社会消费品零售总额27.6亿元，增长9.7%。外贸出口额29903万美元，增长12.2%；实际利用外资287万美元。地方财政一般预算收入8.14亿元，增长10.3%。城镇居民人均可支配收入22430.6元，增长10.4%；农村居民人均可支配收入15223元，增长9.4%。高中阶段教育毛入学率95.8%；九年义务教育巩固率95.92%。参加城镇职工基本养老保险4.202万人，覆盖率95%；参加城镇职工基本医疗保险2.431万人，覆盖率95%；参加城乡居民基本医疗保险21.11万人，覆盖率100%；参加城乡居民基本养老保险10.74万人，覆盖率100%。

【工业经济发展情况】 2017年，平远县投入1.2亿元，园区新征土地23.33公顷（350亩）、平整土地66.67公顷（1000亩），新增建设用地106.67公顷（1600亩），创业创新孵化基地、标准厂房等配套设施建设加快推进，水电路讯等基础设施更加完善。贯彻实施“省实体经济十条”，完善县级扶持政策，共落实股权投资、信贷风险补偿、专项扶持等各项政策资金5000多万元，促成元宝时代家居、华和精密制造等14个项目落户园区，元芯科技、平实实业等9个项目动工建设，佳之朋、利天新能源等8个项目建成投产，完成固定资产投资22.1亿元，投产企业50家，实现规模以上工业增加值6.8亿元，税收1.85亿元，分别比增29.8%和28.5%，自2013年升格为省级园以来第三次获评省优秀园区。在园区的有力带动下，全县工业经济提速增效，完成技改投资5亿元，比增90.8%，新增获赛尔机械制造、华清园生物科技、亚力盛电子3家国家高新技术企业，新培育宇时代科技、兴盛伟业等14家规模以上企业，全县实现规模以上工业总产值58.4亿元，比增2.9%，全县工业增加值22.41亿元，比增3.5%。深化与南沙区共建共享，“南沙·平远国际经贸合作中心”基本建成；落实专业招商队和领导干部“一对一”对接联系责任，共引进一抹禾香酒业、航驿水上乐园设备等20个项目，计划投资163.8亿元。大力扶持培育建筑安装类企业上等级、扩市场，实现创税6000万元，比增30%。

【“三农”发展基础】 2017年，平远县全力推进农村土地承包经营权确权登记颁证工作，全县颁证率99.03%。出台加快现代农业发展扶持政策，积极引导农村土地规范流转，促进规模化种植、产业化经营，脐橙、油茶、南药、优质稻、梅片树、有机茶等特色优势产业不断巩固发展，华清园、园山湖、源丰、飞龙等农业深加工项目加快建设，农产品加工转化率和产品附加值不断提升。积极培育壮大新型农业经营主体，全年新增1家省级龙头企业、2家市级龙头企业和51家专业合作组织。大力推进农旅融合，在国省道、旅游公路沿线打造18个现代农业示范基地和品牌农业示范公园，曼佗山庄获评“广东省农业公园”，金穗山庄获评“全国休闲渔业示范基地”。全年实现农林牧渔业总产值17.96亿元、农村居民人均可支配收入15223元，分别比增–6.5%和9.4%。加快推进省定贫困村新农村示范村建设，完成20个省定贫困村整治规划和创建规划，“三清三拆三整治”取得阶段性成效。深化与南沙区的对口帮扶，积极推广特色种养、资产收益、小额贷款、乡村旅游、光伏、“互联网+”等扶贫模式，累计筹集扶贫资金1.12亿元，投入帮扶资金7104.97万元，全年实现预脱贫人口1558人，预脱贫率70.4%。

【交通水利等重点基础设施建设】 2017年，平远县全年投入8.5亿元推进高速公路、国省干线和县乡公路建设，梅平高速平远段实现无障碍施工，完成建设总工程量的52%；平武高速列入省中长期发展规划；平蕉大高速列入市“十三五”路网规划；积极配合做好瑞梅铁路前期工作；国道206线绕城段各项工作全面启动；国道358线湍溪至八尺段完成立项审批；省道225线大柘至热柘段路面改造工程即将完工通车；省道239线、334线等4条总长87.67公里的新升级省道改建项目列入市未来三年行动计划，前期工作有序开展；新农村公路建设指标向贫困村倾斜，全年新建新农村公路60.48公里，完成安保工程64公里、国道示范工程29.78公里，全县道路技术等级和通行能力不断提高。投入3亿多元，全面推动山区中小河流治理、村村通自来水、城乡污水处理设施等9项12宗水利重点工程建设，凤池水库立项前期各项工作进展顺利；全面落实河长制，推动江河湖库长效化常态化治理，民生水利保障和支撑能力不断提高。同时，电力、信息基础设施全面提升，投入1亿多元推进基础电网建设，供电可靠率99.92%；全面完成原中央苏区农村超高速无线局域网试点工作；持续巩固电商进农村成果，新增40个村级电商驿站。

【全域旅游建设】 2017年，平远县完善促进旅游产业发展专项资金使用办法，出台保障旅游产业发展用地指导意见，加大旅游产业扶持力度。投入1.9亿多元推动景区提档升级，五指石贵妃湖环湖步道动工建设，岭东大酒店建成营业；长布半岛一期首批土地完成征收；南台卧佛山旅游度假区一期启动征地；曼佗山庄、金穗山庄等休闲体验综合体项目续建扩建。引进棕榈股份、铁汉生态、鸿艺集团等行业龙头企业，启动凤池特色小镇、仁居古镇、梅畲田园综合体项目建设。持续完善旅游接待配套，县旅游综合服务区和各镇旅游咨询中心建设有序推进，56座旅游厕所新建改建任务基本完成。强化旅游宣传营销，成功举办第八届北京国际山地徒步大会梅州·平远站、三月三“客家炒绿”茶香节、六月六民俗文化节、九月九酒香节、脐橙文化旅游节等活动，平远旅游知名度、美誉度得到进一步提升，全县接待游客人次、旅游综合收入分别比增11%和12.2%，获评“生态自然旅游城市和大众休闲健康养生旅游城市”“2017中国候鸟旅居县”“广东旅游创新发展十强县”。

【城乡人居环境优化】 2017年，平远县全年盘活存量用地210.8公顷（3162亩），储备城镇建设用地超过66.67公顷（1000亩）。城北、城南、城西、城东、老城“五个片区”共完成年度投资9亿多元。兴隆路建成通车；大柘河、岭下河“两河四岸”和法谦公园完成景观提升；碧桂园一期、优山美地二期、平城花园三期、金绿新城等宜居社区加快建设；平城中路、建设路雨污分流及人行步道改造项目有序推进；南区市场片区改造实施清拆；城区实现公交试运营。深入实施城市综合管理体制改革，城市管理和综合执法局挂牌成立，数字化城市管理平台投入使用；持续加大违法建设查处力度，全年依法整治违法违章建筑20宗3.6万平方米；不断提升公共文化服务水平，成功创建“广东省县级文明城市”。投入1.6亿元，石正、仁居、东石3个中心镇“六个一”工程加快推进，镇域基础设施整体水平得到有效提升。深入开展绿满平远大行动，完成造林2333.33公顷（3.5万亩）和60公里生态景观林带建设，龙文—黄田省级自然保护区获评“中国最美森林”“中国森林氧吧”，上举镇被认定为广东省首批森林小镇。大力开展跨境河流水源水质保护和大气污染防治工作，主要河段交接断面及饮用水源地水质达到或优于国家地表水Ⅱ类标准，全年环境空气质量保持优良。

【民生福祉改善】 2017年，平远县坚持公共财政支出向民生倾斜，全年落实各类民生资金19.8亿元，较上年增支1.73亿元，增幅10%，统筹推进教育医疗、社会保障等重点民生建设。完成年度“十件民生实事”。完善创业扶持政策，以创业带动就业，年度发放小额担保贷款331万元，贴息98.34万元，扶持327人创业，带动1804人就业。全年城镇新增就业2016人，城镇失业人员再就业1984人，城镇登记失业率控制在2.4%以内。扎实做好机关事业单位养老保险改革，城乡居民养老保险和医疗保险保持全覆盖。低保、“五保”、优抚标准逐步提高，底线民生得到保障。投入2亿多元实施一批重点教育项目，特殊教育学校建成投入使用；实验中学西教学楼加快建设；顺利完成“广东省推进教育现代化先进县”督导验收和教育创强复评。投入4.16亿元改善县镇村三级医疗卫生基础设施，县中医医院、县慢病站和县120急救指挥中心完成主体工程建设；县人民医院综合大楼启动前期工作；“卫生两基示范镇”项目加快建设；129间村卫生站实施规范化升级改造；“全国基层中医药工作先进单位”完成国家级考核验收。整理出版《客家（平远）家训》《平远古今诗词选》，获评“广东省诗词之乡”。完成409户农村危房和85套棚户区改造，以及10个残疾人社区康园中心建设。大力推进足球振兴，棕榈国际足球学院平远青训中心挂牌成立。自然村落历史人文普查工作顺利推进。全面两孩政策稳妥实施，人口计生工作均衡发展。安全生产形势持续稳定，食品药品安全监管不断强化。大力推进“中心+网格化+信息化”建设，切实做好舆情监测管控，有效化解社会矛盾。

【政务环境优化】　2017年，平远县深化“放管服”改革，推行“双随机一公开”监管、减证便民和政府服务“马上办”，调整行政审批事项65项，取消行政审批中介服务事项15项。积极推进“一门式、一网式”政府服务模式改革，全面完成县级职能部门行政许可及公共服务事项标准化建设，县镇村三级一门式综合服务窗口全面运行。成功入选全国基层政务公开标准化规范化试点单位。持续深化商事制度改革，全年新增各类市场主体1754户，比增16%。认真执行县人大及其常委会各项决议、决定并向其报告工作，坚持向人民政协通报情况，全年共办理人大议案1件、建议49件，政协提案56件。广泛听取党外代表人士、工商联和工青妇等人民团体意见。加强法治政府建设，在省市依法行政考评中连续三年获评优秀；完善县政府工作规程和法律顾问制度，行政复议案件受理率、结案率均达100%。坚持“两学一做”学习教育常态化制度化，积极做好中共十九大精神宣传宣讲，严格执行中央八项规定精神和廉洁从政各项规定，切实加强行政监察和审计监督，有效促进权力公开透明运行。

【精神文明建设】　2017年，平远县进一步健全完善文明委体制机制建设和镇级精神文明队伍建设，深入贯彻落实中共十九大精神和习近平总书记系列重要讲话精神，以培育和践行社会主义核心价值观为工作主线，大力抓好精神文明建设，为平远县坚定发展生态之路，主攻“一城一区一带”，全面加快振兴发展步伐，提供强大精神动力和坚实道德支撑。1.深化社会主义核心价值观宣传教育，在全县实施社会主义核心价值观建设“五个一工程”（一镇一品牌、一行一重点、一园一主题、一地一广告和一节一活动）。2.广泛开展精神文明创建活动。（1）扎实推进县级文明城市、文明镇街、文明村居建设。成立创建广东省县级文明城市工作领导小组，加强基层创建队伍建设，推动县、镇、村三级联创工作。同时，重新修订《平远县创建广东省县级文明城市工作实施方案》和《平远县创建广东省县级文明城市工作任务分解表》。大力营造创建广东省县级文明城市社会氛围，形成“人人关心、人人支持、人人参与、人人监督”的良好氛围。着力抓好环境综合整治及公民素质的提高，提升城市文明程度，全面推进创建广东省县级文明城市工作。11月，平远县荣获广东省县级文明城市称号。（2）深入开展县、镇街、村居三级联创工作。强化常态和动态管理，巩固创建成果，提升创建水平，保持创建经常化。扎实抓好农村文明示范片的规划和建设工作。大柘镇荣获全国文明镇称号，县国家税务局荣获广东省文明单位称号。3.着力进行公民道德建设。（1）深化家庭文明建设。贯彻落实《广东省深化家庭文明建设实施方案》，积极推荐全国文明家庭和省、市文明家庭参评工作，韩丽华家庭、赖诚家庭、谢静家庭荣获“第一届梅州市文明家庭”称号。扎实推进家风家训园建设和组织开展传承好家风好家训系列活动，在河滨路建设平远县家训园，园内设有书状雕塑平远百家姓，河堤栏杆上每块护堤板上都刻着各姓氏的家规家训，园内还设立“孝、勤、礼、谦、仁、俭”主题标识。（2）加强道德楷模宣传选树。做好各级“身边好人”“道德模范”等推荐选树工作，在平远新闻、文明平远、平远宣传等平台对道德楷模进行全媒体宣传。（3）推进农村文化祠堂建设。全县12个镇各建立1间县级“示范文化祠堂”。大柘、上举获市“示范文化祠堂”示范点称号，全县有6间祠堂获评市“文化祠堂”称号。（4）广泛开展树婚育新风、重厚养兴薄葬、绿色生活在身边等主题实践活动，加强“移风易俗，树立新风”教育工作。（5）推进诚信建设制度化。严厉打击不法经营行动，进一步规范市场经营秩序。全年有82家企业公示为“守合同重信用”企业，新申报公示企业18家。4.不断加强未成年人思想道德建设。（1）开展文明校园创建活动。县田家炳中学等6间学校被评为梅州市首届文明校园。（2）推进主题实践活动和乡村学校少年宫建设、家长学校建设。全县办起中小学家长学校38所、婚育学校148所、县级示范学校3所。（3）推进未成年人心理健康辅导工作，指导各中小学校建好用好未成年人心理健康辅导站。5.广泛开展学雷锋志愿服务。（1）以志愿服务组织建设为重点，强化服务意识，团组织战斗力不断增强，志愿服务水平不断提升，服务社会的能力不断提高。（2）全面推进梅州青年创新创业创优工作。（3）大力宣传推介志愿服务先进典型。

【存在问题】 2017年，平远县存在的主要问题是：1.产业竞争力不强，自主创新能力偏弱，具有核心竞争力的支柱产业尚未真正成型。2.支撑发展的大项目、好项目不多，民间投资意愿不强，持续增长后劲不足。3.民生补短板任务还很艰巨，教育、医疗、养老等公共服务与群众需求还有较大差距。4.财政收入基础比较薄弱，保运转与求发展的矛盾依然突出。5.干部不敢担当、消极懈怠等现象在个别单位和领域仍然存在，破解难题、创新作为的能力还有待提高。

2017年平远县国民经济和社会发展统计公报

2017年，平远县紧紧围绕粤东西北振兴发展战略目标，全县上下坚持兴工强农、文旅带动、城乡统筹，大力实施“一城一区一带”发展战略，推动生态富民强县，奋力开创决胜全面建成小康社会新局面。推进振兴发展，努力克服经济运行中遇到的各种困难和问题，致力发展地方经济，着力抓好民生工程建设，推动全县经济社会稳步向前发展，国民经济和社会发展取得了新的成就。

一、综合

初步核算，2017年全县实现生产总值（GDP）800917万元，按可比价计算，比上年增长6.3%。其中，第一产业114050万元，增长2.4%，对地区生产总值增长的贡献率为5.69%；第二产业255077万元，增长4.9%，对地区生产总值增长的贡献率为30.49%，其中工业224148万元，增长3.5%；第三产业431790万元，增长8.7%，对地区生产总值增长的贡献率为63.82%。经济结构调整取得新进展，三次产业结构比重（%）14.24：31.85：53.91，对比“十二五”时期的2012年，第一产业比重下降5.27个百分点，第二产业比重下降13.23个百分点，第三产业比重上升18.50个百分点。全县人均生产总值34111元，比上年增长6.0%。

全年税收收入（全口径）119512万元，比上年下降0.2%。其中，国税收入49476万元，增长0.8%；地税收入70036万元，下降0.8%。全年地方一般公共预算收入81386万元，比上年增长10.3%。全年地方一般公共预算支出238637万元，比上年增长3.3%。

全年市场物价稳中有升。据市统计局反馈的价格调查结果：商品零售价格总指数101.5%，上升1.5%；居民消费价格总指数101.5%，上升1.5%；工业品出厂价格指数103.2%，上升3.2%；固定资产投资价格指数105.3%，上涨5.3%。

劳动就业形势保持稳定。年末全县从业人员12.25万人。据就业服务管理部门统计，全年新增转移就业人数2531人。全县城镇登记失业人员实现再就业2016人；年末城镇登记失业人数767人，登记失业率2.39%。

虽然当前全县经济社会发展总体态势良好，但仍然存在一些比较突出的问题：一是经济总量较小、人均GDP水平较低、结构不够合理；二是经济增长方式比较粗放，农业集约化生产程度偏低，产业化程度不高；三是非再生性资源型经济比重较大，依赖资源型工业经济支撑的发展格局有待改变；四是人均收入水平偏低，消费需求不高；五是社会劳动就业和保障压力较重；六是财政收支矛盾突出，经济对财税贡献率有待进一步提高；七是当年能源消耗大幅增长，节能降耗形势严峻。

二、农业

全年全县农、林、牧、渔业增加值114050万元，比上年增长2.4%。其中，农业增加值79890万元，下降0.2%；林业增加值11520万元，增长37.8%；畜牧业增加值16286万元，下降1.1%；渔业增加值6354万元，增长0.9%。

当年造林面积2340公顷，全民义务植树70万株，木材采伐量32498立方米，木材收购量9870立方米。森林资源继续走可持续发展道路，保持年生长量大于年消耗量。

三、工业和建筑业

全年全县工业增加值224148万元，按可比价计算，比上年增长3.5%，其中规模以上工业增加值128193万元，增长1.1%。全年全社会用电量44524万千瓦时，比上年增长22.3%；全年全县工业用电量24724万千瓦时，比上年增长36.0%。

2017年平远县主要工业产品产量统计表

表1

产品名称	单位	当年实绩	对比上年增减（%）
铁矿石	万吨	2.1	-74.7
发电量	万千瓦时	24766	-37.3
稀土分离产品	吨	3255.5	21.7
水泥	万吨	154.7	39.9
家具	万件	126.8	-4.5
人造板	立方米	36418	14.8

全年全县建筑业增加值30929万元，比上年增长20.2%。商品房屋建筑施工面积665081平方米，比上年增长14.1%。商品房屋竣工面积231801平方米，比上年增长107.4%。商品房屋销售面积322896平方米，比上年增长45.8%。

四、固定资产投资

全年固定资产投资550483万元，比上年增长26.2%，其中房地产开发投资160733万元，增长120.9%。

五、交通、邮电

全年交通运输、仓储和邮政业增加值14364万元，比上年增长4.6%。完成旅客周转量18907万人公里，比上年增长3.2%；完成货物周转量19300万吨公里，比上年增长2.8%。年末全县机动车辆共68242辆，比上年末增长2.3%。机动车辆中，民用汽车23337辆、拖拉机1512辆、摩托车43393辆。年末全县公路实际通车里程达1316.7公里，每百平方公里公路密度达95.8公里。

年末电话用户拥有量20.13万户，比上年末增长2.5%。其中，年末本地电话用户2.42万户，下降7.4%；年末移动电话用户17.7万户，增长4.04%。每百户家庭拥有本地电话29部、移动电话215部。

六、国内贸易

全年社会消费品零售总额275738.4万元，比上年增长9.7%。按行业分，批发零售贸易业251902.2万元，增长8.9%；住宿和餐饮业零售额23836.2万元，增长19.5%。按销售单位所在地分，城镇消费品零售额197325.4万元，增长9.9%；乡村消费品零售额78413万元，增长9.3%。

七、对外经济和招商引资

全年贸易进出口总额（海关口径）30202万美元，比上年增长11.7%。其中，进口总额299万美元，下降24.9%；出口总额29903万美元，增长12.2%，全部为“民营和三资”企业出口。

全年合同协议投资项目20宗，与上年持平；合同协议投资金额163.763亿元，比上年增长98.7%；当年实际利用外资（验资口径）287万美元。

八、金融和保险业

年末全县金融机构各项存款余额848196万元，比上年末增长8.3%，其中住户存款余额585599万元，比上年末增长10.7%。年末全县金融机构各项贷款余额为411061万元，比上年末增长15.7%。

全年人财、人寿保险业保费收入合计13833万元，比上年增长36.2%。全年人财、人寿保险业赔付支出合计7030万元，比上年增长49.2%。

九、科学、教育、文化、卫生和体育

年末全县共有科研机构2个。年末国有企事业单位拥有自然和社会科学专业技术人员8863人。全年全县获市级科技成果奖6项。全年全县专利申请量150件（其中发明13件、实用新型107件、外观设计30件），比上年增长6.4%；专利授权量123件（其中发明7件、实用新型83件、外观设计33件），比上年增长98.4%。

年末全县共有各类学校77所。其中，普通高中3所，招生919人，在校学生3574人，毕业生1856人，参加高考1473人，考入大专及以上1387人，其中考入本科713人、专科674人，高中专本升学率94.1%；中职学校1所，招生361人，在校学生836人，毕业生275人；普通初中14所，招生2041人，在校学生5937人，毕业生1748人，初中毕业升学率98.3%；普通小学19所，招生1618人，在校学生14850人，毕业生2018人；幼儿园39所，招生4865人，在园幼儿7943人。全县各类学校教职工人数2972人，其中专任教师人数2623人。专任教师人数中，任教高中447人、任教职中60人、任教初中706人、任教小学941人、任教幼儿园446人。

年末全县共有文化馆1个、公共图书馆1个、博物馆1个、广播电台1座、电视台1座，公共图书馆藏书14.0万册。

医疗卫生条件得到改善。年末全县卫生机构17个，其中县级医院2个、专科防治站1个。医疗卫生机构共有病床674张，比上年增长5.0%。每万人拥有病床25.3张，每万人拥有病床比上年增加1.2张。卫生从业人员1335人，其中专业卫生技术人员1159人；每万人拥有卫生专业技术人员43.5人，比上年增加4.6人。

2017年，平远组队参加梅州市“铁汉生态”杯第八届运动会，获得4金4银11铜的好成绩。其中，男子乙组足球获得第五名；男子甲组羽毛球团体赛获得第二名；女子丙组羽毛球团体赛获得第二名；男子乙组乒乓球团体赛获得第三名；女子丙组乒乓球团体赛获得第三名；获乒乓球男子甲组冠军，获60公斤级拳击冠军。

2017年，平远组队参加梅州市2017年第三届“体彩大乐透”跆拳道锦标赛暨第十六届省运会跆拳道运动员选拔赛，荣获团体总分第一名，获得14金、9银、2铜的优异成绩。

十、人口、能源、环境与人民生活

据公安年报统计，年末全县户籍人口266595人，其中乡村人口172379人。据卫计部门年报统计，全县人口出生3720人，出生率13.22‰，死亡率6.49‰，人口自然增长率6.74‰。

全年能源消耗大幅增长。据初步测算，单位地区生产总值能耗0.6133吨标准煤/万元，比上年增长12.13%；单位工业增加值能耗0.6094吨标准煤/万元，比上年增长36.82%；单位地区生产总值电耗561.639千瓦时/万元，比上年增长15.06%。

年末全县共有环境监测站1个，生活污水处理厂1座，污水处理能力达2.0万吨/日。当年全县空气质量达到一级标准，全年平均气温为21℃，全年灰霾天气日数零天。

人民生活水平不断提高。据定点抽样调查，全年城镇居民人均可支配收入22430.6元，比上年增长10.5%，扣除价格因素，实际增长8.8%；全年农村居民人均可支配收入15223.1元，比上年增长9.4%，扣除价格因素，实际增长7.8%。

年末全县参加基本养老保险42017人，其中机关事业个人参加基本养老保险5504人；城乡居民参加社会养老保险101157人，参加工伤保险15086人，参加失业保险18198人，城镇职工参加基本医疗保险24306人，城乡居民参加基本医疗保险211130人。全年各项社会保险费收入33981万元，比上年下降15.0%。

2017年，养老、医保、工伤等保障水平进一步提高。一是从2017年1月起提高基本养老保险基础养老金标准。将居民基础养老金从110元/月提高到120元/月；企业退休人员基本养老金每人每月定额加发55元，同时加发每人每月按照本人调整前基本养老金月标准的3.2%；缴费年限超过15年的退休人员，超过15年的缴费年限，每满1年（不满1年的按1年计算）养老金月标准增加1元；2017年6月30日前（含当日）年龄满75周岁及以上的退休人员，每人每月加发100元，全年1200元，年满70周岁不满75周岁的，每人每月加发50元，全年600元，增加的养老金单列一次性发放。从7月1日起全县企业职工基本养老保险实行省级统收统支制度，省统筹后基本养老金市级直发。二是从2017年1月起提高基本医疗保险待遇水平。职工医疗保险基金年度累计最高支付限额提高至9万元，城乡居民基本医疗保险基金年度累计最高支付限额提高至50万元，职工医疗保险门诊特定病种报销比例统一调整为75%，城乡居民医保门诊特定病种报销比例提高至70%，门诊特定病种年度支付限额按病种在原限额基础上提高0.1万元~6.5万元不等；城乡居民医疗保险普通门诊每人每日每次最高支付限额提高至100元，年度累计最高支付限额提高至500元，报销比例从50%提高至60%；城乡居民大病保险起付标准降为1万元、报销比例统一调整为70%，年度最高支付限额提高至16万元。三是从2017年7月起按规定提高工伤等社会保险待遇水平。

年末全县敬老院12个，床位数358张，入院人数147人，外保人数464人；年末全县各类社会福利单位收养人数625人。全县城乡社会保障网络体系不断完善，各类社会保险覆盖率逐年提高。

附注：

1.本公报中资料数据均为初步核实数。

2.全县生产总值、各产业增加值总量按现

价计算，增长速度按可比价计算。

3.部门统计数据来源于县直相关部门。

4.能源消耗、社会消费品零售总额增速为调整口径。

5.该公报由平远县统计局于2018年8月13日提供。

2017年平远县国民经济主要统计指标一览表

表2

序号	指标	单位	2017年
1	行政区域土地面积	平方公里	1373.979
2	地区生产总值	万元	800917
3	第一产业	万元	114050
4	第二产业	万元	255077
5	工业	万元	224148
6	第三产业	万元	431790
7	人均地区生产总值	元	34111
8	地区生产总值指数	%	106.3
9	第一产业	%	102.4
10	第二产业	%	104.9
11	工业	%	103.5
12	第三产业	%	108.7
13	人均地区生产总值指数	%	106.0
14	年末总人口	人	266595
15	乡村人口	人	172379
16	城镇人口	人	94216
17	就业人员	人	122478
18	城镇单位在岗职工平均人数	人	13828
19	城镇单位在岗职工工资总额	万元	85188
20	城镇单位在岗职工平均工资	元	61606
21	全社会固定资产投资	万元	550483
22	房地产开发投资	万元	160733
23	地方一般公共预算收入	万元	81386
24	地方一般公共预算支出	万元	238637
25	城镇居民人均可支配收入	元	22431
26	农村居民人均可支配收入	元	15223
27	乡村就业人员	人	97886
28	农林牧渔业总产值	万元	179607
29	农林牧渔业总产值指数	%	101.4
30	总播种面积	公顷	26848.6
31	粮食产量	吨	90624
32	油料产量	吨	4116
33	肉类总产量	吨	13827

续表2

序号	指　标	单　位	2017 年
34	猪牛羊肉产量	吨	11655
35	水果产量	吨	90430
36	茶叶产量	吨	773
37	工业总产值	万元	799508
38	工业总产值指数	%	103.9
39	公路里程	公里	1316.7
40	民用汽车拥有量	辆	23337
41	邮电业务总量	万元	12996
42	本地电话用户	户	24249
43	#乡村电话用户	户	11583
44	移动电话用户	部	177040
45	社会消费品零售总额	万元	275738
46	出口总额（海关口径）	万美元	29903
47	实际利用外资	万美元	287
48	住户存款余额	万元	585599
49	幼儿园学校数	所	39
50	幼儿园在校学生数	人	7943
51	小学学校数	所	19
52	小学在校学生数	人	14850
53	普通中学学校数	所	17
54	普通中学在校学生数	人	9511
55	中职学校	所	1
56	中职学校在校学生数	人	836
57	卫生技术人员	人	1159

说明：该指标由平远县统计局于2018年8月13日提供

中共平远县委员会

主要会议和活动

【中国共产党平远县第十三届委员会第二次全体会议】 1月4日，中国共产党平远县第十三届委员会第二次全体会议在县委五楼会议室召开。会议主要议程：圈选广东省出席中共十九大代表候选人推荐人选。

【平远县2017年社会各界人士迎春座谈会】

1月21日，平远县2017年社会各界人士春节茶话会在县迎宾馆二楼大会议厅召开。曾尚忠、刘许川、凌志达、凌声宏、胡新文等县委、县人大常委会、县政府、县政协领导，"两代表一委员"、企业界代表、劳动模范、先进工作者、特级教师代表、驻平远部队官兵代表、政法公安干警代表、环卫工人代表、优秀外来工代表、企业员工代表、新闻工作者代表等及其他社会各界人士代表参加会议。

【中共平远县第十三届纪律检查委员会召开第二次全体会议】 2月9日下午，中共平远县第十三届纪律检查委员会召开第二次全体会议。会议主要议程：学习贯彻十八届六中全会和中央纪委七次全会、省纪委十一届六次全会、市纪委七届二次全会精神，总结部署平远县党风廉政建设和反腐败工作。

【县委工作会议】 2月14日，县委在县迎宾馆召开县委工作会议。县委书记曾尚忠主持大会，县委副书记、县长刘许川部署经济工作，县委副书记胡新文通报2016年度各镇和县直单位考核结果，大柘镇、东石镇和县经信局等单位代表作大会发言。

8月3日，县委工作会议在县迎宾馆大会堂召开。县委书记宋才华主持会议并讲话。县委副书记、县长刘许川传达市委工作会议精神并总结部署经济工作；县委副书记胡新文总结部署维稳工作；县委常委、常务副县长温助民总结部署重点项目、新农村建设及精准扶贫精准脱贫工作。上举镇、大柘镇、石正镇、县交通运输局、县国土资源局等单位围绕加快经济发展和保持社会稳定作大会发言。

【中国共产党平远县第十三届委员会第三次全体会议】 2月17日上午，中国共产党平远县第十三届委员会第三次全体会议在县委五楼会议室召开。会议主要议程：圈选梅州市出席省第十二次党代表大会代表候选人推荐人选。

【全县领导干部大会】 4月7日上午，全县领导干部大会在县迎宾馆大会堂召开，市委常委、组织部部长杜敏琪出席会议并宣布省委关于平远县委主要领导调整决定：宋才华任中国共产党平远县委员会书记；曾尚忠不再兼任中国共产党平远县委员会书记职务。

12月29日，全县领导干部大会在县迎宾馆二楼大会议厅召开。市委常委、组织部部长杜敏琪出席会议并宣布市委关于平远县人民政府主要领导职务调整的决定：杨栋任中共平远县委委员、常委、副书记；免去刘许川中共平远县委副书记、常委、委员职务。提名杨栋为平远县人民政府县长候选人；刘许川不再担任平远县人民政府县长职务。

【第五届世界客商大会平远系列活动】 11月15日，县委、县政府举行第五届世界客商大会平远县系列活动，分别在平远县洪福家具有限公司举行重点项目竣工仪式、在广东一抹禾香酒业有限公司建设现场举行重点项目动工仪式、在平远县冬青实验幼儿园举行何冬青基金会龙腾盛世系列工程集中交付仪式。

香港特别行政区太平绅士何冬青，广州钢铁企业集团有限公司副总经理李绍康，深圳建艺集团股份有限公司董事长刘海云，广东省平远商会会长刘忠平，广东省农村电子商务协会会长游彦霖，广西铸垠投资集团有限公司董事长姚宝华，澳门嘉应同乡会副会长、澳门平远同乡会会长刘鹏举，广西广东商会会长陆洁雯，以及县领导宋才华、刘许川、凌志达、凌声宏、胡新文等出席系列活动。

该次举行竣工仪式的重点项目有9个。其中，工业项目4个，总投资7.77亿元；城建项目2个，总投资9亿元；旅游项目2个，总投资3.5亿元；交通项目1个，总投资1亿元。

该次动工的重点项目有11个，计划总投资38.25亿元。其中工业项目6个21.9亿元；旅游项目3个10.88亿元；交通和卫生项目各1个5.47亿元。

自开展龙腾盛世系列工程以来，何冬青先生捐赠项目有41个，捐赠资金约4200多万元，主要用于教育、文化、医疗、路桥等福利事业，该次集中交付的项目有5个。

2017年5月11日，县委书记宋才华（前）和县委常委、县委办主任陈琼宏（后）到八珍娘酒业有限公司调研

【中国共产党平远县第十三届委员会第四次全体会议】 12月17日，中国共产党平远县第十三届委员会第四次全体会议在县迎宾馆大会堂召开。

县委常委会主持会议。县委书记宋才华就全面深入学习宣传贯彻中共十九大精神作专题讲话；县委副书记、县长刘许川传达学习省委十二届二次全会、市委七届三次全会精神。会议审议通过中共平远县委关于贯彻落实《梅州市委关于落实〈中共广东省委关于持续深入学习宣传贯彻党的十九大精神推动习近平新时代中国特色社会主义思想在南粤大地落地生根结出丰硕成果的决定〉的意见》的意见，以及《中国共产党平远县第十三届委员会第四次全体会议决议》。

【陪同省、市领导到平远调研】 2017年，到平远县调研的省、市主要领导有胡春华、谭君铁等。县委、县政府领导积极配合，陪同调研。

陪同谭君铁到平远调研 3月14日，市委书记谭君铁率队到平远县调研梅片树产业发展情况，市领导一行到广东华清园生物科技股份有限公司现场调研，并召开座谈会，听取相关情况汇报，研究解决制约产业发展的困难问题。市委常委、秘书长余其豹，副市长、平远县委书记曾尚忠，市林业局局长朱少辉，县领导刘许川、陈琼宏、罗益新等陪同调研及参加座谈会。

陪同胡春华到平远调研 7月11日，中共中央政治局委员、广东省委书记胡春华到平远县调研新农村建设等工作。胡春华一行先后到八尺镇政府、梅州市八珍娘酒业有限公司、河头镇向阳村、石正镇坪湖村，实地考察新农村规划建设和了解农村生产生活情况，入户看望慰问贫困户，并召开座谈会，与镇村干部群众深入交流，听取大家对新农村建设的意见建议。省委常委、秘书长、办公厅主任江凌，省委常委曾志权，广州市委副书记、市长温国辉，梅州市委书记谭君铁，市长方利旭，市委副书记彭耀新，市委常委、秘书长余其豹，副市长陈俊钦、曾尚忠以及县领导宋才华、刘许川等陪同调研或参加座谈会。

2017 年度中共平远县委领导名录

书　记：曾尚忠（任至4月）
　　　　宋才华（4月起任）
副书记：刘许川（任至12月）
　　　　杨　栋（12月起任）
　　　　胡新文
常　委：曾尚忠（任至4月）
　　　　宋才华（4月起任）
　　　　刘许川（任至12月）
　　　　杨　栋（12月起任）
　　　　胡新文
　　　　姚永波
　　　　肖桂华（女）
　　　　温助民
　　　　周玉奎（任至11月）
　　　　陈琼宏
　　　　黄钧震
　　　　徐万宝
　　　　林忠云
　　　　刘海鹏（3月起挂职）

县委办公室工作

【调研信息工作】 2017年，平远县委办公室认真做好调研信息工作。1.紧扣中心抓文稿。把文稿服务作为决策参谋服务的重要抓手。圆满完成县委工作会议、县委十三届四次全会报告等事关发展全局的文稿起草和胡春华等上级领导到平远调研的经济社会发展情况汇报等重要汇报材料，高效完成各种会议、各类型调研、媒体采访和政务参阅等材料。全年完成文字材料180多万字，印发《工作通报》21期、《情况反映》11期、《县委常委会会议纪要》35期、《县委书记专题会议纪要》5期，上报市委政研室《客都论坛》4篇，采用4篇。2.服务大局深调研。围绕新农村建设、镇级绩效考核工作、 发展工业经济和生态农业等内容，深入乡镇基层、县直单位及梅县区等兄弟县（市、区）开展专题调研，形成《河头镇向阳村新农村示范村建设情况调研报告》《关于赴梅县区学习镇级绩效考核工作的情况汇报》等25篇调研成果，并将成果融入各类文稿起草，以不同形式报县委领导决策参考。切实加强信息采集、分析、整理和上报工作，为县委准确掌握情况、科学决策服务。3.紧贴实际讲好平远故事。围绕中心，积极宣传平远县在抢抓“两大振兴政策”机遇，突出“三大抓手”，狠抓重点项目，统筹民生保障，全面加强党的建设，全力加快平远振兴发展建设过程中取得的显著成效；突出重点，深入宣传全县在学习贯彻党的十九大精神等重要精神中的好经验、好做法。2017年，在《梅州日报》《南方日报》、广东卫视、新华网、人民网等20多家市级及以上主流媒体上刊播1300多条反映平远县经济社会发展各方面的新闻作品，对外树好形象，聚集人气，提升平远的知名度和美誉度，为全县加快振兴发展营造良好的舆论氛围。

【办文办会】　2017年，平远县委办公室做好办文办会工作。1.严格规范办文。严格执行中央八项规定，从精简文件简报、会议印发材料、改进机关作风入手，高效准确处理上级和各单位来文来电，认真做好县委、县委办的文件、请示、批复、报告等各类文件的拟办、送审、打印、校对、装订、分发等工作。全年办理上级和各单位来文来电1975件；制发文件225件，包括县委文件15件、县委办文件30件、常委会议纪要35件、报告13件、批复12件、便笺通知88件、电文32件；向市委办提交文件报备13份。厉行节约，减少发放纸质文件，尽量采用政务办公协同平台（OA系统）进行文件发送，配合移动公司做好OA系统升级改造调试工作。2.务实高效办会。严格按照中央八项规定要求，认真遵守县领导参加会议活动和调研考察的迎送、接见合影、乘车标准。坚持多想、多看、多试、多查的“四多工作法”，以严的要求、实的作风完成县委十三届二、三、四次全会，第八届北京国际山地徒步大会梅州·平远站，第五届世界客商大会平远县系列活动，省委书记胡春华到平远调研活动等会务活动170多场次。

【后勤接待】　2017年，平远县委办公室做好后勤接待工作。1.加强协调服务。发挥联系上下、沟通左右、协调各方的作用，安排服务好县委领导公务活动、日常事务等，做好协调县直部门和乡镇工作。热情接待来人来访，树立县委“窗口”的良好形象。2.加强车辆管理。严格贯彻落实中央八项规定和反对“四风”的要求，完善《财务制度》《公务用车管理制度》和《岗位责任制》等相关制度，科学安排公务用车，严格执行公车用油、修理等制度，全年未发生安全事故和公车私用现象，有效降低车辆费用支出。3.加强财务管理。建立健全财务管理制度，规范财务行为，严格审批权限，合理、节约、有效地使用资金；严格执行政府采购制度，对大宗物品实行政府集中采购；实行车辆专人管理、定点维修，有效地堵塞各种漏洞，杜绝跑、冒、滴、漏现象发生。4.抓好后勤管理。认真做好县委大院及办公大楼的保洁、保绿等工作，营造舒适的工作环境。

【督查工作】　2017年，平远县委办公室围绕县委决策部署、重点工作、重要事项、重大项目及领导关注的热点难点问题，采取实地督查、联合督查、电话跟踪等方式，有针对性地开展决策督查和专项督查，认真做好领导批示件和交办事项的承办工作，针对市委督查室下达的督查任务，做好督查上报，认真完成上级督查任务，推动各项决策部署和工作事项落实到位。2017年，下发督查通知26份，形成督查专报（通报）12份，办理领导批示218

件，转（承）办率100%，全年上报督查落实情况30余份，实现批办件无延误、无积压、无遗留问题。（县委办）

2017 年度中共平远县委办公室负责人名录

主　任：陈琼宏

副主任：张永煌　陈奕东　饶良栋　林招军

组织工作

【概况】 2017年，平远县组织系统聚焦主责主业、积极担当作为，围绕中心、服务大局，精准施策、真抓实干，各项工作取得新进展、新成效。

【“两学一做”学习教育】 2017年，平远县委组织部坚持牵头抓总，深化“两学一做”学习教育常态化制度化。1.开展大学习、大宣讲、大培训、大调研等活动。举办党校主体班、平远学习论坛、送课下乡等重点班次，组织4个宣讲团持续开展十九大精神宣传宣讲活动，部署开展19个专题课题和9个重大问题课题调研，引领各级党员干部深化对县情镇情的认识，推动十九大精神在平远落地生根、开花结果。2.推行县领导上党课制度，县处级党员领导干部深入到挂钩镇、挂钩单位，分别结合学习贯彻省十二次党代会、中共十九大报告精神，为基层党员上党课。3.基层党支部充分运用“三会一课”平台，定期召开支部委员会、支部党员大会、党小组会、按时上好党课，把学党章党规、系列讲话融入“三会一课”日常，推动从严治党向纵深发展。4.探索设岗定责服务、结对包户服务、志愿者服务等党员发挥作用途径，实行村干部“坐班制”和镇、村、组、党员四级“代办制”，推进服务群众常态长效。

2017年12月14日，平远县组织系统学习贯彻落实党的十九大精神会议在县委党校召开　（姚志雄　摄）

【基层党建工作】 2017年，平远县委组织部坚持聚焦主责、统筹推进、问题导向，层层落实党建工作责任，推动各领域党建工作全面进步全面过硬，解决基层组织建设突出问题，提升党建工作水平。1.坚持聚焦主责，层层落实党建工作责任。制定党建主体责任清单和基层党组织书记的权力清单制度，明确党委的主体责任、党组织书记的第一责任和党委成员“一岗双责”，推行党建工作联系点和党建项目化管理制度，落实党组织书记双向“联述联评联考”制度，形成党委统一领导、一把手负总责、分管领导具体负责，党的各级组织抓落实的工作格局。采取开展“抓党建促发展”基层党建专题调研查摆问题，每月定期召开常委会研判问题等方式，解决村（居）小组长待遇低、村级公共服务平台建设滞后等基层党建的重点难点问题。2.坚持统筹推进，推动各领域党建工作全面进步全面过硬。依法依规开展村级换届工作，全县村（社区）书记、主任“一肩挑”率和“两委”干部交叉任职率分别是86.7%和89.7%，学历年龄结构明显优化，年轻干部和女干部比例明显提高。推行党组织与行政领导班子成员双向进入、交叉任职，全县36家中小学校全部实现校长与支部书记“一肩挑”。持续推进“两新”组织“两个覆盖”。党的工作和党组织覆盖率分别是100%和89.1%。打造“六有”服务型机关党组织，强化对县直单位的督查，整治机关党建“灯下黑”。3.坚持问题导向，解决基层组织建设突出问题。推动镇领导干部驻点直接联系群众工作常态化制度化，解决基层突出问题。2017年，143个驻点团队700多名镇党员干部上门走访慰问群众，帮助解决群众反映问题和化解矛盾纠纷。投入300多万元用于整顿涣散基层党组织，全面完成10个软弱涣散村党组织整顿工作。持续解决基层治理基础性问题，落实征地补偿款2个批次，采取折算货币补偿方式顺利发放留用地补偿款；扎实推进农村土地承包经营权确权登记颁证工作，至12月15日，颁证率96.98%；全面完成143个村（社区）公共服务站建设软硬件建设和专职工作人员招聘培训上岗工作。

【干部人事工作】 2017年，平远县委组织部扎实开展干部人事工作。1.坚持事业为上，精准科学选人用人。加强换届后领导班子运行情况的调查研究和分析研判，科学运用分析研判结果，推动形成能者上、庸者下、劣者汰的导向。注意选拔在重点工程、重点项目中实绩突出、群众公认、锐意改革、敢于担当的干部。严格按照《县管干部选拔任用工作规程》要求，深入考察干部，通过调研、平时考核、年度考核、任期考核、民主生活会、述职述廉等途径，全面了解干部的德能勤绩廉表现。加强动议审查，严格核查干部档案信息、个人有关事项报告、廉洁从政等方面内容和不得列为考察对象的6种情形。严格按规定审批科级领导干部出国（境）。2.坚持从严从实，抓好干部管理监督工作。建立干部选拔任用工作的全程纪实制度，健全领导干部离任审计、“三责联审”、受理群众举报和信访等有关制度。对2017年度新提拔重用的考察对象档案认真审核，确保学历、经历、干部身份、党员身份的真实性准确性。加强干部日常监督，完善领导干部个人重大事项报告、经济责任审计、试用期干部管理、任前谈话、诫勉、函询等制度，充分发挥日常监督在干部监督管理工作中的基础作用。健全完善档案材料收集、鉴别、整理、安全保密、查阅借阅、档案转递、保管与保密等工作制度，不断规范和提高干部档案管理水平。

【干部培训和人才工作】 2017年，平远县委组织部推进干部培训工作，坚持人才引领，以积极开放的姿态抓好人才工作。1.加强干部教育培训工作，抓好党校主体班培训、异地教学培训、大课堂集中培训、部门分散培训等培训板块工作，全年开设56期培训班（其中专题班2期、常规班18期、部门班36期），培训全县干部人才7252人次。2.加强引才平台建设，探索规划人才驿站，优化引才育才环境，引进创新创业团队、紧缺拔尖人才和培养高层次、高技能人才。做好平远县22位第十批拔尖人才的选拔工作。组织实施《平远县汽车零部件人才孵化工程》继续扶持项目，落实专项资金80万元用于人才引进、人才进修、技能培训和研发中心建设；落实《平远县创建国家全域旅游示范县人才培育工程》新入选项目，引进29名中高端旅游专业人才，培训60多名旅游中高层管理人员和2000多人次的旅游一线从业人员。

（肖艳芳）

2017年度中共平远县委组织部负责人名录

部　长：黄钧震

副部长：李　程（任至1月）

张　燕（女）

姚爱军　林德志　韩世敬　刘岸青

李琼珍（女，12月起任）

信访工作

【概况】　2017年，平远县信访局围绕县委、县政府的中心工作，主动作为，服务大局，着力解决群众的合理诉求，全年信访工作总体态势保持平稳，实现群众越级信访总量在全市各县（市、区）中排位持续靠后。在重点敏感时期"零上访"。2017年，全县受理群众来信来访910件1302人次，分别同比下降30.32%和33.02%；其中来信43件，同比上升38.7%。群众进京上访1批1人次（涉法涉诉案，按规定不列入信访范畴），与上年持平；到省上访12批21人次，同比分别上升1100%和320%；到市上访14批59人次，分别同比下降17.65%和59.59%；到县上访216批540人次，分别同比上升4.85%、人次下降24.05%；"梅州民声"571件，同比下降41.44%，回复率100%。全年未出现群体性和极端恶性事件，实现年度工作目标，为助推平远振兴发展营造和谐稳定的社会环境。

【强化责任意识】　2017年，平远县委、县政府重视做好信访工作，把法治信访建设摆在突出位置，制定印发《进一步落实党政领导干部信访工作责任有关问题的贯彻意见》，建立县镇领导信访工作挂钩联系制度，实行县党政领导挂镇及县直部门，镇党政领导挂村责任制度。1.做好来信来访工作。2017年，县委书记阅批群众来信218件次，县长阅批群众来信58件次，其他县党政领导阅批群众来信263件次，办结率100%；县委书记主持信访突出问题6场次，县长主持4场次，其他领导主持38场次，有效化解信访突出问题，化解率90%以上。2.做好接访、下访、约访工作。综合施策，有效推动信访事项案结事了。坚持实行领导包案制度，制定县党政领导包案责任清单24宗，明确包案领导责任和部门化解主体责任。镇级党政领导全年包案223宗，县直成员单位主要领导解决信访问题86宗。注重做到源头预防，重心下移，关口前移，切实把信访问题化解在基层，解决在萌芽状态，实现信访形势持续好转。

【创新信访机制】　2017年，平远县信访局创新信访机制，推动信访工作有序开展。1.拓展群众信访渠道。平远县加大投入力度，加强软硬件设施建设，投入近30万元，完善信访系统视频建设，开通信访微信公众号和手机APP新业务平台，逐步引导群众"让数据多跑路，群众少跑腿"，全力打造"阳光信访”。2.突破信访积案化解。抓好信访积案集中攻坚活动，开展重点领域突出问题专项整治行动，化解积累的“骨头案”“钉子案”，如东石镇林某某地质灾害赔偿问题、大柘镇乔庄村陈某疫苗受害赔偿问题等案件。通过综合施策，推动积案化解，达到息诉罢访的目的，全年化解信访积案9宗（其中市交办2宗、省督办案件1宗），使信访积案存量逐年减少。3.保持社会治安稳定。重点敏感节点多，全国“两会”、第五届世界客商会、中共十九大的召开，信访维稳压力大，全县上下齐心协力，开展扎实有效的工作措施，实现“零上访”工作目标，确保全县社会和谐稳定。4.依法治理新方式。坚持诉访分离制度，推动法定途径分类处理信访事项，做到依法办访，有效导入司法途径6宗，行政诉讼2宗，行政复议17宗，劳动仲裁72宗，涉及人数124人，推动司法救助5宗，发放救助金额7.8万元。开展缠访、闹访行为专项整治行动，治安行政处罚1人，训诫教育6批8人。8月份，县法院、县检察院、县公安局、县司法局联合出台《关于依法处置非正常上访行为的通告》，努力营造法治氛围，有效规范全县信访秩序。（林福云）

2017 年度平远县信访局负责人名录

局　长：吴文胜

副局长：吴可兴　刘连昌

编制工作

【概况】　2017年，平远县机构编制委员会办公室（以下简称“平远县编办”）围绕县委、县政府的中心工作，简政放权推进改革，科学规范加强管理，深入开展自身建设，为平远发展提供强有力的体制机制和机构编制保障。

【简政放权推进改革】　2017年，平远县编办做好简政放权推进改革工作。1.深化行政审批制度改革。11月，发文公布2017年版《平远县人民政府行政许可事项目录》，对比上年事项目录，减少、取消、调整的事项65项。2.规范行政审批中介服务。7月，发文公布《平远县人民政府关于清理规范行政审批中介服务事项（第二批）的决定》，清理规范13个县直单位行政审批中介服务事项18项；9月，公布《县政府部门行政审批中介服务事项清单》，涉及11个县直单位22项中介服务事项。3.推进“一门式、一网式”政务服务模式改革。全面完成“一门式、一网式”的建设工作，并开始运行。4.加强重点领域体制改革。完善环保监测监察管理，新设环境应急管理办公室、宣教中心和信息中心。实施城市管理体制改革，完成城市执法体制改革，12月印发《平远县关于深入推进城市执法体制改革改进城市管理工作的实施方案的通知》。完成县纪委派驻机构和县委巡察办组建工作。推进食盐监管体制改革，7月印发《平远县盐业体制改革实施方案》。5.深化事业单位分类改革。完成平远县303个事业单位分类改革任务，划分行政类2个、公益类300个、经营服务类1个。开展已分类事业单位的“三定”方案的制订，截至12月，完成216个事业单位的重新“三定”工作。加强事业单位法人年度报告工作，报送率100%。做好事业单位法人统一社会信用代码证书换发工作，截至12月，完成90个机关单位、7个群团机关统一社会信用代码证书的发放。

【科学规范加强管理】　2017年，平远县编办科学规范加强管理。1.严格控编减编管理。抓好《平远县控编减编工作方案》的组织实施。确保全县各类编制均控制在省编委批复的编制总量内。认真开展机构编制联动审批，推动机构编制问题整改。2.规范机构编制日常管理。开展政务服务效能评估工作，组织2016年县直单位行政许可实施和监督管理情况督查。完善实名制系统管理，做好年报数据与财政部门决算数据比对工作。（赖杏媚）

2017 年度平远县机构编制委员会办公室负责人名录

主　任：刘岸青

副主任：韩德云　陈国栋

2017 年度平远县事业单位登记管理局负责人名录

局　长：谢鉴芬

宣传工作

【概况】 2017年，平远县宣传思想文化系统围绕学习宣传贯彻中共十九大精神、习近平总书记对广东工作重要批示精神及习近平总书记治国理政新理念新思想新战略和省委、市委、县委工作部署，坚持围绕中心、服务大局，巩固壮大主流思想舆论阵地，推进精神文明建设，完善现代公共文化服务体系，各项工作取得新成效。

【理论宣传】 2017年，中共平远县委宣传部认真做好理论宣传工作。1.推进党委（党组）中心组理论学习。制订县委中心组2017年理论学习计划，确立14个集中学习专题，出席率95%以上，采取个人自学、专题讲座、实际调研等开展多种形式的学习。推进“两学一做”学习教育常态化制度化，邀请省市专家学者到平远讲学辅导。做好《习近平的七年知青岁月》《习近平谈治国理政》第二卷、中共十九大精神系列重要读物等理论书刊的征订和发行，重点党报党刊征订发行工作稳中有升。2.开展宣讲活动。成立学习宣传贯彻中共十九大精神县委宣讲团，广泛开展十九大精神宣讲工作。组织开展习近平总书记对广东工作重要批示精神、习近平总书记系列重要讲话精神和省第十二次党代会精神等宣讲工作，启动“围龙讲堂”，全年送课下基层96场次，直接受众3万多人次，拓展宣传教育覆盖面。3.抓好社科理论知识普及。承办2017年梅州社科普及周主题日活动，发放政治理论书籍和各类资料3万多份。开展10场青少年法制教育讲座。抓好科普示范基地建设指导工作，五指石景区被评为“梅州市社科普及基地”。出版《百年平远》等具有重大意义的文献。

【舆论宣传】 2017年，中共平远县委宣传部做好舆论宣传工作。1.组织做好重大主题宣传。以迎接和学习宣传贯彻中共十九大为主线，结合习近平总书记对广东工作重要批示精神、省第十二次党代会等重大主题，以户外媒体、传统媒体、网络媒体全方位、立体化推进大宣传。印发《“党的十九大精神”宣讲活动工作方案》《习近平总书记对广东工作重要批示精神学习宣传方案》等文件，做好中共十九大精神系列重要读物和《习近平谈治国理政》第二卷学习宣传工作。2.做好新闻宣传报道。围绕第五届世界客商大会、“广东省县级文明城市”创建、村（社区）“两委”换届选举、民俗文化节等中心工作，认真做好新闻报道。《平远新闻》播出新闻1429条，制作播出《橙乡纪事》《生活汇》各类专题节目104期；积极上送新闻稿件，报送市新闻台、市广播电台播出新闻612条，宣传县委、县政府重大决策部署和重大成效，营造振兴发展的良好舆论氛围。丰富充实《平远宣传》内容，创新做好“平远发布”“文明平远”微信公众号，形成宣传合力。开展“县域形象宣传口号”征集，组织专家评委评审出优秀作品10条。围绕社会主义核心价值观，开展公益广告征集，评选出优秀平面类作品13件、视频类作品9件。做好广东文化名片宣传推介工作，客属先贤程旼和五指石景区成功入选广东文化名片。与中央、省、市等媒体对接，加大文化旅游、招商引资等对外宣传推介力度。3.做好调研工作。结合“加大宣传文化事业发展力度，提升平远文化软实力”以及“研究宣传舆论和思想文化建设的问题”两个调研课题，针对平远宣传文化领域发展不平衡、不充分的问题，牵头宣传文化系统各单位和党史、财政、编办等部门，做好调查研究工作，使理论联系实际，以实际行动贯彻落实中共十九大精神。4.配合各单位做好宣传工作。发挥各类领导小组成员单位职能，配合做好安全生产、森林防火、信访维稳、拥军优属、医疗卫生等工作的宣传造势、舆论引导等工作。

【文化工作】　2017年，中共平远县委宣传部做好文化工作。1.完善公共文化服务体系，落实文化惠民政策。顺利推进图书馆扩建工程，完成12个农村基层综合性文化服务中心示范点建设，完成10个文化驿站建设，打造10个农村（社区）文化俱乐部，为全县136家农家书屋配送1088份中共十九大学习辅导读物。举办“廉洁读书月读书征文”“少儿书法比赛”“广东状元文物图片展”“广东廉政文物图片展”、科普知识教育等活动，各类文化场馆累计接待游客3.52万人次，大型旅游团体87个，接待机关单位及企业团体100多个。组织开展“送欢乐，下基层”活动，完成农村公益电影放映1632场，开展“面向特定人群的免费观影活动”13场。2.组织开展各类主题活动，丰富群众文化生活。举办民俗文化节、“喜迎十九大歌唱新生活”文艺演出、“八一”军民联欢晚会、“宣传十九大·开启新征程”文艺进企业等活动，组织文艺志愿者开展惠民演出。举办习近平用典和立言主题书法作品展、以家风家训为题材的美术书法摄影作品联展、全县优秀硬笔书画作品展等展览展示，组织开展“美丽平远·乡愁记忆”客籍知名画家画平远活动，开展文艺名家艺术讲座培训和对外文艺交流。多名作者荣获省、市级群文创作奖，凌铭创作的表演唱《盼郎归》、小戏《伯公树下》分别获得省一、二等奖；洪树湘创作的歌曲《辛苦心不苦》获得省二等奖；八尺镇农民冯国伟创作的小戏《山娃情》获市三等奖。出版《平远古今诗词选》，平远县获评“广东省诗词之乡”。3.扩大品牌文化企业影响力，培育发展文化产业。组织文化企业参加第十三届深圳文博会和第五届客家文化产品博览交易会，组织平远船灯、落地金钱参加客商大会“非遗”展演演出，做好第二届“客都文化杯”文化创意产品大赛参赛组织工作。完成文化产业年度招商引资任务。做好“扫黄打非”工作，开展保护知识产权、校园及周边文化市场环境、盗版音像制品和印刷复制业专项整治，出动检查人员237人次，检查车辆49家次，检查文化经营场所890家次，行政处罚违规经营场所3家，强化文化市场的有效监管。4.做好文物保护，推进“非遗”保护和传承。与相关单位签订文物安全目标责任书，开展文物博物馆消防安全联合排查整治和文物安全状况大排查行动。5家单位入选第五批梅州市文物保护单位，对11处贫困村可移动文物名录安装保护牌。申报韩垂财为市级非物质文化遗产八珍娘酒项目传承人，指导组织相关媒体对平远县传统“非遗”项目进行全面采写、跟踪拍摄，逐步建立完善“非遗”数据库。

【意识形态工作】　2017年，中共平远县委宣传部抓好意识形态工作。1.完善工作机制。加强党对意识形态工作的领导，县委和各镇、县直各党委（党组）签订《平远县落实党委（党组）意识形态工作责任制责任书》，落实党委主体责任。每季度召开意识形态工作联席会议，研究解决工作中的苗头性、倾向性问题，推进意识形态制度化规范化管理。督促抓好《党委（党组）意识形态工作责任制实施办法》的贯彻落实，将意识形态工作纳入基层党委年度考核范围，形成“党委统一领导、党政齐抓共管、宣传部门组织协调、相关部门积极配合”的意识形态工作新格局，实现重大舆情发生为零的预期目标。将意识形态工作列入县委巡察重要内容，在第一轮巡察工作中对9个单位落实意识形态工作进行巡察巡视，促进各项工作的有效开展。2.加强舆情分析研判。充分发挥县互联网信息中心舆情监控功能，及时跟踪、分析、处置网上涉平舆情，加强对群众普遍关心的热点、难点问题的引导。扎实做好网络专项整治工作，为中共十九大、建军90周年、香港回归20周年、省第十二次党代会等重大节会的胜利召开构建风清气正的网络空间。成立平远县委网络安全与信息化领导小组，开展互联网专项整治。3.做好各类阵地管理。整合各方力量，加强对县内各类协会学会、群团社团、学校课堂、报告会、研讨会、讲座、论坛以及各类演艺场所、博物馆、陈列馆、展览馆等的监督和管理，分析研判各类社团学术活动，实现对意识形态阵地的可引、可管、可控，坚决守好意识形态阵地。4.做好专项工作。把维护国家政治安全、制度安全放在第一位，增强工作的预见性和主动性，全面排查全县意识形态领域存在的安全隐患。根据上级党委关于肃清李嘉、万庆良恶劣影响的部署要求，召开意识形态专项工作会议，采取有效措施和稳妥的方式方法，全面彻底肃清李嘉、万庆良恶劣影响，营造风清气正的经济社会发展氛围。

【精神文明建设】 参见“精神文明建设”分目。

2017 年度中共平远县委宣传部负责人名录

部　长：肖桂华（女）

副部长：林志红　谢　旭（女）　杨　柳

统战工作

【概况】 2017年，平远县委统战部围绕振兴发展目标和“一城两区”战略部署，凝心聚力，按照全县统战工作部署及目标管理要求，充分发挥统一战线的独特优势，认真做好本职工作。

【政策宣传】 2017年，平远县委统战部认真落实统一战线各项政策宣传工作。1.深入学习宣传贯彻中共十九大精神。制定《平远县统战系统和县委统战部机关深入学习宣传贯彻党的十九大精神工作方案》，正副部长及统战系统各单位一把手带头上课，分10多个专题以讲座、讨论、自学等形式在统战系统掀起学习贯彻中共十九大精神热潮。收看1次报告会，举办2期培训班，组织3 次专题学习会，编印资料汇编2辑。2.抓好《中国共产党统一战线工作条例（试行）》的贯彻落实，完善工作机制。成立以县委书记为组长的县委统一战线工作领导小组，加强对全县统一战线工作的领导。把统战工作纳入镇级领导班子实绩考核评价指标体系，加大对各级各部门履行统战工作职责的督查和考核力度。

【党外干部工作】 2017年，平远县委统战部认真做好党外干部工作。1.抓好党外干部发现储备工作。10月，在继续完善党外干部信息库的基础上，向县教育局、县卫生和计划生育局下发《关于推荐副科级党外后备干部培养对象人选的通知》，在教育和卫计系统推荐18名副科级党外后备干部培养对象人选。2.抓好党外干部的考核工作。9月，分三组到各镇、县直有关单位开展党外干部考核工作，了解党外干部的思想、工作、学习和生活情况，听取党外干部的工作汇报，征求所在单位的意见、建议并及时反馈，为全面掌握党外干部综合表现情况、做好党外干部培养推荐工作提供参考。3.抓好党外干部的教育培训工作。11月，举办党外干部、统战干部进修班，全县各镇统战委员、党外科级干部及党外副科级后备干部、统战干部（信息员）62人参加为期7天的培训。培训班采取专题教学和现场教学相结合、理论研讨与实地考察相结合等多种教学方式进行，收到较好效果。4.抓好党外干部的选拔任用工作。向县委推荐党外干部任职，2017年县委提拔4名党外科级干部，其中1名为党外正科职。平远县有副科级以上党外干部27人（副处5人、正科1人、副科21人），其中政府工作部门领导班子配备5名党外干部。

【新的社会阶层人士工作】 2017年，平远县委统战部认真做好新的社会阶层人士统战工作。5月，开展为期3个月的平远县新的社会阶层人士摸底调研工作，调研中严格依据新的社会阶层人士身份界定，有针对性地识别新的社会阶层人士，初步掌握基础数据，建立2000多人的新的社会阶层人士信息库。按照省委统战部要求，平远县推荐王运章、曹斌2人为广东省新的社会阶层人士联合会会员。组织赴兄弟县、区学习借鉴新的社会阶层人士统战工作的先进经验和做法。

【港澳台海外工作】 2017年，平远县委统战部认真做好港澳台海外联谊工作。1.开展港澳社团及乡亲的联络联谊工作。利用政协会议、港澳客属社团庆典活动等契机，组团参加第29届世界客属恳亲大会、港区梅州市各级政协委员联谊会第二届常董会就职典礼、澳区梅州市各级政协委员联谊会第二届领导架构成员就职典礼、香港平远同乡会春节联欢活动等节庆活动。创新活动方式，12月在深圳举办平深港新生代代表人士交流合作座谈会，加深香港年轻一代对祖国和家乡的了解认识。2.完善充实港澳台及海外乡情数据库。下发《关于进一步加强港澳台及海外乡亲数据调查和完善工作的通知》，在县内、港澳成立多个工作微信群，抓好平远县港澳台及海外乡亲情况收集工作。3.扎实做好摘星计划工作。协助做好第八届香港“摘星计划”扶贫助学行动，帮助平远县5名贫困学子圆大学梦。（吴　萍）

2017年度中共平远县委统一战线工作部负责人名录

部　长：林忠云

副部长：林钢平　吴晓希　张惠兰（女）

2017年8月7日，市委统战部主要领导到平远调研。图为在县统战大楼四楼会议室座谈场景

台湾事务工作

【概况】 2017年，中共平远县委台湾工作办公室（以下简称“平远县台办”）认真做好两岸经贸文化交流、台湾新生代认祖归宗、联络在台乡贤捐资助学、宣传教育等工作，在对台宣传、服务台资企业等方面取得一定的成绩。

【两岸经贸文化交流】 2017年，平远县台办做好两岸经贸文化交流工作，接待参访团7个240人。1.6月28—29日，台北市平远同乡会一行12人在台北市平远同乡会会长朱伟岳和原“台北市农委会技正”林荣清带领下回平远参加2017平远六月六民俗文化节。其间参观梅州市和信达农牧有限公司、参加拜祖先、缅先贤、祈平和仪式和“非遗”美食展销活动。29日晚，在民俗文化节晚会上，台湾台胞与当地民众共同演唱《客家本色》和表演国标舞，参访团成员感受到客家民俗文化的魅力。2.9月2日，台湾云嘉南地区乡镇长、乡民代表及农会代表一行41人，到海峡两岸交流基地平远县大佛寺参观考察。3.9月24日，义民庙文化交流团一行40人到海峡两岸交流基地平远大佛寺参访。通过参观考察和文化交流，增进两岸佛教文化和客家文化方面的了解，增进两岸人民的友谊。

【台湾新生代认祖归宗】 2017年，平远县台办组织开展台湾新生代认祖归宗。7月22—23日，台湾高雄师范大学、客家文化研究所副教授吴中杰带研究生一行13人回平远进行客家语言及民俗研究。吴中杰一行到洋背村进行祭祖活动，并到东石参观怀乡屋的客家民俗物品，还走访部分客家老人，进行语言文化研究。

【在台乡贤捐资助学联络工作】 2017年8月17日，平远县台办与林乾祐教育基金会管理负责人和学校部分师生，在东石铁民中学举行林乾祐教育基金第九届助学金发放仪式。历时九届的资助活动，共资助高中、大学学生49人，资助金额累计22.66万元。2017年资助学生9人，其中大学生6人，每人获得资助3000元；重点高中学生3人，每人获得资助1200元。

【宣传教育工作】 2017年，平远县台办充分利用广播、电视、互联网等媒体宣传平远县的台务工作情况，并利用清明节、中秋节、脐橙节台胞回乡或寻根祭祖的机会，对台胞开展面对面的宣传。同时，发挥台务干部业余通信的作用，向广东省《粤台视窗》、市台办、县委办、县府办、统战部报送信息，向新闻单位投送涉台稿件，累计投稿25篇，县台办向《粤台视窗》投稿6篇，采用5篇。

（王子良）

2017年度中共平远县委台湾工作办公室负责人名录

主　任：凌育苑

副主任：谢玉山

精神文明建设

【核心价值观宣传】 2017年，平远县做好社会主义核心价值观宣传工作。在全县实施核心价值观建设“五个一工程”。1.实施“一镇一品牌”建设工程。各镇以三级联创为契机，挖掘地方特点、文化特质，建设12个镇级社会主义核心价值主题公园。2.实施“一行一重点”建设工程。深化企业、社区、乡村、机关、医院、学校里的价值观建设，全县印制380套社会主义核心价值宣传画下发到宾馆、酒店等场所，县直各单位、全县各中小学校创新开展丰富多样的主题实践活动。3.实施“一园一主题”建设工程。在县城建设家训园、雷锋园、正德园、非遗园、和谐园5个文明主题公园。4.实施“一地一广告”建设工程。加强普及“三个倡导”24个字，在县城老旧小区、主要街道、建筑工地等地，采用书法、国画、漫画等手法，以墙绘、喷绘的形式，打造“图说我们的价值观”文化墙绘36个2112.56平方米；喷绘有20个点2521.6平方米。5.实施“一节一活动”建设工程。充分利用元旦、春节、元宵、端午、中秋、重阳等传统节日和重大节庆开展群众喜闻乐见、便于参与的文体活动。举办“平远县2017年春节群众文艺表演”“平远县创建广东省县级文明城市暨文化志愿服务进社区文艺晚会”“三月三‘客家炒绿’茶香节”“六月六民俗文化节”“学习宣传习近平总书记对广东工作重要批示精神暨广东省县级文明城市专题演出”“2017年平远民俗文化节非遗晚会”“平远县创建广东省县级文明城市暨平城社区庆祝‘七一’建党节文艺晚会”“2017年平远县‘八一’军民联欢晚会”“喜迎十九大歌唱新生活”等大型主题文艺活动，丰富群众文化生活。

【精神文明创建】 2017年，平远县认真开展精神文明创建活动。1.推进县级文明城市、文明镇街、文明村居建设。（1）成立创建广东省县级文明城市工作领导小组，抽调业务能力强的15名工作人员。县直66个责任单位和12个镇指定创文联络人，加强基层创建队伍建设，推动县、镇、村三级联创工作。（2）根据《广东省县级文明城市测评体系》（2017版），重新修订《平远县创建广东省县级文明城市工作实施方案》和《平远县创建广东省县级文明城市工作任务分解表》。（3）召开平远县创建广东省县级文明城市工作动员大会，营造创建广东省县级文明城市社会氛围。做好申报材料的整理，制定《关于以平远县创建广东省县级文明城市为龙头，推动三级联创工作深入开展方案》。抓好环境综合整治及公民素质的提高工作。截至11月，城区对2321户发出涉及须整改的违章行为4525宗，拆除违法违章建筑5宗500平方米；拆除铁皮屋2宗390.2平方米；自拆铁皮瓦16宗409.9平方米，助拆铁皮瓦28宗289.6平方米；管理流动摊点2.1万余起；清理出店经营6000余次，处罚店外经营37起，处罚金额1850元，行政拘留2人，清理乱牵乱挂、乱贴乱画2800余处，清理无主垃圾1600多立方米。审核把关各类牌匾标识498块，各种亮化设施50处，增补130块，修复60块公益广告，拆除未审批楼顶广告19户2739.5平方米。组织干部职工清理清除路沿杂草等卫生死角，出动723人次参加突击整治行动，清理大件废旧家具、建筑垃圾等废弃物512吨；摆放和更换城区破损垃圾桶300个；清扫作业面积新增加城乡接合部的村道，清扫保洁面积120.6万平方米。2017年，新增亮化工程240盏，亮化率98.6%。县城绿化覆盖率35.93%，绿地率29.83%，人均公园绿地面积18.13平方米。2.开展县、镇街、村居三级联创工作。强化常态和动态管理，巩固创建成果，提升创建水平，保持创建经常化。抓好农村文明示范片的规划和建设工作，做到“一村一景”“一村一业”“一村一品”，激活农村精神文明建设内在动力。11月，平远县获得“广东省县级文明城市”称号；大柘镇获得“全国文明镇”称号；平远县国家税务局获得“广东省文明单位”称号。

【公民道德建设】 2017年，平远县抓好公民道德建设工作。1.深化家庭文明建设。推荐全国文明家庭和省、市文明家庭参评工作，韩丽华家庭、赖诚家庭、谢静家庭荣获“第一届梅州市文明家庭”称号。推进家风家训园建设和组织开展“传承好家风好家训”系列活动，在河滨路建设平远县家训园，园内设有书状雕塑平远百家姓，河堤栏杆上每块护堤板上刻各姓氏的家规家训，园内设立“孝、勤、礼、谦、仁、俭”主题标识。2.加强道德楷模宣传选树。做好各级“身边好人”“道德模范”等推荐选树工作，平远县推荐的家炳中学林冬芳老师、县义工协会会长林康华被评为第七届梅州市“道德模范提名奖”。组织首届平远县“自强不息好少年”“孝老敬亲好媳妇”评选活动。谢宝平等5名学生被评为平远县“自强不息好少年”，丘瑾等5名学生获评平远县“自强不息好少年”提名奖；谢春凤等5人被评为平远县

“孝老敬亲好媳妇”，严福招等5人获评平远县“孝老敬亲好媳妇”提名奖。在平远新闻、文明平远、平远宣传等平台对道德楷模进行全媒体宣传。3.推进农村文化祠堂建设。在文化特色鲜明、人口相对集中、经济社会发展基础较好的12个镇的中心村各建立一间县级“示范文化祠堂”。大柘、东石等5个镇6间祠堂获评市“文化祠堂”称号。4.加强“移风易俗，树立新风”教育工作。开展树婚育新风、重厚养兴薄葬、绿色生活在身边等主题实践活动。县文明委下发《关于开展倡导绿色生活反对铺张浪费的实施方案》，要求各镇，各单位带头开展移风易俗，树立新风教育工作。开展文明餐桌、文明旅游的文明引导行动，印刷《平远文明旅游宣传册》和平远旅游餐桌垫。2017年，发放《文明旅游宣传册》和餐桌垫5000多份，多措并举打造文明出行、文明用餐的环境。推动旅游行业信用体系建设，开展“文明旅游，诚信商企”诚信经营承诺签名仪式，促进全县旅游企业诚信建设，营造让游客放心的消费环境。开展交通违法专项整治行动，严查严处醉驾毒驾、超速超载、无牌无证等重点交通违法行为，2017年1—11月，全县发生交通事故29起，死亡27人，受伤14人；发生火灾24起，直接财产损失 41.6万元。围绕“扫黄打非”工作的重点和任务，针对文化市场存在的问题，开展“清源、净网、护苗、固边、秋风”等五大专项行动，有目的有针对性地对出版物市场、印刷市场、网络、音像市场和歌舞娱乐场所进行集中整治。5.推进诚信建设制度化。结合“诚信兴商宣传月”活动，加大行政执法力度，严厉打击无照经营、烟草走私、制售假冒伪劣啤酒、商标侵权、广告违法、不公平格式合同等违法经营行为，倡导商家诚信道德经营，开展流通领域电线电缆商品质量专项整治、胶合板、建材市场专项执法检查等行动，规范市场经营秩序，保持良好风气。至11月底，全县开展打假专项整治行动10余次，出动执法人员580余人次，检查生产、经营企业250余家次，立案22宗，罚没8.487万元，未出现行政复议和行政诉讼案件。推广诚信红黑榜发布制度，联合金融机构加强对企业信用状况的考核，定期对失信企业进行惩戒，共助社会信用体系建设。2017年有82家企业公示为“守合同重信用”企业，新申报公示企业18家，比上年增加10家。

【未成年人思想道德建设】 2017年，平远县做好未成年人思想道德建设工作。1.开展文明校园创建活动。做好文明校园评选表彰的参评推荐工作，县田家炳中学、城南中学、铁民中学、县实验小学、东石中心小学、石正中心小学被评为“梅州市首届文明校园”。2.推进主题实践活动。在“六一”“七一”期间组织中小学校开展“童心向党”歌咏比赛、中华经典美文诵读展演、中小学生武术表演大赛等主题教育实践活动和优秀童谣创作传唱活动。3.推进乡村学校少年宫建设使用。做好乡村学校少年宫建设，对已建4所乡村学校少年宫开展项目建设情况督查，指导各地建好用好乡村学校少年宫，提高使用效率。4.抓好家长学校建设。依托家长学校组织多种形式的家庭教育讲座。2017年，全县办起中小学家长学校38所，其中婚育学校148所，建立起县级示范学校3所。5.推进未成年人心理健康辅导工作。全县各中小学校和县城3个社区均建立未成年人心理健康辅导站，普及心理健康咨询辅导，做好“治未病”工作，指导各中小学校建好用好未成年人心理健康辅导站。

【学雷锋志愿服务】 2017年，平远县做好学雷锋志愿服务工作。1.以志愿服务组织建设为重点，强化服务意识，增强团组织战斗力。结合“情暖驿站·满爱回家”春节志愿服务系列活动、“3·5学雷锋”“国际禁毒日”“洁净家园”“2017年平远县足球联赛”“绿地·中信银行杯第八届北京国际山地徒步大会梅州·平远站”“世界客商大会”“创文志愿服务”等工作，开展一系列志愿者活动，全年出动志愿者3.5万多人次。2.提升志愿服务水平。扶持平远县公益义工协会做大做强，完善组织架构，推动志愿服务向社区、农村、企业、学校等基层一线拓展延伸，促进全县志愿服务组织全面发展、共同进步。依托广东省i志愿服务管理平台，推进志愿者注册工作，完善志愿者注册管理、培训上岗、星级认证、嘉许回馈、评选表彰等实施细则，健全志愿服务时间储蓄制度和志愿服务组织等级评定制度，探索建立嘉许回馈制度。全县志愿者注册数量1.58万人，占全县人口比例位居全市前列。3.提高服务社会能力。搭建社会与青年沟通桥梁。整合资源，争取社会各界人士支持，筹资57.6万元，资助全县181名特困学子圆梦大学。2017年，争取广东省希望工程助学金资助贫困中小学生；为平远县八尺镇中心小学申请建设“希望家园”，给留守学生提供一个课余活动场所。4.推进梅州青年创新创业创优工作。引导正在创业或有创业意向的应、往届和在读大学生参加“客都之星·梦想启航”梅州青年创业大赛；深化“展翅计划”，加强企业与青年的就业交流，提升大学生创业就业能力；加大与县农业银行、信用社等金融机构的沟通合作，为农村青年创业争取小额贷款的优惠。5.宣传推介志愿服务先进典型。开展学雷锋志愿服务先进典型推选，大柘镇城北社区志愿者服务队被评为“2017年度梅州市最佳社区志愿者服务队”，县中医医院青年志愿者服务队赖诚被评为“梅州市最美志愿者”，平兴高速公司团委“我为空巢老人拍张照”志愿服务项目被评为“梅州市最佳志愿服务项目”，平远中学青年志愿者服务队被评为“梅州市最佳志愿服务组织”。开展“五星道德模范”和选送省市县优秀团员、少先队员等评选活动，选树出一批先进青年，切实发挥青年典型示范效应，以榜样育人、先进引路，努力营造全县青少年健康成长的良好氛围；组织创建广东省青年文明号2017年度评选和2016年度考核活动，择优推荐选举出一批榜样企业。

【队伍建设】　2017年，平远县精神文明建设委员会办公室做好队伍建设工作。1.健全完善文明委体制机制建设。根据工作变动等情况，及时调整充实文明委成员单位，定期召开文明委全体会议，对重点工作进行研究部署，加强工作指导，加强监督检查，推动各成员单位提高对精神文明建设工作的重视程度，恪尽职守，分工负责，形成合力。2.加强镇级精神文明队伍建设。提高镇党委主要负责人对精神文明建设的责任感、使命感，丰富知识储备，增强工作能力。6月，组织全县宣传文化系统干部赴四川省委党校进行学习考察，围绕文明创建、队伍建设、工作创新等方面内容进行交流探讨，吸收借鉴先进经验。（郭玉峰）

2017年度平远县精神文明建设委员会办公室负责人名录

主　任：林志红

副主任：郭玉峰

老干部工作

【概况】　2017年，平远县有离休干部57人。其中，县（处）级2人；享受县（处）级12人；科级43人。担任过县（处）级领导职务的退休干部32人，不驻会县人大常委会副主任3人、政协副主席6人。

【老干部政治待遇】 2017年，平远县委老干部局认真做好老干部政治待遇落实工作，保证老干部老有所学、老有所为、老有所乐。1.老有所学。（1）组织离退休干部开展“两学一做”学习活动，为每个离退休干部党支部赠送《离退休干部党支部学习参考》和《2017年广东老干部政治理论读本》；为每位离休干部和县处级退休老同志赠订《秋光》杂志1册；为老干部流动图书馆和老干部阅览室订阅《人民日报》《南方日报》《梅州日报》《南方》《长安》等党报党刊。（2）召开新春座谈会，向老干部通报全县经济社会发展情况。邀请县处级离退休老干部参加平远县学习贯彻中共十九大精神专题研讨班，与老同志共享十九大新成果，并将中共十九大精神传递给全县离退休干部。2.老有所为。召开“畅谈十八大，建言十九大”座谈会和开展正能量微语“双100句”征集宣传行动等，组织引导老干部开展以“畅谈十八大以来变化、展望十九大胜利召开”为主题的正能量活动和“建言十九大”调研活动。鼓励涉老组织在促进老区建设、关心下一代工作等方面献计出力。组织部分离退休干部代表参加祭奠革命先烈活动。3.老有所乐。积极选送老干部参加以“喜迎党的十九大、不忘初心跟党走”为主题的梅州市老年人文艺比赛，平远县温慧秀、钟佐南等7名老同志的曲艺节目《勤廉为官父子心》荣获三等奖。支持县老体协在平远县举办粤闽赣边三省八县老年体协第十一次联谊会。支持县老体协、县老年人学校在建党节、重阳节举办专场文艺演出。组织乒乓球、桌球、麻将、中国象棋等老年体育竞技活动，喜迎广东省第29届“老人节”。邀请梅州市人大常委会原主任、离休干部周刚到平远县开展养生保健知识讲座，并向老同志赠送由其编撰的《养生保健知识集之九》。

【老干部生活待遇】 2017年，平远县委老干部局做好老干部生活待遇落实工作，完善和落实离休干部离休费、医药费保障机制和财政支持机制。1.开展对全县离休干部和县处级离退休干部的春节慰问与对住院治疗的老干部的探望慰问，了解老干部健康、生活情况。2.认真贯彻落实《关于对建国初期参加革命工作的部分退休干部在生活上给予适当照顾的通知》文件精神，对符合条件的23位退休干部按时足额发放医疗费、生活补贴及节假日补助、住房维修和物业补贴等。3.按《关于提高生活长期完全不能自理的离休干部护理费标准的通知》文件精神，对因重病生活长期完全不能自理的离休干部，及时提高护理费标准，由原每人每月2000元提高到每人每月2600元，自2017年7月1日起执行。全县有10位老同志享受该政策。

【服务水平提升】 2017年，平远县委老干部局致力提升为老干部服务的工作水平。1.真情接访老干部，化解矛盾，解决需求。2.在省委老干部局副局长欧天就率队到平远县督查老干部工作之际，与省、市局经验交流，学习发达地区先进思路。3.邀请平远县慢性病防治站医生在县老干部活动中心开展“情暖夕阳红”爱心免费义诊活动，为活动中心学员及城镇老年人进行体检并建立健康档案。4.坚持做好县老干部活动中心的管理与服务工作，发挥活动中心阵地优势，开展有益于老干部身心健康的文体活动。推动老干部大学建设，向省委老干部局争取到专项建设资金，与县图书馆大楼合并兴建，六至七层为县老干部大学使用，合计1030平方米。5.加强总结宣传，提升老干工作水平。以党报、党刊和党建网站为阵地，继续在“平远党建”网站办好“老干之窗”专栏，宣传老干部工作，报道老干工作动态，发动老干部“五讲好五畅谈五展望”。收集老干部文艺作品，向有关报纸杂志投递稿件，并通过内部专栏进行宣传报道。全年通过上述平台刊登稿件35篇次（含图片）。（姚柳娟）

2017年8月23日，中共广东省委老干部局副局长欧天就（左三）率队到平远县考察老干部大学建设情况（姚柳娟　摄）

2017年度中共平远县委老干部局负责人名录

局　长：李　程（任至1月）
　　　　李琼珍（女，12月起任）
副局长：张仕珍（女，2—12月负责全面工作）
　　　　余义兴

机要工作

【概况】　2017年，中共平远县委机要局严格遵守规章制度，履行工作职责，提升工作能力，充分发挥服务保障作用，做好干部队伍建设、电报收发、政务内网建设等各项工作，推动平远县机要密码工作全面发展。2017年被梅州市机要局评为保密先进（达标）单位。

【干部队伍建设】　2017年，中共平远县委机要局做好干部队伍建设工作。加强政治理论和业务学习，坚持政治纪律和政治规矩，加强忠诚教育学习活动。2017年向县争取1.5万元培训计划经费，派出3人分别到江门、清远培训，学习写作和设备管理。

【电报收发】　2017年，中共平远县委机要局严格按照规章制度对明密电报进行管理和办理。收发明密电报801份6059页，其中特提电报106份671页，收发横向传真444份914页。全年未发生延、压、误电报现象，确保重要指示、政令及时传达。

【政务内网建设】　2017年，中共平远县委机要局严格按照省、市上级机要部门的要求建设党政内网机房。1.在县委、县政府的支持下，投入1.2万元用于机房装修。2.投入3.5万元安装UPS电源，投入1.1万元安装视频监控系统。3.根据省机、市机对党政内网工作的统一部署，投入15.5万元用于内网设备的换代升级，并通过省市安全保密测评工作的检查，保证县委办终端和机要局终端的正常运转。（谢潭翼）

2017年度中共平远县委机要局负责人名录

局　长：林胜玉
副局长：叶子丁

保密工作

【概况】　2017年，平远县国家保密局全面推进《中共广东省委关于加强和改进保密工作的实施意见》和《“十三五”时期广东省保密事业发展规划》贯彻落实，抓好保密重点工作，确保党和国家秘密安全。

【保密工作组织和制度保障】　2017年，平远县保密局加强保密工作组织保障和制度保障。1.召开县委保密委员会全体会议暨全县保密工作会议。县委保密委员会全体成员，各镇党委，县直各副局级以上和省、市属驻平远各单位分管保密工作负责人130多人参加会议。县委副书记、县委保密委主任胡新文在会议上强调：要深化认识，高度重视做好新形势下的保密工作；狠抓落实，不断提升全县保密工作整体水平；加强领导，形成保密工作强大合力。2.组织县领导和各有关单位主要负责人学习市委保密委员会全体会议暨全市保密工作会议精神，增强党政领导干部保密责任意识。3.落实党管保密原则和《党政领导干部保密工作责任制规定》及广东省实施办法、实施细则，加强对履行保密工作责任制情况的考核检查。4.推进保密系统建设和部门协调联动工作机制，形成合力。根据换届后的实际情况，及时调整中共平远县委保密委员会领导成员，强化保密委员会领导职能，保密委员会定期听取工作汇报，支持保密部门依法履职，研究解决保密工作中存在的突出问题；加强县级保密行政管理部门规范化建设，积极争取县委、县政府和县编委重视,县编委于12月14日批复设立平远县保密技术检查中心（加挂平远县密品销毁中心牌子），归县保密局管理的公益一类正股级事业单位，核定编制1名；加强保密行政管理部门与纪检、网信、公安、国家安全等机关的沟通协作，提升保密突发事件应急处置能力。5.制订《中共平远县委保密委员会2017年工作要点》，制订实施《“十三五”时期平远县保密事业发展计划》。6.积极实施制度建设工程，建立健全信息公开等保密依法行政制度。印发平远县保护国家秘密应急预案；健全保密行政管理权力清单、责任清单制度；实行保密行政执法人员持证上岗和资格管理制度；执行国家秘密载体印制资质、定点维修维护资质管理规定，加强事中事后监督管理。7.做好市保密局主要领导和部队领导到平远调研工作。

2017年6月23日，2017年县委保密委员会全体会议暨全县保密工作会议在平远县迎宾馆二楼大会议厅召开

【保密工作督查和管理】 2017年，平远县国家保密局抓好全县保密督查、管理和指导工作，全年未发生失泄密事件。1.督促各单位加强保密工作组织领导，及时调整充实保密工作领导小组，配齐配强保密干部。2.严格落实涉密人员管理制度，完善涉密人员管理流程，贯彻落实《关于进一步加强涉密人员保密管理工作的意见》，加强涉密人员离岗离职和脱密期管理，加强涉密人员出国（境）管理。3.加强对重要涉密部门、机关单位门户网站保密管理等方面开展专项保密检查和指导工作。4.加强定密规范管理。严格落实定密管理法规制度，加强定密工作检查指导工作。5.加强对互联网及其他非涉密网络和智能手机等移动终端、无线局域网、移动办公平台使用等的保密监管，有效防范和处置违规存储、处理、传输、发布涉密信息的行为。6.加强对县辖范围重点区域保密管理，开展重要设施周边环境安全保密工作专项治理督导。7.做好县重要会议会场安全保障工作。8.做好2017年平远县普通高考等考试保密安全工作。

【保密培训教育】 2017年，平远县保密局加强党政机关、涉密人员的保密培训教育工作。1.推动保密教育纳入党委（党组）中心组和党校干部教育学习内容。2.开展保密法纪宣传教育活动。根据《关于开展保密法纪宣传教育的通知》精神，结合平远实际，将保密教育纳入全县纪律教育学习月活动内容，做到同部署、同检查、同落实。3.举办县委政法委机关干部、全县纪检监察干部和行政机关新招录工作人员保密业务知识培训班，增强机关单位干部职工保密意识。

【保密信息化和新科技应用】 2017年，平远县保密局推进保密部门信息化建设，加强保密科技服务。1.推进保密部门信息化建设。按照省“十三五”保密事业发展规划要求，配合省、市保密部门积极稳妥、分步推进县级保密行政管理部门信息化建设。实施数据共享工程，完善涉密网络、涉密人员、定密解密、资质管理等基础信息数据库。2.加强保密科技的应用与服务。县保密行政管理部门新购置保密技术检查工具，加强对机关单位特别是重点涉密部门保密安全检查。加强对全县涉密载体销毁工作指导，规范销毁工作管理。完善涉密会议场所等技术装备配置，加强应用型关键保密科技产品在党政机关单位推广使用。（谢新兰）

2017 年度平远县国家保密局负责人名录

局　长：韩方颂

副局长：曾祥定

党校工作

【培训工作】　2017年，平远县委党校、平远开放大学认真学习贯彻中共十九大和习近平总书记系列重要讲话精神及全国党校工作会议精神，坚持党校姓党原则，按照县干部教育联席会议要求，充分发挥主阵地作用，认真做好培训工作，完成全年培训任务。1.办好党校主体班。全年举办科级干部进修班4期，培训干部362人；举办科级干部十九大精神研讨班3期，培训干部761人；举办村（社区）干部综合素质提升班培训班2期，培训村（社区）干部824人；举办村（社区）书记、主任业务知识班1期，培训干部191人；举办村（社区）监委主任业务知识培训班1期，培训干部155人；举办全县行政机关新招录工作人员培训班1期，106人参加培训。培训采取讲授式、情景模拟式、案例式、现场教学、异地培训等形式，增强培训效果。2.办好专题培训班。支持部门举办业务培训班，采取联办或提供场地等方式协助县委组织部、党群系统党委、人社局、财政局、统战部、水务局、妇联、团县委、安监局到校举办各类培训班，参加人数2000多人次。3.开展对外宣讲活动。把对外宣讲作为展示该校形象的窗口工作，在制度、人才、培训、资金等方面予以支持。2017年，该校骨干教师累计在全县各镇、机关事业单位、农村、学校等宣讲30多场次。主要内容有十八届五中、六中全会精神、习近平总书记对广东工作重要批示精神、十九大精神、省委十二次党代会精神、梅州市第七次党代会精神、县委十三次党代会精神等。4.协助做好直播学习活动。协助县委办直播“梅州市县处级以上领导干部学习贯彻习总书记重要批示精神专题研讨班”和“梅州市县处级以上领导干部学习贯彻党的十九大精神专题研讨班开班式和省委宣讲团报告党的十九大精神报告会”。

【远程开放教育】　2017年，平远县委党校、平远开放大学认真做好远程开放教育工作。1.加大招生力度。学校探索新形势下开放大学招生工作新途径，规范招生宣传，提高招生工作业务水平。领导和教职工深入基层、单位广泛宣传，周到服务。开放大学春秋两季和奥鹏学习中心全年招生681人，招生人数保持稳定。2.加强教学教务管理。（1）教学管理：坚持班主任、授课教师签到制度；做好形成性考核册收缴验收工作；圆满完成开放大学本、专科毕业论文指导工作；考试考核工作全年无事故；继续做好书库教材资料核查、清理工作；按照“从严要求、热情服务”的办学思想，在招生录取、学员面授出勤、考风考纪等关键环节上加强管理。全年输送本、专科毕业生430人。（2）教务管理：重视教学教务细节管理，严格要求，制定教务工作学期流程表，对学期的教务工作进行安排。学校利用开学典礼对学生进行学前教育，加强对学员网上学习的指导和监控，选聘面授辅导老师进行面授教学，同时强化班主任对学员开展远程教育学生的指导。2017年度有2人被评为市电大系统优秀教务工作者，有1人被评为市电大系统优秀教师，有1人被评为县级优秀教师。

【党建】 2017年，中共平远县委党校、平远开放大学深入学习贯彻党的十八届六中全会和十九大精神，继续抓好服务型党组织创建工作，扎实推进党员队伍的思想建设、组织建设和作风建设，提高队伍的战斗力，增强支部的战斗堡垒作用。学校继续以“严明校风、转变作风”为切入点，以服务改革、服务发展、服务民生、服务群众、服务党员为主线，结合推进“两学一做”学习教育常态化制度化，以学促改，立足学校实际，将巩固服务型党组织建设成果列为“书记项目”，制订工作方案，开设宣传栏，教职员工挂牌上岗，突出“服务”两字，自觉接受好群众监督。形成以支部为核心、全体教职工共同参与服务的格局，提高党员干部的服务能力、服务水平。

【教学科研、调研】 2017年，平远县委党校、平远开放大学认真做好教学科研、调研工作。1.继续办好《平远学刊》。2017年出版《平远学刊》两期。学刊创办为全校教师提供一个展示教学和科研能力的平台，展现出该校的教学、科研水平。建立全县党员干部学习的交流平台，方便党员干部开展理论学习和交流，研究工作中遇到的新情况和新问题，探讨经济社会发展中遇到的热点和难点问题。2.圆满完成科研任务。教师能按照学校的要求完成调研文章和学术论文撰写任务。有3篇论文上送“学习党代会精神，做新时期合格党员”征文活动并受到表彰，有1篇论文上送“家训家风微故事”征文活动并受到表彰。多篇论文上送梅州市现代远程教学学会专刊《梅州远程教育》和《梅州学习与研究》发表。与团县委共同举办“喜迎十九大，永远跟党走”征文活动，组织评审专家组对各单位选送的征文进行认真评审，并择优上报市级评选。

【行政后勤与管理】 2017年，平远县委党校、平远开放大学认真做好行政后勤与管理工作。1.努力改善教学办公条件。投入4多万元用于更新改造教务室办公场所；投入约1万元用于学校自来水工程维护改造；投入2万多元用于校园绿化和美化工程。2.加强内务管理。认真贯彻“双创”工作要求，开设宣传栏，加强“双创”宣传，努力营造人人讲卫生、爱护环境的良好氛围。建立定期消杀蚊虫制度，加强对卫生保洁责任制的落实，聘请专门的保洁员，确保学习工作生活环境整洁、优美；强化校内治安的综合治理，不断完善学校的治安管理制度,做好法制宣传教育工作，定期检查治安防范措施的落实，确保校园安全稳定；加强公用设施的管理和维护，确保设施使用正常；加强学校固定资产的管理，实行办公财产登记制度，确保校有资产无流失现象；加强水电使用管理，杜绝浪费，厉行节约。 （丘　铮）

2017 年度中共平远县委党校、平远开放大学负责人名录

校　长：张文浩

副校长：李忠明　黄慧玲（女，任至12月）
　　　　韩启城

县直属机关工委工作

【概况】 2017年，中共平远县直属机关工作委员会（以下简称“县直机关工委”）共有6个系统党委，有党总支18个，党支部219个，有党员4605人，其中2017年新发展党员30名。2017年，县直机关工委团结带领机关党组织和广大党员，认真学习中共十九大、省委第十二次党代会、市委第七次党代会、县委第十三次党代会精神，以落实全面从严治党为主线，以“服务中心、建设队伍”为主要任务，以推进“两学一做”学习教育常态化制度化和加强基层服务型党组织建设为契机，扎实推进机关党的建设，为加快建设美丽幸福平远提供坚强有力的组织保障。

【机关党建】　2017年，中共平远县直属机关工作委员会大力实施“党建+”工程，不断创新党建工作方式方法。1.深入推进服务型党组织建设。年初印发《关于加强基层服务型党组织建设的实施意见》，要求县直各党组织坚持“五大服务”，达到“六有”目标，实施“党建+”工程，强化服务意识，打造服务平台，扩宽服务渠道，提高服务能力，积极创建基层服务型党组织。12月中下旬，对各系统党委推选出的17个先进服务型党组织检查验收，组织各系统党委副书记、党办负责人到现场开展党建工作“互学互比”活动，促进学习交流。2.深化党员志愿服务活动。以系统党委为单位，完善壮大党员志愿服务队伍，6个志愿服务队开展活动17场次。7月28日，县直机关工委组织县直六大系统党委300多名党员干部开展志愿服务活动。3.开展学习培训，加强党员学习教育。6月23—25日，县直机关工委联合县委组织部在县迎宾馆举办全县党员发展对象学习培训班，来自全县210多名发展对象参加培训。4.开展活力团队活动。为庆祝中国共产党建党96周年，丰富机关干部的精神文化生活，6月，县直机关工委组织县直机关迎“七一”活力团队系列活动，活动分为乒乓球团体赛和拔河比赛，六大系统党委代表队参加。县直机关各党组织开展重温入党誓词、演讲比赛、趣味体育等丰富多彩的团队活动，增强机关活动，增进机关交流。5.抓好“关爱党员·增强党性”活动。建立完善党内关怀机制，实现以党内和谐促进社会和谐。由各系统党委调查摸底系统内困难党员情况，安排帮扶方案，采取一个党组织至少结对帮扶一名困难党员的方式，开展以“安老、帮残、助学、济困、救灾、扶智”为主要内容的帮扶活动，规定每年每个党组织不少于两次以上的走访慰问。协助做好广东扶贫济困日募捐活动。按照系统党委的安排，2017年对1名困难党员进行两次走访慰问。

【机关作风建设】　2017年，中共平远县直属机关工作委员会扎实开展机关作风整治活动，大力加强机关作风建设。1.强化机关作风日常监督，加大明察暗访力度。为切实加强机关作风建设，落实中央八项规定精神，着力营造崇商重企、公平正义、廉洁高效的良好政务环境，出台《平远县县直机关作风整治的实施意见》。2017年，县直机关工委与纪检监察部门紧密协作，明察暗访，针对干部队伍中存在的“弱、松、庸、慢、散、懒、推”等现象，从违反上班工作纪律、公车私用、中午喝酒等问题入手，大力加强作风整治，有效解决机关作风方面存在的突出问题，提高机关效能和服务质量，全县机关作风持续好转。2.开展机关作风公众满意度评议活动，推进机关作风转变。按照《关于进一步加强机关作风建设，全面提升行政效能的实施意见》的要求，对县直单位每年开展2次公众满意度测评活动。7月中下旬，对105个县直机关及省市属驻平单位开展机关作风公众满意度平时评议活动，对参评单位按类别进行排名并发出情况通报，让各参评单位对照查找自身在服务态度、办事效率、廉洁勤政等方面存在的问题与不足，抓好整改落实，增强机关干部的服务意识和效能意识，树立政府机关的良好形象。

【机关武装工作】　2017年，平远县直属机关人民武装部按上级武装部门要求，扎实抓好机关武装工作。1.扎实开展兵役登记工作。按照县人武部对做好兵役登记工作的有关要求，县直机关武装部充分发挥自身职能，通过互联网、张贴标语、悬挂横幅等宣传载体，多渠道、多角度对兵役登记进行宣传发动，通过深入全县各个普高、中职、技工类学校，发放兵役登记表，对年满18周岁的男性青年进行兵役登记，确保应登尽登，圆满完成上级机关交代的登记任务。2.认真做好年度征兵工作。根据上级人武部的要求，县直机关武装部积极做好征兵宣传发动工作，精心组织适龄青年应征报名，严把思想政治关，确保适龄青年方向明确、立场坚定。为部队输送一批有文化、高素质的优秀兵员。经过体检、政审等环节，圆满完成年度征兵任务。（谢志宏）

2017 年度中共平远县直属机关工作委员会负责人名录

书　记：沈登桂

副书记：张丽丽（女）

副书记、纪工委书记：钟金红（任至6月）

2017 年度平远县直属机关人民武装部负责人名录

部　长：何文耀

县直系统党委工作

【党群系统党委】　2017年，中共平远县党群系统委员会共有2个党总支、35个党支部，472名党员。2017年党群系统党委坚持“围绕发展抓党建，抓好党建促发展”和“围绕中心、服务大局”，有力推动党委各项工作开展。1.落实基层党建工作任务，推动组织建设。制定《2017年党群系统党建工作要点》，各党（总）支部坚持“三会一课”等各项组织制度，狠抓党建各项重点任务落实。认真做好党员组织关系集中排查和党代会代表违纪违法未处理情况排查工作，党群系统无失联、空挂及不合格党员，5名市党代表、32名县党代表均不存在违纪违法未处理的行为；按期完成11个党支部班子换届、补选、改选工作；全面完成2个党总支、35个党支部党费补缴工作；大力开展“扶贫济困日”和慰问老党员、困难党员活动，深入推进抓党建促脱贫攻坚工作。2.深化“两学一做”学习教育常态化、制度化和“服务型”党组织建设工作。（1）围绕建设生态平远的战略部署，把“两学一做”学习教育紧密地与做好当前抓项目、促发展各项工作结合，与完成日常工作有机结合起来，让党员干部干事创业更富激情、更有干劲、更加廉洁，落实“两学一做”常态化制度化建设。（2）开展各类形式多样的文体活动，全年组织乒乓球比赛、观看爱国主义教育电影等活动30多场，参与党员400多人，有效提高党组织活力和凝聚力。全面推开服务型党组织建设工作，认真打造县委党校机关党支部、县妇联机关党支部、县民宗外事侨务局机关党支部3个示范性服务型党组织。3.丰富党日活动。支部每月组织一次党日活动，党委组织参加县“廉洁火炬杯”党规党纪知识竞赛，每月开展创卫环境卫生大清洁志愿行动，以及参与植树活动和献血活动等，让党员干部的组织生活过得既丰富又有意义，进一步增强了系统党员干部的凝聚力、向心力。

【宣教卫系统党委】　2017年，宣教卫系统党委下辖宣传文化系统、教育系统、卫计系统、体育局等30个单位，设有6个党总支、54个支部，有党员1165人。2017年，宣教卫系统党委主要抓好五大块工作。1.紧扣“学懂弄通做实”，组织各支部抓好中共十九大精神、习近平总书记对广东工作重要批示精神以及习近平总书记治国理政新战略新理念新思想的学习宣传贯彻。采取领导讲党课、专家讲理论、先进讲事迹、党员讲体会、网络考学等形式多样的活动，在全体党员干部中掀起学习新高潮。2.强化主业意识，全面落实党建主体责任。牢固树立“抓好党建是最大的政绩”理念，坚持对党建工作主动谋划、全面部署、严格考核，党办干部常态化深入各党支部检查指导，帮助解决党建工作中遇到的实际困难。支部书记按照习近平总书记提出的“在其位、谋其政、履行好‘第一责任人’职责”的要求，扎扎实实抓好基层党建工作。坚持抓书记、书记抓，扎实推进“书记项目”。3.注重服务工作大局，筑牢思想根基，深化服务型党组织创建。全年全系统投入160多万元，为群众办好事实事90多件。4.坚持夯实基层基础，努力发挥示范引领作用。（1）抓机制，促党建工作落实。（2）抓好发展党员和党费收缴工作。全年培养入党积极分子15人，确立发展对象6人，吸收预备党员6人，预备党员依期转正7人，不断发展壮大党员队伍。同时，严格按标准核定党费，足额收缴54.6万元党费。（3）坚持以点带面，推进“两学一做”学习教育常态化制度化。（4）响应县委、县政府全力创建广东省县级文明城市的号召，充分发挥机关党员的示范带头作用，以实际行动践行“两学一做”，各支部结合实际开展创建文明城市工作。（5）开展青年志愿者活动和“活力团队·和谐机关”活动。5.修订《宣教卫系统党委委员党风廉政建设岗位职责》，学习贯彻《中国共产党党员领导干部廉洁从政若干准则》和《中国共产党纪律处分条例》，加强党风廉政建设，增强拒腐防变能力。

（林利珍）

【政法系统党委】 政法系统党委下辖党组织所在单位有县委政法委、县公安局、县人民检察院、县人民法院、县司法局、县社工委（镇党委管理的除外）。全系统下设公安局党委，系统内有2个党总支、21个党支部，年底在册党员449名。2017年，政法系统党委主要抓好四方面工作：1.加强党员干部的学习教育和管理，不断提高队伍素质。（1）抓党支部的集中学习，推进“两学一做”学习教育常态化制度化。专门制作学习资料袋，下发给每位党员，提高学习自觉性，并发动党员参加各类征文活动和比赛活动；指导开展手抄“党员必知”活动；组织“七一”讲党课和市委党课巡回宣讲活动；组织志愿者开展“送法服务”活动；检查指导支部日常工作基本制度，不折不扣规范执行好“三会一课”制度、民主生活会、组织生活会、民主评议党员制度等。（2）从严做好党员日常管理工作。及时调整因工作调动的政法系统党委委员；指导做好县司法局、政法委机关、县法院等单位党总支和支部的换届工作；做好因机构改革撤销县社工委机关党支部的相关工作；理顺县公安局交警大队党组织设置；及时办理党员调动手续，完成党务系统党员变动情况，高质量完成党员信息采集和党员年报统计工作。2017年，全系统共有党员449人，收取并上缴党费20万元。批准吸收预备党员4名，预备党员转正5名，确定发展对象6名，培养入党积极分子9名。2.利用党建活动有效载体，充分发挥党组织战斗堡垒和党员先锋模范作用。（1）开展党建创新“书记项目”活动，提高政法服务水平。（2）以“六有”（有领导班子、有骨干队伍、有服务场所、有服务载体、有制度机制、有服务业绩）为目标，坚持“五个服务”（服务改革、服务发展、服务民生、服务群众、服务党员），建设服务型基层党组织。（3）推荐宣传表彰一批先进典型，并开展党内关怀。慰问困难党员157人，慰问80周岁以上老党员6人，发出慰问金10.6万元。（4）组织党务干部和部分党员，开展系列活动，促进团队活力。（5）抓党建互学互比与支部书记述职评议相结合，增强赶学比超意识。（6）推行机关联系基层、党员干部联系群众工作，帮助群众解决实际问题。3.完成县委、县政府及相关职能部门布置的事务性工作。4.抓党建促业务，充分调动广大党员干部的工作积极性，确保维护全县社会和谐稳定。（马　洪）

【政府系统党委】 至2017年年末，县政府系统党委下设二级党委1个，党总支2个，支部54个，党员1146人。2017年度政府系统党委坚持“围绕中心抓党建，抓好党建促发展”的工作理念，严格落实“两个责任”，着力从四个方面推进基层党建工作。1.抓职责、促落实，着力凝聚党建工作合力。建立党委委员党建工作联系点制度，13位党委委员每人至少挂钩联系3~4个党支部，采取党建联系点工作与日常工作统筹兼顾，灵活有效的方式开展联系指导工作，逐步健全完善“委员联系支部、支委联系党员、党员联系群众，发挥带头、带领、带动作用”的“三联三带”机制。同时，坚持督查与考核结合、激励与约束并重的原则，对各支部存在的突出问题及时查漏补缺，责令限期整改，充分调动各支部抓党建工作的积极性，形成党委书记负总责，党委委员具体抓，各支部密切配合、齐抓共管的党建工作格局。2.抓组建、促覆盖，着力巩固党建核心地位。强化基层党组织建设，着眼于扩大组织覆盖和工作覆盖，2017年新增2个支部，党建工作覆盖率达100%。按照“一书记一品牌、一组织一项目”要求，实现基层党建“书记项目”工程全覆盖；强化基层党组织建设，创建“服务型”基层党组织活动实现全覆盖，成功创建示范单位2个；进行班子换届、改选或补选的党支部9个；充分发挥党组织和党员的示范引领作用，“一对一”结对帮扶33名困难党员；确保党员发展质量，全年吸收预备党员7人，转正5人。开展扶贫济困日活动，系统内干部职工筹集善款130多万元；帮扶困难党员190多名。抓好党费收缴工作，全年收取党费53.6万多元。3.抓载体、促活力，着力凸显党建引领作用。组织政府系统及下设54个党支部开展“两学一做”学习教育活动，采取“专题课堂”辅导学、“红色课堂”体验学、“指尖课堂”在线学等方式，引领广大党员增强理想信念。落实“三会一课”基本制度，建立“四个合格”负面清单，有效推动“两学一做”学习教育常态化制度化。同时创建服务型党组织，以“六有”为标准，推进服务型党组织建设。开展“活力团队·和谐机关”活动以及“互学互比”活动，全面规范县政府系统基层党建工作。4.抓制度、促规范，着力提升党建工作水平。建立健全职责清单制度、请示报告制度、备案制度、支部书记述职制度、考核制度、列席会议制度等，推动党委工作规范化、制度化。严格执行双重组织生活制度，坚持领导干部讲党课制度，落实领导干部个人有关事项报告制度和党风廉政建设“一岗双责”等，规范党委班子运行机制，党风廉政建设和机关作风建设不断加强。配合县纪委对违法违纪行为进行查处。严格落实党代表接访制，积极收集整理党员意见、建议，为党委、政府更好地开展工作提供参考。（凌佳妮）

【农口系统党委】 至2017年年末，农口系统党委有2个党总支，30个党支部，711名党员。2017年主要抓好七项工作：1.抓学习教育。推进“两学一做”（即“学党章党规、学系列讲话，做合格党员”）常态化，以“三会一课”为基础，把“两学一做”作为党员教育的基本内容长期坚持、形成常态。宣传贯彻中共十九大精神，用十九大精神统一广大党员干部职工的思想和行动。2.抓责任制落实。制订好年度党建工作目标，明确工作分工，形成党委书记负总责，专职副书记具体抓格局。完善党委委员挂钩联系点制度，9位党委委员分别挂钩联系2个党总支和30个党支部。3.抓党建基础。坚持把党委班子建设作为党建工作的首要任务来抓，加强党委工作程序规范化建设，推动党内制度的完善和落实。抓好基层党支部班子建设，做好基层党组织按期换届工作,选好配强支部班子，发挥党支部的战斗堡垒作用。全年有14个党支部按期进行换届；全年共培养入党积极分子9人，吸收预备党员4人；严格做好党费收缴工作，每个党员自觉按时足额交纳党费。4.抓服务型党组织建设。通过以服务型党组织建设引领基层党建工作，强化服务功能、改进服务作风、提高服务能力、完善服务保障，增强创造力凝聚力战斗力。全年有3个支部被县直机关工委评为服务型党组织创建活动先进单位。5.抓活动载体。开展党内激励关怀帮扶活动、志愿服务活动。系统内的困难党员由10个副局以上单位党组织进行结对帮扶。全年共开展志愿活动16场，480多人次参加。开展“书记项目”活动，把“书记项目”活动与中心工作紧密结合起来，统筹安排，整体推进。开展党员培训、支部学习、知识竞赛、党员示范岗、创新上党课、参观党员教育基地、专题文体活动等活动，促进团结，凝聚活力。6.抓党廉责任落实。党员领导干部落实“一岗双责”，严格遵守政治纪律和政治规矩，开展批评和自我批评，加强反腐倡廉教育，强化执纪问责，建立完善规章制度，用制度管人管事。7.抓作风建设。紧密结合“两学一做”学习教育常态化制度化要求，各党组织坚持“三会一课”制度，高质量召开组织生活会及民主生活会。强化政治纪律、组织纪律；建立和完善制度，用制度管事管人，加强督促检查。树立依法行政意识、责任意识和效率意识；强化领导干部带头作用，促进机关作风全面好转。（林　锋）

2017年10月25日，县委书记宋才华（左一）和县委常委、组织部部长黄钧震（右一）到县农口系统党委调研

【**经贸系统党委**】　2017年，经贸党委所属副科以上单位15个，下设4个党总支，39个党支部，党员683人。2017年，主要抓好六方面工作：1.强化政治建设，提高理论水平。（1）认真学习宣传贯彻中共十九大精神，把广大党员干部群众的思想和行动统一到中共十九大精神上来。（2）扎实推进“两学一做”学习教育常态化制度化。发挥党委学习的龙头作用，使“两学一做”学习教育常态化制度化融入日常抓在经常。全年党委中心组集中学习10次，班子成员撰写理论调研文章12篇，为全体党员上党课28次。抓好支部和党员学习教育，以“三会一课”推动“两学一做”常态化制度化落实。全年系统全体党员撰写心得体会936篇。2.强化党建品牌，增强服务能力。（1）开展服务型党组织创建活动和“书记项目”活动。结合自身工作实际，按照“一书记一品牌，一项目一特色”的要求，把“书记项目”与中心工作紧密结合起来，统筹安排，整体推进。（2）开展“优秀共产党员示范岗”活动，

大力弘扬“讲担当、比奉献”的精神。（3）开展志愿者服务活动和开展互学互比活动，营造志愿者服务活动的良好社会氛围。并遏制党建工作不平衡及“灯下黑”的现象。（4）开展党建促脱贫攻坚，建立机关党员干部直接联系群众制度，选派6名副科级以上干部到挂钩村担任“第一书记”，为精准扶贫、精准脱贫提供坚强有力的组织保障。3.强化党内关怀，提升工作效率。全年慰问困难党员47名，发放慰问金14800元，为群众做好事办实事29件。开展“活力团队·和谐机关”活动，引导党员干部激情工作快乐生活。4.强化廉政建设，推动作风转变。落实党风廉政建设责任制，开展党性宗旨教育、党规党纪教育、优良作风教育。通过运用正反典型，加强机关党员干部“慵、懒、散、浮”现象的督促整改，筑牢拒腐防变的防线。5.强化队伍建设，确保党建成效。严格执行机关党建责任制，完善机关党建各项规章制度，加强党组织班子建设，重视党务干部培养成长。全年及时换届3个党支部，增设3个党支部；发展入党积极分子9人，批准党员发展对象7人，吸收预备党员7人，转正党员4人；收缴党费16.5万元。6.强化党建带群建，高筑党建地位。加强精神文明建设，倡导廉洁自律之风。组织和引导干部职工树立知荣辱、树新风、促和谐的文明风尚，开创精神文明建设新局面。加强社会治安综合治理工作，做好安全保卫和安全生产的检查监督工作，系统没有发生重大刑事、治安案件和重大事故。加强对群团组织的领导，发挥群团的桥梁、纽带作用，推动党建带群建工作。注重拔尖人才在推动科技创新、服务经济社会发展的风采和社会影响力，激发拔尖人才干事创业的积极性和主动性，全年上报4名拔尖人才给组织部评审通过。（蔡俊华）

2017年度中共平远县党群系统委员会负责人名录

书　记：陈琼宏

副书记、纪委书记：黄　文

2017年度中共平远县宣教卫系统委员会负责人名录

书　记：肖桂华（女）

副书记、纪委书记：林清贤

2017年度中共平远县政法系统委员会负责人名录

书　记：姚永波

副书记、纪委书记：马　洪

2017年度中共平远县政府系统委员会负责人名录

书　记：王志平

副书记、纪委书记：陈旋光

2017年度中共平远县农口系统委员会负责人名录

书　记：林　波（任至2月）
　　　　黄新生（2月起任）

副书记、纪委书记：王小智

2017年度中共平远县经贸系统委员会负责人名录

书　记：黎志勇

副书记、纪委书记：王秋香（女）

县非公有制经济组织和社会组织工作委员会工作

【概况】　2017年，中共平远县非公有制经济组织和社会组织工作委员会（以下简称“平远县‘两新’组织党工委”）全面贯彻中共十九大精神和习近平新时代中国特色社会主义思想，坚持抓落实与抓创新相结合，统筹推进“两新”组织党建工作各项重点任务，把全面从严治党的要求贯穿始终，为促进企业和社会组织健康发展提供坚强组织保证。

【思想政治教育】　2017年，平远县“两新”组织党工委从抓学习入手，对干部职工进行思想政治教育。1.抓好十九大精神学习贯彻宣传。中共十九大顺利召开后，县“两新”党工委及时采取学习培训、研讨交流等多种形式，组织所属“两新”组织党组织书记及党员深入学习贯彻十九大会议精神和习近平总书记系列重要讲话精神，用习近平新时代中国特色社会主义思想武装头脑、指导实践，带动“两新”组织健康发展。12月5日，县非公系统党委联合县工商联在县委党校举办1期学习贯彻中共十九大精神专题培训班，邀请县委党校副校长韩启城为参加培训的县工商联执委以上企业家、非公党支部书记共132人作专题辅导，切实增强发展的信心，促进企业的壮大。同时开展“学习十九大 宣传进企业”活动，非公党委与县总工会、县文联、县工商联4家单位联合，从12月起每月举办一场宣传活动，组织县内部分文艺工作者自行编导十九大精神宣传文艺节目，主动走进企业、走到车间向企业一线职工宣传十九大精神。2.深化推进“两学一做”学习教育。以尊崇党章、遵守党规为基本要求，以推进“两学一做”学习为基本内容，以“三会一课”为基本制度，以党支部为基本单位，结合“两新”党组织和党员特点，制订和印发“两学一做”学习教育《实施方案》《工作指引》和《学习计划》，指导各支部有计划地开展学习，推动从严治党向基层党组织纵深发展，推进“两学一做”学习教育常态化制度化。县社会组织系统党委通过建立基层党组织书记的微信群，及时推送支部学习资料、基层党建经验做法等，更好地组织社会系统各基层党支部的系统学习，规范支部的学习。

【有形覆盖和有效覆盖相统一】　2017年，平远县“两新”组织党工委扎实工作，做到党建工作有形覆盖和有效覆盖相统一。1.完善基础台账，着力扩大覆盖。“两新”党委深入开展调查摸底非公有制企业和社会组织的情况，掌握企业数、党员数、企业经营状况等信息，建立非公有制企业和社会组织党建工作台账，全面梳理组建党组织的空白点，采取单位组建、同业共建、挂靠组建、龙头带建等方式，单独或联合建立党组织。全年新组织“两新”党组织5家，到年底，全县非公有制企业党组织和社会组织党组织覆盖率达89.6%，党的工作覆盖率达100%。2.抓好巩固提升，发挥实质作用。充分发挥“两新”党委党建主体作用，强化日常管理，加强对党组织落实“三会一课”、按期换届选举等制度的检查，制定“两新”组织开展党的组织生活规范性文件，提升组织生活质量。对新组建的党组织，明确党建指导员联系指导，指导党组织紧紧围绕促进生产经营发展、凝聚服务群众开展活动，发挥战斗堡垒作用。对企业转制、破产等原因产生的“空壳”“瘫痪”支部，及时做好撤销工作，转接好党员组织关系，确保党组织的严谨。全年撤销党组织7个。

【“两新”组织党建重点任务推进】　2017年，平远县“两新”组织党工委紧扣中心工作，扎实推进党建重点任务。1.提升园区非公有制企业党建工作水平。扎实推进园区非公有制企业党建工作，重点加强园区非公有制企业党委和党群服务中心建设，通过召开园区非公有制企业党建工作座谈会、现场会，检查进展情况，交流工作经验，提升园区非公有制企业党建工作整体水平。2.打造一批“两新”组织党建工作示范点。以“一有四规范”为标准，培育和选树非公系统的梅州市金穗生态农业发展有限公司党支部、梅州五指石科技有限公司党支部和社会系统的平远县八尺镇酒业协会党支部作为党建示范点，集中力量开展党建工作，以点促面、带动全县“两新”党组织规范管理，发挥作用。梅州五指石科技有限公司党支部被评为广东省非公有制经济组织先进党组织，广东保灵药业有限公司党支部何沐俊被评为广东省非公有制经济组织党员标兵。（姚卫华）

2017 年度中共平远县非公有制经济组织和社会组织工作委员会负责人名录

书　记：张　燕（女）

副书记：姚卫华（女）

县非公系统和社会组织系统党委工作

【县非公有制经济组织系统党委】 中共平远县非公有制经济组织系统委员会挂靠在县工商联，隶属于县“两新”组织党工委管理。县非公系统党委成员单位由县工商联、工商局、国税局、地税局、人社局、经信局、招商局、中小企业局、工业园管委会9个非公有制经济管理部门组成。2017年年底，该党委下辖非公有制企业党组织61个，其中二级党委1个、非公有制企业党支部60个，非公党组织覆盖全县各镇、工业园区和228家企业，管理非公有制经济组织的党员434名。

2017年，县非公系统党委主要抓好7项工作：1.清查完善党员档案，共查找完善、调出党员档案近200份，清查列出档案缺失党员名单。2.加强对党员学习教育。重点抓好两个专题学习、两次考学工作和一期专题培训。（1）抓好习总书记对广东工作重要批示精神、中共十九大精神两个专题学习。（2）抓好“学省党代会精神迎党的十九大召开”和“学报告，学党章”两次党员考学工作，全系统党员参考率达100%。（3）12月5日，党委与工商联组织工商联执委企业家、非公党支部书记共143人，在县委党校四楼联合举办1期学习贯彻十九大精神专题培训班。3.强化基层党组织建设。通过与相关镇党委、农村街道党组织沟通联系，做好上年以来7个被撤并非公党支部所辖28名党员的组织关系转接、安置工作，并协助完善最近两年新组建的7个新组建支部的软硬件建设。4.做好先进评选推荐表彰工作。结合“七一”纪念活动，党委评选表彰基层先进集体、个人共38个；完成全省非公有制经济组织党建工作示范单位和先进个人推荐评选工作，其中该系统1个支部、1名党员分别被省非公系统党委评为“先进基层党组织”和“党员标兵”。5.规范发展党员和党费核定收缴工作。对原有60个党支部、400多名党员党费严格按标准进行重新核定。输送12名发展对象参加县委组织部举办的发展对象培训班的集中培训。把好新党员质量关，批准吸收预备党员18名，批准19名预备党员按期转正。6.开展形式多样的党建活动。联合社会组织系统党委在县迎宾馆二楼隆重召开纪念建党96周年大会；组织非公党员参加县内各类党建活动；12月26日与工商联、文联、总工会4家单位联合，组织300多人在友邦木业有限公司开展宣传十九大精神文艺进企业系列活动。7.完成全系统党组织和党员的信息采集录入、各类党内数据统计上报工作；开展党内关怀慰问，全年慰问老党员、大病党员11名，并对2名去世党员家属进行慰问；调整各成员单位兼职党委委员；查处1名违纪党员，并对1名受处分党员进行回访。（谢建生）

2017年12月26日，平远县文艺进企业宣传十九大精神系列活动之赠书仪式

【县社会组织系统党委】 2017年，中共平远县社会组织系统委员会有17个党支部（联合组建的有4个，单独组建的有13个），覆盖社会组织86家，共有党员 117 名。2017年，社会组织系统党委积极落实《关于加强社会组织党的建设工作的意见（试行）》，结合行业特点，进一步健全完善社会组织党建工作体系，开拓创新，夯实党建工作基础，主要做好五方面工作。1.抓好党员学习教育，提升思想素质。（1）制定学习方案，组织召开各类型宣传贯彻会议，掀起学习宣传贯彻中共十九大精神的热潮，使每一名党员深刻领会十九大精神的重大意义，深刻领会习近平新时代中国特色社会主义思想的历史地位、科学内涵、精神实质和实践要求，自觉运用马克思主义中国化的最新成果武装头脑。（2）召开社会组织系统全体党员参加的学习习总书记重要批示精神和传达贯彻省第十二次党代会精神专题会。（3）召开“平远县‘两新’组织纪念建党96周年大会”，举行新党员入党宣誓并表彰一批先进。（4）组织20多名发展对象参加县委组织部举办的党员发展对象集中教育培训学习。（5）组队参加党规党纪知识竞赛活动和“学省党代会精神迎党的十九大”“学党章学报告”考学活动，参考率100%。2.丰富活动载体，开展主题活动。（1）督促各支部完善各项规章制度，坚持执行好“三会一课”，结合“两学一做”学习教育，做好“专题党课”和党员各类培训学习。（2）做好党员组织关系集中排查，核查支部日常管理情况和党员档案。（3）抓好支部规范化建设，加强督查指导，全年投入支部规范化工作经费4.2万元。（4）注重搭建党员作用发挥的平台，丰富活动载体，利用单位资源优势，组织开展形式多样的主题实践活动。3.继续“扩面提质”，提高组织覆盖。主动加强与工商、供销、农业、民政等社会组织登记管理部门的沟通联系，及时了解掌握社会组织数量及党员的增减变化情况。在摸清各社会组织党员底数的基础

上，重点梳理和抓好在民办非企业单位中党组织组建工作。抓好新组建支部的巩固工作，做到成熟一个、组建一个、巩固一个。4.强化党员管理，发挥示范引领。提高党员意识，增强党员责任感、荣誉感、使命感，激发党员工作积极性。在各支部中深入开展“创先争优”活动，营造学先进、赶先进、做贡献、当表率的良好风气。建立党员定期分析评议制度，保证党员队伍的纯洁性。引导党员围绕经济转型、社会组织的改革发展，在各自岗位上做出不平凡的贡献。提高发展党员质量，全年发展新党员4名。建立流动党员管理制度，对13名外出流动党员建档立卡，平时利用支部微信群进行联系管理，节假日回乡时进行沟通补会。5.加强班子建设，凸显核心作用。抓好以党支部书记为重点的党务干部学习教育。全年共组织支部书记集中培训学习5次，培训120多人次。抓好支部书记每年向党委进行党建工作述职并进行评议制度。坚持每年对支部进行绩效考核，体现“干与不干不一样，干多干少不一样”的工作效果。加强党委委员政治学习，提高思想素质和工作能力；健全党委委员挂钩联系支部等制度，坚持党委每季度至少一次的党建工作专题研判、党委书记每月至少一次的基层党建专题调研等活动。（张永平）

2017 年度中共平远县非公有制经济组织系统委员会负责人名录

书　记：张惠兰（女）

专职副书记、纪委书记：谢建生

2017 年度中共平远县社会组织系统委员会负责人名录

书　记：刘立新

专职副书记、纪委书记：张永平

2017年11月，平远县社会组织系统党委组织支部书记到大埔农业示范基地培训学习

平远县人民代表大会

主要会议和活动

【县第十五届人民代表大会第二次会议】 2017年4月24日至27日，平远县第十五届人民代表大会第二次会议在县迎宾馆大会堂举行。应到会代表176人，出席大会代表168人。在平远居住的省、市人大代表，不是本届县人大代表的县委、县政府、县政协、县纪委班子领导，不是本届县人大代表的县直局以上单位和省市驻平单位的正职或负责全面工作的副职、县直各系统党委专职副书记、各镇镇长及镇人大专职副主席，不是本届县人大代表的县人民法院副院长和县人民检察院副检察长，县人民武装部部长，县公安局政委以及由县政协十届二次会议统一组织列席会议的县政协委员共142人列席会议。会议主要内容：听取和审议通过县人民政府工作报告；审查通过县2016年国民经济和社会发展计划执行情况与2017年计划（草案）的报告，批准县2017年国民经济和社会发展计划；审查通过县2016年财政预算执行情况和2017年财政预算（草案）的报告，批准县2017年财政预算；听取和审议通过县人大常委会工作报告；听取和审议通过县人民法院工作报告；听取和审议通过县人民检察院工作报告；组织代表参观视察县城饮用水源保护和中小河流综合治理。

【县十五届人大常委会会议】 县十五届人大常委会第2次会议于2月8日在县人大常委会会议室举行。主要内容：审议关于设立县人大常委会代表资格审查委员会的议案；通过县十五届人大常委会会议监票人名单；决定人事任免；颁发任命书；举行宪法宣誓仪式。

县十五届人大常委会第3次会议于4月18日在县人大常委会会议室举行。主要内容：决定人事任免；审议拟提交县十五届人大二次会议审议的各项工作报告；讨论决定县十五届人大二次会议其他有关事项；审议2016年地方政府债务限额的议案；主任会议向常委会报告关于补选县十五届人大代表的决定；审议主任会议提请关于县人大常委会授权主任会议处理紧急事项的议案；审议关于补选县十五届人大代表的资格审查报告。

县十五届人大常委会第4次会议于4月24日在县人大常委会会议室举行。主要内容：讨论决定县十五届人大二次会议增加内容事项。

县十五届人大常委会第5次会议于6月27日在县人大常委会会议室举行。主要内容：听取和审议县人民政府关于《中华人民共和国环境保护法》实施情况的报告；审议县人民政府《关于提请审议平远县村村通自来水建设项目资金列入政府财政预算的议案》。

县十五届人大常委会第6次会议于8月18日在县人大常委会会议室举行。主要内容：听取和审议县人民政府《2017年上半年国民经济和社会发展计划执行情况报告》；听取和审议县人民政府《2017年上半年预算执行情况报告》；书面审查县人民政府依法行政工作情况的报告；决定人事任免；县城饮用水源保护专题询问。

县十五届人大常委会第7次会议于9月29日在县人大常委会会议室举行。主要内容：听取和审议《平远县2016年社会保险基金决算和2017年上半年预算执行情况的报告》；听取和审议《关于平远县2016年度县级预算执行和其他财政收支的审计工作报告》；听取和审议《关于平远县2016年财政决算草案的报告》；听取和审议《关于全县教育工作的情况报告》；听取和审议县人民政府《关于提请审议2017年财政预算调整方案的议案》。

县十五届人大常委会第8次会议于11月24日在县人大常委会会议室举行。主要内容：提请人事任免事项；举行宪法宣誓仪式；听取和审议县人民政府《2017年依法行政工作情况报告》；听取和审议县交通运输局、卫生和计划生育局、经济和信息化局三位局长的履职情况报告；审议县人民政府《关于提请平远县2017年财政预算第二次调整方案的议案》。

县十五届人大常委会第9次会议于12月22日在县人大常委会会议室举行。主要内容：审议关于补选县十五届人大代表的议案；讨论决定县十五届人大三次会议有关事项。

县十五届人大常委会第10次会议于12月29日在县人大常委会会议室举行。主要内容：讨论通过《平远县人民代表大会及其常务委员会基本职权（草案）》《平远县人民代表大会议事规则（草案）》《平远县人大常委会组成人员守则（草案）》《平远县人民代表大会常务委员会议事规则（草案）》《平远县人民代表大会代表视察办法（草案）》《平远县人大常委会主任会议议事规则（草案）》《平远县人大常委会关于“一府两院”反馈审议意见办理情况办法（草案）》《平远县人大常委会督办决议议案和建议制度（草案）》《平远县人大常委会信访工作制度（草案）》《平远县人大常委会信访工作人员守则（草案）》《平远县人大常委会任命国家机关工作人员任前法律知识考试办法（草案）》。

监督工作

【经济监督】 2017年，平远县人大常委会听取和审议2017年平远县上半年国民经济和社会发展计划执行情况的报告，针对经济下行压力持续加大、工业新增动力不足等困难和问题，督促政府及有关部门突出抓工业、抓项目、抓改革，抢抓发展新机遇，加大经济结构调整力度，推进重点项目建设，推进生态文明建设，推动经济稳中向好，确保实现全年经济增长预期目标。听取和审议2016年平远县财政决算草案的报告、预算执行情况和其他财政收支情况的审计报告，作出关于批准2016年全县财政决算的决议。听取和审议2017年平远县上半年财政预算执行情况的报告、预算调整方案的议案，作出关于批准平远县2017年财政预算调整方案议案的决议，针对存在的财政增收压力大、财政支出进度缓慢、政府债务管理不够规范等困难和问题，督促政府及有关部门深化财政体制改革，加强财源培植力度，优化支出结构，加强和规范政府债务管理，强化财政资金统筹，着力提高财政资金的使用绩效。审议县人民政府2016年地方政府债务限额议案，作出批准决议，督促政府及有关部门强化债务管理，提高资金管理水平，确保该县地方政府债务得到有效管控。

【民生监督】 2017年，平远县人大常委会认真做好民生监督工作。1.组织水源保护视察活动和专题询问会。围绕水源保护民生热点，组织市、县人大代表到县城饮用水源保护区调查了解水源水质保护以及生态补偿资金发放情况；针对县城饮用水源保护区生态补偿资金未按要求发放的情况召开专题询问会，与会市、县人大代表围绕如何落实生态补偿政策、补偿金未发放原因、水源保护长效机制建立等方面提出6个问题，并向县政府及相关职能部门提出建立县城饮用水源水质保护长效机制、科学合理发放生态补偿金等方面的意见建议。2.聚焦民生实事深化调研。跟踪监督各镇水源保护、农村土地确权、社会主义新农村示范村建设、医疗养生中心建设、交通公路建设、镇村规划编审、食品安全、文化教育等工作开展情况，并进行专题调研，形成调研报告，提出有效的意见、建议，交县政府和相关职能部门研究落实，确保各项民生实事落到实处。3.组织人大代表开展视察活动。围绕县委决策部署和政府工作报告内容，组织在平远的省、市人大代表和县人大代表开展视察活动，积极回应社会关切，重点关注城镇景区和园林化建设、精准扶贫、养猪业污染整治、重点项目建设、工业园区三大主导产业发展等情况，听取专项工作报告，组织视察检查，针对工作中存在的问题，提出改进的对策建议。

【法治监督】　2017年，平远县人大常委会认真做好法治监督工作。1.开展执法检查，推动依法行政。配合市人大常委会到平远开展食品安全法执行情况调研，深入开展《中华人民共和国环境保护法》《中华人民共和国食品安全法》《中华人民共和国人民调解法》的执法检查；听取县政府上半年和全年依法行政工作报告，督促相关职能部门依法行政、严格执法，推动有关法律法规在全县贯彻实施。2.加强对政府规范性文件的备案审查工作。对7件政府规范性文件进行备案审查，维护法律权威和法制统一。对法院司法体制改革工作和检察院服务非公经济等方面的工作进行调研，提出意见建议，促进司法机关有效履职。3.做好人民群众来信来访工作。注重信访分析，强化限时督办，推动相关部门落实、解决信访案件，着力化解矛盾，维护社会稳定。全年受理人民群众来信来访34件。其中，接待来访27批45人次；接收信访7件，群众联名件1件，涉及信访群众55人；交办、转办、督办34件，完成率100%，切实维护人民群众应有的合法权益。

依法行使重大事项决定权和人事任免

【依法行使重大事项决定权】　2017年，平远县人大常委会围绕县委中心工作，抓住全局性、根本性、长远性和人民群众热切关注的重要问题，加强走访调研，听取专题报告，及时提交人大常委会会议审议，并依法做出决议和决定。根据县人民政府的提请，审议关于村村通自来水工程资金列入财政预算议案、2016年地方政府债务限额和2017年两次财政预算调整方案议案等涉及全县大局及群众利益的重大事项，作出决议决定，从法律法规和制度上保证县委决策转化为全县人民共同意志。

【人事任免】　2017年，平远县人大常委会坚持党管干部的原则与人大依法任免的统一，认真做好人事任免工作。2017年，任免国家机关工作人员55人次（其中任职46人次、免职8人次、接受辞职1人次），从组织上保障国家机关正常运行。同时，听取和审议县交通运输局、县卫计局、县经信局3位局长的履职情况报告，督促国家机关工作人员依法履职、积极履职。

代表工作

【闭会期间的代表活动】　2017年，平远县人大常委会积极开展闭会期间代表小组活动。1.围绕全县中心工作，把176名县人大代表分成13个小组，组织开展养猪业污染治理、美丽乡村建设、新农村示范村建设等视察活动30多场次，努力为代表履职创造条件；提高代表对常委会工作的参与。2.坚持和完善常委会组成人员联系代表、代表联系群众制度，邀请和组织部分人大代表参加执法检查、专题调研等活动，听取基层人大代表的意见建议，帮助解决代表履职中遇到的困难和问题。3.组织县人大代表听取县政府有关工作报告、观摩县人民法院案件庭审活动，广泛征询代表意见，努力发挥代表参政议政作用。4.坚持为人大代表赠阅《人民之声》杂志刊物，做到县、镇两级人大代表全覆盖。

【对代表议案建议办理的督办】 2017年，平远县人大常委会坚持常委会领导领衔督办、人大各室委对口督办、提议案和建议的代表参与督办等制度，通过到承办单位上门督办、深入镇村开展专项调查、召开议案和建议办理情况测评会、不满意件重新交办等形式，加大督办力度，推动议案、建议办理工作有效落实。县十五届人大二次会议期间代表提出的25件建议全部按期答复完毕，办理情况满意率为96%。对《关于加快建设县城自来水制水水源密封管道》等议案办理情况进行座谈测评，经测评，没有满意票，不满意率超过50%，有力促动承办单位重视议案办理工作，加快议案办理进度。

【代表补选】 2017年4月，1名县十五届人大代表工作变动、调离本行政区域，根据《中华人民共和国全国人民代表大会和地方各级人民代表大会代表法》的有关规定，其县人大代表资格自行终止。4月17日，经平远县人大常委会决定，仁居镇飞龙选区依法补选1名县十五届人大代表，4月18日，经县十五届人大常委会第3次会议确认代表资格有效。

【代表学习培训】 2017年，平远县人大常委会把组织代表依法履职学习作为一项重要工作来部署和实施，组织常委会部分组成人员、县人大代表、各镇人大主席、人大机关干部到全国人大培训基地培训学习；邀请相关专家为常委会组成人员和机关干部进行法律知识和十九大精神培训，夯实代表思想认识和履职能力。

机关建设

【政治建设】 2017年，平远县人大常委会以深入推进“两学一做”学习教育常态化制度化为抓手，坚持把党的思想政治建设摆在首位，推进全面从严治党向纵深发展。坚持县人大常委会党组理论学习中心组学习制度，采取集中学习、专题党课、报告会、支部主题党日活动等多种形式，深化党内教育，深入学习贯彻中共十九大精神，认真学习领会习近平新时代中国特色社会主义思想、习近平总书记对广东工作的重要批示精神，坚定理想信念，强化党性修养，不断增强“四个意识”、坚定“四个自信”，切实用十九大精神武装头脑、指导实践、推动工作。

【党风廉政建设】 2017年，平远县人大常委会坚持把纪律建设摆在更加突出位置，坚决把纪律和规矩挺在前面，全面贯彻落实党风廉政建设责任制。坚持党建工作和人大常委会工作同安排、同部署、同落实、同考核，坚持党的民主集中制，切实坚定不移落实从严治党要求，不断增强管党治党意识。组织常委会班子成员认真学习贯彻《关于新形势下党内政治生活的若干准则》《中国共产党党内监督条例》，严明党的政治纪律和政治规矩，严格遵守执行中央八项规定精神，带头维护党纪严肃性和权威性。深化警示教育，组织学习纪委印发的典型案例通报，认真汲取典型案例的深刻教训，从严从实执行党的各项纪律，坚决防止“四风”反弹回潮。支持县纪委派驻人大机关纪检组工作，自觉接受监督。

【县镇人大工作和建设】 2017年，平远县人大常委会按照中央、省文件要求，争取县委的关心支持，推进县镇人大工作和建设，配足常委会专职组成人员，增设常委会内设工作机构，增加人大机关干部，对12个镇单独设立镇人大办公室，镇人大主席享受与同级党政正职同样的岗位补贴。各镇人大均按要求从2017年起每年召开两次人代会、配齐专职工作人员、建立镇人大代表履职补助制度，切实提高县镇人大履职能力，为新形势下加强和改进人大工作奠定良好基础。

【机关党组新设立】 2017年8月1日，平远县人大常委会机关新设立中共平远县人大常委会机关党组，设党组成员5名，其中党组书记1名、副书记1名。

人大宣传及指导镇人大工作

【人大宣传】 2017年，平远县人大常委会注重加强人大制度和人大工作的宣传，借助新闻媒体和网络，讲好人大故事，传播人大声音，努力扩大人大工作的社会知晓面和影响力。积极鼓励人大工作者、人大代表和“一府两院”积极撰稿投稿。全年在《梅州人大》等市级以上新闻媒体发表人大宣传稿件40多篇。

【指导镇人大工作】 2017年，平远县人大常委会坚持常委会领导分片指导镇人大工作制度和具体指导镇人代会、镇人大规范化建设，邀请镇人大主席列席常委会会议，参加县人大常委会组织开展的执法检查、专题调研、视察等，切实加强与基层人大的联系，着力提高基层人大业务水平。推进人大代表联络室规范化建设。（吴均祥）

2017年8月18日，平远县第十五届人大常委会第6次会议县城饮用水源保护专题询问会议在县迎宾馆召开

2017 年度平远县人大常委会领导名录

县十五届人大常委会：

主　　任：凌志达

常务副主任：赖家琳

凌小宏

副 主 任：马文生

朱天英

廖文香

陈永和

2017 年度平远县人大常委会机关各室（委）负责人名录

办公室

主　任：温义军

副主任：刘玉远（任至8月）

涂兰青（女，任至8月）

黄建明（8月起任）

陈云飞（8月起任）

选举联络任免工作委员会

主　任：刘宗礼（任至2月）

李　程（2月起任）

副主任：张彩云（女）

法制工作委员会

主　任：李　杏（女）

副主任：廖觉泉

财政经济工作委员会

主　任：王永联（2月起任）

副主任：丘菊兰（女，2月起任）

农村农业工作委员会

主　任：汤小英（女，2月起任）

副主任：刘玉远（8月起任）

科教文卫华侨宗教工作委员会

主　任：刘宗礼（2月起任）

副主任：张俊妮（女，8月起任）

城乡建设环境资源保护工作委员会

主　任：曾　平（2月起任）

副主任：涂兰青（女，8月起任）

县委全面依法治县工作领导小组办公室

（4月，该机构职责划入县委政法委机关，领导小组办公室设在县委政法委机关）

主　任：林敦伟

副主任：刘正军

平远县人民政府

主要会议和经济社会发展情况

【县政府常务会议】 2017年，平远县召开县政府常务会议13次，会议由县长主持。与会人员：正、副县长，县政府党组成员，县政府办公室主任。根据会议要求，县政府办公室副主任及有关部门负责人列席会议。会议内容包括：传达贯彻上级党政机关及县委指示、决议、决定和有关会议精神，分析形势，总结工作，讨论决定有关事项；根据全县经济社会发展的需要，重点研究园区建设、文化旅游、重点工程、城镇建设、招商引资、民生事业、财税金融等全局性的工作；听取政府各部门重要情况汇报，研究解决政府工作中遇到的问题。

【县长办公会议】 2017年，平远县召开县长办公会议25次，会议由县长主持。与会人员：正、副县长，县政府办公室主任。会议内容包括：传达贯彻上级党政机关及县委指示、决议、决定，研究重点工作，讨论决定有关事项。

【经济社会发展情况】 2017年，全县实现生产总值80.09亿元，比增6.3%；固定资产投资55亿元，比增26.2%；一般公共预算收入8.1亿元，比增12.4%；规模以上工业增加值12.9亿元，比增1.1%；社会消费品零售总额27.6亿元，比增9.7%；出口总额3亿美元，比增12.2%。

【工业经济加快发展】 2017年，平远县投入1.2亿元，园区新征土地350亩（23.33公顷）、平整土地1000亩（66.67公顷），新增建设用地1600亩（106.67公顷），创业创新孵化基地、标准厂房等配套设施建设加快推进。全年落实股权投资、信贷风险补偿、专项扶持等各项政策资金5000多万元，促成14个项目落户、9个项目动工建设、8个项目建成投产，园区投产企业50家，实现规模以上工业增加值6.52亿元，税收1.81亿元，分别比增26.3%和26.2%，自2013年升格为省级园以来第三次获评省优秀园区。在园区的有力带动下，全县工业经济提速增效，完成技改投资5亿元，比增90.4%，增速居全市第一；新增3家国家高新技术企业；新培育14家规模以上企业，全县实现规模以上工业总产值58.4亿元，比增5.4%。同时，招商引资成绩显著，引进20个项目，计划投资163.8亿元。

【城乡人居环境持续优化】 2017年，平远县全年盘活存量用地3162亩（210.8公顷），储备城镇建设用地1000多亩（66.67公顷）。城北、城南、城西、城东、老城“五个片区”完成年度投资9亿多元，特别是推进多年的兴隆路建成通车，平城中路、建设路雨污分流及人行步道改造项目完成建设，城区实现公交试运营，成功创建“广东省县级文明城市”。投入1.6亿元，石正、仁居、东石3个中心镇“六个一”工程加快推进，镇域基础设施整体水平有效提升。常态开展环境综合整治，提升城乡绿化美化亮化净化水平。大力开展跨境河流水源水质保护和大气污染防治工作，主要河段交接断面及饮用水源地水质达到或优于国家地表水Ⅱ类标准，全年环

2017年3月18日，广东省平远商会会员大会暨平远招商交流会在广州举行。图为大会盛况

境空气质量保持优良。

【“三农”发展基础不断夯实】 2017年，平远县全力推进农村土地承包经营权确权登记颁证工作，全县颁证率99.03%。引导农村土地规范流转，促进规模化种植、产业化经营，脐橙、油茶、南药、优质稻、梅片树、有机茶等特色优势产业不断巩固发展。推进农旅融合，打造18个现代农业示范基地和品牌农业示范公园，曼佗山庄获评“广东省农业公园”，金穗山庄获评“全国休闲渔业示范基地”。全年实现农业总产值17.96亿元，比增-6.5%。完成20个省定贫困村整治规划和创建规划，“三清三拆三整治”取得阶段性成效。深化与南沙区的对口帮扶，累计筹集扶贫资金1.13亿元，投入帮扶资金8382.04万元，全年实现预脱贫人口1668人，预脱贫率72.9%。

【全域旅游建设步伐加快】 2017年，平远县投入近2亿元推动景区提档升级，五指石、长布半岛等龙头景区加快建设；曼佗山庄、金穗山庄等休闲体验综合体项目续建扩建。引进棕榈股份、铁汉生态、鸿艺集团等行业龙头企业，启动风池特色小镇、仁居古镇、梅畲特色小镇项目建设。成功举办第八届北京国际山地徒步大会梅州·平远站、脐橙文化旅游节等活动。全县接待游客人次、旅游综合收入分别比增11%和12.2%，获评“生态自然旅游城市和大众休闲健康养生旅游城市”“2017中国候鸟旅居县”“广东旅游创新发展十强县”。

【交通水利等重点基础设施建设加快推进】 2017年，平远县全年投入8.5亿元推进高速公路、国省干线和县乡公路建设，特别是群众关注的梅平高速平远段实现无障碍施工，省道225线大柘至热柘段路面改造工程完工通车；4条总长87.67千米的新升级省道改建项目列入市未来三年行动计划；全年新建新农村公路60.48千米，完成安保工程64千米、国道示范工程29.78千米，全县道路技术等级和通行能力不断提高。投入3亿多元，全面推动山区中小河流治理、村村通自来水、城乡污水处理设施等9项12宗水利重点工程建设。同时，电力、信息等基础设施全面提升。

【民生福祉持续改善】　2017年，平远县坚持公共财政支出向民生倾斜，全年落实各类民生资金19.8亿元，较上年增支1.73亿元，增幅10%，统筹推进教育医疗、社会保障等重点民生建设。完成年度“十件民生实事”。安全生产形势持续稳定。食品药品安全监管不断强化。政府自身建设进一步加强，干部作风更加务实。　（县政府办）

2017 年度平远县人民政府领导名录

县　长：刘许川（任至12月）
　　　　杨　栋（12月起任县长人选）
副县长：温助民（县委常委、常务副县长）
　　　　刘海鹏（县委常委、挂职副县长，3月起任）
　　　　陈远航
　　　　李远林
　　　　张善波
　　　　刘兰娇（女）
　　　　韩　旭

县政府办公室工作

【综合协调工作】　2017年，平远县人民政府办公室做好各类会议、调研、检查等公务活动的沟通协调工作，准确将县政府相关工作部署和要求形成《会议纪要》《会议决定事项通知书》等，并及时传达到全县各镇和县直各单位，有力保障全县政令畅通。

【文秘工作】　2017年，平远县人民政府办公室认真做好文秘工作。1.严格公文办理程序。按照《平远县人民政府办公室工作规程（暂行）》相关规定办理各类文电，实行专人管理、随收随办。全年办理上级文件3871份、密件360份；以县政府名义和县政府办公室名义印发各类文件183件，编发会议纪要23期。2.不断提升办会质量。抓好会前、会中、会后各个环节，保障会务活动意图的全面实现。2017年承办上级领导考察调研、各类督查、慰问等重大活动160多场次；承办县政府常务会议及县政府、县相关部门有关会议、活动签约400多场次；协调、通知省市会议、县委、县人大、县政协会议390多场次；承办县政府会议室召开的一般工作会议420多场次。3.认真撰写各类材料。结合平远实际，高站位、高要求、高标准起草各类文字材料，努力提高文稿质量，切实做到以文辅政，较好地完成《政府工作报告》等重大材料的撰写任务。2017年，起草整理领导在大型会议上的讲话材料88篇，调研报告8篇，县人大专项工作报告15份，整理县政府向市级（以上）报告60篇。

【督办工作】　2017年，平远县人民政府办公室集中精力抓好督办工作，扎实做好请示报告的呈批流转，及时完成材料收集上报等各项工作。全年受理工作类请示389件，经费类请示447件；对领导批示件进行催办460件，发出督办通知28次，印发督办通报10期，督办群众来信58件。办理县政协提案2件；督促办理县人大建议50件，县政协提案56件；办理市政协提案5件，其中分办1件，会办4件；办理市人大议案建议9件。对县政府重点工作72项、县政府常务会议14期决定事项165项、县长办公会议25期决定事项共316项进行跟进督促办理。

【信息工作】 2017年，平远县人民政府办公室把县政府网站打造成更加及时、准确、有效的政府信息发布、互动交流和公共服务平台,全年更新信息2500多条，日访问量2000多人次。1.完成县政府网站集约化建设工作。制订并下发《关于印发平远县政府网站集约化建设方案的通知》文件，对全县政府网站进行集约化建设，各镇及县直部门不再单独建设网站，通过开设栏目、频道等形式，将其内容和服务上移至县政府门户网站。至10月下旬，全面完成全县43家县直单位和各镇网站的下线，圆满完成全县政府网站集约化建设工作。2.扎实推进政务公开及基层政务公开标准化规范化试点工作。成立工作领导小组，加强政务公开及试点工作的督促和指导，制定工作情况报送规范，定期报送工作情况，适时开展督查。3.做好政务信息公开工作。通过县政府门户网站、微博微信、广播、电视、政务公开栏等方式，依法、及时、全面公开县政府及其办公室信息。全年发布政府信息2638条，报道政务新闻2052条，办理人大议案建议50件、政协提案56件，办复率100%。

【后勤保障】 2017年，平远县人民政府办公室严格按财经制度和财经纪律，做好财务预结算管理，规范公务支出，加强“三公经费”和政府采购管理；做好公务车辆的调度、使用和管理；抓好水电、电器、办公用房的零星修缮与管理；抓好县委、县政府大院的环境卫生和绿化管理；加强保安人员管理，健全保安岗位职责，深入开展安全隐患排查整改，完善安全监控设施，建立值班来访登记制度，做好上访人员、群体事件的秩序维护工作；健全和完善后勤保障制度，实行规范化、制度化、科学化管理，为政府工作高效运转提供有力的后勤服务保障。

【人民防空】 2017年，平远县人民政府办公室认真履行职责，依法管理人防“结建”工作，切实抓好人防法律法规宣传教育和人防执法检查工作。加强人防工程和指挥通信建设，依法依规征收防空地下室易地建设费689.74万元，办理人防“结建”工程报建审批65宗。已竣工验收的人防物资库工程若干宗，动工建设的人防地下室工程若干宗，规划建设的人防地下室工程若干宗。

【打击走私】 2017年，平远县人民政府办公室积极完善镇村三级反走私网络建设，认真做好打击治理非法经营走私物品和成品油走私活动等各项工作。全年出动执法人员1860人次、车辆425辆次，检查油库（油站）85个次，冷库及储藏点106个次，市场65个次，其他门店723个次，工地20多家。查获涉烟案件9宗，案值645.12万元，查获1宗无合法来源证明的柴油32吨，案值14.56万元，罚没1万元。

【金融管理】 2017年，平远县人民政府办公室严格履行职责，加强风险监控，监督该县两家小额贷款公司依法依规经营业务，预防发生金融案件，规范小贷公司发展；积极联合企业主管部门搭建服务平台，建立企业上市后备资源库，鼓励企业进行股份制改造，完善法人治理，引导企业走规范管理道路；巩固2016年普惠金融“村村通”试点县成果，联合县财政等相关部门对各镇进行普惠金融专项资金清理清查，确保专款专用，严格透明。

【应急管理】 2017年，平远县人民政府办公室督促各级各单位及时编制、修订应急预案及操作手册，强化应急预案动态管理,及时修订《平远县处置森林火灾应急预案》《平远县突发公共卫生事件应急预案》等应急预案；完善应急值守工作，编印《平远县人民政府值班工作制度》手册，健全基层预警信息员管理机制，构建基层预警信息员信息库，规范全县信息报送工作。截至12月3日，平远县向市报送突发事件信息49条（含续报），死亡人数37人，其中交通事故死亡21人，触电死亡2人，其他14人。

（县政府办）

2017年度平远县人民政府办公室负责人名录

主　任：王志平

副主任：凌育彬　姚日升　钟国平
　　　　卢纪明（6月起挂职）

综合政务服务管理

【概况】　2017年，平远县综合政务服务中心按照省市县全面深化改革的工作部署，凝心聚力，不断推进政务服务改革创新，加强效能建设，打造服务品牌，基本完成各项改革任务，改革取得阶段性成效。

【“一门式一网式”改革】　2017年，平远县做好“一门式一网式”改革工作。1.完成县、镇、村三级一门式综合服务窗口设置。按照“前台综合受理、后台分类审批、统一窗口出件”的模式，县中心设置大一门服务窗口，其中33个部门进驻大一门综合服务窗口（设置15个综合服务窗口）。基层公共服务中心（站）全面建成运行，建立“1个县公共服务中心+12个镇公共服务中心+143个村（居）公共服务站”，覆盖县、镇、村三级的公共服务网络，每个镇配备3至6人不等、每个村（居）配备1名专职人员固定坐班，将服务平台延伸到基层“末端”，解决服务群众“最后一公里”问题。2.抓好行政审批和公共服务事项标准化。完成全县2016年版258项行政审批的437个子项和115项公共服务事项的标准编制、规范审查、审定公布，并录入省网厅目录系统和梅州市统一申办受理平台，落地实施。3.强化技术支撑助力提速增效。对县中心办事平台软硬件进行改造升级，包括配置多终端信息发布管理软件、全功能自助服务系统、智能排队取号系统、“一门式一网式”电子范例展示系统、“一门式一网式”自助填表系统等，县中心办理事项全部进驻市统一申办受理平台，并对接省网上办事大厅，实现“一网通办”。全年统一申办受理平台三率一数（网上全流程办理率、上网办理率和网上办结率）分别是76.70%、100%、38.66%，到现场次数0次比率12.14%、1次比率85.44%。

【“马上办”改革】　2017年，平远县认真做好“马上办”改革工作。1.积极发挥协调作用。在简政放权、减少层级的基础上，组织各审批职能部门对本部门在统一申办受理平台上在办事项进行全面梳理，汇总形成“马上办”政务服务事项分类目录，改革后办理承诺时限提速32%，申请材料精简比例18%；全面清理各类证明，推动“减证便民”。积极按国家和省、市的要求扎实开展“减证便民”专项行动，对全县政府部门、直属事业单位要求其他单位开具、涉及群众办事创业时需要提交的各类证明进行全面清理，取消21项，保留48项。2.推动事权下放。在依法依规前提和方便群众就近办事原则下，梳理县镇村三级公共中心（站）办理事项目录，推进事项委托、下放工作。2017年，梳理公布县级公共服务事项211项，其中下放镇级办（受）理事项81项，村级办理事项32项，均编制、印发办事指南。

【惠民信息平台建设】　2017年，平远县做好惠民信息平台建设工作。全力推进集宣传、公开、查询、监管功能“四位一体”的惠民信息公开平台建设，建立健全集中统一管理、各镇各部门协调联动的建设运行机制，该平台于9月底正式上线运行，把党委政府的惠民政策向社会、群众公开，保障群众的知情权、参与权，拓宽监督渠道，确保惠民政策公平公开公正、落到实处。截至12月底，第一批13个惠民信息公开单位（33个公开项目）在平台发布数据1136879条，收到咨询件15个、投诉件1个。

【存在问题】 2017年，平远县综合政务服务管理工作存在的一些困难和问题：1.体制机制上存在制约。由于各项改革交错多，存在多头领导和相关单位主体责任不明确或改革执行不到位等情况，政务服务改革工作协调机制与形势发展要求不相适应。2.“应进必进”没有全面落实。进驻单位对行政审批向一个行政股室集中、审批事项向网上办事大厅集中、审批股室向政务服务中心集中“三集中”和审批事项、人员、对人员的授权全部到位于县政务服务中心窗口“三到位”执行不到位，表现为进驻不完善、选择性进驻，或虽有进驻而授权不充分，实现并联审批、“一站式服务”的建设任务仍然繁重。3.镇、村公共服务中心（站）运行机制没有建立。部分镇、村公共服务中心（站）存在网络不通、办事终端设备不能调试使用等问题，同时存在个别专职人员不到岗、管理不规范的现象，亟待落实责任，建立系统维护和服务队伍管理机制，确保镇、村公共服务中心（站）“用”起来。

（县政管办）

2017 年度平远县综合政务服务管理办公室负责人名录

主　任：赖国华

副主任：李　强　李晓文

招商引资

【概况】 2017年，平远县招商局主动适应经济发展新常态，强化产业招商，创新招商方式，提升招商效益，优化产业结构，做强实体经济，营造“大招商、招大商”的良好氛围。结合推进供给侧结构性改革，打通产业链条，促进产业集聚积极探索稀土新材料、机械制造、电子、家具制造、家居建材等“园中园”产业发展模式，以项目引领平远振兴发展。

【主要工作成效】 2017年，平远县招商引资工作取得一定成绩。1.招商引资目标任务完成情况良好。2017年，全县完成签约项目20个（10亿元以上的重大项目4个），计划投资额163.76亿元，其中合同项目17个，合同投资额62.21元；当年实际投入29.18亿元（含续投）；招商引资投产项目10个，动工项目14个。2.引进工业项目、入园项目成效明显。引进的17个合同项目中，有工业项目13个（含增资扩产项目3个），占合同项目的76.5%。入园项目13个，占合同项目的76.5%，项目主要涉及稀土新材料、家具建材、电子信息和机械制造产业。3.意向项目数量储备比较充足。储备意向项目30多个，包括广气智能装备集团项目、广钢集团新材料项目、金雅福商贸物流园和红星美凯龙商贸中心等。

【主要工作措施】 2017年，平远县招商引资工作主要采取三项工作措施。1.探索“园中园”模式。创新探索由龙头企业建园、配套企业跟进的方式，由龙头企业根据产业需求择企入园，解决企业间产业关联度不高的难题，使园区产业布局更清晰，企业在小园区里形成产业上下游关系。2016年在平远工业园规划约1000亩（66.67公顷）连片地块，打造“家居建材园中园”，引导产业集聚。2017年，平实实业在园区二期投资年产50万平方米定制家具项目；元宝时代集成家居用品项目进园区，形成一个完整的产业链条。佳之朋已在2017年5月顺利试产，汇亿基和平实实业已动工兴建厂房。2.加快产业集聚。调动资源引导项目入园，把同类项目引入“园中园”，形成企业集群，加快产业集聚。宇时代、恒盛宇、元芯、亚力盛、雅玛西5家以生产蓝牙音箱、电子数据连接线、压电晶片、压电晶体等电子产品为主的生产项目相继动工或建成投产，在园区形成“电子产业园”。引进东莞4家家具出口企业和美耐新材料项目，规划600亩（40公顷）用地打造的“家具产业园”。3.完善政策配套。严格执行中央、省、市系列惠企政策，全面落实平远县股权投资、信贷风险补偿基金、工业企业专项扶持、鼓励科技创新等政策，深入实施县领导挂钩联系工业企业制度和“暖企”行动，支持签约企业快落户、落户企业快上马、在建企业快投产、投产企业快发展，不断加大企业扶持力度。启动战略新兴产业基金和绿色产业发展基金运作，以基金带动项目落户，确保招商引资工作顺利推进。加快招商引资优惠政策汇编工作进度，让企业更全面具体了解平远县的招商政策优势，吸引更多企业落户平远。

【存在的困难和问题】　2017年，平远县招商引资工作仍存在一些困难和问题：1.用地供需矛盾突出，已评估待供地项目较多，需要抓紧用地调规，平整土地，及时供地。2.引进项目成长型、税源型、带动型的产业项目数量少、规模小、质量不高，缺乏龙头带动作用。3.平远的交通、地理劣势还未根本改善，物流成本仍偏高，增加招商的难度。（县招商局）

2017年度平远县招商局负责人名录

局　长：张益均

副局长：吴易平　韩　立　谢辉斌

民族宗教和外事侨务

【概况】　2017年，平远县民族宗教和外事侨务局按照省、市相关部门的部署，依法有序管理民族宗教事务，全县民族宗教领域和谐稳定，外事侨务管理规范、到位，海外交流活跃，为平远经济和社会发展创造良好的社会环境。启动占地9986.56平方米的“南台卧佛山文化旅游产业园君子坳休闲广场”项目。

【民族宗教工作】　2017年，平远县民族宗教和外事侨务局依法依规管理民族宗教事务。1.召开宗教工作会议。7月26日，全县宗教工作会议在县迎宾馆召开。主要内容：传达全国、全省、全市宗教工作会议精神，总结近年来全县宗教工作取得的成绩并对下一步工作进行部署，县公安局、大柘镇分别作交流发言。会议对当前和今后一段时期的全县宗教工作指明方向，提出要求。2.加强安全维稳工作。（1）加强对在平远的少数民族人员的管理和服务。（2）宗教活动规范有序，防范和抵御各类宗教的渗透，宗教领域安全稳定。2017年，不定期到宗教场所检查44次，全县27个宗教场所达到和谐寺观教堂创建标准。（3）开展“平安细胞”创建工作，经考核，27个宗教场所全面达标。3.依法依规管理宗教事务。做好宗教法规宣传，提升宗教团体（场所）的自我管理能力，将佛道教的法会、基督教和天主教的平安夜、圣诞节等活动纳入大型活动管理，规范报批和备案。4.做好“宗教活动场所登记证”发放，全县27个宗教场所统一社会信用代码、赋码和换证工作。5.引导宗教界发挥正能量。加大重点场所大佛寺、石林寺等基础设施建设及管理服务力度。引导宗教界开展慈善公益活动常态化，促进宗教文化健康发展，引导宗教活动场所将宗教文化与客家文化、生态文化相结合，发挥大佛寺“海峡两岸交流基地”的优势，为社会和谐发展传递正能量。

【港澳、海外交流】 2017年，平远县民族宗教和外事侨务局积极开展港澳和海外交流，接待港澳同胞、华侨华人和海外友人10批247人次，组团或随团的主要出访有3次。6月2日至11日，局长林菊莲随梅州侨务访问团出访马来西亚、菲律宾、日本，开展侨务交流活动，加强梅州与“一带一路”沿线国家侨团及侨胞乡贤的交流交往和经贸合作。

【侨政工作】 2017年，平远县民族宗教和外事侨务局扎实开展侨政工作。1.进行贫困归侨慰问。2017年慰问贫困归侨149人次。2.加大侨法宣传力度，聘请常年法律顾问，处理涉侨来访案件4宗。3.加强对侨捐项目的监管，激发华侨华人建设家乡的热情。

【因公出国（境）管理】 2017年，平远县民族宗教和外事侨务局依法依规做好因公出国（境）管理。做好各项外事工作管理，严格执行外事纪律，全年办理因公出国（境）人员13批28人次。全县因公出访未发生违反规定，用公款变相出国（境）旅游的现象以及违反外事纪律的事件。

【调研考察】 2017年8月24日，梅州市民族宗教事务局副局长朱春粦一行4人到平远县开展民族宗教领域维护安保工作督导。9月5日，梅州市外事侨务局局长杨栋到平远县调研外事侨务工作。 （陈小强）

2017年度平远县民族宗教和外事侨务局负责人名录

局 长：林菊莲（女）

副局长：张桂康 谢 刚 姚婷丹（女）

2017年6月27日，县政府副县长刘兰娇（中）率队慰问困难归侨

政协平远县委员会

【概况】　2017年，平远县政协坚持团结和民主两大主题，认真履行政治协商、民主监督、参政议政职能，切实发挥协调关系、汇聚力量、建言献策、服务大局作用，为推动平远县振兴发展，与全省同步全面建成小康社会做出积极贡献。

主要会议

【十届二次会议】　2017年4月23—25日，中国人民政治协商会议第十届平远县委员会（以下简称“平远县政协”）第二次会议在平远县城召开。该次会议应到会委员176人，实到会158人，邀请出席人员29人，列席人员80人。十届县政协主席凌声宏，副主席刘志刚、姚小玲、韩垂辉、涂其标、罗益新、卢斌，秘书长林敦清等政协领导出席会议。中共平远县委、县人大、县政府、县纪委的领导，县人民武装部、县人民法院、县人民检察院等单位领导应邀出席会议并在主席台就座。县委书记宋才华在开幕大会上作讲话。县政协主席凌声宏在闭幕大会上作讲话。会议审议通过凌声宏代表政协第十届平远县委员会常务委员会所作的工作报告，刘志刚代表政协第十届平远县委员会常务委员会所作的关于十届一次会议以来提案工作情况报告。会议表彰2016年度25名优秀政协委员、10件优秀提案和6个承办提案先进单位。委员们参加平远县政协历届委员联谊会三届一次会议，完成历届联谊会换届工作；列席县第十五届人民代表大会第二次会议，听取并讨论县政府工作报告和县法院工作报告、县检察院工作报告等有关报告。

【主席会议】　2017年，平远县政协召开9次主席（扩大）会议：

2月23日，召开十届第二次主席（扩大）会议。主要内容：研究《政协第十届平远县委员会第二次会议筹备领导小组成员名单和秘书处人员职责分工》、历届联谊会荣誉会长和副会长建议人选。

3月15日，召开十届第三次主席（扩大）会议。主要内容：专题学习中共中央办公厅印发的《关于加强和改进人民政协民主监督工作的意见》，研究县政协十届二次会议筹备工作。

5月23日，召开十届第四次主席（扩大）会议。主要内容：研究《政协第十届平远县委员会常务委员会2017年工作要点》《开展县政协领导“走访委员、走入群众、走进基层”活动月活动方案》。

6月7日，召开十届第五次主席（扩大）会议。主要内容：研究《十届县政协专委会委员编组调整和配备兼职副主任、资料信息员和机关联络员人选方案》《上半年“委员活动日”活动方案》和近期工作安排等。

7月19日，召开十届第六次主席（扩大）会议。主要内容：研究《评议县水务局工作方案》《调研农村集体土地确权登记发证工作方案》等。

8月15日，召开十届第七次主席（扩大）会议。主要内容：研究《县政协调研“创建卫生强县”方案》《县政协调研工业园区基础设施建设情况工作方案》和《关于在“委员之家”网络平台上开展“广东省县级文明城市”工作议题协商活动方案》等。

9月13日，召开十届第八次主席（扩大）会议。主要内容：研究《县政协十届二次会议重点提案办理协商督办方案》《2017年办理县政协提案专项资金补助方案》《县城及周边区域自来水供水能力建设专题调研方案》《县政协“教育现代化”创建工作专题协商活动方案》等，审议通过《平远县政协委员工作室主任副主任和联络员任命名单》。

10月30日，召开十届第九次主席（扩大）会议。主要内容：传达学习贯彻中共十九大精神，学习贯彻新修改的《中国共产党巡视工作条例》《关于市县党委建立巡察制度的意见》《中国人民政治协商会议广东省梅州市委员会委员履职工作规则（试行）的通知》精神，听取重点提案协商督办情况汇报等。

12月11日，召开十届第十次主席（扩大）会议。主要内容：传达学习贯彻中共十九大精神，研究《2017年度优秀政协委员和优秀提案及承办提案先进单位名单》《十届三次会议提案调研议题及经费补助方案》《2017年度提案项目承办经费补助方案》《县政协十届第六次常委会议方案》，以及政协十届三次会议筹备工作等。

【常委会议】 2017年，平远县政协召开6次常委（扩大）会议：

4月18日，召开十届第一次常委（扩大）会议。主要内容：讨论《政府工作报告》（征求意见稿），审议县政协常委会工作报告（草案）和提案工作情况报告（草案），协商决定召开县政协十届二次会议相关事项。

4月25日，召开十届第二次常委（扩大）会议。主要内容：听取各讨论组汇报，审议政协第十届平远县委员会第二次会议决议（草案）。

6月30日，召开十届第三次常委（扩大）会议。主要内容：听取县政府2017年重点项目建设情况通报，审议通过《十届县政协专委会专职主任、专兼职副主任拟任方案》，研究《关于设立“平远县政协委员工作室”方案》。

9月28日，召开十届第四次常委（扩大）会议。主要内容：围绕“重实体、兴实业”，对“工业园区基础设施建设情况”进行专题议政，县政府副县长韩旭应邀出席专题议政活动。

11月13日，召开十届第五次常委会议。主要内容：传达学习贯彻中共十九大会议精神。

12月28日，召开十届第六次常委（扩大）会议。主要内容：传达学习贯彻中共十九大精神、中共平远县委十三届四次全会精神，听取和讨论县政府“2017年度十件民生实事落实情况通报”“县政府2017年度政协提案落实情况通报”，审议通过县政协十届三次会议相关事项。县政府副县长韩旭应邀出席会议。

协商议政

【专题议政】 2017年，平远县政协围绕“重实体、兴实业”，对“工业园区基础设施建设情况”进行专题议政。

【会议协商】 2017年，政协十届二次大会期间对县政府工作报告等进行协商，向县委、县政府报送《县政协十届二次会议委员讨论建言》。

【专题协商】 2017年，平远县政协围绕教育现代化、环境保护、梅（州）平（远）高速公路建设、创建省级文明县城和国家级卫生县城等热点问题，开展4次专题协商。

2017年10月24日，县政协组织部分政协委员开展重点提案督办专题协商活动，为县第四小学（程旼小学）和东石新阳光幼儿园的建设建言献策。县政协主席凌声宏（中）等参加活动 （朱兴国 摄）

调研视察

【专题调研】 2017年，平远县政协开展县城及周边区域自来水供水能力、农村土地确权、工业园区建设、非物质文化遗产保护、创建卫生强县5次专题调研活动。

【专题视察】 2017年，平远县政协围绕县人民法院司法体制改革情况、重点提案落实情况开展视察活动。

民主监督

【民主评议】 2017年，平远县政协对县水务局、县住建局工作开展民主评议活动，促进部门转变作风，推动工作。

【社情民意】 2017年，平远县政协通过开展“走访委员、走入群众、走进基层”活动月活动，落实领导联系委员、委员联系群众、专委会对口联系等制度，多渠道搜集社情民意，反映民生热点问题，切实维护群众利益。全年反映重点社情民意82条。

【提案工作】 2017年，平远县政协加强提案督办工作，不断完善县党、政主要领导和县政协领导领衔督办重点提案制度。县财政安排200万元专项资金用于年度提案项目实施的经费补助，一大批提案反映的民生问题得到较好的解决或取得实质性进展。2017年，提案立案56件，办复56件，立案率、办复率和委员满意率均100%。

文史宣传

【文史编纂】 2017年，平远县政协完成5篇“客家民俗精粹”1万多字文稿，搜集整理全县30个非物质文化遗产项目9万多字文稿和近200张图片，编纂出版《非物质文化遗产专辑》（平远文史第19辑）。

【宣传工作】 2017年，平远县政协依托《人民政协报》《梅州日报》和平远电视台等新闻媒体，宣传报道政协履职活动和委员风采，不断扩大政协工作的社会影响力。2017年，在各级新闻媒体报道、发表各类新闻稿件69篇。

团结联谊

【凝聚合力】 2017年，平远县政协依托县外工商界委员工作室、广东平远商会等平台，县政协部分领导先后到广州、深圳、东莞等地走访县外委员，鼓励乡贤企业家积极回平投资兴业、参与公益事业，推动家乡经济社会发展。

【联谊交往】 2017年，平远县政协参加江西省安远县、福建省上杭县举办的闽粤赣边三省九县（区）政协联系协作会议，作题为《勇于探索创新，推动协商成果转化落实》《搭建平台，强化合作，创新政协文史工作》的经验交流发言。组织政协历届委员联谊会部分会员到江西省鹰潭市月湖区政协、宁都县小布镇等地学习考察创建国家全域旅游示范县、新农村建设、农业现代化建设等工作。

【情系民生】 2017年，平远县政协引导广大政协委员发扬热心公益、乐善好施的优良传统，积极开展扶贫济困活动。2017年，委员为民办好事实事1000多件，为各项公益事业捐款捐物1000多万元。

【委员活动日活动】 2017年上下半年，平远县政协分别开展“学习习近平总书记对广东重要批示精神，做一名合格政协委员”和“学习贯彻中共十九大精神，为平远振兴发展献一策”为主题的“委员活动日”活动，引导全体政协委员为平远加快振兴发展献计出力。

机关工作

【政协委员工作室】 2017年，平远县政协建成8个委员工作室（1个市政协委员工作室、7个县政协委员工作室），梅州市政协委员工作室经验交流会在平远召开。

【履职能力建设】 2017年，平远县政协调整充实各室委人员，增选3名专职主任、5名专职副主任。严格落实《政协委员履职考核办法》，对每位委员的年度履职情况进行量化统计和考核。

【加强学习教育】 2017年，平远县政协结合“两学一做”学习教育常态化制度化，坚持理论中心组、党组会议、主席会议、常委会议、支部会议等专题学习制度，全年开展50多场学习活动，认真学习中共十八大、十八大以来历次全会精神和习近平总书记系列重要讲话精神，全方位学习宣传贯彻十九大精神，坚决维护以习近平同志为核心的党中央权威和集中统一领导，牢固树立“四个意识”，增强“四个自信”。同时依托政协委员工作室，向政协委员、广大群众广泛宣传，推动十九大精神落地生根、结出丰硕成果。

【全面从严治党】 2017年，平远县政协充分发挥政协党组领导核心作用，认真贯彻落实新常态下全面从严治党的工作部署，党组成员带头遵守党的政治纪律和政治规矩，扎实推进“两学一做”学习教育常态化制度化，坚持民主集中制，开好民主生活会，严格执行中央八项规定及其实施细则精神，全面压实从严治党主体责任。

【作风建设】 2017年，平远县政协加强机关作风建设，扎实推进党的政治建设、思想建设、组织建设、作风建设、纪律建设，加强党风廉政建设，增强干部队伍的规矩意识和纪律意识，提高机关的执行力。

2017 年度十届政协平远县委员会领导名录

主　席：凌声宏
副主席：刘志刚（常务）
　　　　姚小玲（女）
　　　　韩垂辉（兼）
　　　　涂其标
　　　　罗益新（兼）
　　　　卢　斌（兼）
秘书长：林敦清

2017 年度县政协机关各室委负责人名录

办公室
主　任：林敦清
副主任：刘秀玲（女，8月起任）
　　　　刘柏鹏（8月起任）

提案委员会
主　　　任：肖红阳
专职副主任：黎文友（8月起任）

文史和学习委员会
主　　　任：吴秉浪
专职副主任：官碧红（女）

教科文卫体和社会法制委员会
主　　　任：姚若园
专职副主任：鲁燕玲（女，8月起任）

经济和人口资源环境委员会
主　　　任：黄文通
专职副主任：韩辉平（8月起任）

民族宗教和港澳台侨外事委员会
主　　　任：林永升
专职副主任：冯　添（8月起任）

2017年10月31日下午，县政协组织部分政协委员到县住建局开展民主评议工作，县政协主席凌声宏（正面第一排中）参加活动　（朱兴国　摄）

中共平远县纪律检查委员会

主要会议

【县纪委十三届二次全会】 2017年2月9日，在平远县迎宾馆大会堂召开中共平远县第十三届纪律检查委员会第二次全体会议。曾尚忠、刘许川、凌志达、凌声宏、胡新文、姚永波、肖桂华、温助民、陈琼宏、黄钧震、徐万宝、林忠云等县委、县人大、县政府、县政协、县纪委全体领导参加会议。会议由县委常委、县纪委书记徐万宝主持。

副市长、县委书记曾尚忠在会上充分肯定过去一年平远县纪检监察组织在聚焦监督执纪问责，全力推进全面从严治党以及党风廉政建设和反腐败工作方面取得的成绩，并就如何推进全面从严治党、抓好党风廉政建设和反腐败工作提出三点要求：一是各级党组织和广大党员干部要深入学习贯彻习近平总书记重要讲话精神，准确把握全面从严治党的新内涵新要求。要增强“四个意识”特别是核心意识、看齐意识，以高度的政治自觉和强烈的使命担当，坚定不移地贯彻落实好全面从严治党战略部署。二是要深化党风廉政建设和反腐败工作，主动服务平远振兴发展大局。坚持以零容忍态度惩治腐败，推动党风廉政建设和反腐败工作取得新成效；坚持严抓中央八项规定精神落实，持之以恒加强作风建设；坚持严查群众身边的腐败问题和不正之风，着力增强人民群众获得感；坚持“三个区分开来”，保护干部干事创业积极性；坚持体制机制改革，推进县委巡察和纪检监察派驻工作；坚持打铁还需自身硬，建设忠诚干净担当纪检监察队伍。三是要严肃党内政治生活，夯实良好政治生态。坚决压实管党治党政治责任，坚决守住党的纪律这条“底线”，坚决以更强的党性意识、政治觉悟和组织观念要求自己，坚决推进制度治党，保持定力，忠诚履职、敢于担当，不断夺取党风廉政建设和反腐败斗争新胜利，为平远县主攻“一城两区”、加快振兴发展、与全省同步全面建成小康社会做出新的更大的贡献。

县委副书记、县长刘许川传达中央纪委、省纪委、市纪委全会精神。县委常委、县纪委书记徐万宝代表县纪委常委会作《聚焦忠诚干净担当，坚定不移推进全面从严治党》的工作报告，报告回顾2016年的工作，对2017年全县纪律检查工作提出总体要求，强调要全面贯彻党的十八大和十八届三中、四中、五中、六中全会精神，深入学习贯彻习近平总书记系列重要讲话精神，认真贯彻落实十八届中央纪委七次全会、省纪委十一届六次全会、市纪委七届二次全会和县第十三次党代会的部署，在县委和市纪委的正确领导下，深入实践监督执纪“四种形态”，严肃党内政治生活，深化体制机制改革，强化监督执纪问责，驰而不息纠正“四风”，持续形成高压态势，净化党内政治生态，坚定不移推进全面从严治党，努力形成不敢腐、不能腐、不想腐的有效机制。加强干部队伍建设，践行忠诚干净担当，以良好精神状态和优异工作成绩迎接中共十九大和省第十二次党代会召开。

徐万宝结合县纪委工作实际提出2017年工作计划，一是深入学习贯彻上级精神，全力落实全面从严治党监督责任；二是深入落实中央八项规定精神，锲而不舍推动作风建设；三是积极实践监督执纪“四种形态”，持续保持惩治腐败高压态势；四是高举执纪问责利器，压实全面从严治党“两个责任”；五是坚持标本兼治，构建“不敢腐、不能腐、不想腐”的氛围和有效机制；六是统筹推进县委巡察和派驻机构改革，进一步完善体制机制建设；七是加强纪检监察队伍建设，忠诚履行监督执纪问责职责。

会议审议通过县纪委工作报告和决议。

2017年2月9日，在平远县迎宾馆大会堂召开中国共产党平远县第十三届纪律检查委员会第二次全体会议

【纪律教育学习大会】　2017年9月14日，在平远县迎宾馆大会堂召开2017年纪律教育学习大会。宋才华、刘许川、凌声宏、胡新文、姚永波、肖桂华、黄钧震、林忠云等县委、县人大常委会、县政府、县政协、县纪委领导，各镇党委书记、镇长、纪委书记、组织委员、宣传委员，县直各系统纪委正、副书记，县直各副局级以上单位和省、市属驻平各单位主要负责人，以及分管党风廉政建设负责人，县委巡察办、派驻纪检组和县纪委全体干部参加会议。县委副书记胡新文主持会议，县委副书记、县长刘许川传达省第十六期党纪政纪法纪教育专题研讨班和全市纪律教育专题学习会精神。会议组织观看警示教育片《走向牢狱的“规划”——中山市城乡规划局原党委书记、局长张珂案件警示录》和市作风暗访片。

县委书记宋才华在报告中指出：一要深入学习贯彻习近平总书记系列重要讲话特别是“7·26”重要讲话精神，旗帜鲜明地讲政治，增强“四个意识”；以“两学一做”制度化常态化为抓手，把学习贯彻习近平总书记系列重要讲话精神和治国理政新理念新思想新战略不断引向深入；要始终把政治纪律和政治规矩挺在前面，结合政治巡察，加强监督检查，狠抓问题整改。二要紧紧抓住关键少数、关键环节、关键节点，发挥领导干部的表率作用，要发挥巡察利剑作用，解决一些干部队伍中的作风问题、纪律问题；要紧盯重要时间节点，针对岁末年初、传统节日、婚丧喜庆等问题易发多发时段，进一步加大明察暗访力度，严肃查处违反中央八项规定问题，持之以恒纠正“四风”，不断压缩不良风气的生存空间。三要抓好“两个责任”全面落实，各级纪委要切实履行好监督责任，进一步加大问责力度，推动严肃问责成为全面从严治党的常态。要抓“三个注重”推动落实，注重领导带头作用，注重加强统筹协调，注重学习效果提升。同时，要按照《关于贯彻“三个区分开来”实行容误免责治理为官不为的意见》，为敢于担当作为、勇于改革创新、积极干事创业的干部撑腰，真正形成鼓励干事创业、自觉抵制为官不为的良好氛围。

【涉农领域腐败问题专项治理工作暨惠民信息公开平台建设工作会议】　2017年7月19日，平远县召开涉农领域腐败问题专项治理工作暨惠民信息公开平台建设工作会议，县委常委、常务副县长温助民，县委常委、县纪委书记徐万宝，县纪委副书记梁裕彛，县纪委副书记、监察局局长冯浪等出席会议。会议由温助民主持。

会上，就如何深入开展治理涉农领域腐败问题专项治理和惠民信息公开平台建设工作，着力解决发生在群众身边的不正之风和腐败问题，营造良好社会环境氛围，全面贯彻落实中纪委扶贫领域监督执纪问责工作电视会议及梅州市涉农领域腐败问题专项治理工作暨惠民信息公开平台建设现场会议精神，温助民要求县直各相关单位、各镇进一步统一思想，强化责任意识、大局意识、协作意识，落实主体责任和监督责任，明确任务，加强统筹协调，加大宣传力度，加快核查进度，形成推进全面从严治党向基层延伸的合力。要学习借鉴兄弟县（市、区）的经验做法，加快推进惠民信息公开平台建设，争取在9月底前建成并投入使用，推动惠民政策公开常态化，努力推进平远县农村基层治理工作上新台阶。

徐万宝在会上要求，各相关部门要克服工作任务重、时间紧、责任大等问题，进一步深化认识，层层压实责任；进一步升温鼓劲，落实决策部署；进一步突出重点，开展入户核查；进一步发现问题，强化整改立制；进一步强化督导，严肃执纪问责；进一步实现公开，完成平台建设。确保平台建成、建好、见效，全力打通惠民政策落实“最后一公里”。

2017年7月19日，平远县召开涉农领域腐败问题专项治理工作暨惠民信息公开平台建设工作会议

【巡察、派驻机构改革工作会议】 2017年6月26日上午，平远县召开县委巡察工作暨纪委派驻机构改革工作会议，标志着平远县委巡察和纪委派驻工作正式启动。县委、县人大常委会、县政府、县政协、县纪委全体领导，县人武部、县法院、县检察院、龙文—黄田省级自然保护区管理处等单位主要负责人，各镇党委书记、镇长、纪委书记、组织委员，县直各副局以上单位和省、市属驻平各单位主要负责人和分管党风廉政建设工作的人员，县纪委委员、县纪委内务监督委员会委员，县委巡察工作领导小组成员、县纪委派驻机构建设工作领导小组成员，县纪委监察局、县委巡察办及县纪委派驻机构全体干部参加会议。

会上，县委书记宋才华，县委副书记胡

新文，县委常委、组织部部长黄钧震，县委常委、纪委书记徐万宝共同为县委巡察机构和县纪委派驻机构揭牌。宋才华在讲话中指出，建立县级党委巡察制度和完善派驻机构工作机制，是按照中央、省委和市委要求，为强化各级党组织管党治党的政治责任，加强对基层党组织和党员干部的监督而做出的重大部署，对推动全面从严治党向纵深发展具有重要意义。开展巡察和派驻工作是全面从严治党的重大任务，是加强党内监督的有力手段，是加快平远振兴发展的重要保障。为此，要扎实深入开展巡察、派驻工作，发挥其震慑、遏制和治本作用，着力发现和解决全面从严治党方面存在的问题，切实把纪律和规矩立起来、严起来。完善派驻机构工作机制，强化党内监督，使所驻部门的党廉工作得到进一步加强，做到政治站位要高、问题导向要准、巡察成果要实，推动全面从严治党不断取得新成效；要切实加强巡察和派驻队伍建设，提升履职能力。开展巡察和综合派驻对于平远县而言是一项全新的政治工作，县委巡察办、巡察组和各派驻组要积极适应新形势新要求，注重队伍自身建设，始终保持政治本色，提高业务水平，勇于担当责任，顺利完成县委赋予的巡察和派驻工作任务。要压实责任，形成全县上下步调一致的强大合力。各级各部门要把巡察、派驻工作作为大事来抓，强化大局观念，既讲职责分工，更讲协作配合，努力形成推进工作的强大合力。围绕中心，服务大局，求真务实，严谨工作，为平远县加快振兴发展、与全省同步全面建成小康社会营造风清气正的政治生态。

徐万宝在讲话中要求：一要统一思想，深化巡察派驻工作重要性的认识。开展巡察、派驻工作是进一步深化党内监督的制度创新，是推动全面从严治党向基层延伸的现实需要，是厚植党执政政治基础的有力举措。二要明确职责，发挥派驻机构“驻”的优势“派”的权威。要加强监督执纪，理清工作关系，积极主动作为，推动主体责任的落实，善于发现和处置线索，敢于亮剑唱黑脸，因地制宜大胆探索。三要忠实履职，依纪依规深入开展巡察工作。要坚持突出重点和“三个区分开来”依规巡察。四要严格要求，通过提升能力素质，坚守行为底线和压实管理责任，打造过硬的巡察派驻干部队伍。

【反腐败协调工作会议】　2017年4月6日下午，平远县召开县委反腐败协调工作会议，传达《关于贯彻落实〈关于进一步规范对涉嫌违法犯罪党员作出纪律处分工作的意见〉的通知》，部署2017年县委反腐败工作。

姚永波、黄钧震、徐万宝、张善波、刘鹏飞、李培军、冯浪等出席会议。会议由县委常委、政法委书记姚永波主持，县委常委、纪委书记徐万宝部署2017年县委反腐败工作，县纪委副书记冯浪传达《关于贯彻落实〈关于进一步规范对涉嫌违法犯罪党员作出纪律处分工作的意见〉的通知》精神。各成员单位结合自身工作，对如何贯彻落实《意见》精神和开展2017年县委反腐败工作提出中肯的意见和建议。

会议要求，要认清形势，保持反腐高压态势；突出重点，实践监督执纪“四种形态”；围绕中心，服务振兴发展大局。各反腐败成员单位要坚决防止“松口气、缓下劲”的懈怠思想，保持坚强政治定力和工作定力，以恒心和韧劲，继续保持反腐败高压态势，推动全面从严治党向纵深发展，不断服务平远县振兴发展大局。

纪检监察工作

【“两个责任”深化落实】　2017年，中共平远县纪委协助县委制定《中共平远县委领导班子及成员党风廉政建设主体责任清单》，印发《中共平远县纪委监察局领导班子及成员党风廉政建设主体责任清单》，明确落实责任。在全县范围内开展党风廉政建设责任制考核，将“两个责任”和“一岗双责”列入党廉考核内容，加强责任和压力传导，推动各镇各单位“两个责任”的落实，不断强化“不抓党风廉政建设是失职、抓不好是渎职”的意识，特别是将主体责任清单作为落实党风廉政建设责任制的工作指引，把执行主体责任清单作为履行党风廉政建设责任制的基本要求抓好落实，加强落实党委（党组）主体责任和纪委监督责任，以考核考评促进“两个责任”的贯彻执行。同时实行“一案双查”，严格责任追究，持续压实管党治党责任。开展肃清李嘉、万庆良恶劣影响和清除朱泽君、林碧红、叶胜坤、周章新等人在平远政治生态上的不良影响工作，进一步净化平远政治生态。坚持以“六项纪律”为尺子，围绕“八项监督内容”，盯紧领导干部这个“关键少数”廉洁从政情况，同时督促全县各级领导干部履行好“一岗双责”，强化管党治党的担当意识。充分运用好第一种形态，把管和治体现在日常和经常，严格加强党内日常教育、管理和监督，严格执行《加强对党员领导干部操办婚丧喜庆事宜监督的暂行规定》，全年备案138份副科级以上领导干部操办婚丧喜庆事宜及购房、购车等报告。持续开展谈话提醒构建抓早抓小工作机制，加强对干部的日常教育和监督。2017年，全县开展谈话提醒2472人次，信访函询4人。

【监督执纪】 2017年，中共平远县纪委加强对中央、省、市及县委、县政府的重大决策部署落实情况的监督检查，主要紧盯涉农领域和扶贫领域，加强对民生项目资金落实情况的再监督再检查，累计66次，抽查农户9339人次，对低收入住房改造、“两不具备”贫困村庄搬迁中不符合补贴政策的486户1721人全部进行调整，挽回经济损失391.95万元。其中，牵头组织各涉农单位成立3个督查组对各镇入户核查进行复核督查，确保入户核查效果。严把选人用人廉政关，办理干部党风廉政情况回复785人次。

【信访举报】 2017年，中共平远县纪委积极挖掘问题线索，紧盯涉农扶贫领域、村级换届和违反中央八项规定精神及“四风”问题，加强线索分析、排查和管理。开展“举报贪腐·共创廉洁”宣传日等活动，积极整合信访核查力量，充分发挥各业务室和派驻纪检组的作用，定期核对转（交）台账，对信访件的交办、处理进行跟踪督办，对期限内未按时完成的，及时跟进了解并提出时间要求，确保信访举报件核查有落实、有结果、有反馈。全年受理信访举报138件（含上级转办），同比增长74.6%。其中，检举控告类131件，重复举报24件。应核信访举报107件，已核107件，核查率100%；实名举报41件，已核41件，核查率100%。信访部门谈话函询4人，提供案件线索40条，转立案10件。编写信访信息12期，被上级部门采用2期，撰写专题调研报告4篇，为有关部门提供廉政信息57条。通过办信办访，澄清是非保护党员干部11人。

【纪律审查】 2017年，全县纪检监察组织查处套取涉农专项资金、失职渎职、变相公款旅游等典型案件，全年处置线索89条，初核线索87条；立案60件，同比上升36.4%，涉及科级干部5人，结案61件（含2016年未结案1件），给予党纪、政纪处分59人，同比上升34.1%。在新立案件中，查处较多的违纪有：违反中央八项规定精神4件7人，占立案7.3%；妨害社会管理秩序20件，占立案

36.3%；违反廉洁纪律18件，占立案比32.7%；贪污贿赂12件，占立案21.8%。坚持挺纪在前，运用“四种形态”处理89人次，其中，第一种形态30人次，占33.7%；第二种形态35人次，占39.3%；第三种形态22人次，占24.7%；第四种形态2人次，占2.3%。着力构建协同办案机制，多次召开反腐败协调领导工作会议，明确各部门的职责分工和工作纪律，深化各部门的协作，完善资源、人力、信息共享链接机制和专项协作机制，特别是认真做好案件线索移送工作。2017年以来，公检法司等部门向纪委移送线索33条，促进办案工作的深入开展，反腐败斗争的整体合力明显增强。继续落实县纪委领导挂镇和包案制度，加强对镇级纪委纪律审查工作的领导和督促检查，实现镇镇有2件以上自办案件。

【作风建设】　2017年，中共平远县纪委加强作风建设，持续加大明察暗访工作力度。1.坚持暗访、查处、追责、曝光“四管齐下”，严查顶风违纪和隐形变异的“四风”问题。紧抓元旦、春节、元宵、国庆等重要时间节点，紧盯“四风”新形式新动向，开展对公款消费、公款旅游、收受“红包”礼金、违规使用公车、工作日午餐饮酒、“庸懒散奢”等突出问题的明察暗访和重点整治。全年组织暗访14次，发现问题8起，制作暗访片2部，通报曝光4起典型案例，处理相关责任人4名，给予党纪、政纪处分2人，诫勉谈话2人。2.深入贯彻执行问责条例和省委实施办法，对市委、市政府、县委、县政府重大决策部署执行不力的，对改革发展稳定任务推动不力的，对保障改善民生工作落实不力的，对不担当不负责、不作为乱作为的严肃问责。全年对履职不力、慢作为的17个单位（部门）19名干部进行严肃问责，进一步优化干事创业环境。3.开展工作日午餐饮酒、违规使用公款购买消费高档白酒问题的集中排查整治工作，消除酒桌上的奢靡之风和享乐主义。

【涉农扶贫领域专项治理】　2017年，中共平远县纪委持续加强涉农扶贫领域专项治理，对胆敢动扶贫“奶酪”的严惩不贷。开展入户核查工作，对照《入户核查主要惠民项目表》12项主要惠民项目10%和100%的核查比例，全县组成78个核查组计2939人次对全县12个镇143个村（居委）做到入户核查全覆盖，对在核查、督查中发现的问题，专门建立线索和整改台账，进行全面整改，保证入户核查准确、高效。入户核查30346户67073人，全县发现不符合政策补贴对象486户1721人，新增符合条件的232户1032人，涉及资金413.1万元，挽回经济损失391.95万元。全年收集“两违”线索262条，其中排查出涉农线索83条，立案23宗，结案23宗，给予党纪、政纪处分23人（含扶贫领域问题线索30条，立案13宗，结案13宗）。加强对扶贫领域专项资金的监管，投入160万元创建惠民信息公开平台建设。7月9日，平远县惠民信息公开平台建设正式启动，10月正式上线运行。平台涉及14个县直单位的33项惠民政策，并将全县20个省定贫困村扶贫资金列入平台公开范围，录入2013—2017年数据68万条，发布数据56万多条，监管资金总额累计1.76亿元，受益人群18万人。至年底，实现县、镇、村自助终端机全覆盖。为方便群众掌握惠民信息的查询方法，县纪委加大宣传力度，发企信通短信3.5万条，印发惠民宣传手册1万份，张贴宣传海报286份，制作公益宣传片，在县电视台《生活汇》栏目滚动播放，使群众在村内、在家里就可以查询到相关惠民政策及惠民扶贫资金落实情况，基层政务服务更加便民利民。

【宣传教育】　2017年，中共平远县纪委采取多种形式，通过举办各项活动，广泛开展纪律宣传教育。组织开展党规党纪知识竞赛，全县有20个党委代表队参加；组织“崇德·倡廉”公益广告创作比赛，在县电视台、国省道沿线实现廉洁公益广告常态化展播；会同县文化广电部门创作廉政小品《敲警钟》，在全县创建“广东省县级文明城市”晚会上汇演，传播清风正气。深入推进以案治本工作，建立健全以案治本工作联动机制实施办法，深化“以案治本”，以县供销社、大柘镇为试点单位，推动纪检监察机关执纪审查、预防腐败部门和案发单位三方协同开展以案治本工作常态化。重视宣传报道工作，积极向各级纪检期刊投稿，营造良好舆论氛围，中央纪委《中国纪检监察》采用图片新闻1篇《党风廉政建设》采用2篇、南粤清风网采用17篇、市纪委网站采用15篇。中共平远县纪委开展以“明家训、正家风、促清廉”为主题的“六个一”活动。1.编印一本《平远家训》书籍，开展平远百家姓家训家风征集活动，对平远家训家风家规整理编印成册。2.举办一场家训家风优秀美术书法摄影作品展，征集美术、书法、摄影作品200多幅，择优展出140幅，社会反映良好，吸引外国朋友参观。3.建设一个家训家风教育基地，围绕党和国家领导人谈家风建设、平远百家姓家训、中国传统中的家规、平远名人家风故事等内容筹建。4.开展一次“家训家风微故事”征文活动，征集文稿50多篇，评选出18篇优秀作品。5.举办一系列家训家风廉洁公益广告展播，联合县电视台精心制作10多则廉政公益广告，坚持每天在平远电视台两个频道的黄金时段滚动播放，全年不间断播出。6.开展一次“建设好家风、引领好作风”讨论活动，结合“清廉修身，廉洁齐家”读书月活动，大力营造廉洁家风建设的浓厚氛围，开展讨论活动110多场次，参与党员干部5800多人。

【队伍建设】 2017年，中共平远县纪委开展“能力提升年”活动，组织全县纪检监察系统中层以上干部42人到浙江大学参加为期五天的纪检监察业务专题培训班；建立上挂“跟班”学习制度，全年选派6名纪检干部到市纪委跟班学习，5名镇纪委副书记到县纪委跟班学习，组织7名纪检干部到省纪委参加轮训。重视发挥内务监督委员会的作用，加强对全县纪检监察干部在政治纪律、办案纪律、保密纪律和廉政纪律等方面的监督。组建12人的专职陪护队伍，强化保障纪律审查工作顺利、安全开展。抽调具有基层经验、硕士研究生学历的干部，充实到审理部门，提升案件审理质量，申诉案件实现零发生。坚持“两学一做”学习教育常态化制度化，重点以“六项活动”为抓手，即开展好书共读活动、党员每日一学活动、“四个摆进去”的自我认知活动、学雷锋志愿者活动、党员量化考核评比活动。

巡察工作

【巡察制度】 2017年6月26日，在平远县迎宾馆大会堂召开平远县委巡察工作暨纪委派驻机构改革工作会议，标志着平远县委巡察和纪委派驻工作正式启动。根据中央、省委、市委统一部署，按照市委巡察“三年全覆盖、两年回头看”目标任务要求，制定出《中共平远县委关于坚持全面从严治党扎实开展巡察工作的意见》等制度文件，成立以县委常委、县纪委书记为组长，县委常委、县委组织部部长为副组长的县委巡察工作领导小组，配强力量设立县委巡察办，组建3个巡察组及2个扶贫领域专项巡察组。通过组织推荐、单位自荐及考察遴选等方式，确定75名正科级干部、104名副科级干部、180名党员干部组成平远县巡察人才库，并从中挑选出30名党性强、素质高、经验丰富的人员充实到巡察组。组织开展巡察工作业务培训，针对党章党规、选人用人、财政扶贫专项资金、扶贫领域专项巡察工作方法等作专门指导，编印《巡察资料汇编》4册，提高巡察队伍的正确履职能力和水平。制订内部规章制度并上墙，切实加强各个巡察环节的管理，保证巡察工作的规范性，提高巡察工作的严肃性，确保依规依法开展巡察工作。

【巡察工作开展情况】　2017年，县委巡察工作始终坚持问题导向，瞄准“四风”，坚持政治巡察定位，牢牢盯住重点人、重点事和重点问题，全面铺开巡察工作，从7月下旬开始分别对县政务办、县二轻公司、县扶贫办、县文广新局、县财政局、县招商局、县农业局、县农机局、县职校9个县直单位开展常规巡察，以“发现问题、形成震慑”为主要任务，聚焦“从严治党”核心，紧扣“六项纪律”标尺，紧盯党的领导弱化、党的建设缺失、管党治党不力“三大问题”精准发力；成立2个扶贫领域专项巡察组，开展为期3个月的“机动式”巡察，进村入户发放巡察资料，张贴巡察公告，开通反映举报渠道，不搞民主测评，不召开动员会，直奔主题，简化程序，重点对全县20个省定贫困村在扶贫政策贯彻落实、扶贫资金管理使用、扶贫项目建设、扶贫工作人员履职尽责等方面进行专项巡察；按照《梅州市县级党委异地巡察第一轮工作方案》部署，配合市委巡察办探索开展县级异地巡察工作，各项准备工作稳步推进，由市统筹安排县级党委异地巡察组进驻东石镇、县民政局开展异地巡察。全年各巡察组听取专题汇报27场次，进行个别谈话196人次，发放征求意见表270份，受理来信来电来访29件，入户走访贫困户94户，首轮巡察发现问题总数248条，列为问题线索46条，发出整改通知书29份；扶贫领域专项巡察入户走访贫困户284户，发现问题118个，立案2宗，党纪、政纪处分2人，并对其中5起典型问题进行通报，巡察工作震慑、遏制、治本作用初步彰显。

纪检监察体制机制改革

【监察体制机制改革】　2017年，平远县严格按照中央、省、市关于深化国家监察体制改革试点工作部署，成立由县委书记担任组长的监察体制改革工作小组，县纪委、县委组织部、县委办、县政法委、县检察院、县编办等为工作组成员单位，工作小组下设办公室，办公室下设综合组、纪法衔接机制组、监司工作衔接组、组织组、宣传组5个小组，制定《平远县深化国家监察体制改革试点工作实施方案》。各成员单位密切配合，采取时间倒排、任务倒逼，结合实际，就办公场地、人员转隶、机构设立、领导班子成员产生、挂牌等，制订工作任务推进安排计划，突出重点，明确节点，全力推进改革试点工作。

2017年12月29日，平远县机构编制委员会发出《关于印发中共平远县纪律检查委员会平远县监察委员会机关内设机构和人员编制方案的通知》，明确县纪委、县监察委员会主要职能。1.撤销县监察局，撤销县人民检察院的反贪污贿赂局、反渎职侵权局、职务犯罪预防科、侦查科等部门，相关职能和人员编制转隶至县纪委、县监察委员会。2.监察委员会的职能是维护宪法和法律法规权威；依法监察公职人员行使公权力情况，调查职务违法和职务犯罪；开展廉政建设和反腐败工作。3.县监察委员会履行监督、调查、处置职责。4.县纪委履行监督执纪问责职能不变。县纪委、县监察委员会内设机构有办公室、组织宣传室、党风政风监督室（县政府纠正行业和部门不正之风办公室）、信访室（举报中心）、案件监督管理室、案件审理室和7个纪检监察室。平远县监察委员会定于2018年1月16日挂牌成立，与县纪委合署办公。

【派驻机构改革】 2017年6月，中共平远县纪委全面完成派驻（出）机构改革，组建10个县纪委派驻（出）机构（其中派驻县人大办纪检组于12月撤销，人员编制划归巡察办）：县直机关纪工委、派驻县委办纪检组、派驻县人大办纪检组、派驻县府办纪检组、派驻政法委纪检组、派驻财政局纪检组、派驻农业局纪检组、派驻住建局纪检组、派驻教育局纪检组、派驻经信局纪检组，实现派驻监督全覆盖。印发《平远县纪委派驻机构工作细则》《平远县纪委派驻机构职责清单》等相关工作制度，厘清派驻（出）机构与驻在单位或授权管理部门的关系，加强对派驻（出）机构领导和管理，调整优化机构设置，加强人员培训和业务指导，派驻（出）机构“探头”作用和监督执纪能力明显增强。2017年，派驻（出）机构处置线索2条，立案2件2人。

【派驻、巡察机构改革调研】 2017年5月17日，中共梅州市委常委、市纪委书记黄建固率队到平远县调研，强调要以习近平总书记重要批示精神为统领，突出工作重点，加快推进派驻、巡察机构改革，推进党风廉政建设和反腐败斗争向纵深开展。中共广东省纪委二室副主任王好刚，中共梅州市纪委副书记谢志云等参加调研。黄建固一行在县委书记宋才华，县委常委、县委办主任陈琼宏，县委常委、县纪委书记徐万宝等的陪同下，先后深入广州南沙（平远）产业转移工业园、大柘镇纪委办、县委巡察办和县廉政文化教育基地“南台清风园”调研，听取相关情况汇报，了解平远县经济社会发展、县委巡察工作开展、县廉政文化建设和农村基层“两违”线索排查、涉农领域腐败问题专项治理，镇街纪委规范化建设等情况。黄建固对平远县经济社会发展和党风廉政建设取得的成绩给予肯定，要求要以习近平总书记重要批示精神统领平远各项工作，深刻把握“四个坚持、三个支撑、两个走在前列”丰富内涵，扎实推进重点项目建设，发展壮大县域经济；要加强责任和压力传导，加大执纪审查力度，抓好农村基层党员干部违纪违法线索排查、扶贫政策落实入户核查、涉农领域腐败问题专项治理等重点工作，严查群众身边的“微腐败”；要加快县级派驻、巡察机构改革，建立完善制度机制，严把用人关，建立人才库，确保6月底实现县级派驻监督全覆盖。县纪委要突出强化自身队伍建设，坚持“两学一做”学习教育常态化制度化，把学习贯彻习近平总书记批示精神列为学习教育重要内容，积极开展“能力提升年”活动，进一步提升纪检监察干部队伍履职尽责能力。（县纪委办公室）

2017年度中共平远县纪律检查委员会领导名录

书　记：徐万宝
副书记：梁裕彝
　　　　冯　浪
常　委：杨旭辉　张学远　韩德志
　　　　林苑婷（女，任至8月）
　　　　邱　岳（8月起任）

2017年度平远县监察局负责人名录

局　长：冯　浪
副局长：吴乃荣　谢秋华（女）

2017年度中共平远县纪律检查委员会办公室负责人名录

主　任：杨旭辉

社会团体

平远县总工会

【概况】　2017年，平远县总工会坚持工会工作的正确政治方向，服务大局、服务基层、服务职工，紧密联系和服务广大职工，切实维护职工合法权益，不断加强自身建设，团结全县各级工会组织和工会干部，充分发挥党联系职工群众的桥梁和纽带作用。做好劳模管理、帮扶和维权等工作，开展民主管理和民主监督以及经费审查工作，抓好组织建设工作，建立平等协商、集体合同制度，突出和履行维护职能。

【劳模彰显和关爱】　2017年，平远县总工会唱响“劳动光荣，工人伟大”的主旋律，开展“南粤工匠”学习宣传活动，推荐梅州市汇胜木制品有限公司白身车间贴皮班获得“广东省‘五一’劳动奖状先进班组”称号。在“五一”前夕，组织策划录制“劳动者风采”专题系列宣传片，选取1个先进单位和4个先进个人代表的先进事迹，在县广播电视台进行展播；开展创建“劳模创新工作室”“女职工创新工作室”活动，在全国劳模李金平脐橙基地建立“劳模创新工作室”，在飞龙实业有限公司、保灵医药公司建立“女职工（女劳模）创新工作室”，发挥劳模的辐射带动作用。回访、慰问80岁以上劳模12人次，安排老劳模体检27人次，劳模疗休养4批8人次，为困难劳模分忧解难，争取上级医疗补助资金21人30.36万元，推动形成崇尚劳模、关爱劳模、学习劳模、争当劳模的良好氛围。

【文体活动】　2017年，平远县总工会大力培育企业文化、职工文化，活跃职工各类文体活动，充分发挥县总工会职工文体活动阵地作用。3月份，举办为期5天的平远县2017年职工排舞培训班，来自全县各机关及企事业单位的近百名舞蹈骨干和爱好者参训，带动基层广场文化的开展和基层职工文体活动的发展。8月初，成功承办2017年度梅州市卫生应急技能竞赛暨卫生应急演练活动。9月，举办第二届“活力工会”全县职工乒乓球团体赛，各镇、各系统党委15支代表队100多名干部职工参加；是月，县总工会干部和镇工委主任组队参加市总工会羽毛球比赛，获得第四名。组织全县14间企业3980名职工参加全国“安康杯”竞赛活动。发放全国职工公交安全卫生应急避险知识普及竞赛试卷4000份。

【帮扶工作】　2017年，平远县总工会积极为职工办好事、实事，形成具有工会特色的帮扶机制。1.建立困难职工档案，加强分类指导。元旦、春节期间，到困难企业和困难职工群体当中，开展慰问困难企业、困难职工活动。全年帮扶266人次20.24万元，帮扶困难企业3家3万元。2.组织开展“夏送清凉”活动。到省重点建设项目梅（州）平（远）高速公路三标项目施工现场、广东获赛尔机械铸造公司高温车间和工业园露天建筑工地开展“送清凉”活动，送上防暑降温用品，慰问奋战在重点建设项目高温一线的职工。3.组织开展“金秋助学”活动。资助困难职工（困难农民工）子女40人共10万元，解决他们就学难的问题。4.组织开展关爱女职工活动。为方便哺育期妇女，在县人民医院设立1间“爱心妈妈小屋”。5.组织开展职工互助保障会，为职工办理二次医保、女职工安康保险、住院津贴等，为20家企业1500名工会会员赠送“住院二次医保”。全县4704人参加在职职工互助保障，受惠职工128人次26.62万元。

【维权工作】　2017年，平远县总工会充分发挥服务阵地作用，维权工作取得新成绩。1.坚持把推进工资集体协商作为维权工作的“牛鼻子”，续签工资专项合同26份、集体合同2份、覆盖企业职工8015人，维护职工合法权益。2.聘请县司法局律师3名，分别为9个企业工会签订企业法律顾问合同，通过法律顾问与企业工会建立联系，为企业工会和职工提供法律咨询服务。排查企业劳动关系隐患，平等协商和签订集体合同，引导职工依法理性解决劳资纠纷，依法维护职工合法权益，促进企业生产经营和职工稳定。3.开展企业厂务公开民主管理工作。以职代会或职工大会、公开栏的形式，向职工公开相关涉及职工切身利益的规章制度，调动职工的积极性。4.抓好省总工会“工人在线”反馈的职工维权案件的落实，及时化解2起信访案件。

【经费审查】　2017年，平远县总工会贯彻落实工会经费收支管理规定，加强工会财务管理、资产监管，完善经费审查审计制度。做到一年2次审查本级经费预决算，对中央财政和省拨专项资金分别进行专项审计并出具审计报告；全年审计基层工会10家30多个项目，下达整改通知书6份，整改违规问题12项。逐步扩大工会经费税务代收面，规范化实行企业申报、税务收缴，新增3家企业税务代收，完成税务代收工会费263万元。

【组织建设】　2017年，平远县总工会把组建工会组织，把非公有制企业工会组建和吸收职工（含农民工）入会作为重点，全年新吸收农民工800多人入会。1.做好工会法人资格证两证合一工作，结合换证，同步进行基层工会换届选举工作。2017年新组建工会15家、民主换届22家。2.把资源向基层工会倾斜，实行县总工会全员联系基层、服务基层制度。各副主席和相关部室人员分成3组，分别挂钩联系重点单位和企业，深入一线开展工作，密切县总工会机关和基层的联系。完善基层工会干部激励保障制度，每季度按月给规模以上非公有制企业工会主席发放工作津贴，为全县12个镇和工业园区工委分别下拨工作经费1万元。3.以申报省、市模范职工之家及先进单位和优秀个人作为载体，提高基层规范水平。

【十九大精神宣讲进企业】　2017年，平远县总工会与县文联、工商联、非公有制系统党委联合举办以“宣传十九大·开启新征程”为主题的文艺进企业系列活动。通过文艺演出及举办党的十九大知识和有关法律知识有奖抢答等形式宣传党的十九大精神。12月26日晚，在梅州友邦木业有限公司举行活动启动仪式。启动仪式上，向10家基层工会组织、非公有制经济组织党支部赠送十九大精神有关读本、《习近平谈治国理政》（一、二卷）及法律法规等图书。在企业职工中掀起传达学习宣传贯彻十九大精神的热潮，推动党的十九大精神进企业、进车间、进班组。　（肖丁城）

2017年12月26日晚，在梅州友邦木业有限公司举行由县总工会与县文联、工商联、非公系统党委联合举办的以“宣传十九大·开启新征程”为主题的文艺进企业系列活动启动仪式　（肖丁城　摄）

2017年度平远县总工会负责人名录

主　席：马文生

副主席：陈耀东　张伟英（女）　王元增

共青团平远县委员会

【概况】　2017年，共青团平远县委员会围绕党政中心工作，把握共青团改革机遇，找准党政关心、社会关注、青年关切、共青团能为的结合点，推进青少年思想教育，搭建服务青年平台，擦亮志愿服务品牌，推动全县共青团工作科学发展。全县有12个镇团委、5个县直系统团委、18个中学团委（团总支）、20个小学少先队大队组织。共青团平远县委员会被评为“平远县创建广东省县级文明城市工作先进单位”。

【青少年思想道德教育】　2017年，共青团平远县委员会以加强青少年思想道德建设为首要任务，坚持用马克思主义中国化的最新成果武装青少年，把握“五四”“六一”“七一”“建队日”“成人礼”等重要时间节点，开展“唤醒沉睡书籍·情系山区学子”“郎酒杯”“金融知识普及月”等主题教育活动30多场次。通过邀请法律专家、法律副校长到学校讲课；举办青年夜校，组织全县广大青少年学习党的指导思想，坚定广大青少年永远跟党走的信念。通过开展选送省、市优秀团员和优秀少先队员、“最美南粤少年”和“模范少先队辅导员”评选等活动，选树出一批先进青年，发挥青年典型的示范效应，以榜样育人、先进引路，努力营造全县青少年健康成长的良好氛围。

【青年就业交友】　2017年，共青团平远县委员会全面开展“展翅计划”广东大学生就业创业能力提升行动，为大学生开发100个见习实习岗位，切实引导和帮助大学生在社会实践和职场体验中提升就业创业和职业转换能力。深化银团合作，强化农村群众金融知识和风险责任意识，营造良好的农村金融消费环境；发挥共青团的组织优势和金融机构的专业优势，联合人民银行、金融办、邮政银行在大柘镇程西村农家老屋开展金融知识进农村宣讲活动，切实推动金融知识普及活动有效覆盖到各类金融消费者。开展“青春有约·幸福绽放”单身青年活动，丰富全县青年业余文化生活，营造温馨、健康的交友环境，搭建真诚、友好的交友平台，引导广大青年以良好的精神风貌和积极作为投身平远经济社会建设。

【青年志愿者服务】　2017年，共青团平远县委员会做好青年志愿者服务工作。按照团员青年90%、常住人口8%注册为志愿者的要求，推动志愿者注册工作，抓好青年志愿者引导、管理工作，规范志愿队伍建设，提升服务的深度与广度。激发平远县公益义工协会、金融知识宣传志愿服务队、旅游志愿者服务队等已有志愿者服务队伍（组织）的活力，引导其开展优质服务活动。开展“送医到身边”“服务客商”“青春情暖·迪特暖冬行动”“青春志愿行，温暖回家路”等主题公益活动20多场。积极推进平远县志愿服务的发展，形成志愿服务的激励机制，营造人人参与的社会良好氛围。

2017年1月22日，返乡大学生到托老中心开展志愿活动

【青少年民生服务】　2017年，共青团平远县委员会做好青少年民生服务工作。1.扎实开

展关爱农民工子女志愿服务行动，围绕学业辅导、亲情陪伴、平安自护教育等内容，服务农民工子女实际需求。2.开展扶贫助学和希望工程活动，做到早计划、早宣传、早发动、早筹款，确保资助范围巩固在考取3A以上的寒门学子。3.抓好青年就业创业帮扶工作，加强与政府部门、金融组织的互动合作，开展创业就业培训行动。4.深入开展重点青少年群体服务管理和预防犯罪工作，组织协调公检法司、教育、民政、人社等部门，加强对五类重点青少年群体的管理和服务，积极与专业机构沟通联系，探索建立长效工作机制。

【基层团建】 2017年，共青团平远县委员会围绕“提高团的吸引力和凝聚力”“扩大团的工作有效覆盖面”两大战略性课题，找准结合点和切入点，全面加强基层团建。针对基层团队干部特别是部分乡镇团委负责人员变动，及时开展业务培训，增强团干队伍的业务水平和综合素质。开展好农村团组织结对共建活动，做好乡镇实体化“大团委”回头看和整顿活动，强化“两新”团建、农村合作社团建等工作力度，确保团组织有效覆盖、整体活跃。（团县委办公室）

2017年度共青团平远县委员会负责人名录

副书记：余　军（主持工作）
　　　　陈　祺

平远县妇女联合会

【概况】 2017年，平远县妇女联合会（以下简称“平远县妇联”）加强基层组织建设，弘扬和传承家庭文明新风，推进“四援助”工作和实施“两个规划”，做好妇女创业就业工作，维护妇女儿童合法权益，切实为妇女儿童服务，做好节日宣传工作，为平远振兴发展发挥妇女“半边天”作用。

【基层组织建设】 2017年，平远县妇联做好基层组织建设，提高妇联创新发展能力。1.选优配齐村妇代会主任。2017年村委换届，全县选出村（社区）“两委”629人，其中女性村（社区）“两委”成员183人，占29%，143个村（社区）均配备1名以上妇女干部；选举产生村（社区）委会主任143人，其中女性主任11人，担任正职占7.7%，比上届提高2.6%。2.在全市率先全面完成村（社区）妇代会改建妇联工作。2017年8月底全面完成143个村（社区）妇代会改建妇女联合会工作，村（社区）新当选妇联执委1395人。3.配合市妇联召开梅州市妇联基层组织现场推进会。9月6日，梅州市妇联基层组织现场推进会在平远县召开。4.推进“妇女之家”和“儿童之家”建设工作。争取2万元经费用于完善提升第三批省级妇女之家示范点石正镇妇女之家和上举镇上举村妇女之家建设。新建县级“儿童之家”51个，省级儿童之家示范点2个，省级儿童友好社区和留守儿童之家示范点各1个。5.加强对基层妇联干部的培训和培养。9月中旬，平远县妇联与县委组织部、县委党校联合举办全县镇村妇联干部培训班，有153名妇联干部参加培训；选送3名优秀的乡镇妇联主席和4名村（社区）妇联主席到省、市妇联举办的专题班学习；推荐9名优秀村（社区）妇联主席和社工组织代表参加粤东片社会工作知识学习理论和实操；推荐2名优秀女干部到市妇联挂职学习。

2017年9月6日，梅州市妇联基层组织建设工作现场推进会在平远县召开

【家庭文明新风传承】 2017年，平远县妇联抓示范带动作用，弘扬和传承家庭文明新风。1.开展寻找“最美家庭”活动。按上级妇联关于寻找“最美家庭”活动通知要求，结合平远县争创广东省县级文明城市活动，评选出11户“最美家庭”。2.开展评选“平安家庭”示范户活动。平远县妇联在创建平安平远活动中，调动全县“家庭”创建细胞，评选出12户“平安家庭”示范户。3.联合县公安局开展评选推荐“最美警嫂”活动，选送的谢小莲和吴小金被梅州市组委会评为梅州市首届“客都模范警嫂”。4.联合县文明办、县教育局开展寻找“孝老敬亲好媳妇”和“自强不息少年”活动。2017年评选出“孝老敬亲好媳妇”“自强不息少年”各10名，并从中选出各5名上送市参评。其中，差干镇的谢春凤和东石镇的林碧芬、余春梅被评为第二届梅州市“孝老敬亲好媳妇”；上举镇的肖雅琪、谢宝平和石正镇的钟思倪被评为第二届梅州市“自强不息好少年”。

【“四援助”工作】 2017年，平远县妇联抓好单亲特困母亲家庭“四援助”（援建母亲安居房、帮助子女完成学业、救治疾病、发展生产）工作，帮助妇女儿童解决实际困难。争取省项目资金8万元为4户单亲母亲援建安居房并全部搬迁入住；争取叶剑英基金会6万元援助60名特困中小学生；筹资9.4万元开展援助贫困妇女、孩子，解决140多名贫困妇女治病、孩子上学难等问题；落实市、县民生工程，筹资58万元为全县新时期精准扶贫精准脱贫相对贫困村3420名贫困妇女开展“两癌”免费检查工作。到2017年底，宫颈癌已筛查700人，乳腺癌已筛查500人。

【“两个规划”实施】 2017年，平远县妇联实施“两个规划”，促进妇女儿童事业稳步发展。1.开展“男女平等”基本国策和有关法律规划的宣传。利用“三八”“六一”等节日，开展《中华人民共和国妇女权益保障法》《中华人民共和国未成年人保护法》《妇女儿童发展规划》等法律法规的宣传，印发1000多份法律知识宣传小册子，在县直机关单位、乡镇、村委会广泛宣传。2.深入开展家庭教育活动。充分利用家长学校、妇女之家、婚育学校等阵地，向广大家庭成员传授家庭教育等知识，联合教育局、关工委举办家庭教育专题讲座3场。

【妇女创业就业】 2017年，平远县妇联做好妇女创业就业工作。1.深化“巾帼建功”活动，团结带领妇女参与经济建设。引导城镇妇女岗位建功，参与“巾帼文明岗”争创活动。在2017年开展的“巾帼建功”评比活动中，保灵医药有限公司连锁部被评为省级“巾帼文明岗”；评选出县检察院公诉科、县食品药品监督局稽查分局、县妇幼保健计划生育服务中心为县“三八红旗集体”。2.利用上级妇联出台的利好政策，大力扶助现有“妇”字号各类企业更快更好发展。向市妇联、市农业局申报梅州市金穗有机农业开发有限公司和平远县金宝树蔬菜种植合作社为2017年度重点培育提升的巾帼新型农业经营主体。3.推进妇女增收致富支持行动。争取20万元省贴息资金，为74户创业妇女提供210万元妇女小额担保财政贷款进行贴息，帮助解决发展资金瓶颈问题。4.为女企业家创业发展提供服务。为增进女企业家对外的交流，平远县妇联协助女企业家协会成功举办2017年度梅州市女企业家年会。

【维权服务】 2017年，平远县妇联做好维权服务工作，切实维护妇女儿童合法权益。1.做好家庭暴力案件的调处。镇妇联主动与派出所配合，依托12个镇派出所设立的“家庭暴力投诉点”，及时调解处理家庭暴力案件3宗，制止家庭暴力演变成恶性案件，切实保障妇女在家庭和社会中的合法权益。2.成立婚姻家庭纠纷人民调解委员会。根据省、市妇联要求，平远县妇联联合县综治办、司法局，于2017年11月成立县婚姻家庭纠纷人民调解委员会。3.完善信访渠道。建立信访维权档案，做到来访事项一例一登记，指导基层妇联或妇委会，为受困妇女排忧解难，能够在县、镇、村妇联得到理性合法的方式表达利益诉求。全年全县各级妇女组织接待处理群众来信来访来电17宗次，接待信访群众17人次，结案率98%。联合县法律援助中心为9名困难妇女提供法律援助服务。

【节日活动】 2017年，平远县妇联举办系列节日活动，关爱妇女儿童生活。1.组织全县妇联干部到广东省巾帼科技示范基地——梅州市金穗有机农业开发有限公司参观、学习女能手创业事迹。2.开展“三八”维权服务周活动。3.开展慰问困境妇女儿童活动。“三八”期间召开县妇联执委扩大会，表彰8个妇女工作先进集体和个人、12户“平安家庭”示范户和11户“最美家庭”。在“六一”期间，县领导率队走访慰问县实验小学和石正镇中心小学部分贫困儿童、留守儿童。全县各学校及相关单位组织庆“六一”健康有益的少儿活动。（徐　琼）

2017年度平远县妇女联合会负责人名录

主　席：李琼珍（女，任至12月）

副主席：姚映兰（女）　余春莲（女）

平远县科学技术协会

【概况】 2017年，平远县科学技术协会（以下简称“平远县科协”）采取“大联合、大协作”的工作方式，积极开展各类型科普活动，切实加强自身建设。平远县科协被评为“梅州市科协学会工作先进单位”。

【科普活动】 2017年，平远县科协以“全国科技活动周”“广东省科技进步活动月”和“全国科普日”活动为抓手，采取多种措施，开展科普宣传进校园、进社区、进农村、进机关活动。5月，平远县科协与平远县第三小学联合举办“平远县第三小学第二届科技节”，活动以“热爱科技，积极创新”为主题，融知识性与趣味性于一体，内容有科技创新作品展示、航模现场表演体验、科技小活动比赛等项目，吸引平远县15间小学校长到现场观摩。该次科技节展出科普展板100余块、科技作品300多件、科幻画100余幅，开展的科技体验活动13项，发出的奖品500多份。6月，参加在官田广场举办的以“尚德守法，共治共享食品安全”为主题的食品安全宣传周启动仪式和现场宣传咨询活动。现场派送健康知识、食品安全常识、农产品安全知识等食品安全科普资料，并接受市民咨询。9月，平远县科协在平远县八尺镇举办平远县白玉蜗牛无公害养殖暨优质水稻栽培技术培训班，发展白玉蜗牛无公害养殖、优质稻特色产业，实现农业增效、农民增收目标。180多人参训，发放科技资料200多份。11月，邀请广东“科普大篷车”走进平远县石正冬青实验学校和东石中心小学，结合“加强科学普及，实现科学创新，提升青少年科学素质行动”为主题开展活动，助推平远县“三城同创”。有3000多师生参加活动，发放青少年安全防范、低碳生活等科普资料3000多份，送出奖品600多份。是月，平远县科协联合县教育局发动全县各中小学生参加《梅州市第32届青少年科技创新大赛暨梅州市第2届中小学创客创作大赛》，成绩优异。平远县青少年创新大赛科技创新成果作品《多功能台灯》获得梅州市三等奖，创客创作大赛科幻小说创作类《北极之行》获得二等奖，平远县第三小学徐振兴老师被评为“梅州市优秀科技辅导员”，平远县科协被评为该次活动的“优秀组织单位”。

2017年5月31日，平远县第三小学第二届科技节活动场景

【科普宣传】　2017年，平远县科协开展科普图展进校园、科普挂图进社区等一系列宣传活动。在五指石科普示范教育基地、县政府宿舍区、新田花园等场所张贴“垃圾再利用，变废为宝”“关注环境建设关爱生活健康”等科普挂图，通过发放科普小知识、科普挂图、宣传手册、办宣传栏等形式，以公众易于理解、接受、参与的方式学习科学知识，反映科技动态，营造良好的社会学习氛围。提高群众的科学发展意识、环保意识、资源节约意识和文明生活意识，提高全县人民的科学文化素质，助推平远县“三城同创”活动的开展。　（李　琴）

2017年度平远县科学技术协会负责人名录

主　　席：杜永灵

副 主 席：谢燕霞（女）

兼职副主席：叶振华

平远县归国华侨联合会

【概况】　2017年，平远县归国华侨联合会（以下简称“平远县侨联”）坚持“以人为本、为侨服务”的宗旨，充分发挥侨联优势，在服务经济发展、依法维护侨益、拓展海外联谊、参政议政、组织学生参加比赛等方面有新的突破。

【服务经济发展】　2017年，平远县侨联做好服务经济发展工作。1.开展“暖企行动”。加强对侨商投资问题的调查和政策研究，为侨资企业在平远发展提供服务，加强对香港太平绅士、平远县侨联永远名誉主席何冬青龙腾盛世系列工程的服务工作。2.推荐有代表性的4名侨界代表（侨眷4人）为梅州市新的社会阶层（私营企业和外资企业的管理技术人员、中介组织和社会组织从业人员、自由职业人员、新媒体从业人员）侨眷人士分会人选。

【归侨扶助维权】　2017年，平远县侨联做好扶助归侨侨眷、维护侨胞权益的工作。1.开展侨界助学行动，助贫困生圆求学梦。（1）2012年牵线搭桥与浙江省新华爱心教育基金会和平远县平远中学连续五学年设立“珍珠班”后，效果显著。2017年50名珍珠班学生参加高考全部考上本科，其中一本上线率64%。（2）筹集6万多元资助7名困难归侨侨眷子女上大学。2.开展“送温暖·献爱心”活动。看望慰问归侨、侨眷20人，发放慰问金和慰问物品计1.2万元。3.全力维护归侨、侨眷和华侨、华人的合法权益。组织学习宣传、贯彻涉侨法律法规政策、侨务方针政策。加强学习宣传《中华全国归国华侨联合会章程》，增强群众对侨联的理解、认识和支持。

【参政议政】　2017年，平远县侨联积极做好参政议政工作。向县委推荐侨界党代表、政协委员、人大代表，其中2人当选梅州市人大代表，1人当选县党代表，1人当选县政协委员。

【组织学生参加比赛】　2017年，组织平远学生参加由中国侨联、全国台联、人民日报海外版、中国国际广播电台、《快乐作文》杂

志社共同主办的“世界华人学生作文大赛”第十八届作文大赛，取得较好成绩，2名学生获得二等奖，2名教师获得辅导奖。（吴运兰）

2017年度平远县归国华侨联合会负责人名录

主　席：林永升（任至1月）

副主席：林桂凤（女）

平远县工商联

【概况】 2017年，平远县工商联充分发挥桥梁纽带和参谋助手作用，巩固全国“五好”县级工商联创建成果，认真做好组织建设、教育培训、服务民企、履行社会责任、非公党建、招商引资等工作，团结动员全县非公有制经济人士积极投身供给侧结构性改革和“一城一区一带”建设，重实体，兴实业，为加快平远振兴发展做出新的贡献。

【组织建设】 2017年，平远县工商联认真做好组织建设工作。1.加强领导班子建设。（1）制订落实三项制度。年初召开十三届二次主席会议，讨论通过平远县工商联（商会）兼职副主席参加会议和活动、挂钩联系非公有制企业、活动轮值等三项工作制度。通过抓好制度落实，增强工商联领导班子成员的身份认同感和归属感，增强工商联的凝聚力、号召力和影响力。（2）召开十三届二次执委会。3月，平远县工商联召开十三届二次执委会，总结回顾2016年工作，对2017年工作任务进行部署安排，会上对评为“2015—2016年度平远县文明企业”的梅州市洪裕汽车配件制造有限公司等5家会员企业进行通报表彰。2.完善商协会组织。按照商事制度改革的要求和《中共平远县委办公室 平远县人民政府办公室印发〈平远县行业协会商会与行政机关脱钩实施方案〉的通知》文件精神，引导有条件的商会走法人治理路子，完善基层商会组织建设。（1）10月起，认真做好“平远县商会”注册登记工作。成立“平远县商会”筹备工作领导小组，确定平远县健华实业有限公司等8家单位为发起单位，至年底全面完成注册登记相关工作。（2）开展商协会会长学习交流活动。组织举办商协会会长专题培训班，采取集中培训和外出参观相结合的方式，学习党的十九大精神、商协会组织建设业务等知识；到江西省宁都县、广东省南雄市等地与当地的商协会进行交流，参观当地美丽乡村建设，通过学习交流，规范和完善商协会组织建设。3.壮大会员队伍。争取各级党委、政府的重视支持，充分发挥商协会的作用，积极发展新会员，全年发展会员26名，会员总数684名。

【教育培训】 2017年，平远县工商联做好教育培训工作。1.举办学习贯彻党的十九大精神专题培训班。12月5日，在县委党校举办全县非公有制经济人士及非公有制企业党支部书记学习贯彻中共十九大精神培训班，来自各行业的非公有制经济人士和非公有制企业支部书记140多人参加培训。县委常委、统战部部长林忠云作学习动员讲话，县委党校副校长韩启城为与会人员作专题辅导。2.举办“宣传十九大·开启新征程”文艺进企业系列活动。12月26日晚，由县工商联、县总工会、县文联、县非公系统党委联合开展的“宣传十九大·文艺进企业”为主题的宣传十九大精神系列活动启动仪式在梅州市友邦木业有限公司举行。县委常委、组织部部长黄钧震，县人大常委会副主任马文生，县政府副县长韩旭等县领导及有关部门的领导，骨干企业代表等参加活动启动仪式，并举行十九大精神和有关法律书籍的赠书仪式，为全县骨干企业代表现场赠书。在企业中掀起学习贯彻十九大精神的热潮，弘扬中国工匠和劳模精神。3.举办法律知识专题讲座。3月

16日，组织举办法律知识专题讲座，工商联全体执委80多人听取县检察院领导作“造就懂法守法的民营企业家，推动平远县非公经济健康发展”的专题讲座，增强民营企业家法律意识、法治思维，为企业规范管理和依法经营打下基础。4.举办红旗渠专题培训班。6月中旬，组织民营企业家40多人到河南林州红旗渠干部学院参加“弘扬红旗渠精神，推动企业创新发展”专题培训班。5.选送3名企业家参加梅州市第8期清华大学创新驱动高级研修班学习。

【服务民企】　2017年，平远县工商联做好服务民企工作。1.开展走访调研，服务民企发展。为构建亲清新型政商关系，营造良好的政商环境，2017年，平远县工商联制订走访调研工作计划，由县委分管领导、县政府联系领导和会领导带队，以执委企业为重点，开展企业走访调研活动，了解企业生产经营状况和当前面临的困难问题，收集各类意见建议。企业所提意见建议有招工难、用工成本高、社保任务重、土地审批办理时间长等问题，希望政府重视扶持企业发展，在招好商的同时，更能养好商，最大限度地发挥落地企业、本土企业以商引商、以情引商的作用。2.搭建政企互动平台，加强政企对话交流。6月30日，在广东华清园生物科技有限公司会议室召开民营企业家代表座谈会，30多名民营企业家代表与县委书记宋才华等县领导进行交流探讨，围绕平远县及自身企业发展面临的困难问题提出各类意见建议33条。结合县领导挂钩联系企业及企业走访调研收集的意见建议，归纳梳理后，县政府专门召开交办会，对意见建议进行任务分解交办，落实责任单位，在规定期限内解决或答复企业提出的问题建议，真正为民营企业办实事解难事。3.搭建对外交流平台，加强交流与合作。为进一步加强各地商会、企业之间的学习交流，先后参加广州、清远、梅州三市工商联基层组织建设交流会，平远县工商联代表梅州市就如何创建全国“五好”县级工商联在会上作发言。交流期间，参观当地的商（协）会，听取他们的做法和经验，助推平远县工商联工作再上新台阶。组织企业家到广东省平远商会、珠海、佛山、北京等地平远商会参观学习、考察交流，推动企业创新发展。4.开展法律宣传周活动，为企业提供法律服务。按照市工商联工作部署，7月、8月，在县司法局的配合支持下，会领导带队分别到平远县金科新业机械制造有限公司、梅州市八珍娘酒业有限公司等企业开展以“守法诚信、共促和谐”为主题的法律宣传月活动，协助企业解决久拖未决的问题，维护企业合法权益。

2017年6月30日，在广东华清园科技有限公司会议室召开平远县民营企业家代表座谈会

【社会责任履行】　2017年，平远县工商联认真履行社会责任。1.引导会员参政议政。组织引导工商联界别的人大代表、政协委员抓好学习，围绕经济建设中心，为县委县政府当好参谋，为人民群众多谋利益，为平远发展多做贡献。上年非公有制经济人士中的人大代表、政协委员提出13份议案、提案被县政府和有关部门采纳，为政府决策提供依据。2.开展扶贫济困日活动。专题召开2017年扶贫济困日活动企业家代表座谈会，号召全县非公有制经济人士积极参与扶贫济困日活动，在场企业家现场认捐20多万元。3.开展工商联（商会）扶助金助学、助困活动。继续

发展壮大工商联（商会）扶助金，发动县内民营企业家献爱心，踊跃参与扶助金的筹集工作，筹集扶助金14.05万元。利用扶助金开展助学、助困活动。8月29日，举行2017年大学生助学金发放仪式，部分副主席企业家出席活动，为31名来自全县12个镇和执委企业员工中的困难家庭贫困大学生每人发放3000元助学金，帮助贫困学子圆大学梦。对1家遭遇特殊困难的会员企业进行慰问，资助特困家庭5户3.2万元。4.树立先进典型。2017年，平远县健华实业有限公司等5家会员企业被授予“2015—2016年度平远县文明企业”称号。2017年，八珍娘酒业、源丰农业2家会员企业获得“正版正货”荣誉称号。副主席曾清洪、凌凤清，会员韩新万评为平远县第十批拔尖人才。5.配合开展“双创”工作。利用微信群、网站及会议等平台载体宣传“双创”工作，号召全县非公有制经济人士参与“双创”工作，全县各非公有制企业开展厂区及周边环境卫生整治，制作“双创”工作宣传栏、电子显示屏、横幅标语等，为全县顺利通过广东省县级文明城市创建工作验收及做好国家卫生县城创建工作做出贡献。

【非公有制企业党建】 2017年，平远县工商联做好非公有制企业党建工作。至2017年底，全县有非公有制企业党组织61个，覆盖229家企业，管辖非公有制企业党员434人。1.开展党员组织关系排查工作。通过党委清查、支部自查、党员协助等多种方式，基本明确解决党员档案缺（失）问题的方向，先后为30多名党员办理组织关系转接手续。同时，对失联党员和违纪党员作出处理。2.组织60名支部书记学习贯彻习总书记对广东工作的重要批示精神和省十二次党代会精神以及中央和地方各级党委推进“两学一做”学习教育制度化常态化工作有关精神。3.加强党组织管理，扩大覆盖面。做好6个非公有制企业党组织撤并和完善5个新组建支部软硬件建设。4.积极选树先进典型。在2017年全省非公有制经济组织开展的选树“两学一做”党建工作先进单位和个人活动中，平远县有1个非公有制企业党支部、1名基层党员分别被省非公系统党委评为“先进党组织”“党员标兵”，1名女党员被评为市“三八红旗手”，8个基层党组织、30名党员被县非公系统党委评选为先进集体、个人。5.企业党建活动。广东保灵药业有限公司党支部先后4次组织党员职工走到街区、走进农村开展送医送药服务群众健康活动，每月定期组织党员骨干开展业务培训，并推荐优秀党员到公司重要岗位任职，促进企业效益提升和市场拓展。

【招商引资】 2017年，平远县成功引进梅州华和精密工业有限公司投资3亿元的项目，较好地完成招商引资工作任务。

（平远县工商联）

2017 年度平远县工商联负责人名录

主　　席：凌　健

常务副主席：张惠兰（女）

副 主 席：肖兰森　李平秀（女）

平远县文学艺术界联合会

【概况】 2017年，平远县文学艺术界联合会（以下简称“平远县文联”）强化“发展意识、阵地意识、惠民意识、担当意识”四个意识，以文艺进机关、进校园、进乡村、进社区、进企业，出作品、出人才为主线，推动全县文艺发展繁荣，为平远县经济社会发展提供良好的文化条件。2017年，获得“梅州市文艺工作先进单位”“平远县‘文明窗口’单位”等荣誉称号。

【主题作品创作展示】 2017年，平远县文联突出特色，抓好主题作品创作展示，促进文艺繁荣发展。1.1月18日上午，由平远县文联主办，平远县书画院和平远县书法家协会联合承办的“老骥伏枥·诲人不倦”林茂云书法教学成果展在县文学艺术中心展厅开展，展出林茂云师生作品200幅，吸引众多书法爱好者和市民前往观展。2.4月28日，由县文联和国税局联合主办的“客风古韵·荟聚平远”平远县优秀硬笔书画作品展在县文学艺术中心综合展厅开幕。推进文艺进机关，传承客家传统美德，发现和培育全县硬笔书画优秀人才，共同推动平远文艺事业发展。展出作品200多幅，其中部分作品通过赠送进入县直有关单位。3.为庆祝中国共产党成立96周年，6月30日，由县委宣传部、县委组织部、县文明办主办，县文联、县书画院、县书法家协会承办的“传承文化立自信，弘扬经典颂党恩——‘习近平用典和立言’主题书法作品展”在县文学艺术中心综合展厅开展。该次主题书法作品展展出80幅作品，采取抽签形式，把所有书法作品赠授给全县各镇党委和县直系统党委，作为文艺进机关的一项创新举措。4.为更好地展示平远的历史文化和风土人情，传承中华优秀传统文化，弘扬客家人文精神，推进社会主义核心价值观体系建设，助推纪律教育学习活动，县纪委联合县文联于2017年举办平远县“明家训、正家风、促清廉”优秀美术书法摄影作品联展，由平远县书画院、平远县美术家协会、平远县书法家协会、平远县摄影家协会承办，作品联展在县文学艺术中心综合展厅展出。自9月30日起开展的两个月内，全县各大系统党委、县直各单位、各镇、中小学校等近50家单位组织党员干部、教师学生逾千人前往观看主题展览，该次展览吸引从事文艺创作和研究的美国友人携带亲友前往参展。大部分作品由梅州市纪委、县纪委和县委组织部、县委宣传部及有关单位以文艺进机关形式选用。5.12月28日，为贯彻党的十九大精神，平远县文联、县书画院、县书法家协会在县文学艺术中心综合展厅联合举办“砥砺前行，不忘初心——刘向东师生书法篆刻作品展”。该次师生书法作品展有作者年龄间隔大、作品时间跨度长、作品书体涵盖广的特点，内容丰富，形式多样。6.12月30日，由县文联、县书画院、县书协联合在县文学艺术中心举办纪念林拔升诞辰85周年书法展。该次书法作品展展出林拔升先生40多幅书画作品，吸引近百名书法爱好者前往参观。7.开展“广东五指石·福建梁野山”摄影展览活动，该活动是连续两年与福建省武平县摄协联合创作交流的成果展示。8.选送女画家作品6幅参加梅州市首届女子美术作品展，均获得优秀奖项。

2017年6月30日，“传承文化立自信·弘扬经典颂党恩——‘习近平用典和立言’主题书法作品展”在县文学艺术中心综合展厅开展

【文艺交流】 2017年，平远县文联加强文艺交流，扩宽工作视野，激活文艺组织活力。1.3月和8月，县文联与佛山市南海区文联分别组团在平远县和南海区开展书画艺术交流创作活动。2.与福建省武平县文联、作协开展“松花寨生态文化”和“文学进警营”文艺交流采风创作活动。3.县书画院与兴宁画院

在平远开展实地写生创作交流活动。4.与《客都文学》社合作，到平远县著名抗日英烈姚子青故居、有关部门开展抗战文学采风。5.承办“平远县‘三月三·客家炒绿’茶香节”现场笔会和写生活动。6.配合开展由市委宣传部、梅州市文联主办的“梅江颂·海丝情”大型画卷创作活动。7.开展“美丽平远·乡愁记忆”——客籍知名画家画平远大型写生创作采风活动。8.组织骨干书画家到嘉应学院、兴宁、蕉岭、福建武平和江西寻乌等地学习交流，组织骨干画家到广州广东美术馆、南海桂城美术馆观展学习。

【文艺惠民宣传活动】 2017年，平远县文联抓好文艺惠民宣传活动，增强文艺服务能力。1.组织文艺志愿者开展新春文艺惠民活动。2017年农历正月初一，县文联组织文艺志愿者分别到平远县仁居镇广场和仁居镇邹坊村，送上精彩的文艺节目，把欢乐送到基层。新春期间，县文联组织县书画院、县书法家协会、县诗联协会等单位在全县城乡开展“新春送春联·新年送祝福”义务送春联活动。2.组织开展首届全民“我爱唱山歌”大赛活动。为挖掘平远优秀人文历史，弘扬客家传统美德，加强民间文化遗产的传承与保护，挖掘客家山歌人才和创作素材，激发城乡群众的参与热情，丰富城乡干部群众节日文化生活，县文联于2017年春节前后，组织和指导平远县世界客家网与平远县喜洋洋艺术团、平远县曲艺家协会、平远县民间文艺家协会共同举办“我爱唱山歌”大赛系列赛事活动。大赛活动在2017年1月上旬启动初赛，2月进行复赛、总决赛，评选出冠、亚、季军6名。3.由平远县文联组织指导，广东省梅州市高远科技有限公司主办，县作家协会、县诗联协会承办的“我写高远科技”有奖征联大赛活动从2016年12月18日启动，至2017年1月18日止，向全社会公开征稿，收到来自全国20多个省、自治区、直辖市和美国、新加坡等地区890多位楹联作者的应征作品。该次征联活动评出一等奖1名，二等奖2名，三等奖3名，优秀奖24名，特别奖4名。4.指导开展“文明平远·你我共建”——第二季中国新歌声平远赛区总决赛。4月11日晚，“文明平远·你我共建”第二季中国新歌声平远赛区总决赛暨“创建广东省县级文明城市”宣传文艺活动在县人民广场举行。有20名优秀选手参加，经过激烈角逐，通过决赛顺利产生平远县十大歌手，助推文化产业发展，丰富全县人民的文化生活。5.组织开展“文艺进校园”活动。县文联倡导“写好中国字，做好中国人”，弘扬中华优秀传统文化精髓，组织县书画院、书法家协会、诗联协会、硬笔书法协会的文艺志愿者分别到超竹小学、长田中学、差干中学、田家炳中学、实验小学等开展“书画进校园”“诗教进校园”等8场有关书法、美术、诗词的理论辅导和现场教学活动。通过开展文艺进校园活动，并经向广东省中华诗词学会申请，平远县被授予“广东省诗词之乡”的荣誉称号，田家炳中学、实验小学、石正冬青实验中学成功创建为“广东省诗教工作先进单位”。6.开展“宣传十九大·开启新征程”——平远县文艺进企业宣传十九大精神系列活动。启动仪式和首场文艺活动于12月26日晚在长田镇友邦木业有限公司举行，有10家企业代表和友邦木业的工友450人参加，期间组织党的十九大知识及有关法律知识有奖抢答。7.立足优秀客家文化，弘扬社会主义核心价值观，打造以“图说我们的价值观”为主题的文化墙精品工程，助推全县“双创”工作。4月28日，县委、县政府召开“双创”（创建“广东省县级文明城市”和“国家卫生县城”）工作会议后，县文联按照“双创”工作部署，做好县城文化墙的测量和墙绘、喷绘工作，并以此作为县文联党支部的“书记项目”落到实处。组织6位书画家以社会主义核心价值观为主题，采用书法、国画、漫画等形式，完成60幅总长度超过160米、面积近350平方米的本土文化特色墙绘，同时完成总长度130米、面积近330平方米的喷画，为平远县“双创”工作添砖加瓦。

【文艺培训】　2017年，平远县文联加强培训，提高文艺家整体素质。1.5月3日，中国美术馆原副馆长杨炳延到平远县文联授课。在讲座中，杨炳延以《书法艺术与中国人的生活》为主题，结合几十年来从事书法艺术创作的感悟，讲解在寻求书法精神家园艺术之路上的感悟，诠释书法艺术为“静心、传情、言志”之物。2.8月17日，举办南京大学刘东芹博士主讲以“篆书草书”为主题的书法公益讲座，吸引全县近百名书法爱好者前往聆听。通过抓好文艺交流采风和培训工作，拓宽全县文艺家的视野。至2017年年底，平远县文艺家协会会员加入国家级和省级协会数量增加，平远县有国家级协会会员8人，比上年增加3人；有省级协会会员38人，市级协会75人。

【奖励机制】　2017年，平远县文联实施奖励机制，激发创作热情。县文联对2016至2017年度获得市级以上奖励的文艺作品进行嘉奖。全县有 53 名文艺协会会员获此殊荣。其中，国家级奖项 3 个；省级奖项17个；市级奖项 321个。县文联发放奖励金额15190 元。

【“互联网+文艺”阵地建设】　2017年，平远县文联加强“互联网+文艺”的阵地建设，编好平远文艺网微信公众号，提升文艺创新和开放力度。2017年，平远县文联注册“平远县文联党支部微信群”。平远文艺网推送36期，发布和推送45篇活动消息和作品信息，推出451张图片，向社会和文艺爱好者推广宣传平远县文联以及文艺家的风采，促进广大文艺工作者相互交流和社会各界对平远文艺事业的关注。

【各文艺家协会开展活动情况】　2017年，平远县各文艺家协会各显身手，活动精彩纷呈。

1.平远县作家协会：广东省作家协会会员、广东省小小说学会常务理事、平远县作家协会主席陈耀宗出席7月15日广东省作家协会、广东省小小说学会联合举办的广东省30年优秀小小说表彰大会暨《广东小小说30年精选》首发式，其小小说《眼睛》，获广东省30年优秀小小说三等奖，两篇作品入选《广东小小说30年精选》；陈耀宗的小小说集《寻找嘴巴》入选广东省小小说学会“岭南小小说文丛”和江西高校出版社“全民微阅读系列”，由江西高校出版社2017年9月出版，全书20万字。2017年，陈耀宗小小说《枪手》入选漓江出版社出版的《2016中国年度微型小说》（2017年1月出版），其小小说《爬楼梯》入选《2017年中国微型小说排行榜》；《好印象》入选花城出版社出版的《2017中国微型小说年选》；《嘉应文学》2017年春季号开设《陈耀宗小小说专辑（六篇）》。李程编著的地域性文献书籍《百年平远》，于2017年11月由羊城晚报出版社出版；平远县作家协会陈耀宗、吴伟华（吴乙一）、张秋兰、刘梅兰、吴小燕、凌贵荣等有60多篇（首）小说、散文、诗歌在《时代文学》《小小说选刊》《微型小说选刊》《微型小说月报》《人民日报》《珠海文学》等全国10多家文学刊物和报纸副刊发表或转载；刘梅兰诗作入选《粤东诗歌光年》，通讯入选《追梦南粤匠人风采》，诗歌《越走越远》入选《中国诗歌精选300首》。

2.平远县美术家协会：在创建广东省县级文明城市等活动中，组织平远县骨干书画家在县城和仁居镇邹坊村开展党的十九大精神、社会主义核心价值观和传统家训家风墙绘活动；全年组织和带领会员开展上百次的田野采风创作，与梅县区、兴宁市开展县内外美术创作交流采风活动；12月16日，县美协举行第三届会员大会，选举产生新一届领导班子。

3.平远县诗联协会：全年编辑出版诗联专刊《平远诗歌》；设立平远县诗联协会微信群平台；历时三年多整理、编辑的《平远古今诗词选》于12月出版，全书59万字。它是一部平远500年来的第一部诗歌总集，对继承和发展平远的诗词文化具有积极意义。11月，大柘镇“子青诗社”成立；开展诗词进校园、进社区、进企业、进景区10多场次，助推平远县成功申报广东省诗词之乡以及3间中小学校申报广东省诗教先进单位工作。县诗联协会曾庆昌出版《追梦集》、丘佳国出版《朝夕缘》、刘福良出版《微尘吟草》。

4.平远县摄影家协会：开展“广东五指石·福建梁野山”摄影展览活动；举办第九届飞龙杯摄影大赛；配合“中国新歌声”平远赛区开展竞赛活动，做好三月三茶香节、六月六民俗文化节、九月九八尺酒香节、十二月脐橙节和红叶节筹备宣传和摄影创作活动。

5.平远县书法家协会：组织会员到县城和乡村群众开展送春联下乡5场，义务写送春联3000多幅；组织会员参加省市书法作品展览活动，其中张玉光、林沧海书法作品入围“广东省第十四届美术书法摄影作品展”。

6.平远县音乐家协会：县音协主席洪树湘作曲的歌曲《辛苦心不苦》参加广东省群众文艺作品评选荣获音乐类二等奖（广东省文化馆授奖）。

7.平远县民间文艺家协会：做好广东省古村落的普查、申报工作，11月完成泗水镇梅畲村、文贵村和上举镇龙文村等3个村落申报“广东省古村落”材料编制并报省；5月，协会秘书长韩浩文的木雕根艺作为平远县参展成员参加深圳市文博会，在深圳文博会梅州馆作木雕根艺现场创作展示。

8.平远县舞蹈家协会：开展群众性广场健身舞指导、少儿舞蹈培训等工作。

9.平远县戏剧家协会和县曲艺家协会：抓好戏剧和曲艺创作。2017年4月，凌铭的表演唱《盼郎归》、小戏《伯公树下》获2016年度广东省群众文艺作品一、二等奖（广东省文化馆授奖）。钟佐南的《钟佐南文艺作品选集》，于12月编印出版。2017年，县戏剧家协会发展会员4人。

10.县教职工书画社团：开展以“翰墨飘香，丹青溢彩”主题的服务活动。2017年，到冬青实验学校、八尺中学、石正中学、平远中学、河头中心小学、仁居中心小学、泗水中心小学和石正中心小学8间学校，把优秀的传统文化带进校园；开展4次笔会交流活动；与县硬笔书法协会联合举办硬笔书法展览；建立微信公众号；在学校广泛普及书画艺术知识，推动学校素质教育发挥积极作用。

【2017年文艺家加入省级以上协会情况】 2017年，平远县文联积极鼓励文艺家加入省级以上协会。王瑞荣8月加入中国摄影家协会；吴宝平6月加入中国美术家协会；张秋兰、刘梅兰分别于3月、11月加入广东省小小说学会。 （县文联）

2017年度平远县文学艺术界联合会负责人名录

主　　　　席：李　梅

副主席兼秘书长：朱文清

平远县残疾人联合会

【概况】 2017年，平远县残疾人联合会

（以下简称“平远县残联”）全面完成省、市民生实事，关注残疾人的需求，解决残疾人的实际问题，更新数据和残疾人收入状况调查工作，扎实开展康复、就业培训和社会保障、信访维权体育办证等工作，为残疾人多做实事好事，努力提高服务水平，顺利完成各项工作任务。

【省、市民生实事办理】　2017年，平远县残联完成省、市民生实事。1.投入资金156.25万元，全面完成镇级10个社区康园中心建设任务。提前实现镇级残疾人社区康园中心建设全覆盖，并规范运行。2.规范残疾儿童康复服务及机构建设。2017年吸收0~6岁的智障儿童10名，进行免费抢救性康复训练，大部分学生通过抢救性康复都有明显进步，家长反映良好。

【数据更新和收入调查】　2017年，平远县残联依时完成残疾人基本服务状况和需求调查数据及动态更新和全国残疾人家庭收入状况调查工作。1.举办由镇残联理事长、镇村残疾人专职委员、下乡工作组成员、统计干部、村文书参加的骨干培训班，按照年初预算落实好工作经费，认真做好入户调查、下乡复查、电脑录入，至8月底完成入户调查对象5667人，入户调查率96.17%，全面完成残疾人基本信息数据更新工作任务。2.代表梅州市进行为期五年的全国残疾人家庭收入状况抽样调查工作。2017年，中残联下达平远县抽样调查40户残疾人户，调查对象分布于10个乡镇，涉及30个村委会。按照中残联的要求派工作人员参加中残联统一培训，并于8月进行入户调查，其中16户是低保户、1户是五保户，3位死亡，完成调查问卷37份。调查员对残疾人家庭收入支出状况进行全面调查，询问残疾人各项政策落实情况，依时按要求顺利完成调查任务。

2017年9月4日，全国残疾人家庭经济收入状况抽样调查场景

【残疾人社会保障】　2017年，平远县残联认真做好残疾人社会保障工作。1.落实各项补贴。（1）按时审核残疾人“两项补贴”。按月发放残疾人“两项补贴”，第四季度数字发放重度残疾人3329人，每人每月200元，低保残疾人2375人，每人每月150元。（2）发放机动车燃油补贴435人，每人每年260元。（3）落实重度、精神、智力残疾人养老保险政策，为664名残疾人缴交养老保险。2.推进精准康复。（1）制订实施方案。根据市残联等7个单位联合印发的《梅州市残疾人精准康复服务行动实施方案（2017—2020年）的通知》，县残联会同有关部门转发《梅州市残疾人精准康复服务行动实施方案（2017—2020年）的通知》，明确目标任务、时间安排。（2）扎实为残疾人提供康复服务。按照2016年残疾人基本服务状况和需求调查数据，免费为贫困白内障患者施行手术234例，发放轮椅、助听器、声光盲杖等辅助器具360多件，完成2017年的精准康复任务。3.就业培训。（1）组织残疾人开展“众创杯”创业大赛，推荐八尺镇角坑村残疾人肖泰清参加省就业技能大赛，进入决赛阶段。（2）推荐残疾人参加各级残疾人就业招聘会，组织市、县就业招聘11人次。（3）举办75人参加的实用种植技术培训班一期，组织3名残疾人

参加市就业技能培训。（4）按照《残疾人就业保障金征缴办法》做好年审工作，全年年审239个单位，完成收缴残疾人就业保障金任务。4.基础设施建设。康复中心建设在平远县原梅东小学老校址，总用地面积2027.4平方米，总建筑面积2207平方米。已完成项目立项、土地划拨手续、图纸设计和第三方检测等工作。5.居家康复服务和无障碍改造。为15名重度残疾人开展居家康复服务，聘请康复医生把康复服务送到残疾人家中；到中行、仁居等镇实地筛查，为15名残疾人实施居家无障碍改造，完成2016年、2017年度上级下达的任务。同时对全县252户残疾人有居家无障碍改造需求的进行入户调查，确定改造项目。6.协助做好精神病患者救助、救治工作，化解社会矛盾。

【信访维权】 2017年，平远县残联认真做好信访维权工作。聘请常年法律顾问1名，为残疾人提供法律咨询和法律援助；答复信访案件8宗，调处率100%，未出现越级上访等现象。2017年度，新办理“残疾人证”727份。

【组织残疾人参加残运会】 2017年，平远县残联组织残疾人参加梅州市第七届残运会，并被市组委会评为体育道德风尚奖和组织奖。在市第七届残运会上，平远县残疾人运动员夺取14金、7银、1铜的好成绩，突破上届的水平。 （卓 强）

2017 年度平远县残疾人联合会负责人名录

理 事 长：王永联（任至2月）

副理事长：丘秋荣（女，2月起临时负责全面工作）

平远县红十字会

【概况】 2017年，平远县红十字会围绕职能，做好基层组织建设、救治救助、博爱助学等工作。

【基层组织建设】 2017年，平远县红十字会做好基层组织建设工作。继续健全壮大红十字基层组织和加强红十字会会员、志愿工作者队伍建设和管理，发展团体会员、会员和志愿者，大力开展红十字青少年工作，促进广大青少年健康成长，为红十字事业发展奠定坚实基础。全县有红十字会基层组织45个，会员31401人。其中，红十字团体会员单位18个，会员843人；中、小学校红十字会青少年组织27人，青少年会员30558人。红十字志愿工作者57人。

【救治救助】 2017年，平远县红十字会继续开展救治救助工作。1.开展贫困先天性心脏病儿童救治救助活动，对全县摸底的4名贫困先心病儿童安排术前筛查，符合救助和手术条件者安排到定点医院施行手术，广东省一心公益基金会根据治疗费用情况进行资助。2.开展疾病困难救助工作，全年发放救助金2万元，帮助困难群众10人次。

【博爱助学】 2017年，平远县红十字会认真做好博爱助学工作。中国红十字基金会联合爱心企业河北养元智汇饮品股份有限公司设立“六个核桃·读书慧”公益基金会，平远县冬青实验学校、石正镇石正中心小学西湖校区、坝头学校被确定为“六个核桃·读书慧”公益基金受赠学校，配赠“六个核桃·读书慧”书库1套；其中，石正镇石正中心小学西湖校区获赠2万元码洋的书籍和2组专用书架，冬青实验学校、坝头学校获赠3.3万元码洋的书籍和4组专用书架。

2017 年度平远县红十字会负责人名录

会　　长：姚小玲（女）

常务副会长：林 强

副 会 长：刘兰娇（女） 姚玉红（女）

法　治

政法委及综治

【概况】　2017年，中共平远县委政法委员会加大对政法、维稳、综治、法治、队伍建设等工作的统筹协调和牵头抓总力度，主动作为，全面推进“平安平远”“社会治安综合治理”“队伍建设”等工作，全年未发生各类群体性事件，未发生危害国家安全和社会稳定的重大事件和案件，全县公众安全感和政法工作群众满意度连续七年位居省、市前列。

【维稳工作】　2017年，中共平远县委政法委员会做好“平安平远”建设工作。1.落实领导责任制。县委、县政府把做好中共十九大安保维稳工作作为2017年首要政治任务，分别在县委全会、县委工作会和政法工作会上进行重点研究部署，县委书记宋才华承担维稳第一责任，严格落实县委书记每季度主持召开一次全县社会稳定形势研判会议制度（在重点防护期坚持每月召开一次）。县长刘许川多次对中共十九大安保维稳工作作出批示。县领导胡新文、姚永波、陈琼宏、李远林、张善波等牵头组织协调全县信访维稳安保等各项工作，开展专题研判、专项部署、专项督查，指挥处置重大突发案事件。成立信访维稳突出问题处置化解工作专班，负责统筹协调全县安保维稳工作；各镇和县直相关单位成立工作机构，全县安保维稳工作有序开展。2.维护国家安全坚定有力。县委防范办坚持“教育、控制、打击”并举的工作方针，探索反邪教长效工作机制，开展“无邪教创建”活动，抓好全县重点培育村的创建工作。3月，平远县大柘镇凤池村、长田镇官田村、泗水镇文贵村三个村荣获全国“无邪教创建”示范村荣誉称号，上举镇上举村、中行镇中行村两个村荣获省级“无邪教创建”示范村荣誉称号。全县防邪反邪工作连续17年实现“三零”和“三无”工作目标；切实抓好《中共中央 国务院关于进一步加强反恐怖工作的意见》文件精神的贯彻和落实，强化全县反恐工作的统筹、组织、协调，制订反恐工作预案，健全和完善反恐机制建设，切实提高防范和处置暴恐事件、个人极端事件的能力和水平。3.扎实开展维稳工作。以加强社会稳定形势分析研判工作为抓手，借助综治信访维稳“中心+网格化+信息化”平台，围绕涉农、涉土地、涉劳资、涉环保、涉众金融、涉军退人员等群体，扎实开展预防化解社会矛盾12个专项行动、“重点突破”和“百日攻坚”等专项排查工作，落实责任单位和责任人，加强研判，逐一落实县领导包案。2017年，由宋才华主持召开研判会10场，其他县领导主持召开24场，各镇召开356场，成功化解大柘陈某勇案、余某明案，泗水龙某权案，东石林某章案等一批“老大难”案件，多年积案得到化解。在全国“两会”、省第十二次党代会、香港回归20周年、建军90周年和党的十九大、世界客商大会、平远徒步大会、《财富》全球论坛等节会和敏感日期间保持社会政治稳定。全县刑事、治安警情同比分别下降43.18%、29.97%，道路交通事故、死亡人数同比分别下降3.72%和62.5%，实现“五个不发生”目标。4.加大“平安平远”创建和宣传力度。利用县广播电视台开展全年不间断播放创平宣传标语和综治工作动态，开设警务宣传栏目，宣传平远县创建平安工作的经验和做法。多次组织召开“平安细胞”创建工作推进会，深入实施平安交通、平安医院、平安校园、平安企业等重点领域、行业的“平安细胞”工程。加强督查与指导，实现全县重点行业、重点领域“平安细胞”创建覆盖率100%的工作成效。

2017年3月9日，平远县召开县委政法工作会议。县委常委、政法委书记姚永波（主席台左三）在会上回顾总结2016年政法工作，并对2017年政法工作进行部署。副市长、县委书记曾尚忠出席会议并作讲话（主席台右五）

【社会综治工作】 2017年，平远县做好社会治安综合治理工作。1.人员落实到位。将“中心+网格化+信息化”基层创安工程建设纳入2017年综治（平安建设）考核内容，成立以县委常委、政法委书记姚永波任组长的“中心+网格化+信息化”工作领导小组，打造以分析研判为核心的工作“中心”升级版平台，全县划分网格654个，选配各镇挂村领导、挂村工作组长，镇、村（居）干部等1052人为网格员，落实县、镇网格事项承办单位及管理人员360人。至12月底，全县12个镇建立一套以分析研判为核心、以排查服务为基础、以化解处置为根本具有平远特色的“中心+网格化+信息化”综治工作新模式，全县实现综治信访维稳工作落实到位、矛盾化解及时、社会大局稳定；全县上传网格事件387宗，办结365宗，办结率94.32%；全县刑事案件同比下降35.6%，治安案件同比下降40.5%，信访案件同比下降19.7%，全县实现95%以上矛盾纠纷成功化解在基层和网格。2.开展专项行动。加强对全县中小学校、幼儿园及周边治安秩序整治专项行动，通过派民警驻校制度，清理整顿校园周边的出租房屋、歌厅、电子游戏厅、网吧、小摊档等场所，净化校园周边环境，维护校园安全。全年组织6次联合公安、交通、教育等职能部门开展专项整治行动，净化学校育人环境。加强对危爆品寄递清理整顿工作，县综治、公安、交通运输局等职能单位对危爆物品、寄递物流行业开展拉网式排查，对辖区内相关企业、重点人群、重点人员开展拉网式排查，对影响社会稳定的矛盾纠纷进行全面排查调处，做到不留死角，切实落实“三个100%”。3.做好严重精神障碍患者救治救助工作。县委政法委大胆创新保障救助服务方式，把精神障碍患者救治救助工作列入平安创建和综治工作考核范畴予以推进，建立精神障碍患者监护人责任保险制度，对精神障碍患者肇事肇祸造成的第三者人身伤亡或财产损失，从2017年6月起通过保险理赔形式进行赔偿，以有效解决精神障碍患者肇事肇祸后受害方难以得到赔偿和易引发不稳定因素的问题。全年全县有患者1374名，其中0至2级患者1311人，3级及以上患者63名，全部落实监护人及协助监护人。全年未发生严重精神障碍患者肇事肇祸案（事）件。4.推进社会治安防控体系建设。县公安、综治部门在继续抓好治安联防队、治保会、护村队等群防群治组织的同时，推进“人网”“天网”“路网”建设。2017年，在已建270个治安视频的基础上，再投入2000多万元增建

330个高清治安视频。把重点单位、企业、部门建设的视频监控并入到公安治安视频网，实行无缝链接，提高视频覆盖率，有效打击跨区域犯罪。县委政法委加强对打击违法犯罪工作的组织协调，坚持以民意导向，强化部门联动与协作，突出打击重点，营造宣传氛围，坚持快速反应，有力打击各种违法犯罪行为。公安机关始终立足打击主业，严厉打击各类违法犯罪活动，在全县范围内开展“飓风2017”“梅安1号”等专项打击行动；组织开展多次以打击涉盗、涉恶、涉枪、涉“黄、赌、毒”为主要内容的统一行动，破获一批案件，抓获一批违法犯罪人员，提升群众安全感。全年立刑事案289宗、同比下降12.2%，破案220宗、同比上升2.32%。检察机关发挥检察职能作用，依法打击各类刑事犯罪，发挥查办和预防犯罪案件履职能力，保持惩治腐败高压态势，全年批准逮捕各类犯罪嫌疑人89人、提起公诉159人，与上年相比分别上升28.98%、44.5%。审判机关在刑事审判工作中落实宽严相济的刑事政策，突出重点，快审快结，严厉打击危害人民群众生命财产安全的严重刑事犯罪和人民群众关注的其他刑事犯罪。2017年，县法院受理各类案件1705件，结案1660件，比上年分别上升75.41%和46.9%。司法行政机关围绕县委、县政府和上级司法行政部门的各项工作部署，谋划司法行政工作计划，推进工作的开展。2017年，全县镇、村调解组织受理各类社会矛盾821宗，调解821宗，调解成功816宗，调解率100%，调解成功率99.4%，排查纠纷718次，防民转刑案件2宗4人，防止群体性上访1件5人。5.创新社会治理新模式。巩固和完善“村民议事日”“义务护村队”“无缝警务合作”等社会治理模式，创新社会治理新路子，发挥调研宣传部门的职能作用，以市、县新闻媒体和政法委工作简报为平台，加强调研和宣传报道，总结和提升各镇各单位近年来社会治理先进经验。2017年，平远县先后在市、县新闻媒体和部门工作简报上，推出“三个着力”打造中心升级版、人大代表当禁毒“四员”“3+模式”社会治理模式、建立精神障碍患者监护人责任保险制度和村级治安联防队等一批具有平远特色的社会治理先进典型经验材料，在省、市、县各级进行大力宣传和推介，达到示范引领作用，提升平安建设的层次和水平。

【政法队伍建设】　2017年，平远县结合机构重组，加强政法队伍建设。6月，平远县完成县委政法委、县社工委、县依法治县办重组。通过资源整合、时间磨合、深度融合、规范运作，提升政法委机关精神面貌和工作效能，提高统筹协调和牵头抓总能力，优化纪律作风，增强政法队伍整体素质。1.强化政治思想阵地建设。推进“两学一做”学习教育常态化制度化，学习贯彻中共十九大精神和习近平新时代中国特色社会主义思想。各党组织开展广大政法干警参加学习中共十九大、省第十二次党代会、市第七次党代会精神等专题学习培训。系统党委加强对党建工作的调研，督促指导各党组织科学制定学习计划和内容，以“迎接十九大，做合格党员”为抓手，围绕“五个过硬”要求，引导党员干部践行“四讲四有”要求，开展“讲担当、比奉献”主题党支部活动。通过教育学习、对照检查，自我剖析、整改提升等方式，着力解决政法干警在党性修养、理想信念、表率作用等方面存在的问题，提升政法队伍的整体素质。2.强化纪律作风建设。县委政法委机关重组后，着力加强制度建设，建立和完善《政法委机关制度汇编》，形成以制度管人管事的良好氛围。

政法各单位加强制度建设，县人民法院出台《关于进一步加强审务督察的有关规定（试行）》《关于集中开展纪律作风问题专项督察的实施方案》，开展自查自纠和督察检查，对落实意识形态责任制、落实司法责任制、落实中央八项规定精神等十个方面进行全面检查；县人民检察院出台《平远县人民检察院2017年党风廉政建设工作计划》《机关作风管理制度》《“八小时外”行为管理制度》等文件，促进正风肃纪常态化、完善制度措施、优化作风纪律、增强纪律观念。2017年，全县政法系统党员干部未有违纪违法行为。3.强化业务学习培训。政法各单位结合各自的岗位实际和特点，采取“请进来”与“走出去”相结合的办法，组织广大政法干警参加各种业务培训学习。公安机关扎实推进“大轮训、大练兵、大比武”活动，深入开展警务技能、业务知识、科技应用等各个方面的教育培训，提高广大民警执法能力和水平；县检察院、县法院和县司法行政部门鼓励青年干部参加全国司法考试；县检察院、县法院、县司法局建立疑难案件研判制度，组织青年法官、检察官、律师对复杂疑难和重大案件进行集体研判。县法院自2012年开始推行青年法官导师制度，由该院具有10年以上审判执行业务经验的资深法官担任导师，对拟任和在职青年法官进行“一对一”的“传、帮、带”，提升青年法官的实际工作能力。4.积极开展团队活动。强化团体协作意识，按照县委的部署开展“活力团队·和谐机关”活动，在积极参与上级组织的各类活动外，政法各单位利用“七一”建党日，组织政法干警到红色教育基地接受革命教育。发挥政法各单位党、团组织作用，采取多种形式组织机关干部职工开展演讲比赛、体育竞赛等文娱活动，提高支部凝聚力、战斗力，增强政法干警的团体意识和集体荣誉感。

（谢沐军）

2017年10月30日，县委常委、政法委书记姚永波（中）组织机关全体人员学习中共十九大精神

2017 年度中共平远县委政法委员会负责人名录（6月政法委机关机构改革重组前）

书　记：姚永波

副书记：张善波　刘鹏飞　李培军　黎崇阳　刘梅峰　谢烈原　谢烈辉

2017 年度平远县社会治安综合治理委员会办公室负责人名录（6月政法委机关机构改革重组前）

主　任：谢烈辉

副主任：陈胜斌

2017 年度中共平远县委维护社会稳定工作领导小组办公室负责人名录（6月政法委机关机构改革重组前）

主　任：刘梅峰

副主任：肖创泰

2017 年度中共平远县委防范和处理邪教问题领导小组办公室负责人名录（6月政法委机关机构改革重组前）

主　任：黎崇阳

副主任：王志锋

2017年中共平远县委政法委员会正、副书记，委员，专职委员名录

（6月政法委机关机构改革重组后）

书　　记：姚永波

第一副书记：张善波

常务副书记：黎崇阳

专职副书记：刘梅峰　谢烈辉　谢烈原　林敦伟

委　　员：姚永波　张善波　刘鹏飞　李培军（6—10月）　周铁军（10月起任）　黎崇阳　刘梅峰　谢烈辉　谢烈原　林敦伟　谢婷章　马　洪

专职委员：陈胜斌　王志锋　朱其悦　黄森华　林　敏　谢沐军

法治政府建设

【概况】　2017年，平远县人民政府贯彻落实中共十八大、十九大和习近平总书记系列重要讲话精神，按照广东省委、省政府《法治政府建设实施纲要（2016—2020）》要求，紧紧围绕建设法治政府、服务型政府目标，创新工作机制，推进依法行政工作，加快法治政府建设。

【法治平远建设】　2017年，平远县做好法治平远建设工作。1.深入推进依法行政，加快建设法治政府。（1）把法治平远创建列为“一把手”工程，县委书记宋才华担任依法治县工作领导小组组长，全面加强法治建设工作的领导。2017年，县委常委会听取法治县建设工作专题汇报，研究县委政法委重组工作，配齐配强县委全面依法治县领导小组及其办公室，审议并通过《2017年平远县全面依法治县工作要点》。（2）全面推进政务公开，领导干部依法办事和决策公开机制，规范性文件的备案审查和清理工作制度，重大行政决策程序规定。（3）建立政府法律顾问制度，2017年，根据《关于推行法律顾问制度的实施意见》的通知，建立50家单位或国有公司法律顾问制度。依法决策、科学决策，县司法局发挥县重点工程法律服务团和信访工作律师团的作用，参与五指石、相思谷景区、梅平高速、南区市场片区改造等重点工程项目的研判，为平远县重点工程项目建设提供法律保障。2017年，律师参与县重点工程项目的研判26场次，参与修改重点工程投资合同19份，提供法律意见26份。抓好考核机制督办，围绕《法治平远建设五年规划（2016—2020年）》，制订《平远县2017年全面依法治县工作要点》，下发全县各级各有关部门单位贯彻执行。2.深入推进司法体制改革，保证公正司法。2017年，平远县司法体制改革工作得到全面贯彻落实，县委政法委以司法体制改革重点工作为重心，到县人民法院、县人民检察院等部门，承办县委司法体制改革小组和社会体制改革专项小组交办的有关工作事项。（1）完善司法责任制。法检系统出台规范性文件为深入推进司法责任制改革提供规范明确的政策依据，全面推开法官、检察官员额制改革，推进院庭长办案机制改革，让优质审判资源回到审判一线。落实三类司法人员职务序列改革制度，推进司法机关内设机构改革，完善法院、检察院系统绩效考核制度，完善管理监督配套机制，推进以审判为中心的刑事诉讼制度改革，努力实现惩治犯罪和人权司法保障相统一。（2）践行司法为民。建立检察机关提起公益诉讼制度，2017年县人民检察院办理完结公益诉讼类案件5件。加强诉讼服务建设，县人民法院开通微信缴纳诉讼费服务。运用信息化手段破解执行难工作，县委政法委牵头制定《全县解决执行难工作推进会议方案》，用改革和信息化措施做好解决执行难工作。2017年受理各类执行案件520件，执结487件，同比上年分别上升190.5%和78.39%；执行到位金额3545.32万元，执行到位率41.07%，同比上年分别上升136.33%和16.85%。健全国家司法救助制度，县人民法院为6名无法通过诉讼获得有效赔偿、符合司法救助条件的困难当事人发放救助金8.2万元。（3）推进司法公开工作。县人民法院健全审判流程、裁判文书、执行信息、庭审活动四大公开平台。县人民检察院通过建设阳光检务大厅，开展“检察开放日”活动，举行不起诉案件公开审查听证会。做好社区矫正工作，2017年，平远县建成社区矫正中心报到登记大厅等多功能室，包括人脸识别系统、监控系统的安装。上半年，县司法局与县人民法院、县人民检察院、县公安局等社区矫正主要成员单位联合开展社区服刑人员大考察活动，做好社区矫正人员电子手环定位监控工作，做好不服从监管社区服刑人员的收监执行工作，达到警示效果。2017年全年接收59人，解矫60人，全县社区服刑人员无脱管、漏管发生。3.增强全民法治观念，推进法治社会建设。（1）开展法治宣传教育。践行《关于完善国家工作人员学法用法制度的意见》，抓好领导带头学法“关键少数”，完善县委常委会、政府常务会会前学法学纪制度，切实增强领导干部和全县各镇、各单位学法用法的紧迫感和推动法治的责任感；落实“谁执法谁普法”的普法责任制，建立健全法官、检察官、行政执法人员、律师等以案释法制度，把普法融入执法的全过程；做好法治教育工作，县委政法委牵头县依法治县办、县公安局、县人民法院、县人民检察院、县司法局、县教育局、县法学会等单位联合开展“关爱明天·普法先行”的学校法治宣传教育活动，全面落实《青少年法治教育大纲》。三年来，县普法宣讲团的讲师深入到全县46个中小学校开展46场法治宣讲活动，受教育学生2.3万多人次。（2）做好法治文化公园工作。县司法行政部门开展法治文化公园建设工作，在县城程旼公园、河滨公园及全县12个镇143个村（居）文化广场注入法治元素，打造一批具有平远特色的法治文化精品。组织好重大节日法治宣传工作，在“4·15”国家安全教育日、“6·26”国际禁毒日、“法治广东宣传教育周”“12·4”全国法制宣传日等集中宣传活动。4.建设完备的法律服务体系。（1）推进覆盖城乡居民的公共法律服务体系建设，推进一村（社区）一法律顾问工作，22名律师担任全县143个村（社区）的法律顾问，实现全覆盖，全年为群众解答法律咨询1207人次，提供法治宣传554 场次，参与纠纷调解20宗，办理法律援助案件1宗，出具专业法律意见31份，其他法律服务事项263件。（2）做好法律援助工作。完善镇村法律援助网络和县司法局法律援助中心规范化建设，扩大法律援助范围，将刑事法律应当援助扩大到侦查、起诉和审判三个阶段，完善法律援助受理登记制、法律援助律师值班制、法律援助与一村（社区）一法律顾问制度的衔接机制，全面畅通困难群体维权“绿色通道”。2017年办理法律援助案件109宗（其中民事案件106宗，刑事案件3宗）；深入开展法治镇（街）、民主法治示范村（社区）“四级同创”活动，以八尺、上举、河头、热柘4个镇，八尺镇楼前村、上举镇上举村、河头镇河头村等71个村为试点，以点带面全面推开法治创建活动。平远县东石镇锡水村获评全国民主法治示范村，泗水镇梅畲村、长田镇官仁村等7个村（社区）获评全省民主法治示范村（社区）。2016年，仁居、东石、大柘、石正4个镇通过省法治镇创建活动考核达标。5.健全社会矛盾纠纷预防化解机制。围绕党的十九大维稳安保工作，由县委政法委负责牵头，联合县公安局、县人民法院、县人民检察院、县司法局出台《平远县关于依法处置非正常上访行为的通告》，有效规范信访行为，促进平远县上访工作走上规范化、法制化轨道。6.做好县法学会工作。县法学会扎实推动政治引领、法学研究、法治宣传教育、法律服务和社会治理等方面创新发展，拓宽会员参与渠道，全县范围内发展会员130人，覆盖全县15个团体单位。制订信息宣传激励机制，出台《平远县法学会信息宣传工作管理办法（试行）》，实现县级法学会工作“三率先”：在全市率先成立县级法学会，率先实现县级法学会机构、经费、办公场所、人员编制“四落实”，率先在全市法学会中建立激励机制，在推动“法治平远”建设中起到“智囊团”作用。平远县获评第三批“全省、全国法治县创建活动先进单位”。

【依法行政考评工作】　2017年，平远县人民政府法制局做好依法行政考评工作，组成考评组对12个镇及40个县直单位进行实地考评，成效明显。在市对各县2016年度依法行政工作考评中，平远县位列全市第一，被评为优秀。

【决策科学民主】　2017年，平远县人民政府法制局提高科学民主决策水平，完善各项制度建设。1.完善重大行政决策合法性审查和县政府常务会议集体讨论制度，强化重大行政决策公众参与、专家论证、风险评估、合法性审查、集体讨论决策机制。2017年组织和参与调整平远县管道燃气价格听证会及程旼小学建设方案听证会，社会各界反响良好。2.充分发挥法制部门政府智库作用。全年审查县政府和各镇、县直部门送审的规范性文件11件，审查涉及民生工程和招商引资合同等事项材料66件，审查政府常务会议议题89件，办复各级政府法规政策性文件征求意见稿158件。3.推行政府法律顾问制度，充分发挥法律顾问在政府重大决策中的参谋助手作用，防范法律风险。为完善重大行政决策合法性审查机制，2017年，外聘3名客都律师事务所律师担任政府法律顾问。

【规范行政行为】　2017年，平远县人民政府法制局做到行政行为更加公开透明，进一步规范行政行为。1.举行行政执法人员综合法律知识网上考试工作。2017年起，行政执法人员必须参加综合法律知识网上考试，经考试合格后方能申领和换发新的“行政执法证”。11月28日，组织全县40名申办“广东省行政执法证”的行政执法人员进行网上公共法律知识考试，考试通过率97.4%。2.严格规范性文件管理。提请县政府印发《关于实行行政机关规范性文件统一登记统一编号统一公布制度的通知》，从2017年3月1日起执行规范性文件“三统一制度”，规范性文件出台前一律先送交法制机构审核把关，做到“有件必备、有备必审”。2017年，经法制机构审查出台并向梅州市人民政府和县人大常委会报备的县政府规范性文件4件，审查备案部门规范性文件2件。3.开展文件清理工作。对1981年取消县革命委员会恢复平远县人民政府以来至2016年以县政府（含县府办）名义制发的文件进行一次全面的清理。其中废止规范性文件和其他政策性文件240件，宣布失效115件，拟修改6件，拟保留129件，并以县政府名义向社会公布。4.认真开展执法案卷评查工作。县政府法制局印发《关于开展2017年行政执法案卷评查工作的通知》的文件，要求各镇人民政府及具有行政执法职能的单位的行政处罚、行政强制、行政许可、行政检查案件的案卷进行全面评查。县政府法制局按照《广东省行政执法案卷评查标准》，以抽查的方式对相关单位部分行政执法案卷进行评查，评查得分作为年度依法行政考核相关内容的分数。

【行政争议调解】　2017年，平远县人民政府法制局做好行政争议调解及复议应诉工作。充分发挥行政复议在化解争议、维护稳定工作中的主渠道作用，努力做到案结事了、定纷止争。2017年，县政府受理行政复议案件4件，已全部审结；各级法院受理以县政府为被告的行政案件2件，均胜诉；上级复议机关受理以县政府为被申请人的复议案件13件，均维持县政府的决定。

【法制机构职能强化】　2017年，平远县人民政府法制局当好参谋助手和法律顾问，强化法制机构职能。1.协助政府及部门解决施政中涉及的法律问题，从法律政策角度为县领导决策解答一批带有一定影响、突发性的问题和久拖不决的有关民事、行政纠纷。2.派员参与梅平高速公路、县城南区市场改建、工业园区、新能源项目等县重点项目的征地拆迁等涉法事务。3.做好来信来访，为机关、企事业单位和公民全面提供法律咨询等服务。对来电来人法律咨询，本着及时化解矛盾和纠纷，多为群众办好事实事的原则，做到热情接待、耐心解释。　（王　超　谢沐军）

2017年度平远县人民政府法制局负责人名录

局　长：刘广海

副局长：杨亮书　涂　欢

公　　安

【概况】　2017年，平远县公安局围绕“创新更多机制，迈向更高水平”的工作目标，按照“抓打防，保稳定；筑基础，强根基；善创新，谋发展；讲规矩，树形象”的工作思路，以中共十九大安保维稳工作为主线，在安保维稳、打击整治、治安防控、服务管理和队伍建设等方面取得成效，维护社会政治和治安秩序持续稳定，被广东省公安厅授予“全省优秀公安局”荣誉称号，被市公安局评为“党的十九大安保维稳工作先进单位”，被中共平远县委评为“2017年度落实科学发展观综合考评先进单位和优秀等次领导班子”。

【维稳工作】　2017年，平远县公安局把中共十九大安保维稳工作作为贯穿全年的首要政治任务，按照“双层保底、两级责任、共同担当”的工作原则，推进政治安全“六大专项”行动，从严从细从实从全抓好政治安全、防范暴恐、重点人员管控、群体性事件预防和处置等工作。2017年，化解各类矛盾766起，受理信访案件40起，办结40起，办结率100％。全年有效处置事件苗头5起，连续开展全国“两会”、村“两委”换届选举、省党代会、国庆中秋等重大安保工作。全县公安机关圆满完成十九大安保的“政治大

2017年8月18日，平远县公安局举行中共十九大安保维稳工作誓师大会　（张香桂　摄）

考”和客商大会安保的“梅州大考”。

【治安工作】　2017年，平远县公安局把维护一方稳定、促一方发展作为义不容辞的责任，推进对治安重点地区和突出治安问题的集中整治，始终保持对违法犯罪的高压进攻态势，在全县范围内接连不断地开展“飓风2017”“梅安1号”、扫除“黄赌毒”等专项打击整治行动。依托市局的“三级办案”合成作战机制和技术侦控措施下放带来的优势，成功侦破涉案金额3亿多元的“17001”网络赌博集团专案、涉案金额700多万元的新某腾公司虚开发票案、钟某等人系列抢夺案、“7·28”故意伤害致死案等一批影响较大的案件。全年破刑事案件220宗、刑拘156人、提请逮捕94人，实现发案下降12.2%，破案、刑拘、提请逮捕人数分别上升2.3%、16.4%、25.3%，为全县群众的安居乐业和经济社会发展提供良好的社会治安环境。平远县是梅州市发案总量最小、毒害最少、无制毒县。

【防控工作】　2017年，平远县公安局牢固树立“少发一宗案件，群众就多一分安全感”的理念，抢抓全面深化立体防控体系建设机遇，投入2000多万元新建电子围栏、330个高清治安视频，完善省、县际治安卡点；构建城区“二点三线”的巡逻布局，打造“五联”机制省际村级防控网，实施旅游景区的网格化管理，在全县由“人网”“天网”“路网”编织的多维、立体治安防控体系已基本形成。树立以人民为中心的发展理念，扎实推进社会治理工作，全面加强治安管理、交通管理、消防管理力度，从源头消除各类安全隐患。全年查处治安案件569起954人，处理交通事故2084起，处置火警 25起。全面完善出入境、治安、交管、消防等窗口服务模式，提高服务质量，提升广大群众的获得感和幸福感。

【执法工作】　2017年，平远县公安局认真做好执法工作。1.把握执法工作生命线，完善执法质量考评和执法过错责任追究制度，建立健全有权必有责、用权受监督、失职要问责、违法要追究的执法责任机制，以严明的执法纪律、到位的执法监督、精细的执法管理，实现全年办理刑事、行政案件没有申诉、复议的现象，案件准确率100%。2.完善执法办案中心和收拘收押场所的各项硬件设施，规范安全管理制度，认真落实执法安全措施，实现零伤亡、零脱逃、零违规的工作目标，看守所连续39年安全无事故。2017年，平远县公安局执法综合考评成绩位居全市前列，荣获优秀等次，确保严格规范公正文明安全执法，提升执法公信力，树立公安机关的良好执法形象。

【队伍建设】　2017年，平远县公安局严格按照“对党忠诚，服务人民，执法公正，纪律严明”的总要求，始终坚持政治建警、从严治警方针，大力加强领导班子自身建设，发挥“头雁效应”，狠抓“两个责任”落实，大力加强党风廉政建设，强化执纪问责力度。扎实开展“迎接十九大，忠诚保平安”“纪律作风大整顿”“纪律教育学习月”等活动。认真落实从优待警、暖警爱警措施，实行困难民警救助、民警子女奖学金制度；扎实推进派出所、交警中队等基层基础建设和“五小”工程建设，依时按质完成大柘、东石两个示范派出所升级改造工作，大柘派出所以全市最高分的成绩通过市局检查验收；大力加强公安文化建设，平远成为全市首个县级公安机关成立公安文联的单位，搭建文体兴趣俱乐部，丰富警营文化生活；扎实开展选树典型活动，全年有8个单位荣立集体三等功、15个单位荣获集体嘉奖，23名民警荣立个人三等功，91名民警

获嘉奖。（县公安局）

2017年10月16日，县委书记宋才华（右四）督导公安工作（韩超　摄）

2017年度平远县公安局负责人名录

局　长：张善波

政　委：林达宏

副局长：肖昭锋（任至3月）　谢杰俊　谢县奎　姚建军　李永祥（挂职）

检　　察

【概况】 2017年，平远县人民检察院坚持以法治为引领，以执法办案为中心，以司法改革为动力，以队伍建设为保障，忠实履行法律监督职能，各项检察工作取得新进展。全年审查批捕各类刑事犯罪嫌疑人91人、提起公诉159人，立案侦查各类职务犯罪案件7件14人。

【刑事检察】 2017年，平远县人民检察院深入推进平安平远建设，从严惩处各类严重刑事犯罪，全力维护社会和谐稳定。1.认真履行批捕起诉职能，全年批准逮捕各类犯罪嫌疑人91人、提起公诉159人。2.坚持惩治犯罪和保障人权并重，开展审捕阶段的调解工作，促成刑事和解6件6人，贯彻宽严相济刑事政策，依法对无社会危险性、不符合起诉条件的犯罪嫌疑人决定不捕15人、不诉16人。3.强化刑事立案和侦查活动监督，改变定性2件2人，提前介入案件36件56人，发出不捕理由说明书45份，补充侦查提纲27份，逮捕案件继续侦查取证意见书2份，应当逮捕犯罪嫌疑人建议书1份，侦查活动监督通知书4份，公诉部门开展自行侦查4次。4.强化刑事审判监督，开展人大代表观摩庭审活动，贯彻落实检察长列席法院审判委员会研究案件工作，全年出庭支持公诉112次，提起公诉案件一审均作有罪判决。5.完善行政执法与刑事司法“两法衔接”平台，有效整合执法信息资源，确保涉嫌犯罪案件及时进入司法程序，录入案件155件，其中7件移送刑事立案。

【职务犯罪侦防】 2017年，平远县人民检察院坚持查办职务犯罪不放松，深化职务犯罪预防有成效。1.全年立案侦查各类职务犯罪案件7件14人。2.深化职务犯罪预防工作，开展预防调查5件、案例分析3次，发出预防检察建议3件，被采纳3件。开展预防警示教育30场次，预防宣传4场次，受教育人数2500余人次。开展重大工程建设项目专项预防2件。受理行贿犯罪档案查询446次。与中国邮政集团广东平远分公司联合举办“预防职务犯罪邮路”活动。3.积极配合国家监察体制改革，按照上级部署，顺利完成反贪污贿赂局、反渎职侵权局、侦查科及职务犯罪预防科10名干警的转隶工作。

2017年6月16日，平远县人民检察院与中国邮政集团广东平远分公司联合举办“预防职务犯罪邮路”活动启动仪式（谢祥群　摄）

【控告申诉检察】　2017年，平远县人民检察院切实做好检察环节的维稳工作，制定实施信访维稳工作预案和化解稳控措施。1.接待群众来访18批50人次，其中检察长接访15人次。受理群众控告申诉7件，其中控告类5件，申诉类1件，民事监督类1件。2.受理群众举报线索10件，其中属检察机关管辖的案件线索8件。3.开展刑事司法救助工作，发放救助金1万元。

【未成年人检察】　2017年，平远县人民检察院完善“捕诉监防”一体化工作模式。1.批准逮捕涉未成年人审查批捕案件2件2人、提起公诉5件6人，发出纠正违法通知书1份，侦查活动监督通知书1份，安排未成年犯罪嫌疑人亲情会见3次。2.通过搭建“平远未检”微信公众平台、聘请专业心理咨询导师、联合社会工作服务站等形式为未成年人提供多渠道的教育帮扶方式。3.举办以“防治校园欺凌，护航未成年人成长”为主题的检察开放日活动。4.积极推进“法治进校园”巡讲活动，由入额检察官对全县各中小学开展法制讲课13场。

【刑事执行检察】　2017年，平远县人民检察院加强监所检察执法监督，开展羁押必要性审查工作。1.全年检察收押175人、检察出所160人，开展在押人员谈话87次。2.与看守所召开2次联席会议，共同维护监管安全。对看守所发出10份检察建议书，内容涉及监管安全和设施安全方面。3.办理羁押必要性审查案件8件8人，提出变更强制措施建议8件8人，办案机关采纳其中7个建议并变更强制措施。

【民事行政检察】　2017年，平远县人民检察院认真贯彻落实修改后的民事诉讼法和行政诉讼法。1.统筹推进对民事行政诉讼活动及行政违法行为的监督，受理并办结民事诉讼监督案件及督促依法行政案件各1件。2.稳步推进公益诉讼工作，受理公益诉讼案件5件，审查后发出检察建议5份，与县环保局等22家行政执法机关召开联席会议，与县人民法院联合制定行政公益诉讼协调配合机制。

【司法体制改革】　2017年，平远县人民检察院认真贯彻上级检察机关部署要求，扎实推进各项检察改革工作。1.构建司法责任制改革制度体系。制定实施《平远县人民检察院检察官办案组织组建及运行实施办法（试行）》《平远县人民检察院落实司法责任制明确检察官职责权限划分的暂行规定（试行）》等规范性文件26份。2.推进员额制改革。严格按照遴选标准，完成14名检察官入额选任工作。3.落实入额院领导办案常态化制度化。制定实施《平远县检察机关院领导、检察委员会专职委员和部门负责人直接办理案件的若干规定（试行）》及《平远县人民检察院入额院领导履行司法办案和监督管理双重职责实施办法（试行）》，4名入额院领导直接办理各类案件34件45人。4.推进业绩评价体系建设。制定实施《平远县检察机关检察官业绩评价实施办法》《平远县人民检察院检察官绩效考评办法（试行）》等规范性文件，加强人员分类管理，不断完善职业保障制度，建立完善业绩评价体系。

【法制宣传】　2017年，平远县人民检察院加大法制宣传力度，着力提升公民法律意识。1.开展服务保障非公有制经济专项活动，通过开展“检察开放日”、百名企业家法制讲堂等，主动为企业提供法律咨询和检察服务。2.在县“两委”换届选举前夕，到全县各乡镇开展“法制进乡村”警示教育授课活动。3.推进“镇级搭建村级微信公众平台”建设，加强涉农惠农政策法律的宣传。4.为全县各乡镇制作法制宣传栏，在县城各小区154部楼宇视频机上滚动播放法制宣传视频。

【检务公开】 2017年，平远县人民检察院全面深化检务公开，增强检察工作的透明度。1.整合资源，将办公大楼一楼原办案区改造为案件管理中心和一站式为民服务中心。2.自觉接受党的领导和人大监督，执行全面工作定期报告、重大部署主动报告、重要事项及时报告等制度，主动向政协及社会各界通报检察工作，广泛听取意见建议，及时主动回应社会关切。3.不断完善检察内网、门户网站和“两微一端”新媒体建设，定期开展“检察长接待日”和“检察开放日”活动。4.大力推进案件信息公开，全年发布案件程序性信息234件，公开法律文书112份，发布重要案件信息8件，受理律师阅卷28次。

【存在不足】 2017年，平远县人民检察院存在的主要问题：1.检察工作与全县大局融合还不够密切，法律监督质效尚需提升。2.队伍整体素质有待进一步提升。3.检察工作科技化、信息化水平与新形势新任务的要求还不相适应。（蓝　瑜）

2017年4月11日，县委书记宋才华（正面排左三）到平远县人民检察院调研指导（张子平　摄）

2017 年度平远县人民检察院负责人名录

检 察 长：李培军（任至10月）
周铁军（10月起任党组书记，11月29日起任副检察长和代理检察长）
副检察长：郭频辉　黄　珍　肖兴安

2017 年度平远县人民检察院反贪污贿赂局负责人名录

局　长：肖兴安

2017 年度平远县人民检察院反渎职侵权局负责人名录

局　长：谢敬东

法　　院

【概况】 2017年，平远县人民法院围绕“努力让人民群众在每一个司法案件中感受到公平正义”的目标，忠实履行宪法法律赋予的职责，全年受理各类案件1705件，结案1660件，比上年分别上升75.41%和46.9%；结案标的额3.02亿元，同比上升8.63%。通过充分发挥审判职能作用，为平远县振兴发展和“一城一区一带”战略部署提供司法服务和司法保障。

【刑事审判】 2017年，平远县人民法院依法惩处各类犯罪，保障社会安全稳定。全年审结一审刑事案件112件，判处罪犯176人，同比上年分别上升34.52%和40.8%。1.严惩严重危害群众生命安全犯罪，审结相关案件20件24人，切实维护社会治安。2.严惩危害群众财产安全犯罪，审结相关案件21件30人，如依法审结谢某兰诈骗、钟某亮非法吸收公众存款等涉众型经济犯罪，切实保护群众合法财产权益。3.严厉打击呈高发态势的涉赌犯罪，审结涉赌犯罪案件24件55人，如依法审结余某珍等9件28人利用网络赌博平台开设赌场系列案。4.依法惩治腐败，审结贪污、玩忽职守、滥用职权等职务犯罪案件11件19人。坚决惩处村镇干部涉农扶贫领域职务犯罪，保持对腐败犯罪打击的高压态势，为脱贫攻坚提供司法保障。坚持宽严相济刑事政策，确保罚当其罪，在发生法律效力的107案

165人犯中，给予刑事处罚147人，判处三年以上有期徒刑18人。

【民事审判】 2017年，平远县人民法院全年审结一审民商事案件1061件，同比上年上升40.34%，结案标的金额2.48亿元。坚持调解优先、调判结合原则，努力做到案结事了。全年调解、撤诉民商事案件660件，占民商事案件的62.2%。维护婚姻家庭和谐稳定，严格把握离婚法律条件，切实保障未成年人、妇女、老年人、残疾人等合法权益，妥善审结婚姻家庭案件248件。注重构建社会诚实守信，依法审结涉民间借贷、买卖、房地产、建设工程等合同纠纷案件478件；如妥善审理吴某亮、张某刈等为被告的民间借贷系列案件197件，防范虚假诉讼风险，及时预防、化解群体性诉讼引发的社会不稳定因素，引导当事人提高借贷行为风险防范意识。积极回应"互联网+"背景下群众关切，审慎处理卓某君"借贷宝"网络借贷纠纷系列案等新类型案件16件。密切关注某房地产公司房屋买卖合同纠纷、县文化广电新闻出版局劳资纠纷等系列案件上诉后审理情况，协助上级法院及时妥善调处化解各方矛盾，努力实现最佳纠纷解决效果。

【执行工作】 2017年，平远县人民法院贯彻最高人民法院关于用两到三年基本解决执行难的工作部署，全力推进基本解决执行难工作。全年受理各类执行案件520件，执结487件，同比上年分别上升190.5%和78.39%；执行到位金额3545.32万元，执行到位率41.07%，同比上年分别上升136.33%和16.85%。1.深化执行体制改革，完善执行权运行及内外部监督机制。向法院自身不规范执行"开刀"，及时启用全国四级法院统一的执行办案网络平台，严格规范执行办案流程，努力解决消极执行、选择性执行等问题；全面清理积案，摸清案件底数，清理并执行完毕历史遗留案件46件；彻底清理完毕涉党政机关为被执行人的执行案件，并已全部执行到位。切实加强执行案款的清理和管理，严格落实"一案一账户"制度并对新收的案款做到及时发放。2.用好用足用活执行法律手段，切实提高执行工作质效。大力推进网络司法拍卖，在淘宝网开通运行网络拍卖平台，累计推出拍品9件，拍卖21次。切实加强对失信被执行人的惩戒力度，将212人列入失信被执行人名单并持续通过该院门户网站、县电视台以及户外电子屏予以曝光，其中在该院新建的户外电子屏中不仅曝光失信被执行人姓名、住址、失信标的额等基本信息，还曝光其高清肖像，强化宣传效果。依法惩治拒不执行生效裁判行为，全年对17人作出司法拘留决定。3.积极回应群众关切，体现司法关怀和温暖。稳妥处理148件已进入执行程序的吴某亮民间借贷纠纷系列案件，及时向申请执行人通报执行工作进展，并及时兑现已执行到的被执行人部分财产。开展司法救助工作，为6名无法通过执行程序获得有效赔偿且符合司法救助条件的困难当事人发放救助金8.2万元。妥善处理好县人民武装部、县文化广电新闻出版局等党政机关申请执行的大宗房屋腾退执行案件，切实维护好全县社会管理工作大局。

【司法改革】 2017年，平远县人民法院认真贯彻中共中央办公厅印发的《关于加强法官检察官正规化专业化职业化建设全面落实司法责任制的意见》有关精神，坚决落实上级法院有关部署要求，坚持问题导向，推进司法改革各项举措，努力让人民群众有更多获得感。1.顺利完成员额制改革。严格入额法官选任条件，择优选拔并经省法院确认入额法官14名。入额法官中45岁以下的占64.3%，10年以上法律工作经历的占78.6%。除院领导外，入额法官均在一线审判执行业务岗位工作。2.健全审判权运行机制。组建新型审判团队，以“1名员额法官+1名法官助理+1名书记员”的基本结构模式，为9名员额法官配置固定法官团队，优化团队功能和分工。全面取消院庭长案件审批权，入额法官在独任庭、合议庭依法独立行使审判权。建立法官会议制度，对疑难复杂案件“联合会诊”，为法官正确理解和适用法律提供参考意见。改革审判委员会制度，出台审判委员会新工作规则，明确审委会主要职责是对疑难复杂案件的法律适用规则进行集体把关。3.逐步完善司法责任制。坚决落实由审理者裁判、裁判者负责的司法责任终身制，除审判委员会讨论决定的案件外，裁判文书由办案法官按程序签署并负责。推动院领导办案规范化、常态化，2017年4名入额院领导办结各类案件120件，同比上年上升328.57%。完善案件质量监督管理机制，规范开展案件质量评查、倒查工作，提高案件质量及审判质效。探索建立新型绩效评价机制，提升审判质量、效率和效果。4.落实司法人员职业保障。认真贯彻实施中共中央办公厅、国务院办公厅印发的《保护司法人员依法履行法定职责规定》文件精神，严格执行《领导干部干预司法活动、插手具体案件处理的记录、通报和责任追究规定》等制度，强化法官依法履职保障。切实加强警务安全工作，保障法院工作人员履职人身安全，并为当事人创造良好的诉讼秩序。

【司法公开】　2017年，平远县人民法院健全审判流程、裁判文书、执行信息、庭审活动四大公开平台，拓展司法公开的广度和深度，让人民群众感受到公平正义。大力推进直播工作，8月，院长带头开庭审理首件网络直播案件，累计直播18件一审刑事、民事案件，并出台《平远县人民法院庭审网络视频直播实施细则（试行）》，规范庭审直播工作，逐步实现所有公开开庭案件都上网直播，充分保障公众的知情权、参与权和监督权。推进生效裁判文书上网工作，累计在中国裁判文书网上网公开裁判文书2320份，文书上网率100%，提升司法透明度。强化司法宣传引导作用，依托自身门户网站、官方微信、官方微博、新闻客户端等新媒体平台，并加强与新闻媒体合作，加大向社会发布审判工作新动态、典型案例的力度。全年制作“民生820法庭内外”“梅州法苑”等电视新闻或专题节目34期，在市级以上报刊发表宣传稿件45篇（次），其中在《人民法院报》等中央级媒体发表6篇。

2017年8月3日，平远法院院长刘鹏飞担任审判长主审首宗网络视频直播案件　（刘翠红　摄）

【司法服务】　2017年，平远县人民法院提升诉讼服务质效。5月初，开通微信缴纳诉讼费服务，开创梅州法院启用微信支付方式缴纳诉讼费的先河，高效便民的诉讼服务措施获得当事人点赞。规范管理信访工作，落实省法院关于信访管理全程信息化的工作要求，完善信访立案、出具书面答复等功能，实现信访登记、接待、交办、督办等数据资料三级法院全程联动。贯彻落实新修订实施的《中华人民共和国民事诉讼法》精神，推动“纸上”鉴定人出庭作证，审理全市法院首例鉴定人出庭作证接受质询的民事案件，让质证过程更加透明化，充分保障当事人诉讼权利。常态化开展巡回审判、下乡开庭和调解工作。强化司法“社会责任”，针对审判执行中发现的问题及时向相关部门发出司法建议10份，收到反馈10份，反馈率100%，推动法治平远建设。参与社会综合治理，坚持做好对全县社区矫正人员的回访帮教工作；坚持开展“模拟法庭”进校园、禁毒宣传进万家等送法普法活动，发放法律书籍、普法宣传册等1000多册。

【接受监督】　2017年，平远县人民法院自觉接受人大及其常委会的监督，认真落实县十五届人大二次会议上代表提出的意见建议，在提高服务意识、改进司法作风等方面充分采纳代表意见，促进公正司法。依靠人大监督推进司法改革，向县人大常委会专题报告推进司法体制改革工作情况。自觉接受人民政协民主监督，及时采纳各方面提出的意见，配合政协就司法改革工作情况进行专题调研。支持、配合检察机关履行监督职责。广泛接受社会监督，加强与新闻媒体沟通，及时发布司法信息，主动接受舆论监督；充分发挥官方微信、微博等新媒体平台作用，畅通民意沟通渠道。加大人民陪审员陪审力度，20名人民陪审员全年参审案件112件205人次，陪审率76.71%。　（刘翠红）

2017年4月11日，县委书记宋才华（中）率队到平远法院调研　（凌瑜　摄）

2017年度平远县人民法院负责人名录

院　长：刘鹏飞

副院长：谢　强　曾梅麟

司法行政

【概况】　2017年，平远县司法行政系统认真做好法治宣传教育、法律服务、人民调解和社交安帮、队伍建设等各项工作，致力促发展、保稳定、保民生、促提升，推进司法行政创新发展，为平远经济社会发展和广大人民群众提供优质高效的法律服务和法律保障，为中共十九大胜利召开和平远加快振兴发展营造安全稳定的社会环境，为平安平远、法治平远建设做出积极贡献。

【法治宣传教育】　2017年，平远县司法行政系统打造“大普法”格局，营造良好法治环境。1.建立国家机关“谁执法谁普法”责任清单制度，全面落实“谁执法谁普法”责任制。制定和印发《关于印发平远县建立国家机关“谁执法谁普法”责任清单制度工作意见的通知》，推动全县各级党政机关、司法机关、人民团体、企事业单位和社会群众组织按照普法责任分工自觉承担普法工作责任。推进法治文化主题公园建设，投入近30万元在县城程旼公园加装法治文化主题公园标识、标牌，安装50米长的法治文化宣传长廊，打造更加浓厚的法治文化主题氛围。“谁执法谁普法”责任单位主动参与，联合推进，实现普法工作由县普法办一家“独奏”到责任单位联合“演唱”的大普法格局。2.加强国家工作人员和青少年为重点对象的普法教育。（1）与县委组织部、县委宣传部、县人力资源和社会保障局等单位联合印发《关于完善国家工作人员学法用法制度的实施办法》，切实提高全县各级领导干部和国家工作人员的法治素养和依法办事的能力。（2）开展“关爱明天·普法先行”活动。三年来，县普法宣讲团的讲师深入到全县46间中小学校开展46场法治宣讲活动，受教育学生有2.3万多人次。（3）开展禁毒宣传进校园活动。举办全民禁毒宣传进校园暨“禁毒护苗大开讲”活动和“禁毒宣传进校园，我为青春添光彩”专题宣传教育活动，通过播放视频、发放宣传册等形式生动形象宣传毒品知识，提高青少年禁毒意识和防毒能力。3.加强法治文化建设和普法宣传创新。（1）抓好普法广场舞的普及，在县城以及各镇推广普法广场舞，让群众在休闲健身中受到法治文化的熏陶。（2）开展“互联网+法治宣传”行动。利用微信公众号、公共场所LED电子显示屏、县城人口较集中小区户外灯箱等多角度宣传法律法规，传播法治资讯、引导法治舆论。（3）开展“‘12·4’全国法制宣传日暨法治广东宣传教育周”活动，组织举办大型广场法律咨询活动和“法润梅州·平安万家”法治文艺巡回演出，通过挂图、横幅、宣传栏、宣传标语、宣传资料等多种形式开展普法宣传教育，形成尊法学法守法用法的良好氛围。4.深入开展法治创建活动。申报61个村（社区）为“全省民主法治村（社区）”，其中长田镇官仁村申报“全国民主法治示范村（社区）”，申报广东电网梅州平远供电局为“法治文化建设示范企业”。做好法治县创建工作，推进法治平远建设。

2017年12月4日，在人民广场举办“法润梅州·平安万家”梅州市法治文艺巡回演出

【法律服务】　2017年，平远县司法行政系统打造“大服务”格局，服务经济社会发展和保障改善民生。1.继续推进“一村（社区）一法律顾问”工作。22名律师担任全县143个村（社区）的法律顾问，实现全覆盖。村（社区）法律顾问积极回应群众关切，解释群众疑惑，化解群众矛盾，提高镇村干部群众的法律意识，推动基层的依法治理。2017年，全县村（社区）法律顾问为村（社区）及群众解答法律咨询1207人次，提供法治宣传554场次，参与纠纷调解20宗，办理法律援助案件1宗，出具专业法律意见31份，其他法律服务事项263件。2.强化法律援助工作。完善镇村法律援助网络和县司法局法律援助中心规范化建设，扩大法律援助范围，将刑事法律应当援助扩大到侦查、起诉和审判三个阶段，对困难职工援助从工伤、欠薪扩展到家庭婚姻保障方面，突出抓好农民工法律援助工作，不断完善法律援助受理登记制、法律援助律师值班制、法律援助与“一村（社区）一法律顾问”制度的衔接机制，全面畅通困难群体维权“绿色通道”。2017年，办理法律援助案件109宗（其中民事案件106宗，刑事案件3宗），接待来访和来电咨询721人次，代写法律文书221份。3.提升公证服务水平。加大公证宣传力度，扩宽公证证源，参与县重点项目和民生工程的现场公证，坚持提供上门服务、延时下班、预约办证、节假日办证和减免公证收费等服务，不断提升公证服务水平，满足公众公证服务需求。2017年，办理公证459件，为19位困难群众减免公证费3800元。4.发挥县重点工程法律服务团和信访工作律师团的作用。参与旅游景区建设、工业园区建设、梅平高速、南区市场片区改造等重点工程项目的研判，为平远县重点工程项目建设提供法律保障。参与全县信访接访工作，协助重大、复杂、疑

难信访案件的处理，引导上访群众理性、依法表达诉求。2017年，律师参与县重点工程项目的研判26场次，参与修改重点工程投资合同19份，安置补偿协议49份，提供法律意见26份，派出律师实地处理重点工程法律事务20场次，现场公证12人次。派出律师参与陪同县领导信访接访24人次，参与疑难复杂信访案件研办8场次。5.加强公共法律服务平台建设。加强县镇村（社区）法律服务中心或法律服务工作站建设，为群众提供“一站式”法律服务。开通“平远法律服务”微信公众号，网友随时点击可获得相关的法律知识和法律服务。建立村（社区）法律顾问微信群、QQ群，通过互联网加法律服务的形式及时解决老百姓的法律服务需求。6.抓好司法行政案例编写工作。按照司法部、省司法厅、市司法局的统一部署，做好平远县司法行政的案例编写工作，全面完成22个选题的案例编写。

【社矫安帮工作】　2017年，平远县司法行政系统抓好社矫安帮工作。1.抓好社区矫正十件民生实事的落实。投入60多万元，完成社区矫正中心报到登记大厅、社区矫正宣告室、心理矫治室、矫正教育室、监控指挥室、警务检察室、教育培训室、远程视频帮教会见室、档案资料室等各功能室的建设，提升社区矫正人员和刑释人员的教育管控水平。创新管理方式，与县法院、县检察院、县公安局等社区矫正主要成员单位联合开展社区服刑人员大考察活动。开展社区矫正人员电子手环定位监控工作，增强社区矫正执法的严肃性和震慑力，确保社区服刑人员不脱管、不虚管。做好不服从监管社区服刑人员的收监执行工作，达到警示效果。从2009年到2017年，平远县累计接收社区服刑人员495人，累计刑满解矫417人，仍在接受社区矫正78人（其中缓刑77人、暂于监外执行1人）。2017年当年接收59人，解矫60人。全县社区服刑人员无脱管、漏管发生，维护全县社会的和谐稳定。2.加强刑释人员安置帮教工作。落实刑释人员衔接和信息处理工作，以实现衔接、管控的无缝对接，最大限度防止脱管、漏管。切实加强教育帮扶力度，制定有针对性的帮教方案，开展多种形式的形势政策、法律法规、思想道德教育。解决刑释人员的实际困难，帮助4名刑释人员落实低保，26名刑释人员落实临时救助。落实就业帮扶，安排120多人参加县人社局举办的就业培训，帮助70多人安排到安置帮教实体就业或其他企业就业，确保刑释人员顺利融入社会。2017年全县在册安帮人数392人，其中衔接刑释解教人员120人，核实率100%，接收率100%，帮教率100%，安置率100%，无重新违法犯罪发生。

【人民调解工作】　2017年，平远县司法行政系统抓好人民调解规范化建设工作。村（社区）换届选举后，对全县155个镇村（社区）调委会和10个行业性、专业性调委会调解员队伍进行集中培训，各调委会基本达到规范化建设要求，实现标牌、印章、标识、程序、制度、文书“六统一”，夯实调解工作基础。开展矛盾纠纷“大排查、大调解”专项活动，落实每季度一次的矛盾纠纷分析研判制度。加大人民调解宣传力度，组织律师深入各镇召开人民调解工作推进会，培训镇村（居）调解员。在平城花园、优山美地、翠拥华庭、金色华府、官田小区、新田花园、迎宾馆等居住比较集中的大型住宅区设置电子显示屏宣传人民调解工作；征订人民调解杂志、印制人民调解宣传贴画和资料汇编，发至全县各镇、各村（居）和各村（居）民小组。加强边界纠纷的联防联调，主动与江西省寻乌县司法局沟通联系，促成八尺镇与江西省寻乌县南桥镇签订边界矛盾纠纷联防联调协作协议，把边界地区的矛盾纠纷解决在基层，解决在边界，解决在萌芽状态。接受县人大常委会执法检查组对《中华人民共和国人民调解法》实施情况的检查，得到检查组一致肯定。加强对人民调解工作的指导和对人民调解员的培训学习，提高调解员的业务水平。加强镇级调委会基础设施建设，规范业务和制度建设，推进人民调解工作，维护社会稳定。2017年，全县镇、村调解组织受理各类社会矛盾821宗，调解821宗，调解率100%；调解成功816宗，调解成功率99.4%；排查纠纷718次，防止民转刑案件2宗4人，防止群体性上访1件5人。

（马育芳）

2017年6月26日，平远县司法局在官田广场开展禁毒宣传日活动

2017年度平远县司法局负责人名录

局　长：谢婷章

副局长：谢　彤　余均权　曾伟红（女）

军　事

【概况】　2017年，平远县人民武装部在军分区党委的领导下，立足实际情况狠抓各项工作落实。全面深入开展教育实践活动，大力加强党的组织建设，训练工作的中心意识树得更牢，战备秩序更加规范，正规化建设进一步提升，部队整体安全稳定，圆满完成上级赋予的各项工作任务，全面建设水平稳步提高。

【思想政治建设】　2017年，平远县人民武装部坚持把思想政治建设摆在各项建设首位。1.抓好理论武装和铸魂育人。中共十九大召开后，在同步参加上级组织的理论辅导的同时，制订详细的学习计划，建立严格的考勤和学习成绩登记制度。将十九大报告进行分解，安排党委委员和外请教授进行辅导授课3次；干部职工每人1份十九大报告，新版党章1本，要求每人手抄党章1份；组织干部职工和专武干部到古田会议旧址开展“维护核心 铸牢军魂”主题党日活动；组织十九大应知应会理论测试3次；营区悬挂横幅1条，条幅2条，专题版报2版。党委中心组四个专题理论学习落实，针对改革任务调整，党委委员就人武部担负的新职能开展理论调研，形成调研成果2篇。2.贯彻落实军委主席负责制。党委集体学习《关于全面深入贯彻军委主席负责制的意见》及有关评论报道，并将宣讲提纲列为十九大学习党课辅导内容。党委将政治纪律和政治规矩挺在最前面，从思想上提升政治站位，从底线上划出红线禁区。3.注重教育引导建设“四铁”部队、培养“四有”新时代革命军人。“两学一做”主题教育三个专题学习深入扎实，党小组开展“十二个是非问题”讨论；通过党委专题民主生活会和支部组织生活会，每名党员干部亮思想、查不足、表决心，党委书记点评委员、支部书记点评党员都直面问题；部首长特别注重经常性的思想教育，借助交班、文件传达学习时机经常教育引导干部职工，干部职工的工作状态明显提升。4.注重意识形态工作和宣传报道文化工作。全分区首个建成互联网舆论监控室；成立新闻宣传小组及时宣传单位工作亮点和特色，全年报刊投稿12篇，录用刊登6篇；文化活动丰富多彩，排练录制强军风采节目《战友你还记得吗》，排练合唱节目《我的祖国》参加县纪念建军90周年晚会，组织干部职工读书《习近平的七年知青岁月》。

【党委班子建设】　2017年，平远县人民武装部坚持把班子建设作为关键来抓，在全面建设中发挥坚强的核心领导作用。1.提升党委班子团结共事的能力。党委班子注重强化理论武装，强化党性观念，坚定团结的思想基础。注重运用好“十六字”方针规范党委工作，凝聚谋事的智慧力量，班子成员之间加强情感交融，营造良好友谊氛围。“一班人”政治上相互信任，顾大局，讲原则，互相支持，拾遗补阙，共同提高。困难面前不推诿不避让，荣誉面前不争不抢不自私，“一班人”做到合心、合力、合拍。2.提升实干创业的能力。党委班子从抓好学习入手，拓宽视野，提高思维层次，提升谋划能力。突出抓好作风建设，常抓不懈，狠抓不放，党委班子始终保持作风过硬，树好形象，立起威严，提升各项工作的执行力。

2017年7月27日，中共平远县委书记宋才华（右）到平远人武部进行“八一”慰问活动

【军事训练】 2月13日至22日，平远县人民武装部进行专武干部和民兵营长集训，参训人员169人（其中专武干部26人、民兵营长143人），时间10天（专武干部训练7天，民兵营长训练3天），训练主要内容包括队列训练、国防动员业务知识（兵役登记组织与实施、民兵组织整顿工作、征兵业务知识）、政治教育等课目。5月4—15日，进行民兵轻舟分队集训，参训人员25名，时间12天，采取集中训练的形式，主要进行冲锋舟及操舟机基本常识、冲锋舟操作与使用、编队航行、解救群众与打捞物资等内容的训练。

【征兵工作】 2017年，平远县人民武装部认真贯彻习近平主席关于加强和改进兵役工作重要指示精神，以征兵政策法规为依据，以提高兵员质量为目标，以确保征兵廉洁为底线，圆满完成夏秋季征兵工作。在征兵工作中，严格落实《广东省“阳光征兵”实施办法》和《梅州市“阳光征兵”若干规定》，无一例退兵，“五率”量化考评99.5分，兵员质量历年最高。

【国防动员工作】 2017年，平远县人民武装部加大党管武装力度，稳步推进民兵训练基地综合楼（阳光酒店）回收工作和国防教育训练基地建设，顺利进行民兵训练基地综合楼改造工程。先后6次召开国防训练基地工作推进会，县长刘许川带领相关职能部门人员经过6次选址，最终确定在某某镇某某村规划建设占地一定规模的国防教育训练基地，工作处于加快推进之中。民兵训练基地综合楼（阳光酒店）改造工程完成网络舆情监控室、室内训练馆建设，二楼应急分队宿舍、饭堂和三楼电教室改造工程正在展开。县委议军会议组织学习习近平主席强军思想和国防动员系统新的职能，并研究人武部的大项工作。

【基层武装部建设】 平远县人民武装部2014年在石正镇武装部进行正规化建设试点，将石正镇武装部作为样板，考虑到各镇实际情况，2017年着重抓好大柘镇武装部和泗水镇武装部的正规化建设工作。注重加强专武干部的选配和教育培训工作，专武干部的号令意识有所增强，都能认真履行自己的职责并完成人武部交办的各项任务。

（县人武部）

2017 年度平远县人民武装部负责人名录

部　长：王士刚

政　委：周玉奎（任至7月）

副部长：裴中秋（7月起任）

2017年1月23日，县人武部政治工作科汇同县民政局相关负责人到八尺镇为新兵军属挂光荣军属牌

农业·水利·气象

农业农村工作

【概况】 2017年，平远县农业主管部门转变全县农业发展方式，加快现代化农业建设，全力推进农业供给侧结构性改革，农业现代化水平不断得到提升，农业农村经济稳步向前发展。2017年全县农业生产总值17.96亿元，比增-6.5%，农、林、牧、渔业增加值11.4亿元，比增2.4%，农村居民人均可支配收入15223元，比增9.4%。

【特色产业】 2017年，平远县农业局围绕脐橙、南药、油茶、优质稻、茶叶等五大特色产品为重点，大力发展特色产业。1.推广无病毒苗木，扩大脐橙种植。以抓好黄龙病防控为目标，推广种植无病毒苗木，掀起新一轮脐橙种植高潮，重点抓好仁居、八尺原旅游线路老脐橙基地的改造，2017年全县种植脐橙脱毒苗2595亩（173公顷），备耕3000亩（200公顷）。2.打造“客家炒绿”品牌，发展茶叶产业。在梅州历史八大名茶中，平远县占有锅孖茶和南台茶2个，该县是梅州的历史产茶区。为进一步打响平远县茶叶品牌，平远县农业局指导县茶叶协会牵头，统一全县茶叶品牌积极打造具有平远地方特色的“客家炒绿”品牌，发展茶叶产业。2017年新发展茶叶种植795亩（53公顷）。3.新型经营主体不断壮大。通过培育新型农业经营主体，有效带动全县农业生产的发展。至年底，全县有农民专业合作社417家，各级龙头企业55家，家庭农场72家。

2017年3月30日，平远县三月三“客家炒绿”茶香节开幕场景

【农村土地确权登记及土地流转】 2017年，平远县农业局做好农村土地确权及土地流转工作。1.该局按照“试点先行、以点带面、严格规程、有序推进”的总体思路，于2014年9月正式启动农村土地承包经营权确权登记颁证工作。2017年，该局发动全局力量抓好土地确权登记颁证工作。全县实测耕地面积23.20万亩（1.55万公顷），实测率98.5%；颁发经营权证书46229本，颁证率94.92%。全面完成省要求至2017年10月完成90%以上的任务。2.建立联动机制，合理引导土地流转行为。在坚持“依法、自愿、有偿”“三个不得”“稳制、分权、搞活”和“规范流转、规模经营”的土地流转基本原则基础上，紧紧围绕脐橙、油茶、南药、茶叶、优质稻等五大特色产业发展，坚持走多种联合、合作方式流转以及相对集中、连片开发经营之路，促进土地流转。2017年，重点抓好东石镇明洋村1000亩（66.7公顷）牧草基地土地集约经营土地流转示范基地建设，至年底，全县流转承包经营耕地面积11775亩

（785公顷），占耕地总面积的10.33%；签订农村土地流转合同278份，涉及农户数2986户，占总农户的5.86%。

【农产品质量保障】　2017年，平远县农业局围绕质量强县创建活动，通过加强对蔬菜、水产品等的抽样检测，加强对农资经营门市的监管，强化农业综合执法，从源头上确保全县农产品质量安全。全年出动1724人次进行农业执法，检查农资门店651家次，抽检种子、化肥、农药等农资318份，查处4宗违法行为。全年抽查农产品、水产品2349份样品，其中送省、市检测样品148份，合格率99.32%，居全市第3名。全年未出现安全事故。

【农产品品牌认证】　2017年，平远县农业局为进一步提高平远县农产品的知名度，积极引导和支持农业企业做好“三品一标”认证工作。该县新认定无公害农产品7个，经国家认证的无公害农产品50个、绿色食品9个、有机食品7个，省级名牌产品6个。2017年，平远源丰农业发展有限公司的“石正岩韵”乌龙茶被评为省级名牌产品，在省第二届名特优农产品评选中“平远脐橙”被评为区域公用品牌；在省第十二届茶叶质量竞赛评比中，平远县园山湖农业开发有限公司的“南台一品红”红茶、“南台翠绿”绿茶同时荣获金奖。

【农业面源污染治理】　2017年，平远县农业局组织实施农业面源污染治理工作，重点加强县城水源水质保护。在中行、河头两镇开展农业面源污染治理项目，通过宣传发动，2个镇有15个村1914户农户自愿参与项目，参与水稻种植面积10930.5亩（728.7公顷）。该局积极向农户宣传项目知识，推广水稻配方施肥和“三控”施肥技术及水稻病虫害综合防治技术。推广水稻配方肥353.73吨、电动喷雾器1053台、生物农药及高效低毒农药约3.623吨，总销售额为203.77万元，总补贴项目农户62.37万元。通过项目实施，农户环保意识不断增强，项目区每亩地全年减少化肥施用量105.82公斤，平均每亩地农药用量仅为0.88公斤，比上年减少54.87%，节约农药成本68.27元。

【农业科技】　2017年，平远县农业局从三方面加大农业科技创新力度，促进农业提质增效。1.加强技术培训。结合新型职业农民项目实施，采用请进来、走出去的方式组织20期2000多人次参加脐橙、油茶、南药、茶叶、优质稻等五大特色产业技术栽培培训班。邀请省、市专家到平远县为学员授课或组织学员到外地学习先进经验。2.大力推广良种良法。按照“良种+良法+产业化”思路，积极探索，大胆创新，继续加大新品种、新技术的推广力度。2017年，主推适宜于平远县种植的五优376、吉田优16、聚两优751、仲恺花1号等新品种，并积极推广测土配方施肥、农田节水、病虫害综合防治、稻田养鱼等先进技术。3.提高农业企业科技含量。为积极引导农业企业做大做强，发展精深加工，延长产业链，提高产品附加值。该局积极协助飞龙公司做好20万吨脐橙精深加工及附属产品综合利用开发项目，项目设备组装进入调试阶段。协助威大地公司引进一条年加工能力2万吨葛粉系列产品生产线。积极引导企业注重品牌的开发、保护和利用，不断提高产品科技含量和档次质量，使农产品附加值实现最大化。

【农旅融合】　2017年，平远县农业局根据实施休闲农业与乡村旅游战略要求，促进农村第一产业、第二产业及第三产业融合发展。重点推进新大地、飞龙脐橙产业园、金穗休闲山庄等项目建设，打造一批农旅融合的现代农业示范基地和品牌农业示范公园。结合“全域旅游示范县”创建活动的开展，全县选择18个农业庄园打造农旅融合示范点，大力发展休闲农业与乡村旅游。在上年度平远县被农业部评为“全国休闲农业与乡村旅游示范县”的基础上，2017年11月，金穗生态农业有限公司获评“全国休闲渔业示范基地”；曼佗山庄被评为“广东省农业公园”称号。进一步打响平远县休闲农业与乡村旅游品牌，促进农村产业融合发展。

【农村电商】 2017年，平远县农业局利用平远县地处粤闽赣三省交界的地理优势，结合全县农产品品种齐、数量大、质量优等特点，积极做好华泰农兴农产品交易市场建设。在华泰农兴的带动下，全县各镇、村都建有农村电子商务中心、驿站，搭建起连接生产、加工、销售三个环节的农产品电子商务平台。进一步拓宽农村资源流通渠道，为平远县农特产品插上“互联网+”翅膀，有力地解决农特产品买、卖难的问题，从而促进农业增效、农民增收。

（县农业局）

2017年4月20日，省农业厅厅长郑伟仪（中）到平远调研

种植业

【粮食生产】 2017年，平远县水稻、甜玉米等主要粮食作物生产稳定发展。全年完成粮食播种面积1.63万公顷，总量产9.02万吨，面积、产量与上年同期基本持平。1.加强良种良法推广和技术指导。综合推广超级稻高产栽培技术、水稻三控技术、水稻抛秧技术、水稻测土配方施肥技术、甜玉米无公害栽培技术、甜玉米育苗移栽培技术和病虫害综防技术等。大力推广以超级稻为主的高产优质的良种品种，该县主要粮食作物良种覆盖率95%以上。2.抓好种粮补贴政策贯彻落实和参保。2017年，完成耕地地力保护补贴发放工作。按家庭联产承包面积登记核实补贴面积7939公顷，补贴金额1253.29万元。全年水稻参保35817户，两造水稻投保面积为11145公顷。3.加强基础设施建设。投资总额1828.5万元，完成大柘、石正、差干、仁居等4镇10个村813公顷2015年度高标准基本农田建设任务。4.做好春收农作物管理工作。2017年冬种面积0.33万公顷，其中粮食作物0.07万公顷、蔬菜0.13万公顷、其他0.13万公顷。冬种示范办点大柘镇东片村种植大蒜20公顷。

（县农业局）

水产养殖

【水产养殖】 2017年，平远县水产放养面积1218公顷，水产品总量10020吨，产值11022万元。在做大做强白玉蜗牛产业的基础上积极推广先科巨鲫养殖，同时探索稻田养鱼技术的推广。1.积极做好水产品质量安全监督检查。在水产品质量安全专项整治工作中，平远县农业局出动执法人员47人次，检查县内47家（次）的水产生产经营企业或养殖场。全年抽检监督水产品（种苗、水或沉积物）13批次，其中抽样检验12个样品（种苗、水或沉积物），监督14个样品，药物残留快速检测32个样品（水或沉积物），检测结果为全部合格。2.积极开展渔业科技入户工程工作。重点培育白玉蜗牛产业，发展大田养殖试验，室外养殖面积6.71亩（0.45公顷），年产蜗牛206多吨，产值330万元，积极打造白玉蜗牛健康养殖示范园；大力推广先科巨鲫养殖，全年养殖面积0.05万公顷，产值1680万元。3.做好渔政执法工作。该局加强宣传禁止在公共水域毒鱼、电鱼、炸鱼等违法行为，2017年，发放渔政的宣传资料600多份，下乡执法20多人次。　（平远县农业局）

2017年度平远县农业局负责人名录

局　长：林　波（任至2月）
　　　　黄新生（2月起任）
副局长：杨劲松　李小林　韩垂文
　　　　张文萍（女）

畜牧兽医

【概况】　2017年，平远县肉类总产量2.02万吨，畜牧业总产值5.5亿元，畜牧业总产值占农业总产值30%。全年生猪出栏14.58万头，家禽出栏168.36万羽，牛、羊出栏1.22万头，蜂蜜产量460吨。

【养殖管理】　2017年，平远县畜牧兽医局做好养殖管理工作。1.科学规划畜禽养殖布局。立足资源、环境承载力，服务城镇化和生态文明需要，依法推进畜禽禁止养殖区、限制养殖区和适宜养殖区“三区”划分工作，指导各镇基本完成“三区”划分工作，部分镇已启动禁养区养殖场关闭工作。组织起草现代畜牧业布局规划，为依法规范畜禽养殖行为、促进畜牧业可持续发展，保障公共卫生安全、食品安全和生态安全打下坚实基础。2.加强养殖业污染整治工作力度。严格按照《关于印发平远县养猪业污染问题专项整治工作方案的通知》精神，要求各镇做好辖区内的整治摸底调查工作，严格规划、依法划定畜禽养殖禁养区、限养区和适养区，按时间节点对禁养区的养殖场及时下达拆除、搬迁通知书，对限养区与适养区的养殖场及时下达整治通知书。组织相关站所精干人员会同县整治办共同做好限期整治工作，适时到各镇进行养殖业污染治理进度督查，组织财政、环保等人员对拆除养殖场进行现场验收。

【防疫检疫管理】　2017年，平远县畜牧兽医局全力做好防疫检疫管理工作。1.抓好动物防疫工作。（1）全面部署动物春秋两季防疫工作，要求各镇确保免疫密度，强化疫情监测，重视养殖场、畜禽交易市场等重点地区的消毒灭源。同时，订购春秋两季防疫所需的禽流感、口蹄疫等重大动物疫病疫苗和消毒药物，做到科学调拨，保障春秋两季防疫物资供应。免疫后及时对各镇落实情况进行检查，指出存在的问题，确保春秋两季防疫的免疫效果。（2）加强动物检疫工作。根据《中华人民共和国动物防疫法》《动物检疫管理办法》等法律法规，该局严把检疫关，做好动物检疫工作，产地检疫做到有报必检。2017年，检疫猪7.07万头、牛152头、鸡2.71万羽。每天派兽医对县屠宰场、石正屠宰场及仁居屠宰场实施屠宰检疫，全年三个屠宰场共检疫猪、牛4.4万头，未出现肉食品安全事件。（3）加强畜牧系统突发事件、风险隐患的排查及整改。利用动物春秋防检查集中时段，组织专业技术人员，由分管副局长带队，随机对全县80多家养殖场（户）进行抽查，重点查看动物防疫、饲养投入品使用、养殖生产档案、消毒制度、病死畜（禽）无害化处理等情况。经抽查，各镇动物防疫工作均落实较好，未发现违规使用饲养投入品以及乱扔病死畜（禽）等违法行为。2.全力抓好H7N9流感和小反刍兽疫防控。要求各镇突出抓好动物H7N9禽流感和小反刍兽疫防控，不定期派出专业技术人员和执法人员对活禽交易市场、养禽场、养羊场等进行严格监督检查，消除隐患，从源头上杜绝禽流感、小反刍兽疫疫情的发生。2017年，该县没有发生H7N9流感和小反刍兽疫疫情。

【屠宰管理】 2017年，平远县畜牧兽医局加强屠宰管理。该局为规范该县肉食品市场秩序，确保全县人民肉食品安全，按照《广东省生猪屠宰“扫雷行动”实施方案》要求，坚决打击取缔私屠滥宰行为，全年出动联合执法人员1500人次、200多车次，查获未经检疫私宰猪肉约120千克。对查获未经检疫私宰猪肉全部进行现场拍照取证，记录、出具查扣通知书并进行无害化处理。

【动物产品监管】 2017年，平远县畜牧兽医局抓好动物产品监管。1.建立肉食品安全承诺制度，健全肉食品安全追溯体系。为全县辖区内畜禽养殖场、兽药经营单位和屠宰场（点）建立信息档案，要求各生产经营单位签订《动物及动物产品质量安全承诺书》和《生猪屠宰场肉品质量安全承诺书》。做好畜禽产品溯源制度，做到一畜一标识，严禁未佩戴相关动物标识的畜禽流通及屠宰。2.加大动物及动物产品违禁药物抽查。认真做好日常屠宰环节“瘦肉精”抽检监督。全年抽检7230份生猪尿样，检测结果全部合格，保障该县畜产品质量安全。

【执法监督】 2017年，平远县畜牧兽医局积极做好执法监管工作。1.加强动物卫生监督执法工作。出动执法人员655人次，加强对全县83家规模畜禽养殖场的防疫、畜牧业投入品使用（主要是兽药、饲料使用）、养殖生产档案、消毒制度、“瘦肉精”监测、病死畜（禽）无害化处理等监督检查，未发现违规使用兽药以及出售病死畜（禽）等违法行为。2.加强畜牧业投入品安全监管。出动执法人员155人次，检查全县辖区内兽药店（公司）17家，重点检查兽药店环境卫生，兽药进、销、存记录台账等项目。经检查，各兽药店均能规范经营，做好相关经营台账，未发现销售假劣、违禁兽药等违法行为。

【技术推广】 2017年，平远县畜牧兽医局重视技术推广。1.大力推广“规模养猪场废弃物添加微生物发酵综合利用技术”。开展畜禽粪污处理示范创建活动，以猪场废弃物添加微生物发酵综合利用技术为主推养殖模式，在政策和技术服务上重点倾斜，该技术的推广运用既能解决养猪场污染问题，又能实现废物利用。该县总体技术水平达到省内先进。2.发展草食型节粮型畜牧业。认真落实《平远县继续实施畜牧品种改良促进畜牧业发展议案（五年）总体实施方案》、大力推广实用饲养技术等，促进肉牛、肉羊、肉兔等草食动物的生产发展。经过近几年的试验示范，该局专家积极开展青贮饲料品质实验室鉴定和感官鉴定，通过研究掌握饲料青贮技术的关键技术，制定符合该县生产实际的《青贮饲料品质鉴定标准》。“墨西哥类玉米草栽培技术”推广效果取得重大突破，2017年，80亩（5.33公顷）类玉米草平均亩产4700千克。

【执法队伍建设】 2017年，平远县畜牧兽医局做好队伍建设工作。1.加强防疫安全协管员队伍建设。按拟定的《平远县村级动物防疫员工作职责及考核办法》，明确工作职责，细化考核办法，加强对村级动物防疫员的管理。积极推进村级动物防疫员队伍改革，着力建立一支职业化、专业化、年轻化的基层防疫安全协管员队伍。2.加强对行政执法人员行业法律法规和专业知识的培训。（1）严格执法资格认证，规范执法行为。执法人员必须参加畜牧业法律法规和专业技能培训，考试合格后，方能上岗。（2）加强培训，提高执法素质。2017年，先后3次派员参加广东省农业厅举办的农业执法培训班，重点学习新修订的《中华人民共和国动物防疫法》《中华人民共和国食品安全法》《中华人民共和国行政许可法》和《中华人民共和国行政处罚法》等法律法规及法律文书的制作，提高执法人员的理论水平和业务素质，提升依法行政水平。（盛 富 姚雪军）

2017年4月27日，省农业厅副厅长、省畜牧兽医局局长郑惠典（左二）到梅州市金穗生态农业发展有限公司调研 （肖艳芳 摄）

2017年度平远县畜牧兽医局负责人名录

局　长：刘永安

副局长：林志强　盛　富

农业机械管理

【概况】 2017年，平远县农机化保持较好的发展势头，全县拥有各种农业机械23087台（套），折合总动力87465千瓦。各类拖拉机1219台（其中大型拖拉机3台），联合收割机299台，拖拉机配套农机具978台，微耕机2543台，农用排灌机械3984台，田园管理机193台，机动脱粒机12505台，农产品初加工机械1575台，畜牧养殖机械811台，渔业机械1394台，基本建设机械137台。机耕面积13516公顷，机耕率97.94%；机收面积9595公顷，机收率69.53%；机插面积67公顷；机灌面积6460公顷。水稻机械化综合水平60.19%。农机经营服务总收入1857.02万元。

【农机购置补贴落实】 2017年，平远县农业机械管理局（以下简称“平远县农机局”）购置补贴落到实处。中央财政下达平远县农机购置补贴资金45万元，全县补贴各类农机具276台（套），落实补贴资金43.181万元，271户农民直接受益，带动农民直接增加对农机化的投入177.92万元，有力地推动现代农业发展项目的建设，优化农机装备结构，提升农机科技含量。具体操作方面，严格遵循有关要求，坚持公开、公平、公正、阳光透明的原则，确保农民直接受益，开展4次农机购置补贴涉农领域整治工作，有效防范违规违纪现象的出现，提高农民的满意度。

【服务体系完善】 2017年，平远县农机局从四方面健全新型农机社会化服务体系。1.把农业合作社建设作为一项重要的工作来抓。加强合作社建设宣传和引导，建立健全该县农机合作社档案，通过成立合作社的方式，整合农机资源，利用现有机械和吸收外来机械的方式，实行耕、耙、播、收、全程机械服务，解决一家一户干不了的事情，发挥良好的示范带头作用，实现较好经济效益和社会效益。2.加强农机推广体系改革与建设。按照《国务院关于深化改革加强基层农机推广体系建设的意见》要求，加强基层农机推广机构建设，探索适应新形势要求的农机推广新模式。建立完善以基层公益性、农机推广机械为主导，农业机械经营合作服务组织、农机大户为主体，农机科研、教育和生产，流通企业广泛参与，分工协作，服务到位，充满活力的多元化基层农机技术推广服务体系，做好农机推广运行机制创新。3.认真做好农机职业技能鉴定工作。全县12个镇全面开展农机职业技能鉴定工作，培训鉴定农机修理工12人，开展对农机维修网点及其从业人员资质的整顿检查，促进全县农机维修业的发展。4.加大农机技术培训力度，抓好农机培训工作。平远县农机局克服培训场地不足等条件，利用科技下乡、开办技术培训班的形式，积极开展拖拉机、联合收割机及新型职业农民培训项目，创新培训办学方法，开拓农机培训新途径，到年底，组织培训农机人员108人。其中，手扶拖拉机驾驶员8人次；变形拖拉机驾驶员20人次；收割机、起垄机操作人员30人次；其他农机具操作人员50多人次。（县农业机械管理局）

2017年度平远县农业机械管理局负责人名录

局　长：韩小荣

副局长：王亚平　卓衍龙

林　　业

【概况】 2017年，平远县林业局牢固树立和践行绿水青山就是金山银山的理念，紧紧围绕“扩绿、提质、增效”目标，以“树养人丁水养财”的林业发展思路，发力生态建设，维护生态安全，推动绿色发展，林业各项工作取得新成效。至年底，全县林业用地面积163.2万亩（10.88万公顷），森林面积161.89万亩（10.79万公顷），森林蓄积量827万立方米，森林覆盖率78.35%。

【造林绿化】 2017年，平远县林业局造林绿化任务全面完成。按照新一轮绿化广东大行动的要求，大力开展植树造林工作，深入实施森林碳汇、生态景观林带、森林进城围城、乡村绿化美化等四大林业重点工程建设，完成造林更新面积3.51万亩（2340.4公顷），森林抚育5.05万亩（3368.4公顷），建设乡村绿化美化示范点10个（其中省级示范点3个），新增镇级森林公园1个——横水镇级森林公园，实施废弃非煤矿山复绿面积3万平方米。

【资源管护】 2017年，平远县林业局加强资源保护管理。1.加强森林采伐限额管理，发放林木采伐许可证309份、采伐蓄积3.19万立方米。规范征占用林地审核审批，办理征占用林地手续25宗、面积79公顷，缴纳森林植被恢复费1032.39万元。2.做好行政审批事项电子化办理工作，核发木材运输证780份。完成全国第九次森林资源连续清查30个境内连清点调查，森林资源二类调查工作扎实推进。3.组织开展“2017利剑行动”“严厉打击非法占用林地等涉林违法犯罪专项行动”，查处各类林业案件160起，其中行政案件158起、刑事案件2起。

【灾害防控】 2017年，平远县林业局全面加强森林防火和林业有害生物防治。1.修订完善《平远县森林火灾应急预案》，全面完成梅州西片森林重点火险区综合治理三期工程建设项目并通过省级验收，建成林火远程视频监控系统2套，补充购置防火物资一批，完成沿山脚防火线20千米，成功召开湘粤赣闽边界护林联防委员会第一联防区56次会议，实现全年无重特大森林火灾和人员伤亡事故。2.科学加强林业病虫害防控，实施林业有害生物调查监测面积310万亩（20.67万公顷）次，林业有害生物防治作业面积2.78万亩（0.185万公顷）次，无公害防治面积3205亩（213.67公顷），无公害防治率100%。

2017年4月21日，国家林业局森林病虫害防治总站副站长闫俊（正面排右三）到平远督导调研松材线虫病防治工作　　（谢远　摄）

【林业产业发展】　2017年，平远县林业局充分发挥龙头企业带动作用，加快推动林下经济发展，把生态优势转化为经济优势。至年底，全县林下经济经营面积42.6万亩（2.84万公顷），年产值达12.4亿元，广东新大地生物科技股份有限公司、梅州绿盛林业科技有限公司被认定为2017年广东省林下经济示范基地。全省深化集体林权制度改革现场会的现场参观点全部选在平远，分别为华清园、新大地和马山村，充分展示该县深化林改和发展林下经济取得的成果，受到与会领导和参会代表的好评。

【林业发展创新】　2017年，平远县林业局加快林业改革步伐。1.进一步深化集体林权制度改革，完成精准确权并发放林权类不动产权证书15宗，发证面积78.5亩（5.23公顷）；办理林权变更登记38宗，面积500多亩（33.33公顷）；办理抵押登记3宗，面积800多亩（53.33公顷），抵贷金额1850万元。2.加大山林纠纷调处力度，成功调处山林纠纷43宗，解决争议面积2365.1亩（157.67公顷）。3.持续推进国家公园体制试点工作，聘请广州大学、华南农业大学、省生物所等5个科学考察团队，对平远国家公园规划区进行综合科学考察，编制《平远国家公园综合科学考察报告》，顺利通过省林业厅组织的专家组咨询。

2017年12月25—26日，全省深化集体林权制度改革现场会在梅州召开，省林业厅厅长陈俊光（前排左一）率队参观平远县华清园、新大地和马山村3个现场点（章田　摄）

【生态文化】　2017年，平远县林业局有力推进生态文化建设。1.组织开展全民义务植树活动，全县参加义务植树12.8万人次，尽责率91.43%。推进新一轮古树名木普查，补充调查古树名木180株，全县古树名木资源普查总数1254株，分属33科49属63种。2.加强生态文化基地建设，建成自然保护区宣教中心和生态教育径，完善南台山森林公园宣教设施。积极组织开展各类创建和评选活动，配合梅州“创森”取得良好成效，协助上举镇成功申报广东省森林小镇，南台山国家森林公园被认定为广东省首批四星级森林公园，广东平远龙文—黄田省级自然保护区获“中国最美森林”和“中国森林氧吧”称号。　（郑　萍）

2017 年度平远县林业局负责人名录

局　长：罗益新

副局长：韩垂辉　余新荣　丘宝平　韩垂尚

广东平远龙文—黄田省级自然保护区

【概况】　2017年，广东平远龙文—黄田省级自然保护区管理处（以下简称“保护区管理处”）坚持保护优先、自然恢复为主的方针，加强基础设施建设和资源管护、科研监测、科普宣教等能力建设，努力打造生态文明窗口，有效维护国土生态安全，保护生物多样性、森林生态系统和野生动植物的栖息地、原生地，促进自然保护区持续、稳定、健康发展。

【资源管护】　2017年，保护区管理处深入推进生态资源保护工作。1.加强自然保护区专职护林员队伍建设，建立健全管护责任制，加强巡山护林，及时发现、制止、报告破坏自然资源的行为。2.组织开展突发事件风险隐患排查整改和森林火险隐患排查整改工作，切实维护林区社会稳定，确保森林资源和人民群众生命财产安全。3.积极配合县林业局开展严厉打击非法占用林地等涉林违法犯罪专项行动，严厉打击非法占用林地、非法猎捕买卖候鸟等野生动物、野外违规用火等涉林违法犯罪活动，依法管理保护区资源。4.开展“绿盾2017”自然保护区监督检查专项行动，对自然保护区人类活动遥感监测报告中所列68处人类活动情况进行实地核查并报告。

【项目建设】 2017年，保护区管理处继续推动能力建设项目的实施。1.全面完成畲脑宣教中心布展和黄田生态教育径项目建设工作，并进行自查验收。宣教中心布展面积260平方米，生态教育径全长8.5千米。2.实施2017年极小种群野生动植物资源拯救水松项目，项目资金20万元，主要内容是开展就地保护建设，包括苗圃建设及保育和监测、宣传等，项目已基本完成。3.实施林火远程视频监控系统项目，建设资金135.3万元，建设内容主要包括视频监控前端设备购置与安装、立杆建设、监控中心建设。

2017年4月11日，省林业厅副厅长孟帆（右三）到平远县调研自然保护区建设管理工作 （陈远忠 摄）

【巡查监测和科普宣教】 2017年，保护区管理处进一步加强巡查监测和科普宣教工作。1.加强日常巡查监测，不断扩大调查范围，2017年新记录到黑长肢林蛙、松雀鹰、白冠燕尾、棕脊蛇、香港后棱蛇、勾盲蛇、白腰草鹬、黑脸噪鹛等物种8种，其中鸟类4种、两爬类动物4种，进一步丰富野生动植物资源数据。2.加强野生动物疫源疫病监测，按照《陆生野生动物疫源疫病监测防控管理办法》的规定，强化应急监测防控机制，规范应急防控程序，严格执行监测防控信息日报告制度，无异常情况零报告制度。加强重点区域排查，加大对重点区域的巡查密度，特别是加强对黄田、富石、横水3个水库、自然保护区、森林公园等野鸟集中活动区巡查力度，提高监测防控措施的针对性和有效性。3.加强公众宣传教育，利用报纸、广播、电视、网络等媒体，以及采取印发资料手册、设立宣传牌、张贴标语等方式，进行科学普及和宣传教育，提高公众的生态保护意识。

【其他工作】 2017年，保护区管理处统筹兼顾协调推进各项工作。1.开展林业安全生产大检查，对单位消防和森林消防器材配备不齐全、老旧房屋缺少警示标识、生态教育径部分地段存在一定危险性等问题进行整改。2.积极寻求自然保护区与社区发展矛盾的破解途径，针对部分群众采伐人工杉林意愿强烈，而尚无法律和政策依据批准采伐的实际问题。采取资金补偿的办法来解决问题，保护区管理处已全面完成外业调查和公示，并制订补偿方案。3.大力推进平远国家公园试点的前期探索实践工作，积极配合开展平远国家公园综合科学考察，科考报告已通过专家论证。4.积极申报中国最美森林和中国森林氧吧，保护区成功入选首届“中国最美森林”榜单和第三批“中国森林氧吧”榜单。5.认真做好自然保护区范围边界矢量化、小水电调查摸底、生物多样性和生态监测、公务用车制度改革、接收广东生态工程学院学生来保护区实习等各项工作。 （郑 萍）

2017年度广东平远龙文—黄田省级自然保护区管理处负责人名录

主　任：罗益新

副主任：饶耀辉

水　　务

【概况】　2017年，平远县水务局按照省、市、县工作部署，突出服务民生、建设民生水利这一重点，扎实推进各项工程建设。全年实施山区中小河流治理、村村通自来水、城镇污水处理基础设施建设、2017—2018年村级污水处理基础设施建设、富石水库灌区加固改造、工业园工业供水、污水处理厂配套管网续建工程、东石河水毁修复工程、其他水利工程等9项12宗工程，积极推动平远县城乡供水扩容提质工程、风池水库工程立项、工业园污水处理厂配套管网工程等3项工程前期工作，全年完成投资3亿多元，为该县加快全面振兴发展提供有力水利支撑和保障。

【水利建设】　2017年，平远县水务局从七方面做好水利建设工作。1.小型水利工程管理体制改革。7月底完成小型水利工程管理体制改革任务，8月通过市级绩效评价验收。该次改革小型水利工程共2816宗。其中，小型水库39宗；堤围10宗；小型农田水利工程2538宗；农村饮水工程172宗；小型水电站57宗。2.农村饮水安全。全年完成10个镇村村通自来水工程建设项目宗数54宗，完成投资7372万元，日提升供水规模6030吨/日，村村通自来水工程受益人口14.38万人。3.山区中小河流治理。2017年，平远县山区中小河流治理工程主要是差干河治理工程项目及东石河治理工程。差干河治理工程项目批复投资为4800万元，治理河长28千米，清淤28千米，加固护岸6.2千米，新建护岸9.0千米；东石河治理工程批复投资为2523.24万元，治理河长15千米，清淤15千米，新建护岸9.7千米。4.富石水库灌区加固改造。该工程于2016年10月动工建设，2017年6月完工。总投资为2340万元。其中，省级1872万元；县自筹468万元。加固改造渠道总长25.36千米，加固、重建、新建各类渠系建筑物157座，恢复灌溉面积0.37万亩（0.025万公顷），有效改善灌溉面积0.45万亩（0.03万公顷）。5.工业园供水工程。该工程于2017年5月底全面完成，工程在富石水库西灌区富石二级电站压力前池下游约100米设置取水构筑物1座（包括明渠改造、蓄水池、中滤池等），敷设供水管道14.3千米，总投资2020万元，工程建成后最大日供工业用水能力2.3万吨。6.东石河水毁修复。该工程于2017年3月动工，至4月中旬全面完成，总投资200.02万元。维修加固凉庭村黄泥陂、汶水村田心陂和双石村塔3座陂头，重建护岸挡墙262.2米。7.崩岗治理工程。该项目总投资为220万元，主要分布在大柘、石正、河头、仁居、东石等5个镇7个崩岗，崩岗形式主要为混合形和条形，沟口宽度均小于100米，深度为15米以上。项目建设6座谷坊，644米截（排）水沟，种草4.45公顷，封禁治理6.74公顷。

2017年12月7日，水利部水保司副司长牛崇桓（左五）在县委副书记胡新文（右五）陪同下，到石正镇革命老区及原中央苏区牧场崩岗治理工作现场督导检查

【“三防”工作】 2017年，平远县水务局扎实开展“三防”工作。全年汛情较平稳，未出现较大洪涝灾害。至11月21日，降雨量为1680.6毫米，较常年多2.8%。至10月底，全县水库蓄水量为5232万立方米，较往年同期蓄水量5518万立方米少286万立方米。全年有2次较大灾情。1.受强降雨云系影响，6月2日至4日，该县普降大雨到暴雨、局部大暴雨，其中上举镇170毫米、泗水镇159毫米，强降雨导致泗水镇出现灾情，农田受浸50多亩（3.33公顷），受灾人口80人，经济损失43.1万元；上举镇转移人口40户104人。2.受2号台风“苗柏”残留云系影响，6月12日至15日，全县普降大雨，降雨量均在100毫米以上，最大降雨量仁居大畲坳达259毫米，导致全县12镇89个村10040人受灾，临时转移人口223人，各项直接经济损失1387.5万元。灾情中均无人员伤亡。

【水利管理】 2017年，平远县水务局从三方面做好水利管理工作。1.以强化水资源开发利用控制、用水效率控制、水功能区限制纳污“三条红线”先导作用，扎实推进最严格水资源管理制度工作。该局草拟最严格水资源管理制度各项规章制度，交由平远县人民政府印发《关于印发平远县最严格水资源管理制度实施方案（2016—2020年）的通知》《关于印发平远县实行最严格水资源管理制度考核办法的通知》等文件。2.该局会同环保、发改等九个部门联合印发《平远县水务局等9部门关于印发〈平远县“十三五”实行最严格水资源管理制度考核工作实施方案〉的通知》，完成对2016年度实行最严格水资源管理制度考核工作。全年征收水资源费94.14万元。3.全面推行河长制。2017年，广东省水利厅在开展推行河长制示范点工作中将平远县列入河长制示范县，石正镇列为示范镇建设，南台村列为示范村建设。9月27日，成立平远县全面推行河长制工作领导小组，下设办公室，办公地点设在县水务局。12月5日，平远县机构编制委员会批复平远县水务局增设河湖保护管理股，负责全面开展河长制各项工作。（梁桂莲）

2017年度平远县水务局负责人名录

局　长：林志鹏

副局长：林福平　刘栢盛

张小坚（任至6月）

刘志中（任至12月）

凌　平（6月起任）

省属水库移民管理

【概况】 2017年，平远县大中型水库移民后期扶持人口541户2293人（其中跨省水库移民35户149人），主要分布在泗水、八尺、河头、石正、大柘、仁居、上举、东石8个乡镇，有25个行政村41个移民自然村。平远县小型水库移民后期扶持人口341户1411人，主要分布在八尺、东石、热柘、石正、仁居、中行、上举7个镇，有14个行政村23个移民自然村。

【水库移民后期扶持政策落实】 2017年，平远县省属水库移民管理办公室根据国务院《关于完善大中型水库移民后期扶持政策的意见》《广东省移民后期扶持政策实施方案》及相关配套政策，确保移民后期扶持政策的落实。1.根据《广东省大中型水库移民后期扶持人口核定办法》对水库移民后期扶持人口进行动态核减。至12月30日，完成水库移民动态核减工作。其中，省属水库移民核减53人，面上大中型水库核减249人，小型水库核减122人。2.完成涉农资金检查，对水库移民惠民资金入户核查、签名工作比例达100%。2017年下达移民后扶持资金557.00万元

（其中直补127.80万元、项目扶持资金429.20万元），受益人口9728人。主要用于新农村建设76.75万元；基础设施交通道路项目建设271万元；其他项目工程建设81.45万元。

【库区移民医保投保】 2017年，平远县省属水库移民管理办公室继续为库区移民购买农村合作医疗保险。全年投资4.2万元，帮助库区移民600人加入农村合作医疗保险。

【移民维稳】 2017年，平远县省属水库移民管理办公室努力做好移民安置区维稳工作。该办把维稳工作列入重要议事日程，健全移民接访日制度，及时解答移民群众来信、来访反映的问题。移民干部转变工作作风，改移民“上访”为移民干部“下访”。多次到移民区召开座谈会，深入基层了解情况，解决热点难点问题，进行现场办公。针对移民区的不稳定因素，逐一进行排查，及时化解矛盾。2017年，接访3宗6人次，做到接访热心、解读政策细心、让移民放心，帮助群众解决实际问题真心。　（陈先国）

2017年度省属水库移民管理办公室负责人名录

主　任：林伟峰

扶贫开发

【概况】 2017年，平远县积极开展精准扶贫精准脱贫工作。全县有相对贫困户1649户4380人。至年底，预脱贫户488户1668人，2016年、2017年预脱贫户1291户3194人，全县贫困人口预脱贫率达72.9%。

【扶贫成效】 2017年，平远县扶贫工作成效显著。1.至年底，全县累计筹集扶贫开发资金11165.39万元。其中，“631”财政资金4478.5万元；广州南沙区引导资金3060万元；其他资金3626.89万元。全县预脱贫的有劳动能力贫困户人均可支配收入达12060元；对符合条件的低保户全部家庭成员纳入低保范围给予政策性保障兜底2065人，保障兜底落实率100%；全县农村贫困户子女九年义务教育阶段入学率100%，落实贫困户子女教育生活费补助517人，占比100%；全县参加城乡居民基本医疗保险人数4380人，占比100%，对全县患重特大疾病贫困户622人给予救治，占比90.14%；全县纳入危房改造任务户数409户。2.全县建有长效农业特色产业34个，20个贫困村均有1个以上具有一定规模的农业特色产业，全县有劳动能力贫困户参与长效产业项目有1012户，参与资产收益项目有3549人，有劳动能力贫困户自主发展产业有650户，参与率均达到100%；全县贫困户劳动力转移就业（含就近就业）计划数为1184人，实际转移就业1054人；全县实际发放扶贫小额贷款资金343万元，120户贫困户获得扶贫小额贷款。道路硬底、安全饮水、生活用水、医疗设施、广播电视、网络覆盖率等相当指标均达100%。全县扶贫大数据管理进一步规范，贫困村和贫困户帮扶项目录入全部完成。

【扶贫措施】 2017年，平远县扶贫开发工作主要措施有七项。1.加强组织领导，强化责任担当。认真落实县级主体责任，建立专题会议制度，每季度召开一次以上专题会议，解决扶贫开发工作过程中遇到的问题和困难。帮扶单位认真落实定点扶贫工作责任，深入帮扶村开展帮扶工作指导，积极筹措资金，加大帮扶投入。全县形成“党政领导亲自抓、分管领导具体抓、扶贫干部主动干”的良好工作格局和用心、用力、用情来做扶贫工作的良好氛围。2.突出精准识别，建设大数据平台。（1）进村入户精准识别。坚持贫困人口申报程序和认定标准，在完成20个相对贫困村审核确认工作的基础上，动员1000名干部进村入户，对相对贫困人口进行精准识别，组织开展建档立卡“回头看”、部门数据大比对等核查，确保帮扶对象精准。完成全县136个村相对贫困人口建档立卡及数据录入工作。（2）建设扶贫大数据平台。全县建立起户有卡、村有簿、镇有册、县有库的精准扶贫数据动态管理体系。2017年9月起，该县对省扶贫云系统平台的信息进行半月一次通报，要求各镇、村、帮扶单位加强对大数据进行监控，并指导各镇将未（漏）录的数据及时录入或整改，确保大数据录入的完整性、准确性。3.狠抓产业扶贫，坚守脱贫底线。（1）落实“两奖补”政策，激发内生动力。制定《平远县就业创业扶贫工作实施方案》《平远县新时期精准扶贫产业扶贫“以奖代补”操作细则》，对转移就业按政策给予奖励，对在家务农的贫困户，在自愿参与的基础上，进行“一户一法”因户施策进行农业产业帮扶，通过“以奖代补”的形式，鼓励贫困户大力发展传统农业种养，按照奖补标准，充分调动贫困户的主观能动性。同时鼓励贫困户以“公司+基地+贫困户”的形式、积极参与特色农业产业，实现户户有脱贫项目。（2）借力扶贫小额信贷，推进产业扶贫。按照“农户自筹、项目支撑、精准发放、理性管理、政府保障”的原则，稳步推进扶贫额信贷工作。结合该县实际，制定《平远县2016—2018年扶贫小额信贷工作实施方案》和相关配套文件，分别与中国邮政储蓄银行股份有限公司平远县支行及平远县农村商业银行订立扶贫小额信贷合作协议，建立政府主导、部门牵头、银行配合、企业带动、贫困户参与的扶贫小额信贷工作。全县对120户有劳动能力的相对贫困户进行放贷，总放贷金额343万元，放贷资金统一入股梅州金穗生态有限公司、梅州市威大地有限公司、平远县南皇子家庭农庄，每年获取8%分红。（3）建立资产收益扶贫机制，助推增收脱贫。出台《平远县统筹扶贫开发资金扶持贫困户增加资产收益项目管理办法（暂行）》《平远县建档立卡有劳动能力贫困户参与入股省级龙头企业发展主导产业、就业实施办法（暂行）》等方案。4.做好资金统筹扶贫工作。（1）统筹将有劳动能力贫困人口人均3000元的扶贫开发资金（省统筹的“631资金”），采取入股经营的方式投资到广州南沙(平远)产业转移工业园管理委员会，投资期限为3年。由广州南沙(平远)产业转移工业园管理委员会印制股权证发给有劳动能力贫困户，按实际投资金额年收益分红暂定三年。其中，2018年为10%；2019年为8%；2020年为6%。增加建档立卡有劳动能力贫困户的收入。（2）统筹将有劳动能力贫困户人均1000元扶贫开发资金（省统筹的“631资金”）采取入股经营的方式投资到省级龙头企业，投资期限为3年，由龙头企业梅州金穗生态集团有限公司和广东威大地有限公司印制股权证发给有劳动能力贫困户，按实际投资金额年收益分红暂定三年。其中，2018年为10%；2019年为8%；2020年为6%。作为贫困户产业发展项目增收资金。5.对有条件的建档立卡贫困户，省级龙头企业优先安排就业、订定《产销合同》，对参加就业、参加发展种养产业的建档立卡贫困户，按照《平远县新时期精准扶贫产业扶贫“以奖代补”实施细则》和《平远县新时期精准扶贫就业扶贫“以奖代补”实施细则》叠加奖励。6.统筹壮大村级经济，增加村级收益。该县在规划贫困户实现贫困户稳定脱贫产业项目的基础上，结合前两轮扶贫“双到”的做法，统筹兼顾发展壮大村级集体，得到广州市南沙区方面的积极支持，制定《平远县扶持贫困村发展村级集体经济资金使用管理办法》，将20个贫困村扶持发展村级集体经济资金（每村30万元至50万元）进行整合，与各贫困村订立资金托管合同，统一投资到平远县县属国有资产投资运营有限公司，投资期限为10年，按投资金额年8%的固定收益和逐年归还的本金作为村级集体经济发展资金。同时，与广州市南沙区合作共建“南沙·平远国际经贸合作中心”。7.突出产业先行，脱贫攻坚扎实推进。严格按照中央和省市的部署要求，深化与南沙区的对口帮扶，注重整合资源、分类施策和创新方式，突出产业帮扶，积极探索和推广小额贷款扶贫、特色种养扶贫、资产收益扶贫、乡村旅游扶贫、“互联网+”扶贫、党建引领扶贫等“六种模式”，形成镇镇有产业、村村有基地、户户有项目的产业扶贫格局，进一步催生贫困村和贫困户内生发展动力。

【扶贫问题整改及督导】 2017年，平远县以问题为导向，立行立改，认真落实相关整改措施，做好精准扶贫督导工作。1.加大问题整改力度。做好省扶贫信息网监测发现的问题整改工作，认真对信息数据进行补充、修改，切实解决责任未落实、信息数据不精准等5大问题。根据《广东省扶贫开发领导小组关于2016年贯彻落实国家重大政策措施情况跟踪审计发现问题整改督办的函》和市转发《广东省扶贫开发办公室关于核实建档立卡数据的通知》所罗列的相关问题，对最新数据进行核实并完成12类问题的整改。2.加大督导力度。针对问题逐一分解细化，落实整改责任，制定整改计划，明确时间表、线路图及整改限期。县政府专门派三个督导小组深入到镇村，对全县所有建档立卡贫困户脱贫攻坚工作进行地毯式核查，重点核查分散贫困户产业扶贫情况，建立问题台账，对核查出现的问题发出督办通知，及时整改落实。2017年，县级层面组织人员进行7次督导。平远县扶贫办组织各驻镇工作组、驻村工作队举办业务培训12场500多人次，分3个组分别挂钩到各镇，定期到驻镇工作组和相对贫困村开展业务指导。

【惠民政策落实】 2017年，平远县强化部门责任，落实好惠民政策。1.落实“两不愁、三保障”政策。至年底，全县分别有574户1605人纳入低保保障，399户403人纳入“五保”保障，28户47人无劳动能力一般贫困户因不符合低保条件，已实行每月发放基本生活保障金，实现保障兜底100%。基本医疗情况：全县贫困户全额参加城乡居民基本医疗保险人数为4380人，占全县贫困人口总人数比例为100%；全县患重特大疾病贫困户给予救助的人数为622人，报销合规医疗总费用534.68万元，占全县患重特大疾病贫困人口总数比例的90.14%万元。2.教育政策落实情况。全县农村贫困户子女九年义务教育阶段入学率100%。该县高度重视建档立卡贫困子女生活费补助问题，已落实贫困户子女教育生活费补助517人，占比100%。3.住房安全政策落实。为推进该项工作，县政府专门发出《关于对建档立卡贫困户住房安全保障工作进行专项督办的通知》，对各镇、各帮扶单位、住建部门等单位对建档立卡贫困户房安全保障工作进行专项督办。2016年危房改造的建档立卡贫困户116户住房补贴已全部完成发放，列入2017年危房改造的建档立卡贫困户计划有409户，并同步录入大数据平台。4.“一相当”设施进展情况。全县村道路硬底化、安全饮水、生活用电、广播电视、网络覆盖、医疗设施等指标全部实现100%达标。

【贫困户增收渠道扩宽】 2017年，平远县突出精准扶贫三个结合，扩宽贫困户增收渠道。1.精准扶贫与乡村旅游发展相结合。结合省、市关于开展新一轮省级新农村连片示范建设工程的要求，及平远县创建“国家全域旅游示范县”工作重点，将全县20个相对贫困村全部纳入新农村连片示范建设工程规划建设，推动乡村的基础设施和景观提升建设。另外，发动景区周边贫困村、贫困户积极发展农副产品种养，引导景区周边酒店、餐饮等与周边贫困村、贫困户签订农副产品定点直供协议，通过乡村旅游发展带动贫困户有效增收致富，真正让景区周边群众特别是贫困户共享旅游产业发展成果。2.精准扶贫与“互联网+”相结合。以建设电子商务进农村综合示范县为契机，探索“互联网+消费扶贫”新路径，与广东省农村电子商务协会合作建起广东省首个“互联网+消费扶贫”试点县。该县是国家商务部认定的电子商务且是农村综合示范县，已建成一个县级电商服务中心，12个镇级电子商务运营服务中心和136个农村驿站的建设。并顺利通过国家商务部电子商务进农村示范县的验收。3.精准扶贫与光伏产业相结合。依托光伏产业绿色、环保的特点和具有明显的产业带动和社会效益，引进光伏产业企业，将光伏产业与精准扶贫相结合。6月16日，深圳市京兰集团公司在东石镇茅坪村举行“深圳市京兰集团光伏电站捐赠仪式”，活动中，该公司捐赠一座6.48千瓦的光伏设备，以推动该村产业扶贫项目更好更快发展。东石镇与京兰公司合作投入1200万元建设的光伏电站已全面开工。

【新农村示范村创建】 2017年，平远县积极做好新农村示范村创建工作。1.落实县领导挂钩指导新农村建设责任。采取“领导挂镇、部门帮村、干部包户”方式，“20+N”新农村建设由县党政领导及县人大、政协主要负责同志挂钩，并在南沙区、市直单位挂钩的基础上，选派县直单位驻村工作小组116个、干部583名，以及38名第一书记及工作队长组成驻村工作队，形成分片分组、包干到户、责任到人的网格化挂钩帮扶指导机制，推动各级党员干部沉在新农村建设一线。2.印发《平远县省定贫困村创建社会主义新农村示范村工作方案》《平远县新农村示范村建设“以奖代补”实施办法》以及创建工作要点和指导意见等，与各镇签订创建责任书，建立周通报月督查制度，县委常委会每月听取新农村建设情况，县政府不定期召开专题推进会，加强对新农村建设的统筹规划、指导协调、推进实施和监督管理。2017年，20个省定贫困村182个20户以上的村庄成立村民理事会，积极参与调查摸底、群众动员、环境整治等工作，形成“县统筹、镇实施、村创建”的分级负责工作格局。3.科学编制新农村建设村庄规划。在前期编制的136个行政村村庄规划“三张图”（规划红线图、建筑设计图、整体环境提升效果图）的基础上，以河头镇向阳村为示范村，围绕村庄道路规划、集中供水、生活垃圾、污水处理、饮用水源保护、村容村貌整治、农村土地集约化利用、产业发展布局等重点，紧扣省市县新农村建设实施方案、验收标准、考核办法、规划指导意见，组织棕榈园林、住建、农办、镇、村（理事会）等五方面人员全程参与，确保每个村庄整治规划和创建规划起点高、接地气、能落地。已完成全县20条贫困村村庄整治规划和创建规划。4.生态富民产业带打造。按照生态立县、全域美丽、全民幸福的理念，利用各村自身资源禀赋和比较优势，选准既能富村又能富民的致富产业，探索实践党建促扶贫“一建三带动”模式，以旅游景区、特色小城镇、田园综合体、种养基地等为载体，重点发展特色种养、乡村旅游、光伏、电商等产业，进一步催生农村发展的内生动力。5.建立新农村建设多元投入机制。管好用好省下拨的先期启动资金，采取退档递减的方式进行奖补，对率先推进的贫困村，优先预拨资金，进度快质量好的多奖补，进度慢的少奖补。有效配置资金和项目资源，在用好省拨启动资金5400万元的基础上，整合农林水、交通、环保等部门项目资金率先在贫困村实施，县财政每年用于创建示范村资金不少于1亿元，筹集社会资金3625万元，村级群众自筹2415万元；大柘镇黄沙村、仁居镇仁居村获得“红色村”项目的资金补助。6.充分利用电视、网站、微信等媒体对社会主义新农村建设进行宣传。县广播电视台专门制作新农村建设专栏，切实营造良好氛围。县扶贫办建立工作微信群，全面加强新农村建设的督促指导和沟通联系，相互借鉴、共同推进。

【三清三拆三整治】　2017年，平远县全面开展“三清三拆三整治”工作。1.坚持“先整治、后提升”，紧扣创建目标任务和内容标准，依托村民理事会开展村庄整治摸底调查，全面开展“三清三拆三整治”，切实解决农村脏乱差问题。8月至12月底，20个贫困村累计拆除废弃猪牛栏、露天厕所2008间4.04万平方米，危旧房9878间24.4万平方米，违规广告、招牌305处，违章建筑90处3446平方米，清理村巷道、池塘、溪河1553处20.08万平方米；清理积存垃圾972处2026吨；整治疏浚河道沟塘96.04千米；整治生活污水947处；整治排放暗渠229处。2.全县已完成村庄环境整治157个。严格规划管理，采取疏堵结合的办法，以“三清三拆三整治”为切入点和突破点，不失时机地拆除危旧房屋，引导农民到规划区内建房；开展对农村违规批地、乱占耕地建房的整治工作。

（黎常青　凌平征）

2017 年度中共平远县委农村工作领导小组办公室（扶贫办）负责人名录

主　任：吴荣浩

副主任：王　平（任至12月）　曾　戈
　　　　黎常青（12月起任）

气　象

【气候评价】　2017年，平远县气候属一般年景，总体气候特征是：雨量正常、龙舟水偏重，气温略高、高温日数明显偏多。

降水：2017年全县降雨正常，县城年降水量为1700.6毫米，与历年平均基本持平。全年有雨日162天，暴雨日（日降水量≥50毫米）6天。

前汛期（4—6月）县城降水878.4毫米，比历年同期均值偏多18%。4月降水比同期偏少52%，5月、6月降水分别比同期偏多15%、75%。前汛期出现4天暴雨，最大日雨量为82.1毫米，出现在5月15日。

后汛期（7—9月）县城降水427.7毫米，比历年同期均值偏少17%。其中7月降水比同期偏多27%，8月、9月降水分别偏少49%、27%。后汛期出现2天暴雨，最大降水为55.9毫米，出现在7月31日。

气温：县城年平均气温21.0℃，比历年平均值高0.2℃，年极端最高温度38.5℃，出现在8月21日；年极端最低温度为2.6℃，出现在2月13日。全年高温日（日最高温度≥35℃）有43天，低温日（日最低温度≤5℃）12天，有霜日5天，结冰日1天，无霜期308天。

日照：年日照时数1828.0小时，与历年均值基本持平。

热带气旋：2017年，西北太平洋和南海海域共有27个热带风暴或台风生成，较常年正常。第1号热带气旋“尼伯特”（超强台风级）生成于4月26日，最后一个热带气旋“洛坦”（超强台风级）生成于12月21日。全年台风对该县无明显影响。

雷暴：年内有雷暴日45天，其中3月1

天、4月2天、5月4天、6月10天、7月14天、8月10天、9月3天、10月1天。

大风：10月11日石正镇出现22.8米/秒（9级）的极大风速，其次为差干镇8月10日出现的21.2米/秒（9级）和8月22日县城出现19.7米/秒（8级）的极大风速。

【气象服务】 2017年，低温霜冻、暴雨、雷雨大风、短时强降水等恶劣天气频繁影响平远。平远县气象局牢牢把握“你的冷暖 在我心头”服务理念，以“准确、及时、创新、奉献”的气象精神，开展精细化预报，提高预警预报时效性，积极做好灾害性、关键性、转折性天气的气象预警预报服务，以及做好春运、春节、国庆、徒步大会等重大节会活动的气象服务保障。全年报送《重大气象信息快报》37期，《重大气象信息专报》6期，发布各类气象灾害预警信号112次，发送预警短信和决策服务短信60万余人次，启动气象灾害应急响应5次，向相关单位部门传真1000多次，发布天气微博1900多条、天气微信360多条。

【气象业务与气象现代化】 2017年，平远县气象局全面推进平远气象现代化，提升业务能力，强化气象服务，增强气象业务和气象防灾减灾救灾能力，使平远的气象现代化综合指数大幅提高，从2013年的63.4分提高到2017年的82.0分，平远已基本实现气象现代化。1.气象综合探测基地正式启用。平远县气象综合探测基地于8月通过竣工验收并投入使用。探测基地的投入使用，进一步优化平远气象探测环境，提高气象预测预报和预警信息发布水平，提升气象防灾减灾能力，为平远实现更高水平的气象现代化奠定坚实的基础。2.预警信息发布平台投入使用。7月，平远预警信息发布平台建设项目通过省气象局和市气象局专家的验收正式投入使用。该平台是平远县气象现代化建设和气象防灾减灾体系的重要组成部分，投入使用后将进一步提高平远预警信息发布能力和公共气象服务能力，更好地为地方经济发展和防灾减灾提供有力保障。3.平远县人工影响天气作业标准化示范点发挥效益。项目验收不久后便开始作业，分别于11月12日、19日两次成功作业，共发射12枚增雨火箭弹，作业后梅州北部出现小雨到中雨降水，基本缓解梅州北部旱情，社会经济效益明显。4.完成天气现象自动观测仪器安装。2月，安装新型观测仪器DSG5型降水现象仪，并于9月正式开展降水现象平行观测业务。该设备的正式投入使用，保证了降水观测的连续性和时效性，实现观测数据的自动化、连续化，提高降水天气现象的监测预警能力，推进基础台站气象观测自动化程度。

【气象改革】 2017年，平远县气象局全面深化气象改革，推进气象法治建设，逐步实现气象工作法治化，提升依法履行气象社会管理水平。1.优化建设工程防雷许可。贯彻落实《国务院关于优化建设工程防雷许可的决定》和省级、市级气象住建相关文件精神。2月，县气象局和住建局联合发文《关于交接房屋建筑和市政基础设施工程防雷许可工作的通知》，将平远县房屋建筑和市政基础设施工程防雷许可相关事项移交给当地住建部门，完成优化房屋建筑和市政基础设施工程防雷许可相关事项交接工作。2.推进行政审批标准化。对行政服务窗口行政许可事项进行检查，完善更新服务事项的办事指南、业务手册，优化和简化工作流程，提高行政审批质量和效率，有效推进简政放权。3.抓好行业安全生产监管。建立健全雷电灾害预防控制体系，严格落实防雷安全设施和建（构）筑物主体“同时设计、同时施工、同时投入使用”的监管机制。组织建立健全雷电灾害隐患排查和风险治理机制，及时发现和消除雷电灾害安全隐患。县气象、住建、安监、旅游等部门联合印发《平远县开展2017年重点行业领域气象灾害防御专项执法检查工作方案》，对重点行业领域的生产经营单位进行气象灾害防御专项执法检查。抓好易燃易爆场所、危化品重点行业、粉尘涉爆企业等的安全生产大检查和专项整治，严格落实各项安全生产责任和措施，有效防范和遏制重特大事故，促进该县安全生产形势持续稳定。

（肖达承）

2017 年度平远县气象局负责人名录

局　长：姚建春（任至12月）

　　　　古　霖（12月起任）

副局长：何新雄

2017年12月5日，省气象局局长庄旭东（右二）到平远气象局观测场调研　（黄业　摄）

工　业

工业综述

【主要经济指标】 2017年，平远县全年完成工业总产值79.95亿元，比增-7.3%。其中，规模以上企业工业总产值58.36亿元（按现行规模以上总价计算），比增5.36%；规模以上企业工业增加值12.9亿元（按现行可比价计算），比增1.1%。工业投资总额25.43亿元，比增21.1%，其中技改投资总额达5亿元，比增90.4%。

【技改创新】 2017年，平远县深入开展“暖企”行动，引导企业进行技术改造和技术创新，提升产品质量，增强发展后劲。1.推动企业技术创新，新增获赛尔机械制造、华清园生物科技、亚力盛电子3家国家高新技术企业。2.鼓励企业加大技改创新力度，引进先进自动化设备，实施技术改造规模以上工业企业17家，智能化技术改造示范企业1家，新增机器人应用15台。3.积极组织企业争取省、市技改项目专项资金，全年共7个技改项目获得省、市技改专项资金。其中，获得省级股权投资资金项目1个；获得省级事后奖补（普惠性）资金项目2个；获得市工业振兴行动计划专项扶持资金项目4个。4.抓好技改典型示范工作，成功推荐友邦木业作为平远县技改典型示范项目，并将洪裕汽车配件、荣华新型建筑材料公司作为平远县典型技改项目至省经信委。5.跟踪服务企业做好技改项目备案工作，抓好技改项目进库纳统，全县24家企业实施技术改造，18家企业入库，完成市下达的技术改造目标任务。

【做大做强支持】 2017年，平远县出台一系列政策，鼓励企业做强做大。1.政策扶持。落实《平远县鼓励工业企业做大做强的扶持奖励实施办法》，37家企业获得工业企业做大做强扶持奖励资金，3家企业享受到县专项扶持资金（主导产业发展引导方向和招商选资方向）。2.培育企业上规模。指导和帮助企业完善上规模申报材料，新培育兴盛伟业、强兴新能源、宇时代电子科技、威大地公司等14家企业上规模，超额完成新上规模10家企业的预期目标任务。3.骨干培育。培育壮大稀土新材料、家居建材、机械制造、电子信息等特色产业发展，鼓励骨干企业提质增量，形成带动效应。全年机械制造业产值实现10.98亿元，比增21.74%；稀土业产值实现13.44亿元，比增13.83%；建材业产值实现5.94亿元，比增69.65%；电子信息产业产值实现5.65亿元，比增12.63%。

【节能降耗】 2017年，平远县工业企业管理部门狠抓节能降耗工作。1.加强监察重点耗能企业和公共机构，积极推进低效电机改造和推广高效节能电机使用，其中梅州宁江水泥有限公司对3250千瓦功率高压电机进行变频系统改造；元芯科技、洪裕汽车配件和富远稀土等企业已全面使用高效节能电机。2.积极响应节约型示范单位创建活动，其中平远中学通过广东省机关事务管理局专家组的审核并纳入创建示范单位名单中。3.组织开展节能减排综合示范项目申报工作，其中昱淦、绿鹰、元芯和南台水业4家企业通过“淘汰落后产能与推进战略性新兴产业”项目审核和第三方机构的验收。4.积极开展节能宣传月和低碳日活动，大力宣传节能知识，有效提高市民的节能意识。

【成品油市场监管和电力宏观调控】 2017年，平远县工业管理部门加强成品油市场的监管和电力宏观调控。1.引导企业大力发展循环经济，鼓励企业开展清洁生产工作。园区循环化改造项目拟报验收，山布惊垃圾填埋场进行配套设施建设。2.推进电力体制改革，认定为电力市场电力一般用户的企业有37家。3.加强对成品油市场的监管，做好加油站规划，定期对各加油站进行安全经营检查，督促各加油站做好油品供应和安全管理工作，完成25间加油站换证年检工作，确保全县加油站安全、规范经营。4.加强电力宏观调控工作，保证电网有序用电。（张灼娴）

2017 年度平远县经信局负责人名录

局　长：黎志勇

副局长：凌旺珍　吴小兵　李利明　张远新　袁　源（6月起挂职）

广州南沙（平远）产业转移工业园

【园区基础设施建设】 至2017年年底，广州南沙（平远）产业转移工业园园区基础设施投入10.94亿元，比增281.2%。园区建成区面积4平方千米，园区道路18.8千米、供电线路13.3千米、工业用水管网14.3千米、生活用水管道15.3千米、日处理能力5000立方米的污水处理厂一座，建筑面积5万平方米标准厂房规划设计已经完成，建筑面积43221平方米的创业创新孵化基地（含综合大楼、活动中心、标准宿舍、专家公寓、幼儿园、商业体及附属）于2017年11月动工建设，绿化、路灯、天然气、通信、有线电视在园区范围内实现全覆盖。“生态园”“广钢园”“智能装备园”三大园中园建设规划设计中。

【园区企业生产发展】 至2017年年底，广州南沙（平远）产业转移工业园园区共有81家企业（含签约项目），其中投产企业51家、在建企业17家。实现工业固定资产投资21.47亿元，占全县比重84.43%；实现工业总产值29.63亿元，占全县工业总产值的36.1%；实现规模以上工业总产值27.29亿元，占全县规模以上工业总产值的47%；实现规模以上工业增加值6.52亿元，占全县规模以上工业增加值的50.5%；税收1.81亿元，占全县工业企业比重45.3%。

三大主导产业企业43家，占园区企业总数的53.75%。其中，稀土新材料有广晟智威、中合稀土、恒宝缘新材料等5家；机械制造有荻赛尔、恒明、洪裕、广益、航驿等13

广州南沙（平远）产业转移工业园区一角　（林庄　摄于2017年9月）

家；家居制造企业有仕达、洪福、方鼎、新光明等25家。电子信息、生物医药等企业18家，占园区企业总数的22.5%。其中，电子信息有亚力盛、雅玛西、恒盛宇、宇时代、元芯等10家；食品加工有南台水、金绿果业等6家；生物医药有华清园、新大地等2家企业。其他产业企业有19家，占园区企业总数的23.75%。

【荣誉和奖励】　2017年，广州南沙（平远）产业转移工业园获得不少荣誉：7月，被认定为“广东省小微企业创业创新示范基地”；在省级园2016年度考核中，被评为优秀；在市园区建设管理考核中，名列第一，获得奖励资金1400万元，土地指标13公顷。

【存在问题】　2017年，广州南沙（平远）产业转移工业园还存在一些问题是：1.招商引资困难，落户企业少，与市本级及兄弟园区相比，园区的区位条件、配套设施、投资环境、政策支持等优势不明显，招商效果不理想；2.现有企业存在产业层次低、企业规模小、亩产效益比预期有差距等问题，同时受企业自身能力及当前经济环境影响，转型升级难度很大；3.征地难度大，进展慢，征地遗留问题较难解决，且用地调规周期长，指标不足；4.园区机构职能不全，影响对企业的管理和有效服务，园区规划建设、环境保护的管理力量也相对不足。　（黄瑜杰）

2017年度广州南沙（平远）产业转移工业园管理委员会负责人名录

主　任：黄新生（任至4月）

副主任：罗源祥（4月起负责主持全面工作）
　　　　钟旭东

中小企业管理

【助企融资】　2017年，平远县中小企业局做好助企融资工作。1.争取上级专项扶持资金，帮助22家企业申领市级创业券40万元。2.财政担保增信扩宽融资渠道，通过市企信融资担保投资有限公司帮助4家企业解决融资4300万元。3.充分利用好市、县中小微企业信贷风险补偿基金政策。2017年该县企业通过市企信担保及市、县信贷风险补偿基金等融资服务平台累计融资1.7亿元。其中通过市信贷风险补偿基金为10家企业获得贷款3800万，通过县信贷风险补偿基金为2家企业获得贷款1500万元。

【创业创新宣传】　2017年，平远县中小企业局做好创业创新宣传工作。1.6月27日，中小企业服务中心开展首个“中小微企业日”宣传活动，为100多家企业代表提供政策咨询、融资对接等服务。2.9月15日至21日是广东省大众创业万众创新活动周，围绕2017年“双创促升级，壮大新动能”主题，该局进一步营造创业创新的良好社会氛围。（1）继续利用创业协会QQ群、微信群等平台宣传解读双创政策，并走访企业，发放《梅州市扶持民营经济发展政策汇编》等资料。（2）邀请智能制造专家程良伦教授到该县调研，指导相关企业做好智能制造升级，促进技术改造创新。

【创新创业大赛参与】　2017年，平远县中小企业局发动12家企业参加“赢在客都·梅州市第二届创新创业大赛”活动，并聘请专家开展参赛计划书撰写辅导。其中5家企业晋级复赛，2家企业获奖，分别是梅州市众创电商网络科技有限公司（平远县大众创新创业孵化服务平台项目）获得创新组一等奖；天堂鸟（客家旅游商品和徒步运动相关纪念品项目）获得创意组三等奖。

【创业协会发展】　2017年，平远县中小企业局重视创业协会发展。平远县新增20家梅州市中小企业协会会员，市会员30多家。该县创业协会现有会员企业78家，全年为252家初创企业和365名创业青年提供创业辅导及其他管理咨询服务，实现新增成立创新型小微企业39家。

【服务平台建设】 2017年，平远县中小企业局从三方面加强服务平台建设。1.为服务中心双创基地购置办公设备及电脑20台、会议室培训设备2套、摄影设备1套。2.新建创业辅导服务平台，为该县大学生、农民工及其他创业人士提供全方位的创业服务。3.创建平远县中小企业服务网站，通过整合政府服务资源、创新服务内涵和外延等提供一站式优质高效服务。

【企业人才培训】 2017年，平远县中小企业局做好企业人才培训。通过中小企业服务中心举办5场培训活动，服务企业406家，参加培训人数521人。培训活动包括：民营企业（中小企业）创新产业化培训班（梅州班）、省市县（区）中小企业服务中心服务能力提升交流活动、“电子商务在区域品牌建设中的作用”专题培训、平远县创新创业专题培训、平远县“领头雁”农村青年致富带头人以及全域旅游创业人才培训班。

【示范基地（平台）建设】 2017年，平远县中小企业局指导符合条件的企业开展各类示范基地（平台）建设。1.7月，梅州市强企管理咨询有限公司的梅州市（平远）强企管理咨询服务平台通过“2017年广东省中小企业公共服务示范平台”复核；平远县工业园区创业基地通过“2017年广东省小型微型企业创业创新示范基地”复核。2.11月，梅州五指石科技有限公司车轴关键零部件创新产业基地通过“2017年（第二批）广东省中小企业创新产业化示范基地”复核；梅州市金穗生态农业发展有限公司农产品加工、检测公共服务平台通过“2017年（第二批）广东省中小企业公共技术服务示范平台”复核。3.12月，平远县大众创新创业孵化基地认定为“2017年梅州市市级小微企业创业创新示范基地”。4.至年底，全县有4家“双创”孵化基地，包括工业园区广东省小企业创业基地、电子商务创业孵化基地、大众创新创业孵化基地、鑫盛建材创业孵化基地。入驻企业总数170家，全年提供创业人才创业指导及交流超过9360人次，创业创新活力得到进一步激发。

【招商引资】 2017年，平远县中小企业局完成全年3亿元的招商引资任务。广东京兰机电设备工程有限公司，总投资3.5亿元，固定投资3亿元。（中小企业局人秘股）

2017年6月28日，副县长韩旭（中）带队到江西省抚州市宜黄县参观学习气盾坝生产及水电水利工程

2017年度平远县中小企业局负责人名录

局　长：陈平南

局副长：吴英辉　张天华　张利梅（女）

电力工业

【概况】 2017年，平远供电局认真落实好“抓领先、补短板、强基础”措施，各项工作有序推进，全面完成年度目标任务。全年全社会用电量累计完成4.41亿千瓦时；完成购电量4.41亿千瓦时，售电量4.19亿千瓦时；综合线损率4.97%，同比下降1.11个百分点；全县最高负荷94.9兆瓦，同比增加24.38%；综合

电压合格率99.96%。当年电费回收率100%；第三方客户满意度86.91分，同比提升5.91分。上缴税收3204.71万元；完成生产修理项目1543.11万元，完成基建配网工程投资7539.01万元；完成转固6316.20万元，完成率109.1%。至12月31日止，实现连续安全生产2192天，未发生责任考核事故。企业荣获广东电网公司“2016年度农电工作先进集体”称号；组织绩效被梅州局评定为A级。

【安全生产】 2017年，平远供电局落实安全生产责任制，全年实现人身、电网和设备零事故。1.电网风险有效管控。落实电网风险管控体系，实施77项管控措施,开展应急演练22场次，开展安全生产检查，发现问题292项，已整改98.97%；及时进行线路清障、防雷改造，提高设备健康运行水平。2.运维能力持续提升。开展“鹰眼行动”专项工作，发现设备缺陷和隐患数量共6651处，并及时进行消缺。同时整改配网台账数据16864条，配网账卡物不一致数据2821条，配网数据质量大幅提高，线路设备运行状况得到极大的改善，全年跳闸次数同比减少208次，线路接地次数同比减少24.7%。3.体系建设取得新成效。全面深化体系建设工作，安全风险管理体系建设与日常工作充分融合，体系应用不断深化。2017年，平远供电局安全风险管理体系专业审核得78分，综合得79分，超过梅州供电局下达的体系建设满分指标值（76分）。

【电网建设】 2017年，平远供电局加快电网建设步伐。1.强化规划龙头作用。完成2017年度供电所中压网架规划和项目库滚动修编工作，其中中低压配电网前期可研项目64个共投资6300万元；业扩配套项目投资129个共3600万元。同时还配合政府建设美丽乡村的要求，认真做好20个省定相对贫困村配网规划。2.电网发展持续优化。顺利完成220千伏梅县电厂至畲江站线路解口入富远站工程征地、青苗赔偿工作。全年完成基建常规和业扩报装项目投资7539.01万元，新建10千伏线路101.96千米、台区83个、容量16835千伏安、低压线路480.21千米；完善10千伏网络，增强供电能力。投入技改、修理资金1911万元，对重过载配变、低电压台

2017年1月22日，副县长韩旭（左三）一行到平远供电局调研

区进行升级改造；完成167台智能开关的安装和联调工作，在梅州地区首次实现配网开关遥控操作及故障自动隔离，配网自动化在线率、正确动作率不断提高，在8个县区局中处于领先水平。小型基建项目完成投资85万元，重点项目八尺、热柘供电所均已完成施工招标工作。

【优质服务】　2017年，平远供电局强化优质服务。1.电力供应稳定可靠。加强综合停电管理，推行停电计划“先算后停”、带电作业等技术和管理措施，强化停电时间预控，全年用户平均停电时间20.9小时，同比减少15.34小时，切实提高供电可靠率。2.供电服务有内涵。成功应对防配变烧毁、山火、低温雨雪、台风暴雨等应急抢修保供电工作；圆满完成高考、中考、平远民俗文化节、中共十九大、世界客商大会、第八届北京国际山地徒步大会梅州平远站等11项重要保电任务。拓宽电费缴纳渠道，力推微信号服务平台和银行代扣、支付宝、惠农通等非现金缴费服务，实现在家门口即可缴费。投入150多万元，对20个省定贫困村重新进行配网规划和改造，提高贫困地区供电质量，促进贫困地区经济社会发展。推行“网格化”客户服务管理，及时处理客户诉求，提升客户满意度，全年未发生“12398”投诉事件，第三方客户满意度86.91分，同比提升5.91分。　（余伟略）

2017年度平远供电局负责人名录

局　长：庄苑忠

党委书记、工会主席：谢烈阳

副局长：谢烈阳（兼）　朱心铭（任至9月）

　　　　徐显蒲　王海亮

二轻工业

【概况】　2017年，平远县二轻工业公司继续加强企业管理和联社资产经营管理，抓好安全生产，落实综治、维稳责任，搞好制度建设，圆满完成上级下达的各项工作任务。

【主要工作】　2017年，平远县二轻工业公司主要做好4方面工作：1.抓好转制企业留守管理责任制的落实，增强为职工服务的意识；健全企业管理，建立监督机制，加强基层企业厂房和公司产权门店的出租和合同管理，确保联社资产的保值、增值；切实改变机关作风，严格执行各项规章制度，控制“三公”经费支出，做好党务、政务、财务公开工作。2.签订安全生产责任书、安全生产承诺书，开展定期与不定期的安全生产大检查，认真排查安全隐患，做到全年无重大事故发生。3.做好落户县机械厂的招商引资企业——深圳市侨亿德电子科技有限公司的协调服务工作，营造优良环境，使其能在平远安心投资经营，扩大规模，拓展经营领域。4.调整领导机构，明确工作职责，落实工作责任，年初公司与股室负责人、下属企业厂长签订责任书，把责任层层分解、量化到人，严格执行责任追究制度，将综治、信访维稳工作与经济工作同安排、同检查、同考核、同奖惩，确保二轻系统的平安稳定 。

（谢健崧）

2017年度平远县二轻工业公司负责人名录

经　理：姚　雄

副经理：杨志良　凌　桐

信息产业

政务信息化建设

【概况】 2017年，平远县经济和信息化局扎实推进基础设施建设，完成企业情况数据采集，推动信息化建设有效发展。

【主要工作】 2017年，平远县经济和信息化局主要做好5方面工作：1.推进基础设施建设工作，新开通12个行政村光纤入户（住户）业务，光纤宽带普及率提升至58%，新增公共移动基站152座，公共区域无线局域网热点110个，无线AP点900个。2.推进原中央苏区农村超高速无线局域网应用试点工作，136个村已完成立杆、设备安装、开通调试，136个村完成设备派发。3.推进“互联网+”进程，开展以“互联网+网络、政务、教育、公共基层服务”为主的“互联网+”行动，推进“一门式、一网式”政务服务创新工作。4.开展企业情况数据采集工作，上报企业299家，通过省审核252家，超额完成省下达任务。5.组织企业参加2017年两化融合贯标试点企业申报工作，梅州市洪裕汽车配件制造有限公司已完成申报。

平远邮政

【概况】 2017年，平远邮政分公司共有16个城乡网点。其中，代理金融网点11个；纯邮务类网点2个；邮政所3个。邮政投递服务覆盖全县所有城乡。全年累计实现业务总收入2644.22万元，同比增长5.54%。实现经营性收支差693.46万元。代理金融方面，全县邮储余额规模达11.59亿元，规模同比增长13.5%；年新增余额1.37亿元，同比增加1.11亿元，“余额+保险”实现新增1.72亿元。

【网运投递】 2017年，平远邮政分公司加大网运投递力度。1.通过构建快速反应邮路，解决“双11”“双12”、春节等重大节日包裹大量激增时的投递问题；争取梅平二班邮路延伸到石正支局，进一步提升平远邮政邮件运输能力和邮件传递速度。2.进一步拓展投递渠道，加强投递能力建设。落实农村电商智能包裹柜的安装工作，购置22台投递电动三轮车，全部投入使用。进一步加快推动快递下乡，增加快递末端服务网点，覆盖全县12个镇，解决快递服务“最后一公里”的问题，促进农村快递末端服务水平的提升。

【电子商务进农村综合示范项目】 2015年8月，平远县成功申报全国第二批电子商务进农村综合示范县，并获得中央财政专项扶持资金2000万元。通过政府采购，确定平远邮政为示范项目的实施主体，负责主导、统筹电子商务进农村综合示范工作五年目标的策划、推广和实施。到2017年年底，建成1个县级电商公共服务中心，1个县级物流配送中心，1个县级电商运行支持中心，1个县级仓储中心，8个镇级服务中心，125个村级电商服务网点（其中3个电商创业示范点），发展130多个农村网商网店，培育10个知名电商品牌，培训各类电商人才4063人次，构建和完善县镇村三级物流体系，打通物流“最后一公里”，实现“八不出村”。3月，商务部对示范工作实施情况进行绩效评价，评价得分67.1分，在全省排名第二。9月22日，省商务厅组织工作组对电子商务进农村综合示范工作绩效进行复评，总体评价得分91分，在全省示范县中排名第一。10月12日，县政府对电子商务进农村综合示范工作进行验收，验收结果合格。

2017年8月24日，省商务厅副厅长任少（前排右二）带队到平远县调研电子商务进农村综合示范县建设工作

2017年度中国邮政集团公司广东省平远县分公司负责人名录

总 经 理：钟小明

副总经理：冯军福（任至8月）

温永梅（女）

中国电信

【概况】 2017年，中国电信平远分公司立足本职、服务大局，务实创新，全年向税务部门缴纳税金59.85万元，被评为2017年度县直机关服务型基层党组织建设先进单位。

【基础设施建设】 2017年，中国电信平远分公司全年投入705万元，新建基站94个，开通4G无线网基站78个，累计开通168个（物理站址24个）；完成800M基站建设，开通94个，完成11个800M站点交维，累计168个；新建光端口4940个。光纤到户覆盖率98%，宽带用户光纤到户率96.85%，超过“全光网城市”标准。

2017年2月10日，平远县人民政府副县长李远林（右二）到中国电信平远分公司调研

【信息惠民】 2017年，中国电信平远分公司响应国家“提速降费”号召，大力推进“信息惠民”。1.完成136个行政村通光缆，行政村光缆到达率100%，覆盖大部分自然村。2.完成94个800M无线网基站建设开通，实现县城、镇区4G信号覆盖率达到96%以上，基本实现重要景区、高速、国道4G网络连续覆盖，80%的行政村4G信号覆盖到达。3.手机套餐用户已取消国内长途和漫游费。4.为满足日益增长的手机互联网上网需求，推出国内和省内不限流量套餐。5.推进农村宽带提速降费，为平远县省定贫困村制定特惠政策，有力支撑“信息惠农、信息扶贫”，助力国家精准扶贫。

【信息服务】 2017年，中国电信平远分公司尽力提高信息服务水平。1.通过警企联动，中国电信平远分公司安全WiFi助力平远无线上网安全，有效防范网络“钓鱼”侵害公民隐私和盗取账号密码等网络违法活动，有力推动平远安全网络环境的搭建。2.全力支持教育现代化创建工作，推出校园信息化“班班通”项目，让学生通过教育视频网在网上近距离观看教育专家们的讲座，同时可以让教师学习有关教育教学的知识、方法，使教师不断改进教学方法，有效提高平远县整体教师教学水平。3.建设森林防火监控项目，为林业局提供防火远程监控视频，全县设16个监控点，每个点实现360度覆盖，直径监控距离6千米，有效提升平远县防火、预警能力。

（卓萍华）

2017 年度中国电信股份有限公司平远分公司负责人名录

总 经 理：卓 广

副总经理：范华荣 张 兵

中国移动

【概况】 中国移动通信集团广东有限公司平远分公司（以下简称“中国移动平远分公司”）是中国移动通信集团广东有限公司所属的县级分公司，下设4个部门：综合部、市场部、政企客户部、网络部。另设有5个营业厅：环北路营业厅、平城南路营业厅、东石营业厅、石正营业厅、仁居营业厅。2017年，中国移动平远分公司全力推进信息基础设施建设，加快信息化建设，推进信息惠民，促进全县经济转型升级和社会事业全面发展。连续十三年（2004—2017年）获“广东省守合同重信用企业”称号；荣获“中国移动广东公司梅州分公司先进单位”称号。至年底，全县136个行政村光纤覆盖超99%，无线网络综合覆盖率超过99.8%。

【网络建设】 2017年，中国移动平远分公司总投入网络建设资金近8000万元，继续加大4G网络、光纤传送网建设，持续加强信息基础设施进度，基本实现全县行政村4G覆盖，实现县城优质覆盖、旅游景区和高速、国、省道干线覆盖。落实“宽带中国”战略，实施“电信普遍服务”试点项目，光纤宽带入户、4K电视入户实现99%，全县行政村、自然村全部光纤到达，城镇区域实现百兆光纤全覆盖，为平远县“互联网+”发展打下坚实的网络基础，缓解农村上网难、看电视难的问题，丰富市民精神文化生活，助推电子商务发展。

【网络安全保障】 2017年，中国移动平远分公司抓好基础维护工作，确保网络安全稳定运行。配合县委、县政府，确保重大节假日、重大活动（客家炒绿、脐橙节、国际徒步节等）和重要会议期间网络通信畅通。全力参与抗洪抢险，圆满完成通信保障任务。配合做好全域旅游道路改造、X967线改造、美丽乡村建设、中小河流整治、工业园区建设，共投入200多万元，完成32段传输管线迁改工作。

2017年7月25日，梅州分公司副总经理张文泉代表公司与平远县公安局签订“平安平远”高清视频监控建设项目合同

【互联网+行业】 2017年，中国移动平远分公司着力推广“互联网+行业”工作。1.互联网+社会治安：配合平远县政府进行平安城市视频监控建设，全年增加330个平安视频监控点；配合县综治办进行省综治信息平台建设，构建网络化、智能化的社会治安防控体系。协助政府对公共互联网不良信息、恶意软件和诈骗电话的打击查处，切实保护用户信息安全。2.互联网+政务：加强新版政务办公OA的推广，提升办公自动化、信息化水平，实现政务OA市—县—镇—村的无缝连接；提供政务OA手机APP应用，实现随时随地通过手机处理公文，着实通过信息化手段提高政务办公的效率。3.互联网+家庭：继续落实“宽带中国”发展战略，积极响应宽带“提速降费”号召，充分发挥中国移动光纤宽带“高起点、高技术、低资费、低门槛”的特点，大力开展光纤入村到户建设，为广大客户提供极光宽带、手机宽带等丰富的宽带产品，同时针对广大家庭提供优质的4K高清电视服务。4.互联网+4G：持续完善“移动互联网+”基础网络服务，开展免费更换4G卡、免费送副卡送流量、买4G手机送话费、新办4G套餐送购机补贴等优惠措施。5.互联网+电子商务：参与“农村电商示范县”建设，搭建县中心—镇的视频会议系统、培训和孵化平台，提供专项优惠，助推移动电子商务发展，开展存赠和包积分券优惠；将平远脐橙、石正云雾茶上架岭南优品，推广“岭南优品”APP，培育农村淘宝、手机京东等农村电商发展。 （姚新红）

2017年度中国移动通信集团广东有限公司平远分公司负责人名录

总 经 理：罗辉君

副总经理：宋文欢

总经理助理：曾 龙

中国联通

【概况】 2017年，中国联通平远县分公司全年累计收入预算完成率97.35%、列全市第4名，同比增长5.37%、列全市第3名。

【主要做法】 2017年，中国联通平远县公司主要做好如下工作：1.面对速度变化、结构优化、动力转换的新常态，落实聚焦战略三年行动规划，履行“三个责任”、落实“三个争创”的工作思路和目标。（1）员工平均薪酬增幅达26.3%。（2）公众市场收入首次完成市公司下达任务并实现同比增长。（3）集客通服收入同比增幅30%、集客通服收入占大盘比35%。2.“互联网+精准扶贫”取得新成效。结合新时期国家互联网+扶贫战略要求，与广州市南沙区精准扶贫工作组联合开展“信息化产业扶贫”专项工作，共向2个贫困村赠送“视频设备和信息卡”50多户，累计投入资金15万元。3.网络建设成效提升。（1）全年新增4G网络基站10个，实现全县4G网络人口覆盖率85%。（2）全年新增光宽带端口1000个，实现光宽带接入覆盖率46%。 （黄明贤）

2017年度中国联通平远县分公司负责人名录

总经理：郭礼威（任至4月）

卜剑锋（5月起任）

公路与汽车运输

公路规划建设

【高速公路规划建设】 2017年，平远县交通运输局突出重点，全力抓好高速公路规划建设。1.县交通运输局全力配合广东长大公司推进总投资18.85亿元、全长17.5千米的梅平高速公路平远段建设。3月，主线17.5千米和互通匝道5.56千米项目用地全部交给业主单位施工，实现无障碍施工。1—12月，完成投资6.3亿元，占年度计划投资的105%，累计完成投资9.8亿元，占总投资的52%。桥梁、涵洞、路基、“三改”等工程建设有序开展。2.平武高速平远段已列入《广东省高速公路网规划（2017—2030年）》，广东福建两省（闽粤界）交接点已初步确定。积极与龙岩交通部门沟通对接，利用武平先行动工契机，争取国家和省尽快规划平武高速并促成立项建设。3.平蕉大高速已列入《梅州市综合交通运输体系发展“十三五”规划》。

【国、省道建设】 2017年，平远县公路局根据《梅州市人民政府办公室关于印发2017年动工建设300千米国、省道改造工作分解计划的通知》及县委、县政府的工作部署，全力推进估算投资13.24亿元的4个国、省道重点建设项目，全年共完成投资7208万元。1.全面完成2个重点项目建设。其中：国道206线八尺至大柘段示范工程全长29.78千米，预算总投资2140万元，3月动工，10月底全面完工；省道332线程西至岭下段路面改造工程全长5千米，预算投资2918万元，8月动工，11月底全面完工。2.全力推进2个重点项目前期工作。其中：国道358线湍溪至八尺段改建工程全长36.21千米，投资估算为42347万元，前期工作基本完成，立项获省发改委批复，共投入前期工作费用2000万元。国道206线田螺纽至超竹段改建工程全长12.62千米，投资估算约8.5亿元。完成“工可”编制并上报省交通运输厅审查，“用地预审”获省国土资源厅出具预审意见，其他各项前期工正在同步推进之中，已投入前期工作费用150万元阶段。3. 提前谋划一批储备项目。争取省道225线（原X967线）大柘至徐溪段、省道239线（原X039线）长田至坝头段、省道239线（原X039线）长田至梅西段、省道334线（原X036线）东石至大畲坳段等总长87.67千米、总投资7.39亿元的4个新升级为省道的公路改建项目纳入《梅州市交通基础设施重点工程建设三年（2018—2020年）行动计划》，发展后劲不断增强。

2017年，完成示范工程建设后的国道206线八尺至大柘段公路

【县、乡公路建设】 2017年，平远县交通运输局强势推进县内公路建设。按照抓资金、抓征地、抓建设、抓管理的思路，建立“一个项目、一名领导、一个班子、一套方案、一抓到底”的工作机制和“目标管理、倒逼提速、定期调度、跟踪督查”的推进机制，加强项目动态管理和工作督查，确保全面完成全年目标任务。1—12月，完成投资14813.14万元。1.马山村至梅片树产业园基地公路一期工程，完成投资1219万元，占年度计划投资的100%；2.X967线平远段路面改造工程，完成投资7600万元，占年度计划投资的100%；3.地养公路养护专项工程（含安保工程64千米，水毁工程、危桥改造等），完成投资3100万元，占年度计划的100%，完成安保工程64千米和田螺纽桥改造工程及水毁工程；4.新农村公路路面硬化改造工程，完成里程60.48千米，投资2177.14万元，占年度计划投资的100.53%；5.窄路基路面拓宽改造工程，完成投资717万元，占年度计划投资的100%。 （林立康 王足荣）

公路养护管理

【国、省道管养】 2017年，平远县公路局抓好公路养护管理、公路绿化、水毁修复、示范路建设等各项工作，路况水平稳中有升。至年末，县公路局管养国道优良路率为90%，省道优良路率为89%，均高于市局下达的路况指标。1.抓好日常养护工作，围绕创建“省级文明县城”和“国家卫生县城”的工作部署，加强日常路面保洁以及路肩、水沟内的垃圾、杂物的清理，定期对公路绿化花木进行修剪，确保路容路貌常年整洁美观。2.围绕创建“国家森林城市”和“示范路”建设的要求，投入435万元，对国、省道沿线绿化进行全面地补植、补种，国、省道绿化水平进一步提升。3.抓好防汛和水毁抢修复工作。汛期及时启动应急预案，组织人员和机械第一时间组织抢修，保障干线公路的安全畅通。至年底，共投入水毁抢修复资金250万元。4.积极推进公路生命安全防护工程建设，完成S332线、S225线公路生命安全防护工程的方案设计、初审和施工图设计工作。

【县、乡道管养】 2017年，平远县地方公路管理站坚持建设是发展、养护是持续发展的理念，以“四好农村路”（建好、管好、护好、运营好）为目标，以创建国家全域旅游示范县、广东省县级文明城市和国家卫生县城为契机，全力以赴做好地养公路养护管理工作，确保全县地养公路“畅安舒美”。1.强化日常养护，突出养护的及时性，基本做到各条道路路面干净整洁、标志标线醒目、路面病害处理规范及时、路肩无堆积物、边坡稳定、涵洞及边沟畅通。全年共清理水沟910千米、整修边坡560万平方米、清除塌方4.5万立方米，清理涵洞4150延米/295座，处治各类路面病害1.93万平方米。2.抓好公路绿色廊道建设工作，投入196万元，重点抓好普滩至湍溪、大河背旅游公路、超竹至坪湖、中行环镇路等公路的绿色廊道建设和加密补植工作。3.做好安全生命防护工程建设工作，全年投入800多万元，完成安保工程64千米。并完成2018年260千米安全生命防护工程项目方案设计的外业工作。4.做好水毁抢修复工作，投入水毁修复资金385万元，完成X967线重点水毁1处和X965线、Y124线等一般水毁共42处。5.加大路政巡查力度，全年共拆除违章构造物230平方米、清理路面障碍物1080立方米，发出路政违法行为告知书、整改通知书共18份，收回占用损坏公路及附属设施赔（补）偿款1.61万元。 （林立康 王足荣）

综合执法与管理

【综合执法】 2017年，平远县交通运输局综合行政执法局执法工作按照“规范、高效、廉洁”的要求，以各项专项执法行动为抓手，加强执法队伍建设，加大执法监管力度，严厉打击各类交通违法违规行为，为全县交通运输工作提供了强有力的执法保障。全年出动执法人员4414人次，检查车辆1052辆次，行政处罚立案数187宗（上年同期136宗），同比上升37.5%。行政处罚办结案件187宗，其中运政案件25宗，路政案件6宗，治超案件38宗，卸载转运货物1043.34吨，行政处罚金额16.15万元（上年同期17.02万元），同比下降5%。1.大力推进治超工作，完善治超长效机制。继续保持依法严管态势，准确把握治超新政，与交警部门建立健全、常态化的路面联合治超执法长效机制，强化部门联动、市县联动，凝聚治超合力，采用日间治超和夜间治超相结合的方式，不断推进治超工作的深入开展。2.开展专项执法行动，规范道路水路运输市场营运秩序。继续保持“打非治违”的高压态势，加大对小汽车、“黑大巴”非法营运，水上非法营运，客车不按规定线路行驶和不按规定的站点停靠，出租汽车违规经营，驾培机构违规经营，非法运输危险化学品从业人员和车辆，旅游包车未核实包车的真实性或招揽包车合同外的旅客乘车等系列违法行为的打击力度。全年查处“黑大巴”非法营运车辆1辆，行政处罚3万元；取缔异地驾培机构1家。同时，积极参加全县“创文”专项整治行动，配合其他相关职能部门，开展学校周边区域的非法营运车辆的执法巡查监控及打假、打私方面等各项专项行动。3.加大路政案件查处力度，完善路政协作机制。与县公路局等公路管理机构建立业务协作机制，成立平远县公路交通行政执法业务协作领导小组，加大对公路及公路两侧有关违法行为的查处力度，维护公路路产路权。2017年，县公路局通过网络信息平台移交路政案件4宗，查处破坏公路设施的行为案件1宗。

【行业监管】 2017年，平远县交通运输局加强管理，着力提升行业监管水平。1.加强道路运输市场管理。建立健全驻站机制，派出6位工作人员常驻平远汽车客运总站，督促客运站场严格执行“三关一监督”“三不进站、六不出站”制度落实，加强“三品”查堵工作，全面做好旅客运输和安检工作。在春运、“五一”“十一”等重大节假日期间，没有出现旅客滞留客运站场现象。多次深入货运企业督促其落实安全生产主体责任和执行“一岗双责”，规范其经营行为。同时，做好出租汽车行业监管工作，切实维护合法经营者的权益和出租汽车市场秩序。2.加强机动车维修企业监管检查。多次组织人员到平远汽车运输有限公司保修厂、东海汽修厂、梅林汽车维修服务部等维修企业进行检查，经检查，企业做到诚信经营、依法经营，未发现非法改装车辆行为。3.加大对驾校的检查力度。组织人员不定期深入到联发、嘉润等驾校，检查教练员理论和实际操作课的授课情况及车辆性能情况，指导规范培训学员的档案材料等。4.做好车辆年审、换证工作。全年共年审客货运车辆及出租车462台、新审批普通货运和客车车辆221台。

【路政管理】 2017年，平远县公路局坚持以维护路产路权、保障公路安全畅通为中心，不断强化路政管理，为群众出行创造良好的公路交通环境。1.强化公路法制宣传。开展以“爱路护路，保障畅通”为主题的宣传教育活动，发出各类宣传通知书400多份，增强广大群众的爱路、护路意识，营造良好的社会氛围。2.加强施工路段管理。针对梅平高速在S225线和G206线跨线桥施工路段，路政部门多方协调施工单位做好安全保障工作，指导施工单位在施工各路段设置明显的施工标志和安全标志，规范堆放施工材料，保障施工期间来往车辆的安全通行。3.加强公路标志、标线、标牌维护管理。组织人力对管养路段的各类标志标线进行维护、维修，对有缺损的及时完善，全年新增设道口桩328根，指路标志牌、安全提示牌等共119处，新增轮廓标2134根，在国、省道危险路段及国道城区段新画人行道、减速带、中心虚实线等公路标线6426平方米。全年路政部门共纠正、查处各类路政违章行为18件，签订协议书10份，清除路障1337处2000平方米，办理路政许可2宗，清理占用公路用地乱摆乱卖20宗，查处污染公路路面车辆71台，清理违章广告条幅138条，清理路肩种植农作物300平方米。处理因交通事故造成路产损坏案件50宗，共收取赔偿费40多万元，损坏路产案件结案率、索赔率100%。

【平安建设】　2017年，平远县公路局严格落实行业监管责任。深入推进“平安公路”建设，安全生产形势实现持续稳定向好。1.深入隐患排查，强化隐患治理。全面贯彻落实各级关于加强安全生产工作和开展安全生产大检查的工作部署，经常性开展隐患排查。对排查出来的各类隐患，进行仔细分析和深入研究，制定整改方案，明确整改时限，落实整改措施，定期督查督办，切实消除各类安全隐患。2.狠抓关键时段，做好重点领域安全生产工作。积极应对春运、汛期、暑运、中共十九大召开等重点时段安全生产工作，制定安全生产大检查工作方案，由局领导带队深入养护和施工一线进行督促检查，及时完善公路中央隔离栏、路侧钢护栏、防撞墙、标志标牌等安保设施，创造良好的道路通行环境，保证公路安全畅通。3.加强宣传培训，夯实安全生产基础工作。建立安全生产宣传学习微信群，让安全生产方针政策能及时不折不扣地传达贯彻到基层抓落实。加强安全培训，组织人员参加全省公路安全生产与应急管理培训班学习，安排应急抢险队员参加市局组织的2017年安全知识培训暨应急架桥演练，提升队伍的安全意识和应急能力。

【安全生产】　2017年，平远县交通运输局落实责任，继续保持安全生产形势稳定。按照“管行业必须管安全，管业务必须管安全，管生产经营必须管安全”的要求，抓好“党政同责、一岗双责、齐抓共管”的落实。1.严格落实安全责任制。通过层层签订“责任书”和召开行业安全专题会议，实行“一票否决”，不断建立完善和落实安全生产责任制。2.强化隐患排查整改。牢固树立“隐患就是事故”安全预防理念，警钟长鸣，深入开展道路运输、水路运输、工程建设、“打非治违”等领域的安全生产检查督查工作，对发现的隐患和问题，做到整改措施、责任、资金、时限和预案“五落实”。全年共出动检查人员114人次，检查单位、场所36家次，排查问题24个，整改完成24个，整改率100%。

【议案提案办理答复】　2017年，平远县交通运输局对人大议案、政协提案办理工作坚持“让人大代表、政协委员满意，就是让人民群众满意”的原则，创新工作思路，安排专人及时办理。2017年共收到县人大议案建议19件，已办结7件，正在推进4件，正在筹集资金3件，条件还不成熟5件。对条件还不成熟的，全部是关于公路改造的建议，已列入《梅州市普通公路基础设施重点项目建设三年（2018—2020年）行动计划》或《梅州市县道网规划》，最大限度地尽早得到解决落实，并主动与人大代表进行沟通，争取理解和支持。至年底，已全部作出答复。

2017年共收到政协提案5件，已办结1件，正在推进4件，已全部作出答复。

【存在问题】 2017年，平远县公路与交通运输管理部门在公路建设、养护和管理等各项工作取得一定的成效和进步，但随着社会经济发展和群众对出行环境的要求越来越高，一些行业发展短板和问题依然存在：1.公路管理体制机制不顺畅，公路事权主体责任不清晰等体制性问题有待破解。2.普通国、省道养护管理资金保障机制尚不健全，随着国道网和省道网的调增，公路管养资金缺口将进一步加大。3.项目前期工作难度大。项目前期工作前置性条件多，涉及部门广、审批环节多、周期长。有些项目涉及占用基本农田和经过自然保护区，用地预审、环评、选址等审批十分困难，耗时长。4.养护管理压力较大，安全保障能力不足。受资金短缺的影响，部分公路养护不到位，事故多发和灾毁路段修复不够及时，部分公路安全防护设施相对不足。

（林立康　王足荣）

汽车运输

【概况】 平远汽车运输有限公司（以下简称“平远汽运公司”）位于平远县大柘镇平远大道南48号，站场占地2.36公顷，是平远县旅客公路运输的集散地，为广东省二级汽车客运站。截至2017年年底，公司建制车辆73台，驾驶员136人，其中自营车29台，自营车驾驶员50人。客运线路覆盖全县各镇行政村、珠三角、潮汕地区以及毗邻江西、福建省等区域。

【生产指标任务及经营效益】 2017年，平远汽运公司实现营业总收入2835.1万元，同比下降2.53%，实现利润总额517.2万元，增长4.47%，净利润415.4万元，增长2.15%。自营车全年共发21332个班次，运送旅客33.98万人次，营运收入2573.67万元。2017全年安全行驶里程982.7万公里，安全间隔里程982.7万公里。全年未发生重大交通安全事故，各项安全考核全部达标，安全生产达到既定目标。

【“运输互联网+”】 2017年，平远汽运公司充分利用互联网的普及性和便利性，积极探索“运输互联网+”业务，利用“互联网+运输”平台，开展扩大微信售票的推广宣传活动。在春运和暑运期间，采取大学生优惠活动，超额完成上级下达的“粤运交通”和“梅州粤运”关注量任务。全年实现微信售票2.69万张，营收434.99万元，同比增长116.75%。做好定制班车业务，梅州城区学生、广州大学生的定制班车和五指石一日游线路运营效益良好。

【城乡公交一体化】 2017年，平远汽运公司按照平远县委、县政府和梅州市粤运公司2018年元旦平远要正式开通城区新能源公交营运的工作部署，全力做好城乡公交一体化营运的各项准备工作，完成新能源公交车充电站场选址、布局设计、充电桩的安装、新能源车辆购买以及第一期土建工程项目。为在2018年全面开通各乡镇公交线路营运打下基础。

【安全管理】 2017年，平远汽运公司高度重视安全生产，主要做好如下工作：1.成立安全生产领导小组。认真组织和开展安全生产大检查工作，确保安全生产经营工作顺利开展。2.扎实抓好春运、清明、“五一”、端午、中秋、“十一”黄金周和元旦等节日运输生产的安全工作，加强节日期间领导带班24小时值班值守，确保节日的运输生产安全。3.各分队坚持每天问询告知工作制度，做到全面了解掌握车辆运行情况、驾驶员身体状况，及时解决和处理当天出现的各类安全问题，确保公司运输生产工作正常。4.及时跟踪气象台预警信息，针对在台风、暴雨等重大自然灾害时期，加强对车辆状态和路况的实时监控，在不宜行车的天气状况下果断停运班线并通告旅客相关情况。5.针对自营车技术参差不齐，实行不定时地排查车辆，重点做好方向、刹车、空调线路及整车性能的综合检查，做到自检和路试相结合。为防止建制车辆发生自燃，严格按上级要求对公司建制车辆的发动机、变速箱进行外部清洁排污，对检查中发现有问题的承包车辆及时下发整改通知书，要求经营者按要求做好车辆发动机的外部清洗及安全隐患排除工作。6.组织年度安全应急预案演练和消防演练，达到预期效果。7.加强驾驶员安全教育培训工作，组织自营车驾驶员和承包车驾驶员以及承包人安全业务学习，按时召开安全工作例会。8.加强安全宣传，发挥横额标语、安全宣传栏的作用，努力提倡企业安全文化建设，认真宣扬安全发展观念，实实在在营造安全生产氛围。

【存在问题】　2017年，平远汽运公司还存在一些问题：1.司机的教育管理工作还存在着薄弱环节，职业素质、安全观念有待加强。2.企业经营管理水平、从业人员的守法意识、服务意识有待提高。3.客运班线经营效益下降，客源分流，成本增加，经营压力大。4.随着“互联网+运输”业务的不断扩展，专业人才缺乏。　（吴兴华）

2017年度平远县交通运输局负责人名录

局　长：刘森祥（2月起任）

副局长：钟兴平　陈雪梅（女）　韩明松

平远县地方公路管理站

站　长：姚力强

平远县交通运输局综合行政执法局

局　长：姚森平

2017年度平远县公路局负责人名录

局　长：刘森祥

副局长：杨　亮　林永友　赖向阳　罗　斌

2017年度平远汽车运输有限公司负责人名录

总 经 理：吴卫忠

副总经理：钟荣浩　林敦永（5月起任）
刘海清

工会主席、监事会主席：姚远平

2017年年底，副县长李远林（右一）陪同梅州市粤运公司董事长高俊（右二）到平远车站进行春运安全检查

（黄雄　摄）

商业·贸易

商　　业

【概况】 2017年，平远县商业总公司围绕国有资产保值增值、全系统稳定和谐的工作目标，按照年初制定的工作计划，攻坚克难，有序推进，取得较好的成绩：1.全面完成收入任务。下属四海通商贸有限公司和饮服公司2个公司实现门店收入160万元，全面完成年度计划；龙湖坪水电站和观音宫水电站2间电站全年发电量累计745万千瓦时，完成年度计划116.4%。2.观音宫水电站自动化改造和龙湖坪水电站增效扩容工程顺利完工。3.全系统60位在职员工和210位离退休人员的政治经济待遇得到保障。

【安全生产】 2017年，平远县商业总公司落实安全生产“一岗双责”制度，进行安全教育和培训，每季度开展一次安全生产检查整治，全年落实大小整改措施30项，妥善处理饮服公司服装城消防隐患、龙湖坪水电站输变电线路安全隐患、观音宫水电站养鸡场线路安全隐患等，确保全系统生产安全。采取线路管理分段向社会发包的办法，以较小的代价解决了长期困扰龙湖坪水电站的输变电线路高杆植物清理问题。

【公司管理】 2017年，平远县商业总公司加强国有资产的巡查监护，防止国有资产流失。加强门店场地租赁调查研究，租金随行就市，确保门店场地不空置，租金依时足额收取。

【电站管理】 2017年，观音宫水电站投入20多万元安装自动调速器、一体化机和自动化控制平台，实施自动化改造。龙湖坪水电站投入230多万元（其中中央配套资金90万元）进行增效扩容改造，改造的项目主要包括输变电线路、机电设备、中控室、进水口、拦污栅、闸门、排沙涵等。

2017年11月15日，龙湖坪水电站增效扩容工程进水口改造项目现场　（赖荣传　摄）

【总公司人员工资纳入县财政保障】 2017年，经平远县人民政府常务会议研究，作出《县政府常务会议决定事项通知书》，平远县商业总公司积极配合县财政部门做好资产移交、账务处理等相关工作，移交地产7宗，上交结余资金131.8万元，在编现职人员和退休人员工资纳入县财政保障。　（陈　霖）

2017年度平远县商业总公司负责人名录

总 经 理：赖钦宏

副总经理：卓衍平　谢梅青　周朝阳

贸易市场

【概况】 2017年，平远县全力推进电子商务发展，强化典当行、农产品交易中心、二手车交易、商贸流通、民爆物品行业监管，严格排查商贸领域安全生产隐患，确保各行业风险可防可控。

【电子商务进农村】　2017年，平远县大力推进电子商务进农村工作。1.成立平远县电子商务协会，引导电商企业抱团发展。2.完善县、镇、村三级电商服务体系，累计建设90个村级电商驿站。全县全年电子商务交易额15亿，同比增长30%。3.整合资源开展电子商务培训，开展电商培训26场、精准扶贫13场、上门培训955场，共培训4047人次。4.依托电子商务就业创业，努力探索出可其山电子商务公司"电商+合作社+农户"、新大地公司"电商+旅游"电商发展新路径，带动建档立卡贫困户开展网络就业创业，带动创业就业1.4万人。项目在省商务厅、财政厅组织的绩效评价复评中，等级评定为优秀。

【市场建设】　2017年，平远县经济和信息化局大力加强市场建设。1.推进重要产品追溯体系建设，促成平远飞龙实业有限公司应用肉菜追溯体系。2.冷链体系建设取得新突破，梅州市飞龙果业有限公司投入资金建成平远县首家冷冻冷藏库基础设施。

【市场秩序监管】　2017年，平远县经济和信息化局加大市场秩序监管力度。1.重点开展关于股权众筹、第三方支付、通过互联网开展资产管理及跨界从事金融业务等隐患排查工作，未发现非法交易行为。2.加强对民爆物品企业执法监管，确保企业安全生产经营。3.严格把关典当行执行管理制度，确保行业经营证件齐全、年审资料和台账完善。4.严格落实二手车交易月报制度，建立了统一、开放、有序的汽车流通环境。5.开展安全生产大检查，重点检查商场、超市、农（集）贸市场、批发市场等领域，有效防范商贸领域各类生产安全事故的发生。

涉外经济

【概况】　2017年，平远县经济和信息化局通过跟踪服务、激励调动、强力引商等措施，全面完成外经贸各项指标。外贸进出口总额突破3亿元大关，达3.02亿美元，比增11.8%，合同利用外资1210万美元，实际利用外资287万美元。

【服务外向型企业】　2017年，平远县经济和信息化局认真为外向型企业服务。1.认真做好对外贸易经营者备案登记，全年新办、变更和注销对外贸易经营者备案登记17家。2.完成年度投资经营信息联合报告，全县外商投资企业参报通过率98%。3.积极引导企业提高出口通关信用资质，其中梅州市汇胜木制品有限公司成为平远县首家获得海关AEO高级认证企业。4.培育市场品牌，组织梅州市汇胜木制品有限公司等企业申报2017年广东省出口名牌企业的认定；积极组织企业参加中博会、广交会等境内外展会，指导家具行业、电子产品、汽车配件行业加大营销力度，培育市场品牌，促进外贸出口。5.主抓家具出口量扩大，大力宣传国家鼓励外贸发展的政策，拓宽财政扶持资金融资渠道，及时扭转家具行业出口下滑不利局面。

供　　销

【概况】　2017年，平远县供销社系统销售总额47007万元，比增2240万元，增幅5%。其中，农业生产资料销售12484万元，比增689万元，增幅5.8%；农产品销售32698万元，比增1461万元，增幅4.7%；日用消费品销售1825万元，比增90万元，增幅5.2%。实现利润48.5万元，同比减少99.2万元，减幅67.16%。

【综合改革工作】　2017年，平远县供销社积极推进供销社综合改革工作。1.由县委转发《中共梅州市委、梅州市人民政府印发〈关于深化供销合作社综合改革的实施意见〉的通知》，并制定《平远县供销合作社综合改革实施方案》。2.组建平远县供销农业服务公司，对接省、市供销社共建“一中心、两园区”“三农”综合服务网络规划方案。3.策划筹建农产品批发交易中心，并积极争取省社及省龙头企业到平远县投资建设。4.筹备设立供销合作社产业投资基金，探索开展农村合作金融服务。5.培育新型基层组织体系。新组建农民专业合作社3家，由供销社领办的云雾小叶、东石盛业、六吉果业等3家合作社新评为“广东省第四批（2016年）农民专业合作社省级示范社”；26家历年省示范社继续认定为省级示范社，16家历年省示范社被取消省级示范社称号。

【为农服务工作】 2017年，平远县供销社认真开展为农服务工作。1.提升农资供应服务能力。进一步推进海山农资配送中心升级改造，扩大仓容，增设网点，通过海山农资配送中心及系统内3家农资合作社做好农资商品组织采购、储备、供应等工作，保障平远县农业生产发展。2.推进“菜篮子”工程建设。金宝树专业合作社在东石镇双石村、大柘镇贤关村通过土地流转方式，建成26.67公顷（400亩）有机蔬菜、花生、甜玉米、香芋、莲籽种植基地，丰富“菜篮子”品种；惠众、佳香、绿梅等蔬菜种植合作社积极引进新品种，发展种植黑皮冬瓜、香芋、南瓜、莴笋等时令蔬菜，实现农业增效、农民增收；惠众果蔬合作社开展有机蔬菜“天鲜配”直销配送，配送网络逐步完善。3.开展实用技术指导培训。通过印发种养技术宣传资料、选派人员参加业务培训等方式指导合作社掌握果树栽培、病虫害防治等新技术，为合作社提供农资供应、市场信息等服务，引导合作社规模化发展。全年印发宣传资料2000份，组织参加各类业务培训65人次。4.加强合作社品牌建设。组织八尺九香、橙之香等果业合作社从外省引进脐橙无菌苗木，培育无菌苗基地1公顷（15亩），整改黄龙病感染园区，促进脐橙产业持续健康发展。引导农民合作社培植品牌产品，全系统累计注册品牌商标13个，取得绿色食品认证4个，无公害农产品认证6个，良好农业规范认证1个。5.推动农产品产销对接。制作2期“服务900”栏目专题视频，推介合作社主打产品；发动合作社入驻全国总社“供销e家”和市社农产品电商平台，组织25家合作社与批发市场、龙头企业建立产销关系，实现产销对接；全年有5家合作社分别参加全国优质农产品博览会、精品粮油及技术设备展览会和广东省农村电子商务峰会等节会，展示名特优农产品，拓宽销售渠道。

2017年5月16日，梅州市供销社主任杨伟南（中）与平远县政府副县长李远林（左三）到益民水稻专业合作社调研 （李君文 摄）

【资产管理工作】 2017年，平远县供销社不断加强资产管理工作，进一步完善制度，落实责任，加强管理，使资产实现保值增值；积极维护资产完整性，明确原社有资产主要用于发展供销社事业；加强安全生产管理，建立危旧房档案台账，重点抓好出租房及租赁企业安全隐患排查和整改工作，全年进行安全排查16次，投入7万多元整改较大安全隐患5宗，实现资产安全运营。

【存在问题】 2017年，平远县供销社存在问题主要有：1.全县供销社经济实力薄弱，改革发展资金缺乏，开拓市场、参与流通的能力不足。2.上下联合合作不够，缺少龙头带动，各自为战状态未得到根本改变，没有形成强大的合力。3.基层组织松散，缺乏具有供销社掌控力的企业，推动工作难度大。

（李君文）

2017 年度平远县供销社负责人名录

主　任：姚若园（任至2月）

张小英（女，8月起任）

副主任：杨增书（3月至7月负责全面工作）

马百元　刘菊珍（女）

粮食管理

【概况】 2017年，平远县粮食局有在职人员21人（其中县聘2人），离退休人员34人，下属平远县粮食收储公司有职工41人。平远县粮食局紧紧围绕“广积粮、积好粮、好积粮”开展工作，保证全县粮食供需平衡、粮食市场价格稳定，确保全县军需民食、社会和谐稳定，顺利完成县储、省储轮换任务。

【粮食安全责任制落实】 2017年，平远县粮食局贯彻执行国家、省、市、县的各项粮食政策，落实粮食工作政府责任制，确保全县粮食安全，饭碗牢牢端在自己手中。1.健全粮食安全政府责任制工作机制，认真落实粮食安全政府责任制各项工作。2.制订出台《平远县粮食供应应急预案》和《关于加快平远县“放心粮油”工程建设的实施意见》。3.按计划保质保量按时完成省储、县储轮换任务。

【储备粮油管理】 2017年，平远县粮食局坚持“以防为主，综合防治”的保粮工作方针，贯彻落实国家《粮油仓储管理办法》《广东省储备粮管理办法》和县粮食局制订的《粮油仓储管理办法》，健全仓储管理制度，适时开展“春、秋”两季粮油储存安全普查，抓好仓储规范化管理，强化储粮安全生产，总结储粮技术经验，推广应用绿色生态储粮新技术，确保在库粮油储存安全。

【粮食收购】 2017年，平远县粮食局严格执行国务院《粮食流通管理条例》，贯彻国家粮食收购政策，充分发挥粮食部门主渠道作用。夏收时，平远县粮食收储公司根据县储、省储轮换计划提早安排仓容、资金，以每50公斤132元的价格公开挂牌直接收购农户生产的稻谷，为确保县内粮食安全打下物质基础。

【依法治粮】 2017年，平远县粮食局贯彻落实国家、省、市粮食流通监督检查会议精神，坚守粮食监管底线，加强执法队伍建设，完善监管制度，强化市场监管，推动依法治粮工作再上新台阶。1.做好全国粮食库存检查工作。按照“有仓必到、有粮必查、有账必核、查必彻底”的原则，对粮食库存数量、质量、储备粮轮换、仓储管理等进行全面检查，摸清粮食库存情况，确保库存粮食“账实相符、质量良好、储存安全、管理规范”。2.认真开展夏粮收购专项督查检查工作。在夏粮收购期间，开展专项监督检查，杜绝“打白条”“转圈粮”等违规问题发生，维护良好的粮食流通市场秩序。3.加强粮食质量安全监管工作。认真做好粮食收购、储存和政策性用粮的质量安全监督管理，落实粮食入库、出库质量检验制度，确保储备粮质量安全，杜绝不符合食品安全标准的粮食流入口粮市场。

【军粮供应】 2017年，平远县粮食局严格贯彻执行中央和省军粮供应政策，紧紧围绕“保障供给、规范管理、优质服务”的指导思想，抓好制度落实，提高服务质量，克服一切困难，全力保障驻军部队的粮油供应。1.积极开展“双拥”模范县活动，认真宣传有关“双拥”的政策法规，落实“双拥”各项工作。2.严格执行国家军供粮油质量标准和食品卫生标准，军供粮油实行“五统一”（统一定点、统一质量、统一包装、统一定价、统一配送），有效保证军供粮油质量。经上级巡查、定期抽查、季度检查等形式，军供粮油质量合格率达100%，部队满意率100%。

【粮食经济管理】 2017年，平远县粮食局积极开展行政事业单位内部控制基础性评价工作，进一步完善财务管理制度，切实抓好粮食经济管理工作。实行县级储备粮兜底轮换，各项补贴及专项资金足额拨付到位。2017年，争取中央财政“粮安工程”粮库智能化升级改造资金75万元、省级储备粮粮库维修改造补助资金32万元、军供政策性补贴资金15万元。

【粮食仓储设施建设】 2017年，平远县粮食局投资114万元完成坝头、城镇粮库天面、仓底线路改造升级。完成坝头粮库“粮安工程”粮库智能化升级改造的申报工作，项目申报投资140.5万元，核定投资125.5万元。其中，中央资金75万元；地方资金50.5万元。梅州市金谷农业开发有限公司粮食应急加工厂投入使用。 （蓝林青）

2017年度平远县粮食局负责人名录

局　长：肖明曦

副局长：姚　勇　林映明　林挺锋

物资经营

【概况】 2017年，平远县物资总公司按照“保稳定、谋发展、求增值、树形象”的工作目标，实现队伍团结，国有资产保值增值，经营减亏增效，无安全生产事故，无上访事件，圆满完成县委交办的各项工作任务。总公司全年收入76万元，同比上年增加6万元，“三公”经费同比下降16%，全面完成年初预定目标。

【主要工作情况】 2017年，平远县物资总公司主要做好如下工作：1.加强管理，做好各项常规工作。（1）修订公司管理制度和绩效考核办法，制定《物资总公司工会章程及工作制度》，不断完善和加强公司管理，调动干部职工工作积极性。（2）扎实推进“两学一做”学习教育制度化常态化工作，抓好基层党建、党风廉政建设、平安综治建设、精神文明建设、党内关怀和精准扶贫等各项常规工作，增强干部职工素质，营造积极向上的好风气，提高物资队伍的凝聚力和战斗力。2.保障干部职工合法权益，确保和谐稳定。（1）进行事业单位公车制度改革，按照相关规定发放公务交通补贴和确定公务交通费用报销额度。（2）开展机关事业单位社保制度改革，提高在职在岗职工的社保缴交基数，确保在岗职工和退休人员工资正常发放。（3）抓好信访维稳，尽力解决下岗职工的合理诉求。3.管好物业，确保稳定增值。（1）优化物业资源，增加收益。（2）加强对公司门店和仓库等的租赁管理，保证承租户依法经营，依时上缴租金。2017年新增物业收入12万元。4.抓好企业，确保安全增收。加强对下属公司和企业的安全生产管理，制订责任防控机制，落实安全生产责任，强化安全生产教育，完善安全生产制度，层层签订安全生产及综治平安建设责任书。对危化品企业远旺液化气库和燃料加油站做到重点防范。指定专人负责，每周检查2次以上，做好检查记录；每逢重大节日等，由分管领导带队进行重点检查，做到发现问题，立即整改，实现在无事故隐患的基础上发展增收。

（县物资总公司办公室）

2017年度平远县物资总公司负责人名录

经　理：凌来泉

副经理：陈旺宏　刘伟东

烟草专卖

【概况】　2017年，平远县烟草专卖局（分公司）扎实推进“两学一做”学习教育，推动烟叶生产、营销工作、专卖管理、企管政工和文明建设再上台阶，获评平远县“文明单位”和“扶贫济困铜奖”称号；被梅州市烟草专卖局（公司）评为“先进基层党组织”。2017年，实现烟叶销售收入8370.40万元，卷烟销售收入28152.10万元，其他业务收入388.21万元；实现利润总额6620.67万元，税收3431.05万元，税利10051.72万元。

【主要工作经验】　2017年，平远县烟草专卖局（分公司）主要做好如下工作：1.目标定位更高远，动力更强劲。县烟草局提出党建工作要创建示范点、局党支部要创建先进基层党组织、局（分公司）要创建文明单位的目标定位，强化干部职工的责任意识和忧患意识。2.工作机制更优化，局面更可喜。按照管理提升年活动的总体要求，县烟草局成立工作领导小组，构建保障机制，坚持把活动与中心工作一起谋划、一起部署、一起考学，进一步细化规范考核办法，将责任落实作为重要抓手，强化督查调度常态化，分层分类开展工作考核评议。各部室在工作中竞相亮剑，充分调动积极性和主动性，汇聚了共抓目标的强大合力，形成全面协调可持续发展的可喜局面。3.载体活动更突出，措施更具体。活动领导小组积极开展调查研究，问计于全体职工，制订下发《平远县烟草专卖局（分公司）开展“管理提升年”活动工作措施》，与局（分公司）的战略目标和长远规划发展密切结合，明确当前各项工作的提升点、风险点和薄弱环节，细化行之有效的应对措施和方法，责任落实到个人，有效推进工作的开展。

2017年1月5日，平远县烟草专卖局党支部召开“两学一做”专题民主生活会　（罗燊民　摄）

【经营业务用房搬迁】　2017年11月29日，平远县烟草专卖局（分公司）新租赁的经营业务用房正式搬迁，新地址为：平远大道窑岃上29号（南岭药业侧）。

【自律互助小组建设】　2017年，平远县烟草专卖局（分公司）大力推进自律互助小组建设。结合实际，精心筹划，制定工作方案，成立工作领导小组，以长田镇为试点推广，经过选举小组长、设立小组之家、商定卷烟统一售价、组建微信群等工作，长田镇自律互助小组取得可喜的经济效益。借鉴卷烟零售价格统一经验，小组逐渐对其他商品的进货价及销售价进行统一，拓展抱团经营，客户整体盈利得到明显提升。小组建设的推广采取“先易后难、以点带面”的方式，全面铺开，全县共组建31个自律互助小组，小组成员445户，占零售户总数的64.12%。小组成员经济效益节节直上，营造了公平竞争、守法经营的卷烟市场环境，不断提高持证卷烟零售户经营水平和获利能力，共同维护良好的卷烟市场秩序。为在全市烟草行业内推广好的做法和经验，2017年12月21—22日全市烟草系统自律互助小组推进会在平远召开，得到上级单位领导的充分肯定和认可。

【存在问题】 2017年，平远县烟草专卖局（分公司）存在的主要问题是：卷烟打假打私防转移和防扩散压力居高不下；市场管理科学化、精细化程度需进一步提升。

2017年度平远县烟草专卖局（分公司）负责人名录

局长、经理：姚玉平

副 局 长：涂 勇

副 经 理：卓流平 余永安

石油经营

【主要业绩】 2017年，中石化平远石油分公司在抓好安全生产的同时，努力扩展业务，取得良好成绩。1.油品销售方面，零售总量实现47214吨，其中，汽油实现销售12481吨，机出柴油实现销售34734吨，实现同比增幅9.7%。高标号汽油（95#，98#汽油）实现5107吨，高标号比例为41%，同比提升5.07个百分点。2.非油品销售方面，营业额实现2120.3万元，完成1303万元任务的162.7%，其中基础品类完成1676万元，完成1111.6万元任务的150.8%；基础品类零售实现600.2万元，完成493.1万元任务的121.7%；毛利实现194.3万元，完成137万元任务的141.8%。

【主要工作亮点】 2017年，中石化平远石油分公司做实、做细客户工作，主动出击。零售方面：1.抓客户，稳增长。年初研究市场，确定公司主要是以做“外地车辆为主、重点工程为基础、本地市场为稳”的思路。全年新开发客户45个，月新增销售约187吨。2.抓重点柴油机出提量。八尺站实现销售4284吨的销售，同比增长815吨，增长率23.7%。长安站实现销售7828吨的销售，同比增长1684吨，增长率26.2%。高速公路加油站实现1714吨增长，增幅6.8%。3.抓好报务和“节日”营销提汽油量。通过提升员工服务水平和开展APP优惠政策、“周日会员日”等活动稳住客户。4.开展边贸走访、大客户和重点工程客户走访，做大库出配送量。非油品方面：1.确立以便利店经营做基础品类营业额，主动走出去做团购做营业额的思路，抓营业额的提升。全年营业额实现2120万元，比上年增167%，全市排第一。2.丰富商品种类，规范商品陈列，锁定目标顾客，增加营业额，基础品类同比增90.2%。3.抓重点商品营销，全年实现重点商品营业额同比增长69%。4.积极参与公司开展的微信限时特价、限量秒杀、新品推广等营销活动，线上订购与线下配送有机结合。

【安全生产管理】 2017年，中石化平远石油分公司多管齐下确保安全生产。1.采用“网络+现场”安全巡查方式，有效监管加油站日常安全工作。2.加强节前各油站的安全检查和教育，尤其是春节、清明节和国庆节，督促员工注意现场安全和周边环境。3.落实站长负责制，对每一车来油做到规范、及时接卸，保证油品安全。4.严格要求站长落实好值班制度，站长住站值班做到靠前指挥。5.强化预警分析，引入考核机制，并加强与计量所沟通，调准油枪，保障中石化“每一滴油都是承诺”的社会责任承诺，抓好损耗管理。

2017年度中石化平远石油分公司负责人名录

经 理：丘伟明

旅游开发

平远县旅游局

【概况】 2017年，平远县旅游局以创建“国家全域旅游示范县”为抓手，积极开展管理机制体制创新、项目建设、产业融合、服务配套设施完善、市场监管、精准宣传推广等工作，全年接待游客876.05万人次，比增11.4%，旅游综合收入82.08亿元，比增12.97%。平远县荣获“生态自然旅游城市和大众休闲健康养生旅游城市”“中国候鸟旅居小城”“第七届广东省县（市）域旅游创新发展十强”等称号。“平远旅游”微信公众号荣获“第七届广东省县（市）域最具影响力旅游微信公众号”称号。

【国家全域旅游示范县创建】 2017年2月14日，平远县创建“国家全域旅游示范县”推进会、培训会在平远县迎宾馆大礼堂顺利召开。该县各级领导干部及旅游协会、企业代表近300人参会。此次会议和培训是该县按照“全景平远、全域旅游”思路，积极推动绿色生态产业融合发展，推动县域经济转型发展，实现全面建成小康社会的一次动员会、部署会和学习会，意味着平远县全面启动国家全域旅游示范县创建工作。

2017年4月11日，广东省旅游局局长曾颖如（右二）一行，在市县领导的陪同下，到平远县调研国家全域旅游示范县创建工作进展情况（林祎慧　摄）

【工商和质量技术监督局旅游分局成立】 2017年12月3日，平远县工商和质量技术监督局旅游分局正式成立。该旅游分局的成立是平远县积极推动“1+3+N”旅游管理体制创新取得的新突破，体现“全域旅游”的时代特点，为进一步解决扰乱旅游市场秩序、侵害旅游者权益等突出问题提供有力保障。

【第十七届全国红层与丹霞地貌学术讨论会】 2017年10月26日至29日，平远县成功召开第十七届全国红层与丹霞地貌学术讨论会暨平远县旅游发展研讨会。全国红层与丹霞地貌旅游开发研究领域专家、学者100多人齐聚平远，讨论红层与丹霞地貌科学、资源与环境保护，研讨平远丹霞景区景点资源的挖掘保护与开发利用。该次会议的参会人数、论文收录数、大会发言人数、高级职称参会人数及到会的年轻学者人数均创历届全国红层与丹霞地貌学术会议之最。

【项目建设】 2017年，平远县旅游局从三方面做好项目建设。1.重点景区升级改造。该局以打造国家休闲度假区为目标，全年投入近1.5亿元推进五指石景区、长布半岛休闲度假区（含松溪河景区）、上举相思谷景区、南台卧佛山旅游度假区、曼佗山庄等重点景区升级改造。总投资1.2亿元的岭东大酒店于2017年国庆正式开放。该酒店按国家4星级饭店标准、采用江南园林风格进行建设，有87间客房，能同时容纳近500人就餐，有效解决五指石景区游客住宿、餐饮紧缺问题。曼佗山庄新增3D彩绘、曼佗长城、揽月廊、小云水谣等景点。2.引导民宿规范发展。2017年3月，该局与公安、环保、卫计、工商质监等9部门联合印发《关于促进平远县民宿（乡村客栈）产业规范发展的指导意见（试行）》《关于印发〈平远县民宿（乡村客栈）管理办法（试行）〉的通知》等文件。红豆人家、过岭驿站、八珍娘民宿等4家民宿成为平远县首批按规定办理相关证照并正式对外营业的民宿。3.旅游厕所革命。2017年，平远县以“数量充足、干净卫生、实施免费、管理有效”为目标，高标准开展旅游厕所革命。全年新改扩建21座旅游厕所，其中新建15座，改扩建6座，总投资1285万元，建筑总面积3356.7平方米。

【网络直播宣传】 2017年，平远县旅游局注重网络直播宣传。举办梅州市首个网络直播平台宣传活动——相思平远·情系客家，直播41场，近3000万人观看，活动带动“平远旅游”微信公众号粉丝量增长3.08万人。

（平远县旅游局）

2017年度平远县旅游局负责人名录

局　长：刘冬梅（女）

副局长：丘慧娟（女）　林南京　张任锋

平远县五指石省级风景名胜区管理处

【概况】 2017年，平远县五指石省级风景名胜区管理处（以下简称“五指石管理处”）以创建“国家全域旅游示范县”“国家卫生县城”和“广东省县级文明城市”为目标，积极抓好景区规范管理、项目建设、资源保护、服务提升等各项工作，指导和协助五指石旅游产业公司做好景区日常经营管理工作。五指石景区的发展带动乡村旅游发展，催生农村休闲经济。为差干当地百姓提供直接就业岗位600余个，景区周边从事旅游及相关产业的农户有上千人。农家餐馆由最初5家发展至40多家；农家旅馆从不足10家发展至30余家，床位1000多个；商业店铺从13家发展至近70家。

【规范管理】 2017年，平远县五指石管理处从三方面做好规范管理工作。1.做好景区营销工作。在旅游营销方面加大投入，不断创新，本着互惠互利，共同发展的原则，与梅州市假日国际旅行社、五指石旅游服务有限公司等旅行社达成合作意向，多次组织千人规模旅游团队到景区游玩，并以旅行社团队市场拉动散客市场，取得显著成效，全年景区门票收入2234万元，接待游客49.92万人次，同比稳中略增。2.做好景区接待工作。该管理处加强与五指石旅游产业公司的沟通协调，做好各级各单位领导到景区考察调研接待工作。全年接待各级来人48批次约5400人，成功协办第十七届全国红层与丹霞地貌学术讨论会暨平远县旅游发展专题研讨会和绿地·中信银行杯第八届北京国际山地徒步大会梅州·平远站徒步大会。国际山地徒步大会的成功举办将景区知名度、美誉度从国内拓展到国外，进一步打响景区旅游品牌。3.紧抓景区安全巡查。在景区日常管理工作中，贯彻“以人为本，关爱生命”指导思想，遵循“安全第一、预防为主、综合治理”指导方针，努力消除存在的各种安全隐患，积极防范意外事故的发生，成为景区重要工作内容之一。五指石管理处严把景区安全关，工作人员每天对景区进行全面巡查，发现存在安全隐患立即通知公司进行整改，2017年，五指石管理处发出24份安全整改通知，责令公司及时整改，排除安全隐患。

2017年11月11日，以“苏区橙乡·平步致远”为主题的绿地·中信银行杯第八届北京国际山地徒步大会梅州·平远站在五指石景区顺利开走

【项目建设】　2017年，五指石管理处积极做好项目建设工作。1.建设具有独特魅力景区。督促五指石旅游产业公司按《五指石生态旅游产业园投资开发建设协议书》中约定的开发项目如期进行建设，进一步完善景区建设，提升景区游览价值。2017年，景区建设的主要项目有二期栈道、贵妃湖环湖步道和高空栈道出入口分开工程。五指石管理处与差干镇政府、五指石旅游产业公司多次召开协调会议，就项目建设过程中遇到的难题

商讨解决方案，协助公司加快推进项目建设进度。2.科普基地申报和结题。五指石风景区自2005年被省批准为“广东省青少年科技教育基地”后，利用科普教育基地和地质博物馆平台，丰富科普教育工作，五指石景区评为“梅州市人文社会科学普及基地”。2013年，五指石管理处向省科技厅申报“平远县五指石省级风景名胜区‘广东省青少年科技教育基地’建设”并立项成功。经过三年建设，于2017年完成该项目的结题验收工作。3.结合平远县创建“广东省县级文明城市”工作，五指石管理处印制文明旅游小册子在景区游客服务中心免费发放，呼吁游客文明旅游。在游客集中地显眼处张贴社会主义核心价值观标语。同时，五指石管理处与五指石旅游产业公司沟通，要求公司在景区游客服务中心、验票处LED显示屏、集散广场、景区内游客集中点悬挂、张贴社会主义核心价值观和文明旅游标牌标语，积极营造文明旅游氛围。

【存在问题】 2017年，五指石管理处及五指石景区存在的问题是：1.景区发展缺乏精致、精细、差异化、可互动、可体验产品，景区“可向往性”不强，留不住游客。2.景区管理水平较低，员工素质参差不齐，服务质量提升缓慢。存在各级主管部门及管理处发出整改通知未及时落实、无反馈现象。景区无全年营销计划，营销优惠政策随意性大。3.突发事件应急处理机制不健全，需进一步完善配套设施与服务。

2017年度平远县五指石省级风景名胜区管理处负责人名录

主　任：刘剑辉

副主任：谢菊传　陈　华（任至8月）

金穗山庄水上竹楼餐厅　（摄于2018年6月）

财税·金融·保险

财　　政

【财政收支情况】 2017年，平远县一般公共预算收入81386万元，对比上年增收7582万元，增长10.3%，完成年度预算计划的100.2%。一般公共预算支出238637万元，同比增支7686万元，增幅3.3 %，完成年度调整预算计划的85.2%。

全年一般公共预算总收入为255503万元，对比上年增加2953万元，增幅1.2%，完成年度调整预算计划的90.2 %。其中，县级一般公共预算收入81386万元；返还性收入6865万元；一般性转移支付收入72222万元；专项转移支付收入72315万元；政府性债券转贷收入9918万元；调入资金6819万元（含预算稳定调节基金调入3899万元；政府性基金调入2520万元；国有资本经营预算调入400万元）；上年结余5978万元。全年一般公共预算总支出为252728万元，比上年增支1773万元，增幅 0.7 %，完成年度调整预算计划的89.2 %。其中，县级一般公共预算支出238637万元；上解支出3987万元；增设预算稳定调节资金186万元；债券还本支出9918万元。年终一般公共预算结余2775万元，实现预算收支平衡。

全年政府性基金预算总收入21582万元，对比上年减收25881万元，减幅54.5 %，完成年度调整预算计划的33.8%。其中，县级基金收入10032万元；省、市基金补助1401万元；新增债券收入1亿元；上年结余149万元。全年政府性基金预算总支出21255万元，对比上年减少26059万元，下降55.1 %，完成年度调整预算计划的33.2%。其中，政府性基金预算支出18735万元；调出资金2520万元。年终基金结余327万元。

全年城乡居民基本养老保险基金总收入13294万元，对比上年增收427万元，增幅3.3 %，完成年度预算计划的112.6%。其中，2017年收入5399万元；上年结余7895万元。全年城乡居民基本养老保险基金支出5684万元，对比上年增支722万元，增长14.6%，完成年度预算计划的105.1%。年末滚存结余7610万元。全年城乡居民基本医疗保险基金总收入24214万元，对比上年增收1441万元，增幅6.3%，完成年度预算计划的98.7 %。其中，2017年收入13726万元；上年结余10488万元。全年城乡居民基本医疗保险基金支出13732万元，对比上年增支1447万元，增幅11.8%，完成年度预算计划的95.5%，年末滚存结余10481万元。

【财源培植】 2017年，平远县财政部门抓好财源培植工作。1.通过优化企业服务环境和财税发展环境，加大基础设施建设投入等，积极支持中小微企业和重点行业企业发展，努力培育财源。2.充分调动国、地税部门和乡镇政府的积极性，落实责任、强化沟通、密切协作，定期牵头组织专题会议，分析税收形势，加强各类税源管理和重点税源监控，促进税收征管。同时，加强非税收入、政府性基金预算收入和社会保险预算收入征管，确保应收尽收。3.争取上级支持，努力对接上级财政，研究吃透专项扶持政策，组织落实转移支付补助、专项资金和政府性债券转贷收入等各类扶持资金，拓展经济发展空间。4.注重向农发行、国开行等政策性银行融资，拓宽融资渠道，提高财政保障能力。2017年争取到中国农业发展银行和国家开发银行2个项目，到位资金3.7亿元。

【服务地方经济】 2017年，平远县财政部门切实加强预算执行管理，提高预算刚性，合理调度资金，确保重点支出，规范使用债券置换资金，做好服务地方经济工作。1.加强预算执行管理。不断优化支出流程，提高预算刚性，严格执行预算拨款制度和程序，禁止超预算、超进度拨款，严控一般性财政支出和“三公”经费支出，按照均衡性、有效性、安全性原则，加快支出进度。每月定期召开预算执行分析会，对加快支出进度提出明确要求，对一些进度明显偏慢的支出项目，认真查原因、找差距、定措施。2017年，全县财政支出完成25.3亿元，增长0.7%，占年度调整支出计划的89.2%。全年主要财政支出向民生方面倾斜，财政八项支出增支较大，每月支出进度均达到序时进度，且全市排行靠前，县国库余额保持正常水平。2.合理调度资金，确保重点支出。重点做到保运转、保民生、保重点、保稳定等工作，积极筹措所需资金，关注弱势群体，优先安排和保证涉及民生保障方面的各项支出。积极支持经济发展方式转变，整合资金重点支持新兴产业和园区经济发展，支持基础设施和基础产业发展，安排资金支持企业做好上市准备工作，支持淘汰落后产能、节能减排等。同时，整合资金支持中小企业发展，开展挂钩帮扶活动，落实各类产业扶持政策，切实减轻企业负担，整合支农资金，促进现代农业示范园建设。全年教育、社会保障与就业、医疗卫生等民生支出19.8亿元，占全部财政支出的83.1%，同比增支1.73亿元；重点项目支出29266万元（其中一般公共预算支出4766万元），为全县民生实事、重点项目的顺利实施提供坚实的财力保障。3.规范使用债券置换资金。对于已入库的公开发行置换债券资金，加快置换出库，提高公开发行置换债券资金置换完成率。

【财政改革发展】 2017年，平远财政部门加大改革发展力度。1.加强财政监督管理。加强财政专项资金、非税收入和国有资本运营收益的监督检查，使有限的资金发挥最大效益；扎实推进县级政府预算信息公开、部门预算和“三公”经费信息公开。2.加强政府性债务管理。加大对融资平台的监管力度，严控新增债务，合理确定债务规模，严格新增建设项目审批，杜绝新增债务的非生产性投入。3.推进财政改革。加强预算单位零余额账户的管理，明确资金划拨的相关操作细则；推进政府综合财务报告编制工作；推进绩效考评工作，完善绩效目标评价体系，实施项目跟踪问效，提升财政管理绩效。4.推进政府采购和财政投资评审工作。全年完成集中采购预算金额24818万元，实际采购金额21962万元，节约资金2856万元。财政投资审核预算项目716宗，送审预（结）算工程造价117373万元，核定预（结）算工程造价112726万元，核减预（结）算工程金额4647万元，核减率3.96%。

【存在问题】 2017年，平远财政存在的主要问题是：1.税源缺乏，税收收入缺口较大，财政收支结构不合理，收支矛盾仍然突出。2.县级一般公共预算支出未能完成年度计划，主要是土地出让收入没有达到预期。3.部分项目预算执行调整较大，年中预算追减和追加比率较高。 （陈炳辉）

2017 年度平远县财政局负责人名录

局　　长：韩　旭（任至1月）

刘　胜（2月起任）
副 局 长：曾　平（任至2月）　黄永华
余永灵　谢　锐
总会计师：郭大忠

国　税

【概况】　2017年，平远县国家税务局以率先基本实现税收现代化为主题，全力推进组织税收收入、促进依法治税、落实税制改革、致力优化纳税服务等各项工作。该局负责全县6027户纳税户的税收征管服务工作，其中一般纳税人588户，小规模纳税人5439户。实现年初制定的税收工作总目标，在全市国税系统绩效考核中取得第二的好成绩，被授予“广东省文明单位”称号。

【组织收入】　2017年，平远县国家税务局坚持组织收入原则，紧密结合县域经济特点和税源结构状况做好各项工作。重点对年纳税额30万元以上企业进行走访，深入了解生产经营情况，科学判断税收增减趋势，把握组织收入的主动权，科学分配全年税收收入计划，不断堵塞征管漏洞，税收收入保持均衡增长。全年该局组织税收收入49476万元，同比增收375万元，增长0.8%。其中，增值税收入43723万元（营改增收入14747万元），同比增长16329万元，增长59.61%；消费税收入25万元；企业所得税收入4293万元，同比增收165万元，增长4%；车辆购置税收入1435万元，同比增收153万元，增长11.93%；办理出口退税18032万元，免抵额13130万元。

【税收征管】　2017年，平远县国家税务局从两方面做好税收征管工作。1.做好税收管理。定期催报催缴，加大力度清理陈欠、严控新欠；抓好日常税收巡查管理，对税负偏低的行业发出纳税质询，挖掘税收潜力；利用抵扣凭证审核检查管理信息系统，及时做好失控发票处理，跟踪督促纳税人作进项税额转出1585万元；做好征管异常数据清理，清理数据4782条；将纳税辅导作为所得税汇缴工作的主要手段，完成2016年度710户企业所得税汇算清缴工作，汇算面达100%；做好出口退免税日常管理审核，开展平远县出口企业管理类别的评定工作。2.强化税种管理。（1）增值税管理方面。开展增值税发票使用管理情况专项检查，对问题户责令限期改正；认真推进防范虚开增值税发票系统试点工作，通过系统发现防虚开疑点7个，监控纳税人名单35户次，及时分析排除风险。（2）企业所得税管理方面。对小型微利企业、高新技术企业、研发费用加计除、固定资产加速折旧等优惠政策进行广泛宣传，加强对企业的面对面辅导，确保各项优惠政策落实到位。通过日常监控、设置相关指标预警筛选出异常企业，运用模板进行纳税评估。对136户企业进行纳税评估，补缴企业所得税44.79万元，加收滞纳金1.91万元。3.做好风险企业核查。完成上级部门下发的38户风险应对企业任务，评估核实存在问题的企业16户，调增应纳税所得额1119.6万元，补缴企业所得税26.5万元，加收滞纳金3.91万元。

【依法治税】　2017年，平远县国家税务局从三方面扎实推进依法治税。1.夯实税收风险管理。（1）全面对接风险应对任务。完成风险应对任务275户次；发现存在问题户数275户，问题率100%；入库税收收入2315.83万元。其中，增值税2263.34万元，所得税50.37 万元，车辆购置税2.12万元；加收滞纳金65.88万元，核减留抵进项588.84万元。（2）规范木材行业税收秩序。对平远县重点税源木材行业进行持续整改，做好木材行业2016年相关指标的评估，责令增值税税负率和木材占比两项指标超预警的企业进行自查补税，应自查税额440.42万元，已入库

440.42万元；对产能超过用电指标预警的企业进行核减发票供应，累计核减发票650份；对平远县管辖的木材企业和亏损企业进行纳税评估，评估入库税款520.34万元。2.充分发挥稽查职能作用，全年实现稽查收入942.72万元。（1）做好案件曝光。将符合重大案件曝光标准的某家具有限公司偷税案件作为宣传典型，于4月在《梅州日报》财经版刊登曝光，震慑偷逃税行为。（2）抓好日常检查。立案检查5户，查补税款37.45万元，督导企业自查55户，自查税款905.27万元。（3）强化征稽互动。发出稽查工作建议书3份，降低征管部门的管理风险，提升征管质效和纳税遵从度。（4）深化税警协作。平远县公安局派驻平远县国家税务局联络机制办公室正式挂牌成立，主要负责公安和国税两个部门的日常沟通联络、组织协调、分析研究、督办指挥等职能，税警协作全面进入实体化、常态化、制度化的新阶段。3.积极落实税收优惠政策。做好各项优惠政策的贯彻落实，对符合享受税收优惠政策的小微企业进行梳理并逐一宣传，确保每户小微企业都知晓享受到政策；对未达起征点的纳税人减免增值税额约228万元，减免企业所得税额约234万元，受惠面达100%。

【税收改革】 2017年，平远县国家税务局从两大方面抓好税收改革工作。1.持续推进营改增工作。（1）重点对三类纳税人进行辅导：建筑、房地产、金融和生活服务业中的一般纳税人；营改增后出现税负上升的试点一般纳税人；原增值税行业中的制造业一般纳税人。积极做好有关政策、发票、申报等问题的梳理、研究与处理，帮助纳税人更好地掌握税收规定及优惠政策、了解抵扣进项税额及涉税事项等，引导纳税人提升对税制的适应程度。（2）开展营改增第五阶段“总结好”工作。建立《平远县国家税务局全面推开营改增试点第五阶段“总结好”重点工作任务台账》，逐项分解工作任务，对完成情况和完成时间及时进行跟踪。（3）做好营改增税负分析。强化培训辅导，围绕税负分析相关数据的填报方法和要求，开展新一轮纳税申报专题培训；抓好身份界定，建立定期校验机制，分期分批对试点纳税人的身份界定结果进行复核。提高申报质量，建立申报数据校验和审核机制，对纳税人的申报数据进行逻辑校验，对填写不准确、不规范或异常的数据项，及时提示纳税人更正。（4）做好营改增日常管理。对平远县住宿、饮食行业进行核查摸底，向饮食行业的纳税户发出《定额信息采集表》121份，对56户饮食、住宿行业的个体纳税人进行核定税额；对27户饮食、住宿行业的小规模纳税人设定最低评估预警值，规范该行业的税收日常管理。2.持续深化国地税合作。该局与平远县地税局以42项合作事项为依据，持续深入探索国地税全方位合作的新方法，赢得市级党政领导表扬性批示1次。（1）纳税服务方面。统一标准和口径，共同做好2016年度纳税信用等级评价工作。经县局审核省局联评，评定A级纳税人16户、B级纳税人290户、C级纳税人130户、D级纳税人52户。联合加强对该县5家涉税中介机构的服务和监管；共同举办纳税服务业务培训班；联合推进“银税互动”项目，与县地税局、县农村商业银行签订“银税互动 助力小微”金融合作框架协议，帮助解决小微企业融资难、融资贵难题；联合共建国地税办税服务厅，基本实现“一窗式”业务办理。（2）税收征管方面。建立国地税信息共享制度，合作开展税源管理，协同开展境外税收管理工作，共同开展非居民纳税人管理；认真筹划，联合开展1次调研活动，完成2篇税收调研分析报告；对5338户纳税人协同开展定期定额核定工作。

（3）依法治税方面。成立联合稽查工作领导小组，互相推送的税收违法行为线索，对1户纳税人联合开展税务稽查；联合聘任16位关心税收事业、积极建言献策的纳税人代表为特邀监察员。

【纳税服务与宣传】 2017年，平远县国家税务局以开展“纳税服务提升年”活动为主线，持续开展便民办税春风行动。1.创新理念，优化办税服务体验。（1）服务便民化。以争创“五星级”办税服务厅和“青年文明号”为契机，紧扣“提升 创响”主题，持续开展“便民办税春风行动”。做好全面推行增值税发票网上申领工作，规范相关信息管理；与邮政签订速递配送协议书，做好发票物流配送衔接工作；更新办税服务厅硬件设施，启用办税叫号系统，对POS机刷卡系统进行升级，减少等候时间，让纳税人有充分的便捷体验。（2）办税电子化。通过宣传发动、积极引导、上门辅导等措施，全力落实电子税务局实名制认定工作。应绑定户数3650户，其中企业1241户，个体户2409户；已实名认证绑定3142户，其中企业1184户，个体户1958户，认证率86.08%，达到市局绩效考核要求85%以上。同时积极宣传引导纳税人通过电子税务局办理涉税事项，电子税务局办税率97.25%。重点在电商、电信、金融、快递、公用事业等有特殊需求的纳税人中推行使用电子发票，在发票管理、系统推行中实行专人专岗、责任到人。2.创新载体，推进税宣进万家。围绕“深化税收改革、助力企业发展”主题，从三方面精心组织税收宣传月活动。（1）国、地税合作项目。与县地税部门以“平远税宣”的名义共同开展系列活动，包括举办联合举办企业所得税业务培训班、“税宣杯”篮球、乒乓球邀请赛和“税法进校园”等活动，实现税法遵从度和公众满意度的双提升。（2）税媒合作项目。及时把国税工作的最新动态和成果对外公布，在《梅州日报》登载相关报道4篇；向县委、县政府报送信息5条次；在县电视台《平远新闻》中发布新闻3条，并于5月1日在劳动节期间推出的系列报道“劳动者风采”中播出县国家税务局专辑。（3）创新合作项目。与县文联联合举办2017“客风古韵 荟聚平远”全县优秀硬笔书画作品展活动。

【存在问题】 2017年，平远县国家税务局存在的主要问题是：1.依靠法治化解矛盾、破解难题、维护稳定的能力不足。2.各部门之间衔接、融合，发挥出的集成效应不够。3.干部选拔、轮岗、交流力度不足，未能达到用好一类人，带动一批人，激励全体人的效果。

（吴学晓）

2017年5月15日，平远县国家税务局承办平远县“廉洁火炬（国税）杯”党规党纪知识竞赛　（吴学晓　摄）

2017年度平远县国家税务局负责人名录

局　长：刘　舫（任至10月）

　　　　肖伟年（11月起任）

副局长：韩世机（任至10月）　韩远贵

地　　税

【概况】 2017年，平远县地方税务局有机关股室6个，直属单位1个，基层分局5个。至年底，该局有正式干部职工97人，另有协税员11人、临时工18人；新招录公务员5人，接受军队转业干部1人。

【组织收入】 2017年，平远县地方税务局累计组织税费收入102372万元，同比减收4131万元，下降3.88%。其中，税收收入70036万元，同比减收578万元，下降0.81%，顺利完成税收预期目标；规费收入32336万元，同比减收3553万元，下降9.9%；社保费收入30036万元，同比减收3585万元，下降10.66%。为确保各项税收任务圆满完成，全县地税系统采取一系列有力措施：1.加强辖区税源调查分析，对重点企业进行分析监控，及时掌握经济税源变动情况，有针对性地制订收入计划，掌握组织收入主动权。2.加强重点行业和重点税源的监控，加强股权转让、房地产交易等较大的一次性税源管理，加强资源类企业税收管理，积极探索后"营改增"的税收征管模式。3.扎实开展纳税评估和征管督查，加强日常评估和征管督查分项考核，挖潜堵漏。4.加大税收执法力度，严格依法征税，履行法定程序，大力清理欠税。5.加强国地税合作，结合地方税源、征管资源配置及信息化建设实际情况，派员进驻国税大厅征收地方税费，堵塞地方税收征管漏洞。

【税费征管】 2017年，平远县地方税务局从五方面做好税费征管工作。1.强化数据管税基础。开展内部数据清理，依托"信息管税辅助系统"平台，加强对问题数据的成因分析，及时核实和修正问题数据，完成四批数据质量整改工作，提升税收征管数据质量；开展外部数据关联梳理，与国税部门联合开展国地税共管户登记信息比对关联工作，抽调精干力量开展比对关联工作，正确关联率达98.65%。2.提高税源动态分析预测能力。根据每月各税种入库情况，通过分税种、分级次、分行业、分经济类型、分产业等进行分析，了解收入结构，查找增减因素，编制税收会计统计报表，掌握收入预期目标；从当月税收完成情况、税收预测准确率、分行业入库情况等方面进行全面解析，加强与财政、国土、住建等部门的沟通，掌握影响税收变化的因素，提高对税源的分析预测能力；对重点税源企业、中小税源企业分行业开展税收调查分析，查找征管薄弱环节，有针对性地采取措施，确保税款及时、足额入库，缩小实际入库与预测数的差距，不断提升税收预测水平。3.推进环境保护税开征准备工作。制定《平远县环境保护税实施准备工作方案》，与县环保局签订征管协作机制备忘录，完成环保税涉税企业信息数据移交和排污费污染源基本信息数据核实工作。4.推行税收征管模式改革。结合山区发展实际，积极转变税收征管方式，以石正税务分局为改革试点单位，实施"管事制"改革，全面取消税管员固定管户制，从简化流程、优化服务、简政放权等方面精准发力，因事设岗，分类派事，办事前移，优化服务，提高工作效率。同时，推进落实纳税人分类分级管理和税收风险管理工作，制定分类分级管理实施办法和税收风险管理工作实施方案，将河头税务分局职能调整为风控分局，完善全县风险管理组织体系建设，有效规避执法风险和廉政风险。5.继续深化国地税合作。（1）便民办税方面，共同制定纳税人培训方案，充分发挥各自优势，联合开展多层次、多类型、多频次的培训7场，培训纳税人600余人次。（2）加强征管方面，两部门互相借力，优势互补，协同开展欠缴税款等税收违法行为处理，共同对3862户纳税人开展定期定额核定工作，协同开展反避税调查，完成《特别纳税调整工作联系单》的传递和反馈，进一步公平税负。（3）拓展服务方面，联手为大企业定制涉税诉求快速响应、风险提醒等个性化服务；针对信用良好的中小微企业，积极搭建税银部门助力企业发展的桥梁，国地税部门和县农商行社签订“银税互动 助力小微”金融合作框架协议，金融机构通过“银税互动”项目完成对1户企业放贷100万元，有效解决中小微企业融资难题，支持诚信企业发展。（4）维护权益方面，联合为380户纳税人开展信用评价，召开纳税信用建设座谈会，共同受理纳税人的服务诉求，联合建立合作办税QQ、微信群，及时答复纳税人涉税需求。

2017年9月26日，平远县国家税务局、平远县地方税务局、平远县农商行举办“银税互动　助力小微”合作协议签约仪式　（吴学晓　摄）

【依法治税】　2017年，平远县地方税务局强化依法治税。1.全面贯彻落实各项税收优惠政策，重点围绕国务院六项减税优惠政策，加强税管员学习和各部门配合，提升宣传广度和深度，确保社会各界及时全面了解政策，全年减免各项税收3414多万元。2.稳步推进税收风险管理工作，加大审计审查发现问题的整改力度，优化办税流程，规范执法行为，努力提升风险应对能力，堵塞征管漏洞，联合国税部门对两间企业开展风险应对工作，企业补缴税费96万元。3.做好欠税清理工作。由该局“一把手”亲自督办，主动开展欠税清理工作，通过加强与国土、房管、住建等部门的沟通协作，多次召开欠税清理专项工作会议，明确清欠目标及拟采取的欠税管理措施，加大宣传辅导力度，严密税源监控，通报各单位欠税管理工作进度，全年清欠税费800多万元。4.全面规范税收执法。坚持把依法治税作为中心，以规范执法行为为抓手，注重防范和降低执法风险和管理风险，强化税收执法监督，认真整改落实省地税局巡察、执法督察等发现的问题；做好执法资格考试和法律专业人员配备工作，完善兼职法制员制度，聘请专业律师，加强培训教育，促进税收执法水平稳步提高；认真落实三项制度，加强组织领导，配备执法记录仪，探索建立行政执法公示制度，建立执法全过程记录制度，建立重大执法决定法制审核制度，并加强与工商等部门的沟通协调，完善各项信息公开公示制度，提高税收执法透明度。5.严厉打击税收违法行为。通过组织实施税务稽查，深入开展整顿和规范税收秩序，全年案件检查5宗，已结案4户，累计入库总额35.19万元。其中，税款10.13万元，滞纳金17.77万元，罚款7.29万元。

【纳税服务与宣传】　2017年，平远县地方税务局从三方面做好纳税服务工作。1.优化环境，提升办税体验。（1）投入使用新办税服务中心，整合征收分局和管理分局，增加办税大厅服务窗口，增设纳税人停车场，切实提升办税群众体验；在新办税服务大厅配备全市地税部门首次采用的一机双显系统，方便办事人员了解业务办理进度或确认业务信息，实现“阳光办税”，大幅缩短等候时间，提高办事效率。（2）全面整合国税、地税服务资源，在城区办税服务厅稳步推行国税地税“一窗式”综合业务，纳税人可在同一联办窗口同时办理国税、地税业务，并指派城区分局两名业务熟练的办税人员进驻国税大厅帮助开具增值税发票。（3）开展“便民办税春风行动”，减少涉税审批程序，降低纳税人办税成本；落实简化优化公共服务流程，全面公开税收服务事项目录，简化办税流程；拓展“同城通办”和“全省通办”的业务范围，在“全省通办”的基础上提升业务通办的层级，实行的“同城通办”业务主要包括税务登记、申报纳税、优惠办理、证明办理、宣传咨询7大类53个事项，“省内通办”业务范围包括税务登记、税务认定、优惠办理、宣传咨询等4大类21个涉税事项。2.以人为本，提高服务水平。（1）成立“平远地税纳税人满意度整改工作领导小组”统筹协调，部署管理员对所管企业进行走访，同时结合“纳税信用建设座谈会”活动，开展纳税人需求调查，以解决纳税人实际问题为导向，了解掌握纳税人诉求，细化需求，完善纳税人需求分类归集，建立纳税人需求响应机制，确保纳税人需求得到及时响应。（2）利用“信息管税辅助系统”跟踪系统内各办税流程进度，及时对未办结事项进行提醒；切实做好市局通过办公自动化系统转办事项的处理、跟进、回复等处理工作，协同相关部门研究解决纳税人反映的诉求与问题，积极维护纳税人合法权益。（3）举办两期前台人员业务素质培训，加强办税人员心理素质、职业礼仪以及纳税服务规范培训，切实提高咨询答复的准确率和权威性，提升办税服务水平。3.扩大宣传，提升社会关注。（1）深入推进以“深化税收改革，助力企业发展”为主题的第26个全国税收宣传月活动，深入社区开展税法宣传，开展主题座谈会、税法进校园等活动，举办“税宣杯”书法、征文活动，“税宣杯”篮球比赛等活动。（2）通过实地走访企业与利用办税服务厅电子显示屏、触摸屏、宣传手册、海报、微信公众号宣传等手段相结合的方式，集中声势宣传国务院六项减税政策、“环境保护税”开征，加大政策实施的透明度。（3）统筹利用各类宣传平台和载体，发挥利用新闻媒体、自媒体的强大传播力、影响力，有效落实重大事项联动宣传要求，提高宣传资源的利用效率。全年在《梅州日报》刊登新闻报道8篇，《平远新闻联播》播报地税工作4次，有效提升社会关注度。

【监督管理】 2017年，平远县地方税务局严格监督管理。1.积极配合市地税局开展财务专项审计监督，开展2位分局长离任审计；对发现的23个问题，坚持边整改、边总结、边完善、边提升，巩固和扩大整改成果，强化审计结果运用，不断规范“两权”运行。创新监督方式方法，发起建设廉洁家风倡议活动，组织领导干部及家属签订廉洁家庭承诺书，举办家风建设知识讲座，鼓励干部家属当好“家庭纪委书记”，携手共筑家庭廉洁防线；联合县国税局共同聘任特邀监察员，有效地拓宽国地税合作渠道，相互借鉴反腐倡廉先进经验，充分发挥特邀监察员的民主监督职能，共享党廉建设创新成果。2.认真抓好日常督导管理。加强对上下班出勤、着装风貌、公车使用、窗口服务等方面的明察暗访，全年开展12次督导检查，有效促进行政效能和服务质量双提升。

2017年11月1日，平远县国家税务局、地方税务局召开第一届特邀监察员联合聘任大会 （吴学晓 摄）

【素质教育】 2017年，平远县地方税务局重视班干部队伍的素质教育。1.围绕提高干部队伍的综合素质和业务水平，组织企业所得税汇算清缴政策、纳税评估业务、税收法律知识、信息管税辅助系统、绩效管理等各类型业务培训；提倡在岗自学，鼓励以考促学，1名干部参加全国《中华人民共和国网络安全法》知识竞赛并获得广东赛区的优胜奖，1名征管人才获得省地税局专项表彰；采取“走出去”的办法，举办4期干部综合素质提升培训班。全年组织各类培训19期，1542人次参加培训，有效提升干部职工的素质。2.开展“我读书、我成长、我快乐”青年读书交流会，不断增强青年干部的学习与创新能力。在全省地税系统微课件大赛活动中，该局3名青年参加编撰的作品荣获二等奖。3.继续办好电子学习园地《南台税苑》月刊，为干部职工打造一个业务学习、思想交流、情感抒发、艺术展示的平台，引导干部职工培养积极向上的兴趣爱好。

（李昌生　陈　祺）

2017年平远县地方税务局负责人名录

局　　长：连丹强（任至6月）
　　　　　刘　传（6月起任）
副 局 长：张建河　张仕平
总经济师：池运军（任至1月）
　　　　　谢石松（1月起任）

中国人民银行平远县支行

【金融服务】　2017年，中国人民银行平远县支行从六方面做好金融服务工作。1.开展金融知识宣传活动。该行先后组织各金融机构开展金融知识进乡村、学校、社区、工厂等宣传活动。悬挂各类宣传横幅45条，组织开展各类大型宣传活动24次，参加活动5850人次，发放宣传资料15320份。2.做好信用信息查询工作。为个人和企业信用报告查询提供服务。其中，个人柜台查询264笔；企业柜台查询105笔；客户自助查询5094笔。3.做好应收账款融资服务平台应用推广工作。至12月底辖区有注册用户66家（个人29户、企业37家）；在应收账款融资服务平台发生融资业务46笔，融资金额32285万元。4.加强国库会计管理。加强各种原始凭证审核，协助财税部门做好税款入库工作，准确及时办理各级预算收入的收纳、划分、调拨。至12月底，国库收入业务发生249833笔，金额15.53亿元；支出业务10833笔，金额29.06亿元；退库业务544笔，金额3.21亿元。5.推进农村支付服务环境建设。推进银行卡、手机支付、网上银行、中国银联云闪付和二维码等非现金支付方式在农村地区的推广应用。规范助农取款服务点命名，统一制作及悬挂标识牌，实行编号管理。全县249个助农取款服务点产生取款业务3.11万笔，金额1164.66万元；现金汇款1.24万笔，金额37.4万元；转账汇款2.46万笔，金额1233.2万元；代理缴费3.31万笔，金额162.26万元；查询1.18万笔。6.加强人民币银行结算账户管理。2017年，该行核发开户许可证676户；撤销核准类账户220户；变更核准类账户431户。

【金融管理】　2017年，中国人民银行平远县支行从五方面做好金融管理工作。1.推动信用镇村建设，为农业发展、农民增收提供金融支持。全县有信用村129个，已评定的示范信用户488户、示范信用村35个、示范信用镇2个；录入梅州市农户诚信信息服务系统并评级农户数45057户；县辖3家涉农金融机构发放农户贷款数7509户，贷款余额90680万元；当年授信农户数2764户，授信金额42821万元。2.发放支农再贷款，支持农业企业发展。全县发放农业企业支农再贷款4户，金额3220万元；发放农户支农再贷款87户，金额1780万元。3.落实金融扶贫政策。至12月底，指导辖区涉农金融机构发放精准扶贫贷款112户，金额324万元。4.指导地方性法人金融机构开展银行间市场业务。至12月底，地方性法人金融机构购买同业存单业务13笔，金额合计5.6亿元，余额5.47亿元;购买政策性金融债1笔，金额0.5亿元。5.推进金融消费者权益保护工作。组织平远县金融行业协会会员单位参加金融消费者权益保护知识培训，关注新消费领域和群众诉求热点，收集和整理消费者意见建议。调解金融消费纠纷案26宗。

【金融发展】 2017年，中国人民银行平远县支行从五方面做好金融发展工作。1.存贷款稳步增长。2017年，全县金融机构各项存款余额84.82亿元，比年初增长8.3%；各项贷款余额41.11亿元，比年初增长15.7%。2.支持平远旅游产业发展。辖区金融机构向7家旅游企业发放贷款1.19亿元。3.建立政银合作机制，发放中小微企业信贷风险补偿贷款支持企业发展。至12月底，辖区金融机构向广东佳之朋科技公司，梅州昱淦实业公司等5家企业发放中小微企业信贷风险补偿贷款3425万元。4.借助网上平台助推农产品销售。利用农商行“鲜特汇”网络开展移动支付业务；依托工行“融e购”、华泰农兴农产品交易中心等平台，扩大特色农产品销售，支持农业企业和商户发展。5.支持特定人群创业。引导县邮储银行与县人社局合作发放支持创业促就业小额贴息贷款123笔，金额合计1001.8万元。

（彭家福）

2017年度中国人民银行平远县支行负责人名录

行　长：邹和平

副行长：陈竹宏　林　军

中国工商银行股份有限公司平远支行

【业务数据】 2017年，中国工商银行股份有限公司平远支行（以下简称“中国工商银行平远支行”）紧紧围绕“实现三个确保”的主要目标和“深化转型发展”的主线，以效益为中心、以考核进位为导向，各项业务实现稳步发展，利润保持持续增长。1.各项存款余额67906万元（不含同业），比年初增加4951万元，其中，储蓄存款余额34679万元（不含保证金），比年初增加334万元；公司存款余额12276万元（其中公司保证金余额4214万元），比年初增加2178万元；机构存款余额20952万元（不含保证金），比年初增加2439万元；外币全部存款余额19.93万美元，比年初增加8.54万美元。2.全年中间业务收入681万元，同比多收193万元。3.继续做好拓户工作，不断深化“做强高端、赢在中端、培育潜力”客户战略，持续做好夯实客户基础工作。至12月底，对公客户数423个，比年初减少26户；个人客户数59742户，比年初新增2688户；小企业信贷客户16户，比年初新增2户；借记卡新增3303张，比年初减少781张；信用卡新增1907张，比年初增716张；手机银行新增3954户，比年初增加2072户；个人网银新增3869户，比年初增加2148户；三方存管新增469户，比年初增加68户。4.各项贷款余额50584万元，比年初增加15168万元。其中，公司贷款余额16714万元，比年初增加5095万元；项目贷款实现突破，全年已提款6250万元；在同业中率先开办“票据池”业务；个人贷款余额33870万元，比年初增加10073万元；信贷结构调整力度不断加大。全部贷款增量同业占比第1位。5.全年实现贷款利息收入1981万元，利息净收入1994万元，分别比同期多收150万元和234万元；利息支出1714万元；拨备前利润比上年同期多508万元，完成率全辖排第2位，人均利润同业继续排第1位。

【工作措施】 2017年，中国工商银行平远支行认真贯彻上级行工作部署，进一步完善考核激励机制，调动员工积极性和主动性，紧紧咬住市场和目标不放松，全力开展“赢

在首季 胜在开门”和“旺季营销”等阶段性劳动竞赛活动，顺势而上做好各项经营工作。1.强化存款市场领先战略，以“功在平时、贵在坚持”的理念抓好存款营销工作。着力把拓户与存款增长紧密结合起来，把日均存款增长和关键时点的市场份额统筹起来，强化日均存款考核力度，不断夯实以日均为支撑的存款增长基础，依法合规推进存款业务稳定健康发展。2.抓好利润持续增长核心工作，增强责任担当意识。（1）加快贷款营销，提高贷款议价能力和收息水平。（2）不断夯实基础类中间业务发展，提高中间业务持续发展能力和市场竞争能力。（3）紧抓资本市场热点，强化客户维护和开口营销，不断加大代理股票型基金和代理保险的营销力度。（4）大力拓展个人信用贷款和信用卡分期付款业务。（5）深化大零售战略，积极将零售业务打造成该行最大的经营优势，最稳固的发展基础。（6）贯彻落实大资管战略，不断加大国际业务发展能力。（7）加强互联网金融营销团队建设，大力营销发展“三大平台”和“三大产品线”，积极培育新的中间业务增长点。（8）加大私人银行产品和法人理财产品的营销力度。3.抓好拓户工作，做实源头营销工作。加强与政府、招商、工商、税务、行政服务中心等职能部门联系，结合县域经济特点和经济发展热点，寻找新的项目资源，切实做好县重点建设项目、招商引资项目、新落户项目、纳税大户的跟踪营销工作，开展信贷进园区营销活动，加强对重点建设项目、中小企业等授信和贷款营销工作；抓好个人住房按揭业务的拓户工作，不断优化客户结构，夯实客户基础；加大互联网金融的营销力度，全力推进电子银行 4E产品、二维码商户的拓户工作。4.做好风险管理工作，坚持从严治贷拼质量。不断提升全面风险管理能力，加强贷款风险排查监测开展，提前把控贷款风险隐患；认真开展“信贷管理基础强化年”活动，强化各级信贷从业人员信贷文化建设，牢固树立正确的信贷经营观和全面风险观，增强忧患意识、风险意识和责任意识，强化精细化管理，保持资产质量稳定，全面落实剪刀差管控目标责任，确保实现资产质量零不良。

【内控案防】　2017年，中国工商银行平远支行从四方面抓好内控案防和安全管理工作,开展社会治安综合管理及平安金融创建工作，实现安全运营。1.持续深入推进内控管理长效机制建设，开展重点关注行整改工作，认真开展员工思想动态分析，组织开展消防安全及防抢劫等应急预案演练，全员签订内控案防工作责任书、消防安全责任书、党廉案防责任书。2.不断深化“树立三种意识，筑牢三道防线”，进一步增强全行依法合规经营理念、案防风险意识，纠正和防范违规放贷、参与非法集资及违规私售理财产品，认真开展“执行强化年”及“重塑合规年”主题活动，开展员工参与非法集资与民间融资等异常行为专项排查工作、“十大重点领域和关键环节”“两个加强、两个遏制”回头看等各项专项治理活动，开展“三违反、三套利、四不当”综合整治工作。3.全员签订《银行基层从业人员个人承诺书》、全员参加总行合规文化及新时期“十大禁令”培训考试、员工合规教育网络培训，加强合规教育，培育合规文化，树立合规意识，防范各种风险隐患，确保安全运营。4.按照上级行及人民银行要求，认真落实金融系统社会管理综合治理暨平安金融创建目标管理工作，切实维护金融稳定，构建良好的金融生态环境，积极防范金融风险。

【反洗钱和反假货币】　2017年，中国工商银行平远支行认真执行监管机构的各项反洗钱规定，加强反洗钱组织机构及制度建设。

继续加大支行反洗钱工作力度，推动反洗钱工作的贯彻落实，完成反洗钱各项工作任务。扎实开展反洗钱和反假货币的各项宣传培训活动，按照平远县金融行业协会的统一部署，开展以“权利·责任·风险”为主题的“3·15”金融消费者权益主题宣传教育活动、“防范网络诈骗、电信诈骗”等宣传教育活动；按照银监、人行及上级行统一部署，开展“金融知识进万家”“金融知识普及月”宣传教育活动，发放各种宣传资料500多份，接受群众业务咨询200多次。并做好金融知识进校园活动等。

【存在问题】 2017年，中国工商银行平远支行存在的问题是：1.主要业务经营指标发展增速缓慢，储蓄存款基础不夯实，与同业差距较大。2.客户基础薄弱，拓户与客户维护工作有待加强，中高端个人客户增长乏力，客户结构需进一步优化，互联网金融拓户意识有待提高，机构客户受历史板块分割影响严重。3.有效信贷受结构调整和信贷规模收紧影响，个人住房按揭业务投放量及余额与同业差距较大。4.中间业务收入渠道比较局限，创新力度不够，代理业务与同业有差距。5.网点区位劣势，影响网点核心竞争力提升。 （曹广先）

2017 年度中国工商银行股份有限公司平远支行负责人名录

行　　长：李发亮

副 行 长：袁红云

行长助理：徐腾斌

中国建设银行股份有限公司平远县支行

【主要指标】 2017年，中国建设银行股份有限公司平远县支行（以下简称“平远县建行”）一般性存款时点余额6.99亿元，负增长1.25亿元。其中对公存款时点负增长1.83亿元；个人存款时点增长0.58亿元；个人全量资金增长1.09亿元。一般性存款日均余额8.02亿元，增长0.73亿元。其中对公存款日均增长0.2亿元；个人存款日均增长0.53亿元。各项贷款余额1.6亿元，比年初减少0.17亿元。不良贷款余额21.73万元，比年初降低57.13万元。全年实现中间业务净收入385万元，同比增长60万元，增幅18.4%。税前利润1376.97万元，同比增长239.88万元，增幅21.1%。2017年拓展龙支付客户4145户。其中，对公69户；个人商户108户；个人3969户。该行荣获“2016年度代理中央财政业务优秀服务机构先进单位”称号。

【工作措施】 2017年，平远县建行从六方面做好工作。1.努力拓展个人消费金融业务，支持城镇居民购买住房、汽车按揭，助业发展，解决城乡居民生产生活和居住条件，帮助私人企业助业发展。到年底，发放住房、消费、助业贷款1902户，发放贷款7918万元。其中：个人住房贷款54户，贷款1275万元；商铺消费贷款1817户，贷款2002万元；汽车装修分期贷款3754万元；公积金贷款28户，贷款549万元，助业贷款3户，发放贷款340万元。2.增加服务品种，大力推动普惠金融业务，支持中小企业生产发展，发放流动资金贷款4户，发放贷款2900万元；发放小微快贷13户，金额303万元。3.增加服务平台，提高服务质量和服务水平，方便客户办理业务。做好居民社保卡发放工作，该行累计发放社保卡43498张；积极做好代收代发业务，代理财政统发工资1303户，代发企业单位工资10160户。4.做好案件防控工作，案件防查与预防腐败并轨，充分利用各种平台，掀起合规文化学习热潮,积极开展合规安全教育，强化合规意识，强化督促检查监督，提醒员工千万“不越监管底线、不踩规章红线、不碰违法违规高压线”，明确员工行为的正面清单和负面清单，倡导合规文化，注重实效。全年未出现任何事故，实现合规平安年目标。5.推进资产业务下沉业务。面对中小企业信贷业务资源欠缺问题，在强化原有贷款管理维护的基础上，加强信贷资金使用跟踪服务和不良贷款监管，加强逾期贷款催收。到11月底，不良贷款余额2.48万元，比年初减少73.9万元。其中，公司类无不良贷款，个人类不良贷款2.48万元，不良率0.02 %。逾期贷款余额0.91万元，逾期贷款率0.006%。6.加强责任落实。高度重视《合规承诺书》签署系列活动，组织该行员工学习通知精神，要求员工共同宣读承诺、共同见证签署、共同督促自查，按质按量按时完成《合规承诺书》签署系列活动。定期开展合规文化建设活动和召开案件防控分析会，强化基层机构关键合规事项常态化监督检查，确保各项业务健康发展。（陈宏裕）

2017 年度中国建设银行股份有限公司平远县支行负责人名录

行　　长：刘康平（任至1月）
　　　　　贾春雷（1月起任）
行长助理：刘奎贤

中国邮政储蓄银行平远县支行

【概况】　2017年，中国邮政储蓄银行平远县支行认真贯彻省、市分行部署，紧紧围绕业务发展指标，整体呈现增长平稳、结构优化、质量提升的态势，各项重点工作扎实、有序推进。平远县邮政金融2017年各类存款余额17.46亿元，各类贷款结余额15.39亿元。并被上级行评为“优秀职工小家”、平城中路支行（网点）为“先进集体”，该行多名员工被评为“先进个人”和“工会积极分子”。

【上市配套工作】　2017年是中国邮政储蓄银行的上市元年。平远县支行秉承总行思想认识，把社区、中小企业、“三农”作为服务重点，充分发挥网络、资金和专业优势，坚持市场导向、商业运作。进入新时代，平远县支行牢固树立“四个意识”，始终服从和服务于国家战略，坚持服务实体经济，坚持防范金融风险，持续深化改革，以上市为契机，加快转型升级，以新思想引领新征程，不断提升客户服务水平，增强综合竞争实力，努力建设成为最受信赖和价值一流的大型零售银行，着力打造成为具有高成长性和独特竞争力的优秀上市公司。

【金融服务】　2017年，中国邮政储蓄银行平远县支行从三方面做好金融服务工作。1.为进一步打造专业化的农村服务体系，更好地践行普惠金融，该行不断加强偏远农村地区金融基础服务，扎实推进农村金融机构改革、促进农村金融产品创新、完善农村金融基础设施、加强金融支农等重要举措。尤其在服务“三农”、精准扶贫工作方面，中国邮政储蓄银行平远县支行“三农”金融事业部发挥积极的职能优势，全面负责小额贷款（含个人商务贷款）经营管理，涉农公司金融业务、农业农村项目贷款及涉农非贷类金融业务的营销组织工作。2017年，该行涉农贷款余额4.19亿元，较年初增加1882万元。2.自再就业贴息贷款推向市场以来，中国邮政储蓄银行得到县人社局、财政局的鼎力支持，受到社会各界的热切关注。2017年，平远县支行发放创业贴息担保贷款38笔331万元，结余123笔1001.84万元，带动当地人民就业，进一步激发当地群众的创业热情。3.该行依托通达城乡的金融服务大网，借力植根城乡的基层服务优势，为平远县征收“职业养老保险”“被征地农民养老保险”和代发“居民医保”“农村养老保险”等工作做出重要贡献。2017年，该行代收农村养老保险3128万元，代发职业养老保险2.03亿元，其中跨行代发1.56亿元。

【业务宣传】　2017年，中国邮政储蓄银行平远县支行积极做好业务宣传工作。为全面推进银行业金融知识宣传教育和普及工作，提高广大金融消费者维护资金和信息安全的意识和能力，依法保护自身权益，严厉打击新型电信诈骗犯罪活动，按照县人民银行的工作安排，积极开展“金融知识进校园”“打击电信网络新型违法犯罪专项宣传活动”“消费者权益日主题宣传活动”等活动。以PPT授课、发放宣传折页、接受咨询、悬挂放宣传横幅、网点LED显示屏等形式，推动平远县实现金融知识宣传教育常态化。

2017年9月7日，中国邮政储蓄银行平远县支行与县人行、金融办、团县委联合在程西新屋下村开展金融知识进农家宣讲活动

【商业、企业项目支持】　2017年，中国邮政储蓄银行平远县支行积极支持商业、企业项目发展。1.为梅平高速项目授信10亿元，并为该项目下的5个标段及共下属5个中队提供代发工资服务。2.为解决县域企业的融资难题，主动走进工业园区，促进银企深入交流，深化融资服务，为企业的发展和转型提供良好的机遇。并结合县域支柱行业情况，重点开发小水电行业，通过产品要素的调整，取得行业协会的认可，小水电行业开发取得实质性突破。至年底，中国邮政储蓄银行平远县支行小企业结余净增5593万元，完成全年进度130%，超额完成任务目标，列全市第一。　（张子龙）

2017年中国邮政储蓄银行平远县支行负责人名录

行　长：连志烽

副行长：邓　燕

中国农业银行股份有限公司平远县支行

【资产业务】　2017年，中国农业银行股份有限公司平远县支行（以下简称“平远县农行”）本外币各项贷款余额9.50亿元，比年初增加1.28亿元，其中个人住房贷款比年初增加1.41亿元，各项贷款在当地国有商业银行中存量占比位列第一。

【负债业务】　2017年，平远县农行本外币各项存款余额15.70亿元，比年初增加2.36亿元，其中对公存款、个人存款分别增加1.16亿元和1.20亿元,增量市场份额占三家国有商业银行的145.74%。

【国际业务】　2017年，平远县农行完成国际业务结算量2.36亿美元，完成分行下达全年计划的117.81%，列全市第二；完成结售汇量2.13亿美元，完成分行下达全年计划的

133.34%，列全市第二。

【中间业务】 2017年，平远县农行实现中间业务收入1010万元，完成分行全年计划的108.35%，完成比例全市第一。

【财务经营指标】 2017年，平远县农行实现拨备后利润3711万元，完成分行计划的115.95%；实现拨备前利润3768万元，完成全年拨备前利润计划的114.17%，列全市第四。经营利润逐年增长。

【内部控制】 2017年，平远县农行全年实现安全运营无事故、无案件，内控综合评价继续保持一类行。

【工作措施】 2017年，平远县农行从五方面做好各项工作。1.加大考核和营销力度，抢占存款市场份额。加大考核激励和督导力度，加强有效管户，落实访客制度，大力挖潜他行高端对公客户，提高对基础客户的服务能力，存款业务继2016年取得历史最好成绩后，2017年继续保持良好发展势头，在12月召开的全省2017年末收官暨2018年“开门红”推动会上，平远支行作为全省2个县域支行之一作存款组织经验介绍。2.强化利润统领经营理念，促进业务经营转型发展。多管齐下抓中收，对公中收完成率全市第一，个人中收完成率全市第二。努力做优客户基础，大力推进“机器解放人”为核心的网点转型工作，2017年以来多项个人业务指标任务完成率居全市前列。3.抓住投放重点，促进贷款业务稳健发展。（1）坚持“一大一小一新一优”投放重点，提高信贷业务综合效益。全年投放个人贷款2.87亿元，净增1.56亿元。投放中小企业贷款1.5亿元。（2）坚持准入标准，严把资产质量。3.强化贷后管理工作，切实抓好不良贷款管控工作。全年压缩、退出潜在风险客户4户，贷款金额4045万元，收回不良贷款856万元。4.强化考核传导，全面提升网点产能和绩效水平。继续完善和优化全行各类人员KPI考核方案。抓好考核传导，强化计划执行力，全面落实访客目标责任制。5.坚持常态化“查雷排雷”，严守风险底线。全面落实“三线一网格”各项工作要求；加强合规文化建设，强化案件防控工作；认真抓好各项检查问题整改，全面落实安全生产主体责任等。 （平远县农行）

2017年度中国农业银行股份有限公司平远县支行负责人名录

行　　长：黄军梁

副 行 长：杨伟安　李小华（任至5月）

　　　　　凌俊雄（5月起任）

纪委书记：李小华（5月起任）

广东平远农村商业银行股份有限公司

【概况】 2017年，广东平远农村商业银行股份有限公司（以下简称“平远农商行”）围绕省联社“防风险、谋改革、促发展”的总体要求和总行董事会的战略决策，以监管指标优化为导向，坚持风险先行、稳中求进，促进各项业务稳健发展。至年底，资产总额36.05亿元，比年初增长8.56%，其中存款余额30.77亿元，比年初增加9.24亿元，增长9.24%，市场占有率36.28%；负债总额33.1亿元，比年初增长8.64%，其中贷款余额20.26亿元，比年初增长2.37亿元，增长13.28%，市场占有率49.28%。2017年，该行在全省农合机构经营目标考核中获得B类农商行三等奖。

【业务发展】 2017年，平远农商行积极做好各项业务工作。1.监管指标优化。监管指标是全面反映银行经营管理现状和水平的“晴雨表”，2017年，省联社提出以“监管指标论英雄”的工作要求。2016年度，平远农商行监管评级为2C。2017年，平远农商行各项监管指标不断优化，并全面达标。2.存款结构优化。至年末，该行活期存款15.57亿元，比年初增长6.75%；定期存款15.2亿元，个人存款占比比年初上升1.66个百分点。3.资产质量优化。该行按照省联社“防风险促发展”的总体规划，坚持审慎经营，落实从严治贷，狠抓不良贷款清收，不良率控制在2%以内。

【服务“三农”与实体经济】 2017年，平远农商行做好服务“三农”与实体经济工作。1.该行围绕农业供给侧结构性改革和深耕农村市场的要求，主动服务“三农”。（1）回归支农本源，至年底累计发放农户贷款5530户，余额1.19亿元。（2）以支持特色农业为突破口，侧重于广东南台药业有限公司、梅州市金穗生态农业发展有限公司等农业龙头企业信贷支持，提升企业集约化发展水平。（3）借助央行支农再贷款，满足涉农贷款客户的资金需求。（4）推进扶贫贷款的力度，对建档立卡贫困户以“银行+企业+贫困户”方式发放扶贫贷款108户310万元。2.该行按照支持国家供给侧结构性改革相关工作和省联社、银监等部门支持小微企业发展的总体要求，立足做精、做特、做优。（1）落实国家产业政策和导向，支持特色农业和生态旅游产业，授信总额达2亿元。（2）发挥基金杠杆，通过中小微企业信用风险补偿基金，支持制造业和县招商引资项目，发放贷款3800万元。（3）该行借与税务部门签订“银税互动 助力小微”合作协议为契机，推出“税银通”金融产品，为守信企业提供信贷支持和金融服务。（张 淮）

2017年度广东平远农村商业银行股份有限公司负责人名录

董事长：张桂凤（女）（任至3月）

行　长：王　清（任至12月）

副行长：黄尚文（任至3月）　郭晓丁

监事长：谢小光（任至3月）

　　　　谢勇进（4—9月）

　　　　罗载新（10月起任）

财　　险

【经营情况】 2017年，中国人民财产保险股份公司平远县支公司（以下简称“人保财险平远支公司”）承保保额585亿元，全年实现保费收入3521万元，与上年同期3410万元相比，增加111万元，增长3.2%；赔款总支出2215万元，综合赔付率62.9%，比上年同期上升12%。上缴各项税费216万元，实现全年表结利润326万元。

【工作措施】 2017年，人保财险平远支公司从三方面做好业务工作。1.抢占车险市场。公司车险业务稳步提升，2017年市场份额为41%，居全市第二，续保率达73%，列全市第一。通过制定“四个维度”的发展计划，出台各种激励政策促进业务发展，8月17—22日，在市分公司指定的车险营销团购活动日期间，平远支公司全体员工利用团购促销活动的机会，4天承保200多辆车，收取保险费80多万元；出台“双11”和“双12”促销政策，提高承保质量，转变思想观念，不断开拓创新适合自身经营特点的企业理念。2.扩宽销售渠道。该公司与各修理厂、汽车大卖场建立良好的合作关系，结合上级公司的推修政策，充分利用铁城、五菱两车行维修厂新开业的有利条件，加强推修力度，提升保费份额；加大对其他无维修厂的小型车行（大卖场）费用投放等。3.开展政策性农险工作。该公司作为当地政府政策性农业保险的首席承保人，负责能繁母猪、农房统保、水稻种植保险和生态公益林业保险业务的承保、理赔以及相关工作。2017年1月初，该公司对上年度受超强台风影响受损的水稻进行理赔，赔付金额约300万元。2017年政策性农险市场占有率为100%，赔付支出约1165万元，占支公司总赔款额的52.5%。（人保财险平远支公司）

2017年度中国人民财产保险股份公司平远县支公司负责人名录

经　理：陈焕新

副经理：曹坤鹏　张伟中

寿　　险

【经营情况】　2017年，中国人寿保险股份有限公司平远县支公司（以下简称“平远人寿”）实现总保费6757多万元。其中个险渠道实现首年期交保费1475万元，十年期交保费1193万元，意外险保费244万元；银保渠道实现保费557万元；团险渠道完成大短险保费557万元。2017年团险渠道与政府联合推广平远县银龄安康工作项目，与县民政局、老龄办到各镇指导方案制定，参加各镇启动会，到各村派发凭证等。提高平远县老年人的社会保障水平，缓解老年人看病贵、风险保障低的问题。全年达成营销员持证人力350人，处理人身险赔付、满期给付2018多万元，给付金额144多万元，为平远县经济发展和人民群众生活安定起到良好的保险保障作用。

【工作措施】　2017年，平远人寿从两方面做好工作。1.队伍建设。公司围绕做大做强队伍，强化训练，实现队伍经营自主化，加强风险防范，提升服务质量；保持管理阵型稳定，结合公司销售模式制定相关策略及方案，出台旅游奖励政策等。另外，注重用人和人才培育，老员工充分发挥“传帮带”作用，重视培育后续人才，给勤奋努力的员工提供重要岗位。2.制度建设。该公司业务管理继续按照分组管理办法，一人负责一个或多个服务部，进行一条龙全方面管理，各营销服务部配备专职内勤人员。实行市公司一级的财务中心、业务处理中心、客户服务中心“三个中心”管理。该公司在承保工作上按照寿险实务手册进行初级核保；在理赔工作上把“忠诚服务，笃守信誉”作为企业的服务准则；坚持“及时、快速、准确、合理”的理赔原则；代理人队伍全面实施基本法，积极落实保险管理制度，保证合法合规展业。（姚文芳）

2017年度中国人寿保险股份有限公司平远县支公司负责人名录

总经理助理：林　斌（主持工作）

　　　　　　刘基鸿（9月起任）

经 理 协 理：柯彩音（女）

城建·市政管理

城乡规划建设

【城乡规划】 2017年，平远县住房和城乡规划建设局（以下简称“平远县住建局”）从四方面做好城乡规划工作。1.编制好城区相关规划。组织完成县城“五区一体”及河岭嶂片区2.14平方千米城市设计及概念性规划，于9月底完成方案并通过专家评审。投入990万元，组织上海华东院及市规划院联合编制县城48平方千米（不含21平方千米产业转移工业园）城市设计及控规工作，规划编制单位已完成城市设计初步方案。组织编制县城地下综合管廊专项规划，完成平远大道超竹至通达加油站8.5千米地下管廊建设初步设计方案。完成交警圆盘至通达加油站1.74千米两边建筑外立面改造、人行道、绿化、灯光等景观提升设计方案。完成县城“十三五”近期建设规划的编制，拟组织专家评审。编制城南新区2号拆迁安置小区后期安置地基础标高设计方案。组织并参与高速路城区出入口南北地块（南地块规划为休闲、停车、公厕等于一体的景观公园，北地块规划为县城游客综合服务中心，含停车场、休闲广场商业街和旅游地产；规划48米道路）面积约200亩（13.33公顷）用地规划设计方案。参与南区市场及官田广场2.6万平方米整体拆迁改造设计的研讨、论证工作，已基本完成规划设计方案。参与产业园9万平方米规划用地（行政服务、教研、会议于一体的综合楼和专家楼、员工宿舍、幼儿园、活动广场、商业服务等综合性建设项目）的规划设计方案。协助县水务局、县公路局向省住建厅办理凤池水库和206国道绕城段规划选址意见书及批前编制规划选址评估报告的组织工作。2.指导好镇村规划编制。（1）按照省委把贫困村建设成为新农村示范村的要求，该局组织参与全县10个镇20个省定贫困村的规划编制工作，按省定、市定“贫困村规划编制指引”要求，配合棕榈园林公司和广东工业大学到实地调研，收集规划所需资料，并将已完成20个村的规划方案提供给对口专家审阅。协助棕榈集团参与总投资约13.2亿元的新农村建设示范区研讨工作，县级新农村连片建设“四镇十一村”（中行、八尺、仁居、差干），总面积147.5平方千米。（2）指导督促各镇行政村村庄规划编制，完成全县136个行政村村庄规划编制的初步方案。对接仁居、石正、东石（按中心镇要求）三镇镇区总规修编及控规编制，协助指导编制完成“六个一”规划建设内容。其中石正、仁居总规修编已完成专家评审，东石镇已完成初步方案的编制。（3）制定《平远县域乡村建设规划编制工作计划书》和《平远乡镇总体规划完善及控规编制工作计划书》。开展客家特色民居建设的验收，验收451户，经核实符合申报条件的有129户。协助河头镇做好垃圾中转站迁移选址工作及配合县域旅游规划各项工作。3.配合好专项规划编制。协助中昆集团参与平远县城河岭嶂片区PPP模式规划建设研讨及现场调研工作。协助市规划设计院编制泗水镇梅畲村、石正镇南台村中国传统村落保护建筑规划初步方案，已完成初步方案的编制。协助县消防大队做好《平远县消防专项规划2016—2026》的评审工作，经5位专家及县直相关单位审阅原则通过。完成产业转移工业园创业创新孵化基地规划设计，其中商业已完成报建并动工实施。4.执行好规划管理。办理“建设用地规划许可”114宗，“建设工程规划许可”72宗，“乡村建设规划许可”358宗，“建设项目选址意见书”5宗，建设工程规划项目施工放线、验线16宗，建设工程规划项目核实、验收20宗。

【民生工程】　2017年，平远县住建局从五方面做好重点民生工作。1.推进重点工程项目建设。将加快推进重点项目建设作为推进城区扩容提质的重要抓手，层层分解任务，促进各项重点项目顺利推进。金绿新城、平城花园、鸿禧中心城、翠拥华庭、碧桂园、优山美地国际社区及石正、仁居、东石三镇“六个一”等重点项目进展顺利，如期完成年度目标任务。2.推进保障性住房建设。根据市下达的目标任务，按期完成2个项目55套保障性住房建设。其中，县城圩岗街36套已于4月审核后分配入住；东石镇东仁路19套于上半年竣工验收，完成入住登记初审工作。新增困难家庭住房补贴10户，发放困难家庭住房补贴42户（113人），圆满完成市下达的目标任务。同时，加大公房维修力度，不定期组织人员对危旧公房进行检查，全年排查房屋150间，面积1.5万平方米，发现有危险房屋的，及时进行加固处理，投入资金5.6万元，维修公房50户面积3000平方米，公房完好率90%，消除安全隐患。3.做好农村危房改造工作。2017年，平远县农村危房改造任务409户，全部属建档立卡贫困户。其中，分散供养五保户68户，低保户120户，一般贫困户221户。已全面动工兴建，竣工的占52.8%。4.全力配合创建省级文明县城。认真抓好城区建筑施工管理工作，加强城区建筑施工工地的管理。完善小区物业管理，对有一定规模但还没有物业管理的居住小区，指导小区完善物业管理服务。5.改善农村人居环境。认真做好农村生活垃圾收运处理工作,指导各镇做好农村生活垃圾分类减量工作，农村生活垃圾分类减量达50%。按照市委、市政府的要求，做好全县各镇村环境综合整治工作测评，参与市检查考核。每月明察暗访一次,不定期检查多次，95%以上农村生活垃圾得到有效处理，农村人居环境得到改善。

【行业管理】　2017年，平远县住建局积极做好行业管理工作。全县实现建筑业总产值32.1亿元，工程报建率、工程监理率、竣工合格率100%。1.规范建设项目招投标管理。2017年完成招投标建设项目55项，投资金额13.32亿元。其中，公开招标29项、投资金额13.21亿元；邀请招标26项、投资金额1155.67万元；房屋建筑工程27项、投资金额11.07亿元；市政工程20项、投资金额2.18亿元；专业工程8项、投资金额701.25万元。实现公开招标率100%。2.施工许可审批和施工图审查。全年新开工工程37项，总建筑面积28.5万平方米。其中，法人单位报建26项、建筑面积27.7万平方米；个人报建11项、建筑面积0.8万平方米。对无审查批准书的项目不予颁发施工许可证，施工图审查率100%，完成县城个人建房施工图审查7项，面积0.5万平方米。3.加强建设工程质量监管。办理受监工程35项、总建筑面积34.07万平方米。其中，单位集体建筑受监25项、建筑面积33.37万平方米；私人建房受监10项、建筑面积0.7万平方米。竣工验收监督19项、竣工面积28.68万平方米。出具私人建房质量检查报告20份、竣工面积1.55万平方米。4.强化安全生产监督管理。组织开展10次全县建筑工程质量、安全生产检查，下发隐患整改通知32份，扣分通知书53份，并将扣分相关信息录入建筑工程安全生产动态管理系统；接受市、县政府督查4次，市局检查4次。此外，配合县市政中心、城管大队对燃气企业进行多次安全大检查。全年未发生重大伤亡事故，2017年度建设行业死亡人数为零。5.开展创文明示范工地活动。组织开展争创市安全文明示范工地活动，集中开展脚手架、安全网、起重机械专项治理工作。通过专项整治，达到标准化和规范化，有2项工程成功申报；1项工程通过初评验收待复评；1项正组织初评。6.加强竣工验收备案管理工作。要求工程竣工验收备案前需提交五方责任主体终身责任承诺书及建筑物永久标牌照片，2017年完成工程备案25项。7.抓好建设工程造价管理。根据《广东省房屋建筑和市政基础设施工程施工招标投标设立最高报价值办法的规定》，实施招投标最高投标限价备案制度，全年备案项目36宗，备案金额1.1亿元。组织有关单位加强对平远县城镇建筑材料价格调查，及时发布各季度的建筑工地（指导）价格。8.组织建筑企业资质升级及人员培训。积极鼓励支持本土企业做强做大，提高从业人员素质。企业通过兼并、重组、联合等方式，使企业上规模、上等级、上水平，做大做强。2017年，梅州创丰建设工程有限公司升为二级企业。为提高从业人员素质，积极组织该县建筑业各类管理人员参加省、市培训，组织企业三类人员130多人参加继续教育培训。9.加强建筑节能推广应用。积极推广新型墙体材料的使用和推广，开展节能检查，大力发展绿色建筑。10.做好欠薪问题和建筑质量投诉的调处工作。该局会同人社局及时开展关于解决拖欠农民工工资问题专项，检查13项（次）工程。参与组织处理金色华府、翠拥华庭等质量缺陷信访件案件3起，确保该县的经济社会稳定及建筑市场的秩序。11.打击违法违规建设行为。严肃查处业主不执行法规的行为，对于无规划许可、无施工图审查、应招标而未招标、未依法委托监理、未办理质量监督手续的工程坚决不予办理施工许可证手续，不批准开工建设，发出5份责令停止违法行为通知书。12.抓好施工扬尘治理工作。按照省、市、县大气污染防治的总体目标要求，成立建筑施工现场扬尘治理工作领导小组，制定并下发《平远县建筑工地施工扬尘专项治理工作方案》，施工扬尘得到有效治理。13.规范房地产市场监督管理。指导全县住宅与房地产业和物业管理工作,根据有关政策法规，规范房地市场和物业管理市场，制订《平远县住房和城乡规划建设局关于开展2017年物业管理专项整治工作方案》，逐步完善小区物业规范化管理。认真做好商品房预售管理，并按有关规定核发“商品房预售许可证”15份，预售面积14.11万平方米。14.加强房地产交易与权属登记管理。（1）在交易评估方面，为产权人办理房产交易1497宗（一手房交易984宗、二手房交易495宗、房改房交易15宗），比上年同期增长63.99%；交易面积19.12万平方米，比上年同期增长61.45%；交易金额5.82亿元，比上年同期增长67.99%；办理房地产交易抵押登记3275件（预购商品房贷款抵押登记2377件、现房抵押登记897件、在建工程抵押登记1件），抵押登记面积44.31万平方米，抵押登记金额22.77亿元；办理房地产抵押评估业务617宗，比上年同期减少71.17%。（2）在房产档案管理方面，进一步整合房产档案的接收、整理、录入、入库等流程，实现当月整理、当月入库上架，录入档案归档3万多卷，各部门业务查询5000多卷次，受理公检法查阅100多卷次，租（购）廉租房、经适房对象查档200多卷次。（3）在商品房预售管理方面，严格按规定程序办理预告登记，核准预购商品房预告登记1273宗，与上年同期对比增长44.65%；面积16.29万平方米，与上年同期对比增长50.58%。

【依法行政和制度建设】 2017年，平远住建局加强依法行政和制度建设工作。1.认真审核过时、无效的文件，清理文件60件。重新审核行政许可项目，把原有的28项审批项目减少到24项。审核行政处罚案件12宗，罚款747.99万元，均无行政复议和行政诉讼，正确率100%。2.完善机关管理制度。按中央八项规定要求，结合建设系统实际，修订完善《局机关制度汇编》，把权力关进制度笼子里，实现权力运行制度化，规范各项办事制度，做到有章可依，切实用制度管人、管事，提高工作效率，提升建设系统形象。3.做好议案提案办复工作。2017年，该局承办县人大十五届二次会议议案6件，其中主办的议案有2件；承办县政协十届二次会议提案5件，其中重点提案有1件。（肖国强）

2017年度平远县住房和城乡规划建设局负责人名录

局　长：凌坤珍

副局长：林崧冠　黎崇发　马小俞　陈健平

2017年度平远县房地产管理局负责人名录

局　长：林金辉

市政公用事业管理

【概况】 2017年，平远县市政公用事业管理中心以改善县城市容环境为目标，以市政基础设施建设为核心，以城区净化、绿化、亮化、美化建设为重点，较好地完成各项目标任务。市政基础设施不断完善，县城综合管理水平不断提升，环境卫生得到进一步改善。县城区生活垃圾无害化处理率100%，县城路灯亮灯率98%，县城绿化覆盖率35.53%，绿地率29.23%，人均公园绿地面积18.04平方米。中心市场、北区市场改造完成，县城临时市场正常经营。

【市政建设】 2017年，平远县市政公用事业管理中心不断推进县城市政基础设施建设。在上年度取得“广东省卫生县城”荣誉称号的基础上，2017年成功获得“广东省县级文明城市”荣誉称号。同时县城南区市场改造一期工程、餐厨垃圾处理项目建设、平远县兴隆路通车等工程项目建设如期完成。

【环境卫生】 2017年，平远县市政公用事业管理中心抓好环境卫生工作，不断完善县城环卫设施和添置环卫设备。1.县城公厕方面。县城原有7间二类标准公厕，均是在创建“广东省卫生县城”和“广东省县级文明城市”过程中进行升级改造或新建的。2017年，投入100多万元，重新选址并建设完成3间AAA级旅游公厕，分别是平城花园公厕、城北公厕和顺风加油站公厕。2.垃圾中转站方面。县城现有7座生活垃圾转运站，其中压缩式中转站有南湖中转站和国道中转站，简易式中转站有老市场中转站和柘东路中转站；因设备购置等原因尚未开放使用的有宜华、翠拥华庭及平城花园中转站。南湖中转站、国道中转站污水排水管道工程完成改造，中转站、公厕产生的污水全部纳入县城污水管网。3.全年采购800只垃圾桶、200对果皮箱，分别安装、置放在城区各大街小巷和休闲场地及生活小区。4.县城区生活垃圾无害化处理率100%，每天处理约180吨的生活垃圾，清扫保洁面积达120.6万平方米。

【综合管理】 2017年，平远县市政公用事业管理中心加大县城综合管理力度，改善县容县貌。1.专项整治行动与日常管理相结合，坚持网格化管理，实现责任到人、管理到位，推行“路段长制”管理模式，做到疏堵结合、规范有序，营造优美舒适的市容环境。全年集中整治48次，累计出动2.1万人次，出动宣传车辆1500余次，教育、劝导、整治乱摆摊点27847个，清理出店经营6000余次，清理乱牵乱挂9500余处、乱晾乱晒3502处、乱贴乱画7630处。县城内占道经营、乱设摊点、乱堆乱放等“六乱”现象得到有效控制。2.保持拆违、控违的高压态势。按照“严格控制增量，逐步消除存量”的打击违法建筑工作机制，不断加强违法建筑监管力度。在治理户外广告工作中，至年底，对县城出入口、城区主次干道及背街小巷，审核把关各类户外标识广告498块，各种亮化设施50处；增补公益牌匾130块，修复60块公益广告；拆除未审批楼顶广告19户共2739.5平方米。累计拆除设置不当、陈旧、质量低劣，严重影响城市容貌的各种牌匾标识545块，清理条幅、灯箱、幌杆以及各类墙体、门窗玻璃乱贴乱画681例，分批次、分路段整改主要道路牌匾标识1865块。通过多次集中整治，违法户外广告得到有效控制。3.切实开展违法建筑专项整治工作。该中心确定“堵住当前、点上突破、面上清理”的工作思路，加大对违法建筑的查处力度，取得一定的效果。至年底，拆除违法违章建筑5宗500平方米,发现违反土地利用城乡规划违法建设24宗。发出《责令停止违法行为通知书72份，共收缴罚款180多万元，所罚钱款全部按规定上缴国库。

【路灯亮化】 2017年，平远县市政公用事业管理中心抓好路灯亮化工作。1.加强路灯设施维护和巡查制度，确保路灯设施完好率98%以上。对群众反映的路灯故障，实行限时抢修，及时反馈。全年完成抢修62次、维护更换线路7500米、更换控制器件125件次、处理损毁路灯杆91杆。2.抓好县城美化亮化建设。恢复年久失修的南湖段和人民广场线路，更换南湖、人民广场、戏院岗段球罩290个、LED灯240盏。接管工业园三期路灯169杆，修复线路600米。

【园林绿化】 2017年，平远县市政公用事业管理中心不断提升园林绿化品质，巩固绿化成果，县城绿化覆盖率35.53%，绿地率29.23%，人均公园绿地面积18.04平方米。1.加强日常养护如除草、培土、施肥、修剪、保洁以及病虫害防治等绿化工作。对进城大道、平远大道和车上桥等地方建绿、增绿,对原有花木重新规划布置，对缺株、少株及老树、死树补植更新。2017年，施放肥料12吨，全面除虫防病5次，白蚁防治35次。2.落实安全生产“一岗双责”管理，成立安全生产责任小组。加强日常管理的巡查，排除安全隐患。完成平城中路、环城路、关柘路、振兴街等道路大树高空修剪共360株，砍伐枯树37株，清理枯枝危枝220余株次;对进城大道、河滨公园、翠拥公园、宜华水体公园等进行绿化补植，补植复绿灌木15万多株（袋），乔木、红花紫荆、樟树等500多株，栽植花卉2000平方米。3.完成县城各建城区绿化改造工程。城北水体公园改造种植乔木125株，灌木4000株，时花种植 6200平方米。平远高速路口绿化改造600平方米。岭下河西路绿化改造种植地被200平方米，种植乔木100多株。4.南湖电站至柘东路绿化改造种植草皮等1400平方米，种植乔木20株、灌木100多株。5.巩固保护园林绿化成果，加强病虫害普查、防治工作，本着“预防为主，综合防治”的方针，早发现、早处理，确保苗木的正常生长。

【市场管理】 2017年，平远县市政公用事业管理中心加大市场管理力度，不断提升服务水平。1.重视安全生产，实行值班制、每月巡查制，有效地防止安全事故的发生，坚持市场门口等重点地段实行定点、定人、定时管理，市场内归行划市，按线规范摆卖，圆满完成全县市场的摊位安排工作。2.加强市场清扫保洁和设施维护，改善市场经营环境。认真对待群众投诉，不断改进工作作风，维护单位良好形象。3.着力加强市场基础设施建设。中心市场、北区市场改造完成，完善平城临时市场内的公厕、排水、水电、摊位架等设施。

【存在问题】 2017年，平远县市政公用事业管理存在的主要问题是：1.市政公用事业管理中心职能多、人员少，办公条件差，下属单位人员老化、历史欠账较多。2.管理中心职能与审批权属尚未理顺。管理中心不是执法主体，没有行政许可审批权。造成县城管理行政执法和行政许可审批受限制，县城综合管理水平难于提高。3.市政规划缺乏前瞻性、市政配套设施亟需完善。

2017 年度平远县市政公用事业管理中心负责人名录

主　任：马志军

副主任：李绿华　姚绪通

干净、整洁、有序的县城街道　（摄于2017年8月）

综合经济管理

工商和质量技术监督

【概况】 2017年，平远县工商和质量技术监督局进一步深化商事制度改革，全面强化事中事后监管，不断完善消费维权体系，优化服务发展举措，为服务平远优化营商环境、壮大经济总量做出积极贡献。该局被县委、县政府分别评为创建广东省县级文明城市工作先进单位、社会治安综合治理工作（平安建设）先进单位；在2017年度落实科学发展观考评中被评为先进单位，在平时和年终机关作风公众满意度评议中均位列前茅；2016年度全县市场主体综合年报率为96.5%，位居全市前列。其中个体工商户自主网报率位居全市首位。企业简易注销登记、多证合一、电子营业执照、营业执照同城通办等多项商事制度改革措施有效实施，全年新增各类市场主体1784户，比增16%，总量12739户，省级有机绿茶农业标准化示范区完成建设并通过验收，成功申报省级岗梅农业标准化示范区建设项目；全年查处各类违法经营案件72宗，查获案值81.75万元；特种设备和重要工业产品持续保持安全稳定，未发生重特大安全事故。

【商事制度改革】 2017年，平远县工商和质量技术监督局不断适应改革新动向，推进简政放权，把深化商事制度改革工作落到实处。1.推进注册登记便利化。9月起，与全市同步实行企业、农民专业合作社“十一证合一”和个体工商户“三证合一”登记制度改革，实行“多证合一，一照一码”登记制度后，使企业准入时间再次提速75%以上，方便创新创业和投资兴业。同时，按照省、市工商局统一部署，于3月1日正式实行企业“简易注销”登记改革，降低退出成本，实现市场主体准入退出的“双向畅通”。至年底，全县发出2277份“多证合一”营业执照，办理230笔“简易注销”业务。2.优化办事环节。7月1日起，推开营业执照“同城通办”，使全市的群众投资兴业能“就近办事”“走最少的路，办最多的事”。推动“马上办”服务，积极履行“限时办结制”，优化流程，企业办照时限从法定20天缩短至3到5个工作日内，其中，简单登记业务全部实现即时办理、当天办结。3.推行“互联网+商事登记”服务。于5月27日颁发全县首张电子营业执照。8月，该局与人民银行平远县分行联合下发《关于加强银政合作进一步推进开办企业便利化改革的实施方案》，在全县推广电子营业执照和全程电子化登记，进一步提升开办企业便利度。4.通过多种举措，有效降低企业准入和退出的制度性成本，持续激发市场主体活力。2017年，全县新增各类市场主体1784户，同比增长16%，其中第三产业市场占新登记注册市场主体总数的81.22%，吸纳从业人员至少1.6万人以上。至年底，全县各类市场主体达12739户，为历史峰值。其中，企业2180户；个体工商户10166户；农民专业合作社393户。

2017年5月27日，副县长李远林（右三）为广东五指石科技有限公司的企业代表人颁发全县首张电子营业执照　（刘喜双　摄）

【市场监管体制强化】　2017年，平远县工商和质量技术监督局积极创新事中事后监管，强化市场监管体制，推进市场监管现代化。1.落实“双告知”工作机制。全年向商事登记主体发出958份承诺书，通过“梅州市商事主体综合信息管理平台”向相关审批部门推送商事主体登记信息2360条。2.推进年度报告公示工作。重点针对山区年报工作实际情况，加强宣传发动，引导基层适应新的监管制度。至6月30日，全县有11299家市场主体完成2016年度年报公示，综合年报率为96.8%，其中个体户自主网报率达60%，位居全市首位，全县市场主体自主年报意识明显提高，为后续开展企业信用监管提供有力支撑。3.推行“双随机一公开”监管。8月，该局组织对2016年度已年报市场主体按照3%的比例不定向抽取634户市场主体进行双随机抽查，发现存在违法行为的市场主体27户，其中抽查中被列入经营异常名录的市场主体92户，检查结果均及时向社会公示。积极协调推进政府职能部门“双随机一公开”监管工作，牵头制订《平远县推行“双随机一公开”抽查规范事中事后监管工作方案》，于9月27日组织召开平远县企业注册“多证合一”暨构建现代市场监管机制工作推进会，10月11日组织各成员单位工作人员参加梅州市商事综合管理信息平台（二期）上线操作培训会。同时，组织发改等部门对各成员单位落实情况进行督查，至年底，全县有36个部门建立“双随机一公开”工作机制，实现市场监管检查和执法检查事项随机抽查全覆盖，该县在全市率先实现100%“全覆盖”目标。4.推进涉企信息统一归集公示工作。该局于3月牵头制订《平远县政府部门涉企信息统一归集公示工作实施方案》，并协调召开工作推进会。至年底，县级层面参与涉企信息归集的部门有29个，覆盖率92.86%，远超市级要求覆盖率达70%的要求，全县已归集政府部门涉企信息数据1.5万余条。5.纵深推进“两建”工作。充分发挥“两建”办统筹协调作用，深入推进社会信用体系和市场监管体系建设。制定并印发《平远县2017年市场监管体系建设重点工作》，确定52项年度重点工作任务，落实责任单位，明确时间任务。推动国务院《市场监管“十三五”规划》《广东省市场监管现代化“十三五”规划》和《梅州市市场监管现代化“十三五”规划》的贯彻落实；举办全县《广东省市场监管条例》专题培训班，促进《广东省市场监管条例》进一步贯彻落实。

【实体经济服务】　2017年，平远县工商和质量技术监督局优化服务举措，营造大力支持创业创新的软环境。1.大力实施品牌战略，推动品牌兴企。（1）采取舆论宣传、服务指导等举措，积极引导帮扶企业树品牌，鼓励有竞争力的企业申报驰名、著名商标，增强市场竞争力，至12月底，全县累计注册商标683件，新核准“好八方”“南台山”等注册商标12件。（2）加大商标权保护力度，扎实开展商标侵权假冒执法检查行动。实施标准化战略，帮扶平远县鸿源种植专业合作社成功申报“广东省岗梅标准化示范区”建设项目，指导和督促平远源丰农业发展有限公司顺利通过省级有机绿茶农业标准化示范区建设验收工作。至年底，成功建设农业标准化示范区5个（南药、脐橙、油茶、可口柚、有机绿茶），在建项目1个（岗梅），正在申报项目1个（白玉蜗牛）。（3）全面推行企业产品和服务标准自我声明公开工作。2017年，有8家企业14个执行标准在“企业标准信息公共服务平台”上向社会主动公开。实施质量品牌战略，积极开展“广东省名牌产品”“梅州市政府质量工作奖”“国家地理标志保护产品”等质量品牌建设工作。（4）加强认证认可监管工作。全县已获得无公害认证产品50个，绿色食品认证9个，有机食品认证7个，质量管理体系认证（ISO 9000）企业12家。2.加强政银协作，推动融资助企。该局通过股权质押登记、动产抵押登记、“阳光送贷520”活动等渠道为企业解决融资难题，2017年为12家公司出质股权9700万元，被担保债权2.24亿元；办理企业动产抵押登记28份，抵押担保主债权金额2.6亿元。并与县个私协会和县邮政储蓄银行联合启动“阳光送贷520”第四季深化融资“手拉手·心连心”服务活动，为全县109户中小微企业争取509万元的专项贷款额度支持。自首季活动开展以来，累计为226户中小微企业提供融资支持逾1.59亿元。3.引导企业守法经营，推动信用兴企。引导广大企业积极参与“守合同重信用”公示活动，促进企业信用建设，2017年，有82家企业公示为“守合同重信用”企业，新申报公示企业18家，比上年增加10家，市场主体守法诚信经营意识得到提高。4.加强非公有制企业党建工作，推动党建强企。积极开展党团组织覆盖“百日攻坚”行动，加快“孵育”步伐，让更多的小微企业、个体工商户、专业市场等非公有制经济组织参与到党建工作中来，促进全县个体私营经济健康发展。至年底，全县非公党建组织有党支部64个，其中单独组建19个、联合组建45个，党员541人。

【市场经济秩序规范】 2017年，平远县工商和质量技术监督局做好规范市场经济秩序工作。深入开展合同监管、不正当竞争、打假治劣、商标保护、打击虚假违法广告、走私贩私、“老人免费体验店”专项整治、打击传销规范直销等行动，严厉打击各种经济违法违规行为，查处各类违法经营案件72宗，查获案值81.75万元，该县被市打传办认定为梅州市“无传销县”，确保市场经济平稳健康发展。1.抓好商品质量监管。加强对生产、流通领域产品质量监管，扎实开展“红盾护农”和“质检利剑”行动，抽检生产领域商品36批次、流通领域商品38批次商品，立案查处不合格化肥案4宗，查处不合格胶合板案2宗。加强服装、家用电器、电线电缆等七类重点商品质量整治，组织开展专项整治行动12次，出动执法人员695人次，检查各类经营户1200多户，立案查处10宗；建立七类重点商品定点监管对象529户，全部签订《商品质量安全承诺书》，约谈经营户404户。2.抓好成品油市场监管。组织4次成品油专项整治行动，出动执法人员53人次，检查加油站24家次，检查加油枪47支，查处违法案件4宗。3.抓好网络市场监管。扎实开展“2017年红盾网剑”行动，严厉打击虚假宣传、商标侵权、销售质量不合格商品等网络违法行为；完善网络经营主体数据库建设。2017年，全县审核入库网络经营主体53个，主体网站数量为67个。实地检查电子商务生产经营企业60家，抽查农产品、日用品、体育用品等产品28批次，网上检查网店（站）150个次，责令经营者删除网络违法宣传信息7条，处理网络投诉3宗。4.做好量值传递监管。以计量惠民为宗旨，规范开展计量监管工作，指导组织检测所为15家集贸市场、14家乡镇卫生院、站、所免费检定强检计量器具1813台件；检查金银首饰店、眼镜店、集贸市场、加油站、液化石油气充装站及经销点、获证实验室、机动车安检机构等重点领域企业133家次，与42家商户企业签订诚信计量承诺书，发出整改通知书2份，已全部完成整改，确保市场量值传递准确。5.加强安全生产监管。以非煤矿山、危险化学品、烟花爆竹生产经营、文化娱乐、网吧、中介、旅游、儿童托管机构等高危行业领域、人员密集型场所为重点加强检查，借助“打非治违”“安全生产月”等专项行动，着力查处无照经营、超范围经营等违法行为，及时消除安全隐患。严抓特种设备安全监管，维护全县特种设备的安全，全年出动特种设备监察人员500多人次，检查特种设备安装、维保、使用企业186家次，特种设备400多台件，发现并消除安全隐患30处，立案查处1宗，全年未发生特种设备安全事故。6.做好消费维权工作。围绕“网络消费·诚信无忧”消费年主题开展现场宣传咨询等形式多样的“3·15”系列宣传活动，发放各类宣传资料5100多份。积极受理各类消费投诉，全年接受消费者来人、来电咨询585人次，受理调处消费纠纷51件，为消费者挽回经济损失4.78万元，办结率100%。继续开展服务维权及拓展延伸维权网络工作，建立维权服务站18家。

2017年3月15日，平远县工商和质监局会同相关职能部门在县城官田广场开展纪念“3·15”国际消费者权益活动（刘喜双　摄）

【服务地方发展】　2017年，平远县工商和质量技术监督局做好地方发展服务工作。1.扎实开展“创文”工作。利用LED显示屏、宣传栏等形式大力宣传“创文”活动，全力推进全县市场环境综合整治行动，落实100%持照和100%亮照经营。2017年，组织开展环境卫生大清洁行动12次，市场综合整治行动10余次，检查各类市场主体1600余户，悬挂宣传标语、横幅18处，在各大超市商场醒目处张贴社会主义核心价值观、中国梦等公益广告宣传图片165张，协助75户经营户利用电子显示屏播放创建宣传标语150余条，发放宣传单、问卷调查表7000余份，营造“创文创卫，人人参与”的良好氛围。2.做好禽流感防控工作。落实活禽休市工作以及“1110”制度，加强对市场家禽经营行为的监管，全年参与联合执法检查47次，出动执法人员865人次，检查活禽经营户2480户次，向活禽经营户发放防护包113份。3.推进“质量强县”工作。举行“质量月”活动。组织协调完成2016—2017年度市对县政府质量工作考核，考核综合得分85.6分，获评B级。4.做好打假工作。充分发挥打假办组织、协调作用，加强打假各职能部门的沟通协作，顺利完成大柘镇市打假重点区域“摘帽”工作。全年该县各职能单位出动执法人员7781人次，检查各类生产经营企业5540家次，查处案件66宗，查获案件货值897.52万元。5.抓好“全域旅游示范县”创建工作。12月3日，该局正式挂牌成立旅游分局，旅游分局把工商的专属职能融入旅游市场监管中，全力做好旅游市场的监管整治工作，为创建全域旅游示范区提供有力保障。同时积极配合好其他部门，从严抓好“创模”、精准扶贫、非公党建、互联网金融整治等工作，充分发挥工商质监的职能作用。

（刘喜双　潘娜玲）

2017年度平远县工商和质量技术监督局负责人名录

局　长：张锡洪（任至2月）
　　　　王云飞（2月起任）
副局长：颜群标　陈以明　李伟胜
　　　　张　友　姚碧健

发展和改革工作

【概况】 2017年，平远县发展和改革局（以下简称“平远县发改局”）紧紧围绕市“一区两带六组团”发展战略，县“一城一区一带”发展战略、扭紧“三大抓手”，落实“两大政策”，狠抓有效投资，结合该县经济实际，积极发挥规划的参谋作用，组织拟订该县国民经济和社会发展年度计划，全面客观总结2016年国民经济和社会发展计划执行情况，研究和提出经济预测目标，为平远2017年经济发展目标的制定奠定基础。统筹协调该县重大专项规划，协调制定食品药品、环保等4个重大专项规划文件。发挥分析宏观经济形势、监测经济运行状态的职能，撰写经济运行分析季度报告，运用经济和政策手段推动经济发展，为经济调整政策提供客观真实的依据，确保经济社会发展各项目标顺利实现。

【投资项目计划】 2017年，平远县发改局做好投资项目计划工作。1.按照《梅州市供给侧结构性改革总体方案（2016—2018年）》、补短板行动计划和有效投资的总体部署，主动做好2017年度补短板和固定资产投资计划任务工作。将梅州市下达平远县的20项年度投资计划28.3亿元的补短板行动重点建设、68项年度投资计划63.65亿元的固定资产投资计划进行分解，采取具体项目对接、包装项目入库、推进重点项目等举措，合理统筹，科学安排，全力加快项目建设。至年底，全县固定资产投资完成23.95亿元，同比增长17.3%。2.扎实开展补齐软硬基础设施短板行动。2017年，平远县列入梅州市供给侧结构性改革补短板行动重点建设项目包有20项，总投资67.7亿元，其中2017年年度投资计划28.3亿元。除平远县凤池水库建设项目因水库淹没区涉及江西省需进一步优化设计后由省发改委进行立项审批外，其他19个项目均已开工建设。3.有效推进投资项目建设，稳步推进省、市重点项目。平远县发改局牢固树立“抓项目就是抓发展”的理念，根据梅州市委、市政府关于加大有效投资工作的部署，采取有效措施，有效投资项目建设。全县列入市有效投资项目库的投资项目有68项，总投资226.43亿元，其中2017年投资计划为63.65亿元。至年底，完成投资66.31亿元，占年度建设任务的104%。4.不断充实完善项目储备库。充实利用国家建设重点项目库的三年滚动计划项目库等平台进行项目储备，并分类进行动态管理，为扩大有效投资、促进持续增长奠定基础。5.全力争取上级资金。通过认真研究对接“两大振兴发展战略”政策，积极争取中央预算内投资资金。全年报送中央投资项目12类19个项目，争取中央和省级资金1.1亿元，有力助推平远振兴发展。

【投资项目监管】 2017年，平远县发改局加强投资项目监管。落实中央投资项目发改部门稽察职能，推动监管部门责任单位职责、项目单位主体责任，有力促进中央投资项目的进展。对2013年以来未完工的政府投资项目开展稽察工作，组织人员稽察项目13个，现场稽察18次，推进项目完工5个，调整1个。同时，认真推进国家重大建设项目库、广东省投资项目在线监管平台2个系统工作，督促项目单位加强重视，落实专人管理，及时准确填写项目进展。

【公务用车制度改革】 2017年，平远县发改局稳妥推进事业单位和国有企业公务用车制度改革工作。县车改办按照全市企事业单位和国有企业车改工作的统一部署，把握时间节点，有序推进各项工作。至年底，全县完成涉改单位实施方案的审核批复工作。全县实有涉改事业单位265个，参改人员4905人，改革前有车辆126辆，改革后拟保留98辆，符合交通补贴发放人员36人；实有涉改国有企业22个，参改人员287人，改革前有车辆9辆，改革后拟保留7辆，符合交通补贴发放人员3人。

【投资项目审批】 2017年，平远县发改局积极做好投资项目审批。1.按照国家和省的工作部署，以提高审批效率为目标，积极推进“放管服”工作。（1）全面取消非行政许可审批，加快推进行政审批标准化建设。印发《关于公布平远县人民政府第三轮行政审批（第三批）规范审批事项名称的通知》，保留行政许可审批事项256项，进一步规范行政审批事项目录，加快行政审批标准化建设工作；对照《省通用目录》中县级169项非行政许可事项进行调整，并由县法制部门对该次调整事项进行合法性审查，做好非行政许可调整清理工作，印发《平远县人民政府关于取消非行政许可审批事项的决定》，取消28项非行政许可审批事项，将31项非行政许可审批事项调整为政府内部审批，列入权责清单其他事项中；2016年，根据《国务院关于第二批取消152项中央指定地方实施行政审批事项的决定》，该次拟公布取消的行政审批事项20项，参照2016版《省通用目录》拟实施的行政许可事项295项，涉及35个部门。（2）积极探索政府和社会资本合作模式，放宽垄断行业和社会民生领域市场准入，加大内资和外资开放力度，只要符合产业政策和相关规划，均允许进入。2.切实完善清单管理。在完善权责清单管理的基础上，执行国务院印发的《政府核准目录（2016年本）》，大幅减少政府核准事项，切实做好企业投资市场准入负面清单管理制度，营造公平公正的环境，降低准入门槛；大幅减少投资审批前置条件，将无法律、法规规定的事项一律取消；有序推进企业投资并联审批，缩短审批时限；充分运用统一的投资项目管理平台，对投资项目进行规范统一管理，实现部门共享。同时，按照“谁审批、谁主管，谁监管”的原则，切实加强事中、事后管理。2017年，审批政府投资项目375宗，项目总投资33.2亿元。办理企业投资备案项目39宗，总投资93.2亿元。

【重点项目推进】 2017年，平远县发改局从五方面做好重点项目推进工作。1.为项目建设创造有利条件，落实责任，当好参谋，协调指导，督促检查，有力地推动全县重点项目建设工作。2017年全县重点工程有96个项目，其中正式计划项目81个，筹备项目15个。正式计划项目年度投资计划73.7亿元。1至12月累计完成投资54.5亿元，占全年计划的73.95%。2.落实责任，明确目标任务。为确定全县2017年重点项目建设，年初，县重点办根据相关单位上报，认真梳理后制发《关于做好2017年重点建设项目工作的通知》，确定平远县2017年重点项目建设。为保证建设进度和质量，县委、县政府对每一个重点项目都明确责任领导、责任单位和责任人，明确项目投资年度计划和工作任务。责任单位再把工作任务层层分解、细化，落实到相关职能部门，把人力、物力、财力集中到重点项目上来，保证重点项目建设任务的顺利完成。3.当好参谋，协调指导。县重点办及时向县委、县政府汇报工程进度、项目动态以及工程建设和工作过程中遇到的问题，同时提出解决问题的意见建议，为领导决策提供参考。并重视掌握重点项目建设情况，要求各项目责任单位认真排查重点工程建设中遇到的问题，将需协调的项目和需协调解决的问题形成书面材料上报县重点办。对平时掌握的情况和各个责任单位上报的情况，派出人力开展调查，认真分析产生问题的原因，提出解决问题的指导意见。对需要县重点办协调的事项，采取与群众见面协商、向有关部门协调或召开协调会的方式进行协商解决。4.加强督促检查，推动工作落实。县重点办将督查工作日常化，坚持不定期到项目建设现场进行跟踪督查，及时了解和掌握项目建设信息，每月将重点工程进展情况以简报的形式定期通报。对督查过程中发现的问题，及时发出督办通知，明确督办事项、时间要求，推动工作的落实。5.协调做好项目前期工作。（1）围绕年内动工建设的目标切实做好开工前期各项工作，推进瑞金至梅州铁路建设。通过加强与中铁总公司、中铁四院和江西寻乌等邻近县的沟通协调，完成项目可研的编制工作，上报中铁总公司鉴定中心评审。（2）国道206绕城段改线、国道358改建工程已纳入广东省2016—2018年改造计划，已完成项目可行性研究报告和社会稳定风险报告编制等前期工作，已按程序报省审批。

【物价管理】 2017年，平远县发改局从四方面做好物价管理工作。1.加强价格管理监测调控，确保市场价格稳定。（1）贯彻落实上级关于进一步放开部分商品价格的规定和要求，由原政府定价、政府指导价转变为市场调节价即企业自主定价经营。（2）组织调整管道燃气实行阶梯式价格工作及价格听证会。（3）做好日常价格管理工作。及时掌握价格变化动态，做到预警预报，加强价格走势的分析预测工作，撰写价格分析预测专题材料，为上级政府及价格主管部门的价格决策提供参谋作用。（4）广泛宣传价格政策、提醒告诫、联合巡查等工作，有效遏制该县乱涨价行为。2.加强价格和收费监管工作，营造良好的价费环境。（1）抓政策落实方面。按照国家和省关于推进政府职能转变，深化行政审批制度改革，清理规范涉企行政事业性收费、县级政府定价的涉企经营性服务收费、进出口环节经营性服务性收费、行政审批中介服务收费的部署，落实国家发展改革委办公厅全面实行收费目录清单制度的要求。2017年，编制《平远县发展和改革局关于公布行政审批中介服务收费目录清单的通知》和《平远县发展和改革局关于公布本级政府定价管理的经营服务性收费目录清单的通知》行政审批中介服务收费和县级定价管理的经营服务性收费政策性文件。（2）清理规范涉企收费。调整完善行政审批中介服务收费和县级定价管理的经营服务性收费政策性文件。各收费单位必须严格执行目录清单，目录清单之外的涉企收费，一律不得执行。并及时对外公布，接受社会监督。3.开展价格监督检查，规范市场价格秩序。（1）切实提高敏锐性和敏感度，高度重视节假日叠加形成的市场价格监管压力。（2）发挥“12358”价格监管平台的作用，切实加强价格举报工作力量，做好各地“12358”与“12345”的值班衔接工作，保障举报电话畅通、网络举报及时受理。（3）加大对商场、超市、农贸市场等与群众日常消费密切相关场所的监测频次和监管力度，督促经营者诚信守法经营。（4）继续做好旅游景区门票价格整治工作，着力规范旅游餐饮、住宿、购物、观光等环节的价格秩序。（5）加强交通价格管理。加强对公路、城市公交、出租车等客运票价以及相关客运延伸服务收费的检查，严肃查处超过政府定价擅自涨价、价外收费、误导标示等违法行为。节假日期间，该局按“双随机一公开”工作机制抽取巡查单位7个，出动巡查36人次。全县日常消费市场价格、食宿价格有一定幅度的上涨，但总体平稳，没有出现异常波动；交通价格、旅游价格能按政策规定执行。（6）做好价格举报工作。2017年度，群众咨询、投诉、举报案件7宗。对价格咨询、投诉、举报，该局依据政策、规定进行认真、耐心地受理、解释，依法进行调查，并作出书面答复，全年书面答复7件。（7）扎实开展价格监督专项检查。按照省、市物价局的统一部署，对全县春运客运票价、殡葬服务、汽车驾驶培训、旅游、医疗服务和药品价格进行专项检查。在检查中发现有个别单位不按规定公示收费项目和收费标准，或不按规定明码标价的问题，采取警告、责令其立即改正等措施进行处理。通过专项检查，有效地遏制各种乱收费行为，规范市场价格秩序，优化经济发展环境。4.强化服务意识，依法进行价格认证工作。全年为公、检、法及部门机关办理价格鉴定66件，涉案金额924.3万元，为稳定社会治安、改善该县投资环境做出应有贡献。

【其他工作】　2017年，平远县发改局在抓好主要业务工作的同时，大力抓好全县国民经济动员、粮食管理、社会信用体系建设、信息公开和网络平台建设等工作。（姚　强）

2017年度平远县发展和改革局负责人名录

局　长：姚　涌

副局长：林忠健　严伟荣　韩垂访　林远辉

审　　计

【概况】　2017年，平远县审计局牢固树立"四个意识"，紧紧围绕统筹推进"五位一体"总体布局和协调推进"四个全面"战略布局，依法审计、尽责担当，积极落实审计制度改革各项工作，创新审计方式方法，着力打造审计铁军，圆满完成审计工作任务。全年下达审计项目28个，完成审计项目28个，占全年计划的100%。查出违规金额468万元，管理不规范金额36367万元，作出移送处理书1份，提出审计意见建议38条，向县委、县政府提交审计专报2篇，审计信息5篇。

【重大政策跟踪审计】　2017年，平远县审计局对重大政策进行跟踪审计。重点围绕供给侧结构性改革、"放管服"改革、创新驱动战略实施等，跟踪检查过剩行业去产能、重点地区房地产去库存、重点企业去杠杆，以及简政放权推进、创新创业支持政策落实、实体经济领域转型升级、区域协调发展等情况，促进政令畅通。2017年，该县完成第三轮共四批的行政审批事项清理工作，取消行政审批事项253项。列入省、市供给侧结构性改革重点建设项目18项，总投资59.38亿元。其中，2017年投资计划13.86亿元；落实专项扶持资金300万元；信贷风险补偿基金100万元；落实12项科学技术奖励金19.7万元。

【预算执行审计】　2017年，平远县审计局做好预算执行审计工作。预算执行审计重点关注财政收支的真实合法效益、营改增政策效果、地方政府性债务管理、重大投资项目落地和重点专项资金绩效，以及贯彻中央八项规定精神和国务院"约法三章"情况，组织实施县财政局、环境保护局、工商行政管理局等部门预算执行情况审计。通过审计，累计查出管理不规范资金5.30亿元，对发现财政代编预算数额较大、超越权限调整预算、应缴未缴预算、无预算支出等问题提出审计整改意见，促进财政预算的进一步规范。

【经济责任审计】　2017年，平远县审计局做好经济责任审计工作。在经济责任审计中，认真贯彻落实《党政领导干部和国有企业领导人员责任审计规定》，根据不同类别领导干部经济责任的内容，突出审计重点，扎实抓好审计对象履行经济责任情况审计，促进领导干部更好践行新发展理念，依法作为、主动作为、有效作为。1.科学制订审计工作计划，2017年，下达经济责任审计项目计划20个，其中任中审计项目 3 个。2.合理安排审计力量，科学整合审计资源，努力克服审计力量与审计任务不匹配的现状。审计查出管理不规范资金 1.31亿元。

【审计问题整改】 2017年，平远县审计局扎实抓好审计问题整改。对各个被审计单位进行跟踪监督检查，促进被审计单位落实整改，全年检查13个单位，落实整改问题37个。 （余　伟）

2017 年度平远县审计局负责人名录

局　　长：林　波（2月起任）

副 局 长：陈运桢　曾祥源　温海强

总审计师：李百良

统 计 工 作

【概况】 2017年，平远县统计局认真履行国家统计调查和地方统计调查职责，围绕提高统计数据质量、提升政府统计公信力的目标，扎实开展各项常规统计调查、重点调查和普查，深入开展统计基层基础、统计法治等各项统计改革任务，提升新时期统计工作水平，较好发挥统计服务社会经济发展职能。

【统计基础建设】 2017年，平远县统计局做好统计基础建设工作。该局认真贯彻落实市委、市政府《关于进一步加强统计工作的意见》（以下简称《意见》）和市统计局贯彻《意见》实施方案，加强统计网络建设和人员队伍建设，提高依法科学统计能力和水平。1.进一步完善镇、村和网报企业统计基础建设。选取2个镇作为统计“双基”示范镇，选取8家企业作为统计“双基”示范企业，打造统计基层基础建设“五有六化”和联网直报企业的样板，并加以推广，辐射带动其他镇、企业的统计“双基”建设工作。每个示范镇下拨5000元统计基础建设专项经费，每个示范企业下拨1500元的统计基础建设专项经费。2.坚持引进来和走出去相结合，提升统计队伍能力。（1）坚持走出去，组织局机关专业人员和乡镇、企业统计员参加市县统计业务和统计法规培训，全年每人学习培训3次以上，强化拓展统计人员统计调查、统计分析、统计研究能力。组织发动统计人员参加全国统计专业技术资格考试。派员参加省、市、县各级统计业务培训。选派3名业务骨干参加全省统计执法培训和考试。（2）坚持请进来，邀请市统计局各专业人员前来指导，解读统计新法规、方法制度，深入各镇、企业现场剖析经济社会发展各项指标。邀请阳江市统计局前来交流。（3）修订《关于开展统计人员能力提升建设活动的意见》，开展统计人员能力提升建设活动。开展统计人员能力提升建设活动，激励统计人员积极开展统计分析活动，提高统计分析能力水平。3.推进统计信息化建设。邀请市统计局计算机信息化专业人员指导，专题培训统计办公自动化系统，提高机关行政运行效能；充分利用统计OA系统、微信等平台，建立有效的统计信息连接和共享平台，加强对各镇、企业统计工作的沟通、协调和指导；逐步推进统计数据电子化、信息化工作，将各专业报表资料整理、归集保管工作，并分专业将电子数据进行及时备份，确保统计资料完整和数出有据，进一步巩固提升镇级和网报企业统计基础建设。

【统计法治建设】 2017年，平远县统计局做好统计法治建设工作。1.全面贯彻实施《中华人民共和国统计法》《中华人民共和国统计法实施条例》和中办、国办《统计违纪违法责任人处分处理建议办法》，提高基础数据质量，遏制“数字上的腐败”，开展“数据造假、以数谋私”专项整治清理清查，对镇、网报单位开展统计执法检查，严守统计法律底线和网报“红线”，依法调查、依法统计、依法上报。2.加强统计法制宣传教育。发放《中华人民共和国统计法实施条例》读本和宣传折页，联合县普法办开展普法活动，在平远县普法长廊设立《中华人民共和国统计法实施条例》专栏，多形式多渠道进行统计法律法规知识宣传，增强广大统计调查对象和统计从业人员守法意识。3.开展企业“四查”工作。开展网报企业清查自查并接受市统计局检查，发现问题及时整改，确保网报工作不碰“红线”。清理违反统计法精神的文件和做法。按《国家统计局关于全面清理纠正违反统计法精神文件和做法的通知》要求，清理纠正把统计机构作为地方目标完成责任单位的文件和做法。4.加强统计执法。市统计局到各镇、各网报单位常态化开展“双随机”统计执法检查和统计数据质量检查，重点检查联网直报企业和乡镇，维护统计法规条例的权威，全年未发现统计违法行为。

【统计业务调查】　2017年，平远县统计局从五方面做好统计业务调查工作。1.进一步完善名录库建设工作。按“先有库后有数”的统计原则，完善基本单位名录库。执行新修订的《广东省基本单位名录库更新制度》，顺应“五证合一”登记改革要求，加强与县工商质监、编办、民政、国地税等部门沟通和信息共享，做好基本单位调查，定期对名录库中的基本信息进行完善更新，真实准确反映各类法人、产业活动单位的数量及基本情况。2017年，全县有基本单位4314个，新增482个。其中，法人单位2979个；产业活动单位1335个。做好新培育上规模企业统计跟踪调研和新达“四上”企业标准单位摸底调查，做好达“四上”规模企业申报审批入库工作，2017年新入库规模上工业14家。至年底，全县“四上”企业116家。其中，规模以上工业59家；限上批零住餐业8家；资质等级以上建筑5家；房地产业11家；重点服务业3家。2.“四上”企业联网直报工作。通过挂钩联系服务重点企业，坚持工作重心下移，质量控制关口前移，坚持事前提醒、事中督导、事后检查，不碰“红线”的基础上，指导“四上”企业做好企业“一套表”的月报、季报、年报联网直报工作，及时答复国家、省、市统计局的查询。3.“城乡一体化”住户调查工作。2017年是开展梅州分市县住户调查样本轮换工作的第一年。全县有12个点120户调查户。其中6个城镇点，分别是大柘镇城北居委、大柘镇城西城南居委、大柘镇城东居委、石正镇石正居委、石正镇先锋村和东石镇东石村；6个农村点，分别是大柘镇程北村、大柘镇程西村、大柘镇梅二村、仁居镇木溪村、上举镇畲脑村和热柘镇热水村。经调查，推算2017年该县城乡居民人均可支配收入为18672.6元。其中，城镇居民收入为22430.6元；农村居民收入为15223.1元。4.固定资产投资统计工作。投资规模达到5000万元以上实行联网直报，至12月底，申报29家工业企业、公路、旅游和9家房地产项目投资数据入库。全年完成固定资产投资55亿元，其中工业投资25.4亿元。5.其他常规专业统计调查和有关考核统计调查工作。继续做好农村、农业、社会科技、劳动工资、交通运输、综合、能源监测调查等专业统计工作。做好人口变动抽样调查，实施妇女儿童发展规划监测。围绕落实科学发展观实绩考核、促进粤东西北振兴发展考核、广州南沙（平远）产业转移工业园建设考核，做好部门项目有关指标的综合研判、预测、调查核实上报工作。配合做好该县人口卫生目标综合管理、粮食产量安全考核、节能减排考核等工作。

【统计数据质量管理】 2017年，平远县统计局完善数据质量控制办法，规范上报数据审核流程，增强数据匹配性，提高统计数据质量。1.完善各专业数据质量控制办法。落实《国家统计质量保证框架》和统计业务流程管理规范，准确领会和掌握上级统计部门对GDP、农业、工业、固定资产投资、社会消费零售总额、城镇化率、单位GDP能耗等重要指标数据审核评估及核算办法，科学全面统准统实基础性指标数据。2.理顺统计数据报送、审核和反馈流程，加大数据审核力度。按“专业人员提出初步数据的评审意见、分管领导评估审核初步数据、该局主要负责人认定”的三级流程做好评估审核工作，对敏感性、综合性、大局性的和涉及考核的重要数据由该局主要负责人会同分管领导和专业人员最终评估确定。通过数据评估，做好数据与企业利润、工资、用电、应交增值税等指标的协调性、匹配性审查，确保数据的科学性、准确性。3.加强与县经信、财政、发改、交通、税务、卫生、教育、农林水、工业园区等部门的联系与沟通，做好对部门统计工作的指导，加强与部门统计数据信息的互通与共享，提高部门统计数据与县综合统计数据的匹配性。

【国家重点调查普查】 2017年，平远县统计局扎实推进第三次全国农业普查收尾工作。各级农普工作经费全部足额及时安排到位。狠抓督促检查，围绕规范操作、不重不漏，及时发现解决问题，做到真查实督，确保普查数据质量。通过全县上下共同努力，高质量完成第三次全国农业普查各项任务。

【统计服务】 2017年，平远县统计局继续深入开展“统计优质服务年”活动，提供统计信息、咨询、监督优质服务。潜心研究各专业数据，发挥统计专业智慧，提出科学合理的统计指标和数据分析预测，打造精美、实用的统计月报和统计分析精品。2017年，针对该县经济社会出现的新情况、新形势，及时提出相关分析和意见建议，累计提供统计情况分析20多篇，发布统计信息40期，为来人来电来函提供统计信息咨询服务56人次，向县委、县政府和县有关部门提供专项统计分析报告4篇。为平远县经济发展提出科学可行的意见建议，当好政府的好助手、好参谋。（刘俊滔）

2017 年度平远县统计局负责人名录

局　长：肖维江

副局长：李　明　杜金兰（女）　张兆河

食品药品监管

【概况】 2017年，平远县食品药品监督管理局把加强食品药品安全作为保障民生事业的重要抓手，以“保障食品药品安全”为中心，紧紧按照“抓监管、保安全”的工作思路，严格落实食品药品安全监管职责，狠抓各项工作落实，制定印发《平远县2017年食品药品安全重点工作安排》《平远县食品药品安全“十三五”规划》等文件，对全县食品药品安全工作进行全面部署，确保食品药品生产经营消费各环节监管措施紧密衔接，形成监管合力，构建食品安全全方位、全覆盖、全过程的网格化管理体系。全年未发生食品药品安全事故。

【食品药品安全监管】 2017年，平远县食品药品监督管理局全方位抓好食品药品监管工作。1.依法规范行政许可工作。（1）食品生产环节。该县有食品生产小作坊93家，已取得登记证的食品生产小作坊有85家。（2）食品流通环节。全年换发“食品经营许可证”247份，变更2户，注销23份。（3）餐饮服务环节。2017年，换发和新办许可证273家。（4）药品经营许可。新办零售药店11家；办理“药品经营许可证”变更13家，换证1家，注销1家。2.扎实做好节假日和重大活动期间食品药品安全保障。2017年，圆满完成在元旦、春节、“五一”、中秋、国庆等传统节假日以及中共十九大特别防护期、“三月三”炒绿节、“两会”、中高考、八尺镇首届酒香节、第八届国际徒步大会平远站、客商大会等重大活动期间餐饮服务食品安全保障任务。全年下发监督意见书28份，农药残留检测137份，保证饮食安全。3.开展水产品质量安全专项整治行动。出动执法人员152人次，检查水产品经营户176户次，检查批发市场、集贸市场等各类市场15个次，未发现销售（使用）违禁药物情况；抽检水产品13批次，快检水产品30批次,全部合格。4.开展食用花生油、桶装水、加工小作坊专项整治行动。（1）出动执法人员44人次，检查现场制售食用花生油门店20户，现场快检4批次，全部合格。（2）约谈该县全部桶装水生产企业，抽检6批次（其中1家未生产桶装水，1家于6月26日取得生产许可证），1批次不合格并作公示，出动执法人员33人次，检查企业11家次。（3）制定工作方案，开展小作坊专项整治工作，普查食品生产小作坊93家，已获证85家。5.开展食品经营标签标识规范和监督检查、打击“两超一非”专项整治行动。出动执法人员200人次，检查各类经营主体160户次，进行企业自查12户次，立案查处1家，罚款3万余元。6.开展春秋两季学校食堂及校园周边食品安全、网络订餐等专项整治行动。重点检查厨房操作规范、“三防”设施、明厨亮灶工程、从业人员健康证、台账登记、制度落实等方面，覆盖全县65家学校（含托幼机构）食堂；对辖区内的餐饮网络订餐平台进行调查梳理，全县有餐饮服务单位49户。其中，饿了么平台对专项整治的内容认真开展自查，积极配合整改，该平台通过查验入网餐饮服务单位的许可信息和核实经营场所现场等手段主动拦截餐饮服务单位7户、下线入网餐饮服务单位2户。7.开展农村食品安全治理专项整治工作。积极开展农村食品安全治理专项整治工作，以农村、城乡接合部为重点区域，以农村地区热销的食品为重点品种，2017年，该局出动执法人员2500余人次，检查各类农村食品生产经营主体1200余户次；抽检食用农产品165批次，不合格2批次。8.开展保健食品专项整治工作。制定整治方案，全面整治针对老年人保健食品的消费领域存在的突出问题，对以专家讲座、免费义诊、会展销售、产品试用等活动的经营点进行排查摸底，2017年未发现有违法行为。9.开展互联网医疗器械经营监督检查。为切实加强互联网医疗器械经营的监管，从5月起，该局在全县范围内开展互联网医疗器械经营监督检查。重点检查注射用透明质酸钠、软性角膜接触镜、避孕套等医疗器械互联网经营情况。经检查，该县未发现有违法违规经营医疗器械互联网网站。

2017年11月8日，2017年度市对县食品安全工作考核汇报会在平远迎宾馆二楼平远厅召开　（郭婷婷　摄）

【稽查执法专项工作】 2017年，平远县食品药品监督管理局做好稽查执法专项工作。1.加大力度打击食品药品违法行为，加强“两法衔接”，加大案件公开曝光力度，保障公众知情权。2017年，出动执法人员7800余人次，车辆2600余台次，查处食品等案件48宗，结案47宗，罚没款25.3万元，受理投诉举报75件，无行政诉讼和行政复议案件发生。2.开展食品药品违法犯罪“清网行动”，促进该局“两法衔接”机制有效运行。通过“清网行动”，该局查处食品药品案件2宗，其中1宗销售假药案件，已移交公安机关立案查处；另1宗经营无标签的预包装的食品案，已对该案作出行政处罚，总罚没金额3.5万元。

【食品药品信息化建设】 2017年，平远县食品药品监督管理局做好推进信息化监管体系建设，打造食品药品监管智慧工程。1.推进电子政务建设。充分利用县政府OA办公平台进行信息化办公，强化县食安委政务OA系统使用。实现移动办公，各镇食安办和食安委相关成员单位更高效协同工作。2.不断加大电子溯源建设力度。积极推动广东省食品追溯平台应用，不断加大电子溯源建设力度。深入开展食品经营企业婴幼儿配方乳粉、食用油、酒类等重点食品的追溯系统应用工作。通过对食品经营企业的摸底调查、宣传发动、制作简易操作手册、多次上门指导等工作，全面实现辖区内食品经营企业加入追溯系统，并开展数据上报。3.大力推进信息公开，保障工作知情权、参与权和监督权。为促进食品药品行政许可、行政处罚案件和抽检信息公开、规范运行，进一步完善食品药品安全信息公开制度，及时将食品药品行政许可和行政处罚案件信息在该局政务网站公布。4.部署不良事件上报，保障用药安全。按照市局分配的监测报告任务和均衡度要求，较好地完成上报工作，2017年，上报药品不良反应报告154例，完成全年目标的123%，在全市药品不良反应监测评分中获得第一名。

【食品药品抽检】 2017年，平远县食品药品监督管理局扎实开展食品药品抽检工作，保障群众饮食用药安全。全年开展食品药品安全抽检759批次。2017年春节、元旦食品安全专项监督抽样21批次，1批次不合格；医疗器械抽样2批次；保健品抽样6批次；化妆品抽样9批次；应节食品（粽子）抽样2批次；药品监督抽样（在线）78批次,其中7批次不合格；药品快筛200批次；食用农产品抽检240批次；食品抽检200批次。

【食品药品宣传及培训】 2017年，平远县食品药品监督管理局从三方面做好食品药品安全宣传及培训工作。1.强化宣传教育，深入推进食品安全社会共治。（1）坚持食品安全宣传和法制宣传紧密结合，开展食品安全宣传周、法制宣传日等宣传教育活动，通过现场咨询、发放资料等形式宣传食品安全相关知识。（2）与媒体合力共建专题专栏，通过循环播放食品安全公益宣传广告、拍摄食品安全专题片、设置食品安全公益广告牌、全县社区设立食品安全公益广告灯箱等方式，向群众普及食品安全相关知识，提高群众的法制意识和自我保护能力。（3）深入基层，积极动员食品生产经营者参加各类食品安全相关培训，督促引导经营者坚守道德底线，强化质量管理。（4）畅通投诉举报渠道，落实食品安全责任保险、有奖举报制度，不断推进政务信息公开，鼓励公众依法维权，推动全社会协同共治、共担责任。2.大力开展学习、培训，打造一支良好的食品药品监管队伍。为扎实做好市局在2017年工作要点中提出的“实施精准大培训”有关要求，切实提升该县基层监管人员的综合素质和履职能力，2017年，平远县以“按需培训、精准培训”为原则，积极选派监管人员参加总局、省局、市局举办的各种业务培训。该局35名执法人员参加培训，培训率94.3%。

【监管体制完善】 2017年，平远县食品药品监督管理局创新食品安全监管模式，打造食品安全放心工程。1.创新探索学生餐食品安全监督管理新模式。根据该县大多数中小学校分布散、学校规模小、在校师生少，很多中小学校食堂设施设备不完善，存在较大的安全隐患的特点，积极鼓励支持平远县祥涛餐饮服务有限公司引进先进设备和技术，帮扶其成为梅州市首家获证餐饮配送公司，在该县推进中央厨房进校园试点工作。通过统一制作、限时配送学生餐，从源头、环节监管、追溯可查三方面把控好食品安全，校园餐饮安全得到更有效保障。2.组织开展全县各乡镇农村宴席及食品安全知识培训工作。以“按需培训、精准培训”为原则，于8月至10月对全县12个镇农村集体聚餐从业人员进行全员食品安全知识培训，进一步提高相关人员的食品安全意识和责任意识，提升监管效能。3.开展农贸市场快速检测，打造食品安全放心工程。为贯彻落实省、市、县政府2017年民生实事工作，深入推进该局农贸市场食用农产品快检工作的开展，继续开展农贸市场食用农产品快速检测工作。2017年，该局参加食用农产品快检的市场有6家。根据平远县食用农产品质量安全状况，农贸市场开展使用农产品快检的主要种类为蔬菜类和水产品类。全年开展快速检测10363批次，发现和销毁不合格食用农产品28批次，共40.21千克，合格率99.73%。针对快检信息和数据，该局在市场制作检测结果公示栏，第一时间向社会公布，积极打造食品安全放心工程。

【食品药品安全示范创建】 2017年，平远县食品药品监督管理局全力抓好食品药品安全示范创建工作。1.积极开展省食品安全示范街的创建工作。根据省、市主管部门的要求和部署，该局积极推进餐饮服务食品安全示范街创建活动，以县城河滨西路为示范街区。在成功创建市级示范街的基础上，加强对餐饮单位的宣传培训、强化监管、落实整改，使街区达到省级食品安全示范街创建标准。2.做好量化等级分级管理工作及“明厨亮灶”工作。扎实推进量化等级分级管理工作，对全县办证三个月以上的餐饮单位进行量化等级分级管理。2017年，已实行量化评级餐饮单位877家。其中，A级单位6家；B级427家；C级409家。全县量化率100%，提高餐饮企业B级比例。同时组织开展学校食堂灭“C”行动，该县城区所有学校（含托幼机构）食堂量化等级均达到“B”级以上。推行明厨亮灶工作，全县约有80%餐饮单位达到要求。3.开展化妆品示范区建设，保障化妆品质量安全。2017年，该局选定以平远县大柘镇平城南路作为“一街”，平城南路一巷选定为“多点”，继续开展市级化妆品示范区创建工作。落实化妆品经营企业主体责任，提高化妆品行业自律水平。4.积极创建梅州市“放心肉菜示范超市”。根据创建梅州市“放心肉菜示范超市”的标准，该局相关业务股室迅速组织对辖区范围内超市进行资格审查，遴选出梅州市喜多多超市连锁有限公司凯旋分店作为创建试点。严格对照创建标准和要求，对梅州市喜多多超市连锁有限公司凯旋分店创建梅州市“放心肉菜示范超市”进行指导、狠抓落实，努力达到创建标准和要求，并于12月完成验收工作。5.抓好广东省县级文明城市创建工作。该局结合本职工作，按照创建标准，集中力量对食品药品经营单位的诚信体系建设、环境卫生、文明宣传等突出问题进行整治。2017年该县通过“广东省县级文明城市”验收，其中食品安全高分通过。

【存在问题】 2017年，平远县食品药品安全存在的问题是：1.该县食品药品生产经营企业小、散、低的状况尚未根本改观，小摊贩、小作坊、小餐饮数量多，且生产工艺落后、设备设施老化管理方式粗放，部分还无证照，保障食品药品安全的产业基础还不牢固。2.影响食品药品安全的因素呈现多样性、复杂性，不法分子制假造假的花样不断翻新，手段越来越具有智能化、隐蔽性，使得执法难度进一步加大。3.市场秩序还不规范，企业主体责任还未严格落实，少数企业有可能放松对产品质量的把关，甚至见利忘义、铤而走险，违反法律法规、标准规范进行生产经营，给监管工作带来更多挑战。4.法规标准不完善。食品药品安全相关法律法规不完善。例如，农村家宴食品安全隐患突出，但尚无法律法规对其安全责任作出明确规定。5.监管力量不足。食品药品安全工作环节众多、牵涉面广，工作难度大。各相关部门在整合执法力量、协同执法步调、密切配合作战、信息互通等方面仍然存在问题。此外，监管工作对象多而分散，监管队伍特别是专业技术人员短缺，监管手段、技术支撑等仍需加强。6.农村地区食品药品安全风险隐患较多。城乡接合部和农村食品药品经营条件较差，目前占食品药品流通市场主体的主要是一些集贸市场和小型商店，品牌经营、连锁经营发展较缓慢。部分农村群众法律法规知识欠缺，自我保护意识不强，容易成为假劣食品药品的侵害对象。7.共治格局尚未形成。企业首要责任意识不强，安全管理投入不足，人员健康管理、过程控制、索证索票、标签管理、产品召回等质量安全制度执行不够到位；部门媒体对食品药品安全事故过度炒作造成公众恐慌，正能量聚集不足、副作用发挥明显，妨碍食品药品安全正常治理。

（郭婷婷）

2017 年度平远县食品药品监督管理局负责人名录

局　长：黄庆明

副局长：何远航　谢永兴　沈福坚　杨建华

2017年10月17日，梅州市食品药品监督管理局局长黄国良（中）到平远调研食品药品安全工作　（郭婷婷 摄）

行政管理

人力资源管理

【公共就业服务】 2017年，平远县人力资源和社会保障局积极做好公共就业服务工作。1.举办“春风行动”“春暖平远”“高校毕业生招聘周”“广州南沙—平远劳务对接专场招聘活动”及“民营企业招聘专场”等各类招聘专场服务活动43场，全县城镇新增就业2016人，失业人员再就业1984人，就业困难人员再就业296人，促进创业327人，带动就业1804人，城镇登记失业率全年控制在2.4%以内。2.落实扶持创业带动就业政策，全年发放一次性创业资助82人共41万元；发放租金补贴178人共71.2万元；发放创业带动就业补贴52人共13.6万元；认定就业困难人员4人，有431人享受就业困难人员灵活就业社保补贴151.57万元；发放小额担保贷款38笔共331万元，县财政补贴小额担保贷款贴息98.34万元。3.开展机关、事业单位补充后勤人员劳务派遣用工人员管理工作，2017年全县纳入派遣单位19家共146人。印发《平远县就业创业扶贫工作实施方案》和《关于开展平远县贫困劳动力情况摸底调查的通知》文件，积极开展“就业扶贫行动日”活动，推进落实就业技能精准扶贫工作，举办2期共46人参加的贫困劳动力技能晋升培训班。

2017年2月1日，“2017年‘春暖平远’大型就业招聘会暨人社政策宣传”在县人民广场举行

【职业技能培训】 2017年，平远县人力资源和社会保障局做好职业技能培训工作。举办汽车修理工、维修电工及美容师等技能培训班16期，培训人数1456人，完成初级职业资格和中级职业资格鉴定考核724人，网上个人申请劳动力技能晋升培训补贴48人共10.65万元。针对全县旅游企业、宾馆、农家乐从业人员现状，邀请资深专家分别在差干、石正及大柘三镇围绕服务礼仪、规范及营销等内容开展全县旅游从业人员培训3期393人次。

【社会保险】 2017年，平远县人力资源和社会保障局从五方面做好社会保险工作。1.努力推进扩面征缴工作，全年完成征缴企业五险社会保险费29458万元，城乡居民基本医疗保险参保缴费200659人，城乡居民社会养老保险参保人数101157人。按省、市相关文件要求，继续提高社会保障水平，全年累计发放各项社会保险待遇57675万元。2.办好民生实事，分别调整居民医保和职工医保报销水平，完善大病保险制度。机关事业单位养老保险改革全面落地，完成全县123个参保单位机关事业单位个人缴费本息共计9278万元的清退，机关事业单位养老保险累计征收4552万元，实现养老待遇社保局发放。3.社保扶贫工作协同推进，联合有关部门制定《关于做好建档立卡贫困户城乡居民社会保险工作的通知》，认真落实好中央、省、市、县社保精准扶贫各项政策。4.扎实开展全民参保登记，落实目标任务，开展多渠道、多形式的宣传，全面完成全民参保登记入户核查工作。积极开展城乡居保待遇领取人生物特征采集工作，至年底，该县有24608人完成生物特征采集，采集建库率78.3%，领先各县（市、区）。5.积极做好社保基金安全监管工作，加强社会保险内控监督管理，开展实地稽核和现场巡查，核查出欺诈冒领待遇人员，依法停发并全力追偿；全面启用医保智能审核系统，运用技术手段进行重点指标监测，积极配合人大预算联网系统建设，完善人大审议监督机制，确保基金运行安全。

【公共人事管理】 2017年，平远县人力资源和社会保障局从三方面做好公共人事管理工作。1.全年完成招录公务员79人、招聘事业单位工作人员175人。任免政府口机关事业单位股级干部42人，办理公务员转任手续39人，办理事业单位工作人员调动手续65人。审核、验证、上送副高职称71人、中级职称63人、初级职称42人的评审相关材料，全县新聘、续聘专业技术人才364人。按上级文件精神调整并补发2017年5月31日前机关事业单位退休人员基本养老金；办理到龄退休干部97人，到龄退休工人85人和提前退休10人；办理企业职工特殊工种和因病提前退休93人。2.加强公职人员培训，组织举办全县机关公务员学习贯彻习近平总书记广东工作重要批示精神和中共十九大精神全员学习培训班；组织举办全县新录用公务员和新聘用事业单位工作人员106人参加初任培训；组织全县各类专业技术人员3400多人参加以“大数据前沿技术及应用”“以供给侧改革推进跨区域产业共建”“工匠精神与广东制造”3个专题的公需科目继续教育学习。3.提升公务员福利水平和绩效考核，制定并实施《平远县关于发放住房维修和物业管理补贴的通知》和《关于实施公务员绩效考核的通知》；认真落实规范机关事业单位津贴补贴发放工作，积极组织开展自查自纠。

【劳动维权】 2017年，平远县人力资源和社会保障局做好劳动维权工作。1.积极实施劳动保障守法诚信制度、建筑工程项目工人工资支付保证金、建筑从业农民工工伤保险制度和欠薪应急周转金制度，从源头上防范劳资纠纷发生。2017年，缴交23个工程项目保证金630万多元。全面推进建筑用工工人工资分账管理制度，对新开工的23个项目实行工资支付专户管理，工人工资逐步由银行按月足额发放到个人账户。建筑业参加工伤保险28家，征缴工伤保险费42.11万元，比上年增25家。会同住建、交通、园区办、公安等部门，开展工人工资支付等专项执法检查、日常巡查73次，检查用人单位312家，涉及职工人数1.32万多人；受理投诉举报案件32宗，涉及人数345人，涉及金额135万多元。2.全年处理劳动人事争议案外调解案件16宗，涉及人数41人，涉案金额69.33万元，均达成和解并签订调解协议；受理劳动人事争议仲裁案件56宗（其中不予受理5宗，撤诉3宗，仲裁调解5宗，仲裁裁决43宗），已全部结案，涉及劳动者83人，涉案金额186.1万元（其中劳动报酬9.9万元，经济补偿金27.67万元，工伤保险待遇132.29万元），结案率达100%，均为法定审限内结案。3.全年受理工伤认定申请39宗，完成工伤认定36宗，不予工伤认定1宗。受理劳动能力鉴定申请29宗，完成率为100%（其中非因工伤劳动能力鉴定7宗，4宗通过调解工伤纠纷委托鉴定）。受理县督办、县信访局转交信访案件97宗，结案率100%，全年未发生突发性群体事件和非正常上访事件。

【存在问题】 2017年，全县人社工作存在的问题和困难是：1.随着产业转型升级、新技术广泛应用、人工智能逐步兴起，现有劳动力规模结构和素质水平还存在较大差距，“招工难”“就业难”的问题依然存在。2.企业不景气、规模企业少、部分社保待遇水平较低，社会保险扩面征缴压力大。受地域环境的影响，引进人才、留住人才难。3.随着供给侧结构性改革的深入推进，部分行业管理不规范和“互联网+”为特征的新产业新业态带来的影响，构建持续和谐劳动关系压力将进一步加大。（平远县人力资源和社会保障局）

2017年7月18日，市委组织部副部长、市人社局局长伍卫华（中）率队到平远县调研人才引进和社会保险省级统筹工作

2017年度平远县人力资源和社会保障局负责人名录

局　长：韩世敬

副局长：刘荣国　刘文钫

张小英（女，任至8月）　杨志强

人才交流服务中心主任：陈宗敏

民政工作

【概况】 2017年，平远县民政局充分发挥保障社会公平、维护社会稳定、促进社会和谐的民政工作职能，圆满完成社会救助、社会福利、双拥优抚安置、村级换届、社会管理等各项工作任务。至年底，发放城乡低保资金2903.2万元、特困人员资金508.6万元；实施医疗救助4469例，投入1538.78万元；发放残疾人两项补贴1215万元；发放优抚各类资金共908.45万元；孤儿、困境儿童等受助对象219人；福彩销售额达1832万元；养老服务体系建设长足发展等。为该县经济和社会建设健康发展做出应有贡献。

【社会救助】 2017年，平远县民政局从七方面做好社会救助工作。1.提高城乡低保标准，保障民生。从2017年1月起，该县城镇低保标准从每人每月485元提高到580元；城镇低保月补助水平从419元提高到457元；农村低保标准从每人每月335元提高到400元，农村低保月补助水平从191元提高到206元；该县城镇特困人员基本生活标准不低于当地城镇最低生活保障标准的1.6倍，农村特困人员基本生活水平标准提高到每人8088元/年以上，按不低于该县农村上年度居民可支配收入的60%标准确定，达到每人700元/月，比上年632元增加68元。2017年，该县低保4850户10842人，发放低保金2905.98万元；特困人员611户，发放供养金额508.96万元，全县底线民生保障水平得到较大提高。2.认真开展精准扶贫脱贫工作。（1）2017年，该县对低保、五保的救助工作进行拉网式检查，每个镇不少于30%的拉网式检查，核查12个镇42个村居委1630户低保户和五保户及医疗救助对象3300人次，全县各镇均严格按照规定和规范程序评定低保和申报医疗救助，保障对象准确保障资金社会化发放到位率100%，做到应保尽保。（2）加强该局社会救助工作与县扶贫开发工作的有效衔接，制定《平远县农村低保制度与扶贫开发政策衔接实施方案》，把符合条件的低保户574户1606人，五保户403户409人纳入兜底扶贫对象。3.深入开展医疗救助工作。（1）制订《关于进一步完善城乡困难群众医疗制度的通知》，农村五保对象、城市“三无”人员及城乡低保对象在定点医院住院治疗的实行“一站式”结算服务。五保户、城市“三无”人员在医保报销后自付部分（含起付标准）可享受100%的报销比例，年最高限额5万元；城乡低保对象则可享受70%的救助，年最高限额3万元。至年底，“一站式”和“非一站式”救助1586人次计273.01万元；开展基本医疗救助2213例，发放医疗救助金801.04万元；开展重特大疾病医疗救助427人次计195.6万元；实施临时救助63万元；为困难群众缴交合作医疗保险206万元。4.提高孤儿基本生活保障标准。全县孤儿、困难儿童共107人，其中社会散居100人，集中供养7人。从2017年1月1日起，社会散居孤儿基本生活保障金从每人每月820元提高到每人每月880元，福利机构集中供养孤儿从每人每月1340元提高到每人每月1450元。全年发放130.35万元，切实保障孤儿生活水平，建立孤儿基本生活最低养育标准自然增长机制。5.全面落实事实无人抚养儿童补助制度。根据广东省全面深化改革任务分工要求和广东省民政厅、广东省财政厅《关于建立事实无人抚养儿童基本生活保障制度的通知》精神，全面落实事实无人抚养儿童补助制度。2017年，该县上级民政部门审批的在册困境儿童人数112人，其中非低保对象49人，享受低保对象63人（由低保资金中直接提标），基本生活发放标准为每人每月500元，全年发放48.04万元。6.扎实推进农村留守儿童关爱保护工作。逐步建立部门协同联动，市、县、镇、村四级的多部门多级关爱保护机制，明确职责，呼吁社会力量参与；专门转发上级关于关爱保护农村留守儿童的文件通知。并成立专项行动领导小组针对上年摸底排查数据进行跟踪落实，帮助无户口留守儿童登记户口169人，至年底，全县登记农村留守儿童2467人。7.加强流浪乞讨人员的救助。县救助管理站积极实施对街头流浪乞讨人员的救助，向社会公开求助电话，规范录入求助人员完整的资料信息，对符合救助条件的对象提供优质服务。2017年，接待求助并符合救助条件人员645人，发放临时救助金3.6万元，救治流浪乞讨精神障碍患者8人，救助金额22.8万元。办理群众收养登记1宗，不符合收养登记意见13宗，协助解决无户口群众入户难题，完成全国收养信息系统的人员补录工作。

【救灾救济】　2017年，平远县民政局从三方面做好救灾救济工作。1.做好突发灾害的救助工作。2017年受多次强降雨及2号台风“苗柏”的影响，导致洪涝灾害。全年受灾人口9008人，紧急转移安置32人，紧急生活救助2112人，农作物受灾面积268.51公顷，其中绝收60.54公顷，倒塌房屋14户22间，严重损坏房屋10户17间，一般损坏房屋28户41间，全倒户3户，直接经济损失1941.4万元。灾情发生后，该局按《平远县自然灾害救助应急预案》要求，迅速启动Ⅲ级应急响应、Ⅳ级应急响应各3次，坚持“人民至上，生命至上，安全至上”的救灾工作方针，积极做好紧急转移安置、安抚受灾群众等工作。全年下拨省级自然灾害资金26.6万元，其中洪灾应急生活救助资金19万元，倒塌房屋维修补助1.6万元，重建家园补助6万元。2.抓好重建家园工作。受2017年2号台风“苗柏”的影响，该县上举、仁居、东石三个镇3户农户房屋全部倒塌并确立为全倒户。为确保重建家园工作依时完成，该县积极筹措重建资金9.2万元，除省财政拨款4.5万元外，市财政补助2.25万元，县级配套资金2.45万元，至年底，3户全倒户重建工程全部竣工。3.增强综合减灾能力建设。（1）加快乡镇应急避难场所建设。2017年，仁居镇及东石镇凉庭村的应急避难场所建设获得省福彩公益金各20万的项目资助，已完成选址设计。河头、上举两镇应急避难场所也在建设之中。完善县应急避险场所（县文体中心）的应急水源、应急厕所等设施设备。（2）开展防灾减灾日活动。通过开展“防灾减灾日”宣传活动、防灾减灾知识咨询、中小学防灾减灾专题互动活动、防灾减灾应急演练，举办2017年平远县防灾减灾应急知识培训班等形式多样的防灾减灾活动，提高全民防灾减灾意识，普及防灾减灾知识，全面提升该县的综合减灾能力。4.积极发动公益慈善捐款。按照上级部署，有序开展扶贫济困日活动，制订方案，出台资金管理办法。做好慈善日常捐款和“6·30”扶贫济困日捐款接收拨付工作。加强慈善资金的使用管理。全年接收扶贫济困日捐款428.96万元。

2017年5月12日，平远县民政局在县体育中心开展防灾减灾自然灾害应急演练活动

【双拥优抚安置】　2017年，平远县民政局从三方面做好双拥优抚安置工作。1.落实各项优抚政策。（1）调整提高部分优抚对象抚恤补助标准，全县抚恤补助标准高于省规定的标准，做到每月足额发放抚恤补助金，全年总额568.88万元。（2）解决优抚对象医疗难问题。把在乡一至六级残疾军人、孤老复员军人纳入县特定医保对象，为农村七至十级残疾军人14人参加职工基本医疗保险和城镇职工补充医疗保险，其他重点优抚对象参加农村居民合作医疗保险，在大柘镇、石正镇积极开展“关爱功臣”免费送医送药活动，同时对存在生活难、医疗难的663人补助41.75万元。（3）足额兑现义务兵家庭优待金。全县兑现义务兵家庭221户优待金211.8万元，每月发放重点优抚对象优待金总计67.72万元，对61名新征集大学生士兵给予每人一次性奖励金3000元，总计18.3万元。对部队立功受奖的11人进行奖励，对上年秋季入伍的105名新兵家属挂光荣军属牌。2.积极做

好退役士兵安置。上年该县接收退役士兵71人，2017年9月接收退役士兵51人，39人参加汽车驾驶培训，给予每人补助1200元，总额4.68万元，67人参加中等职业学校培训，发给2016年冬季退役士兵71人一次性经济补助191.7万元。安排事业编、财政工资单位工作5人，做到退役士兵本人、家属、部队三满意，100%完成安置任务；安置随军家属1人，100%落实好军休干部"两个待遇"。3.做好涉军维稳和优抚对象数据核查工作。（1）认真做好涉军群体来信来访工作，严格按照政策规定做好涉军群体的优抚和安置，主动排查可能进京上访和集体闹访隐患，在国家、省、市、县举办重大节会期间实行日报告制度。2017年，收到信访件28人次，100%按政策给予答复。全年该县复退军人思想情绪总体平稳，未出现到中央、省、市越级上访事件。（2）完成优抚对象数据核查工作。全县核查指标221人，实核查833人。其中，80周岁以上113人；70~79岁136人；60~69岁367人；60岁以下217人。

【社会养老服务】 2017年，平远县民政局从三方面做好社会养老服务。1.积极推进养老服务机构建设。加快民办养老机构发展，该局与民间资本合作计划兴办的清福堂养老服务中心项目正在立项报批，建成后可提供养老床位600张。2017年全县养老床位有1290张，每千名老人拥有床位30张，较好地完成市下达的任务。2.推广城乡社区居家养老服务。建立县级居家养老服务指导中心、镇级居家养老服务中心、村（居）居家养老服务站点的三级服务网络体系，至年底，正在兴建和改造的镇、村居家养老服务中心（站）12个，项目完成已过半。3.扎实推进农村养老服务建设"幸福计划"。实施省级项目扶持资金，改造建设仁居、中行、石正、泗水、河头"幸福计划"农村居家养老服务站，项目均在实施改造中。4.全面落实老年人优待政策。（1）继续发放80周岁以上老人每人每年360元的高龄津贴计279.86万元，全县15548人次受益。（2）为全县20位百岁老人按月发放"长寿保健金"每人每月300元，全年发放6.12万元。（3）配合做好80周岁以上老人和60~79周岁的户籍困难群体每人每年20元的"银龄安康行动"意外伤害保险工作。至11月底，全县有11572位老人投保23.14万元，占现有老年人的27.2%；60~79周岁非困难老年人有33333人投保，每人10元/年，共投保33.33万元。此外，在主要节日组织慰问百岁老人和困难老人，充分发挥"老龄工作委员会"成员单位的作用，扎实做好全县老年人工作。

【社会事务和社会福利】 2017年，平远县民政局从四方面做好社会事务和社会福利工作。1.规范社会组织登记管理和福利彩票发行工作。（1）开展县级社会组织随机抽查，指导社会组织依法依规开展活动。坚持依法登记，把好登记质量关。2017年，全县72个社团，其中新登记成立4个，应检66个，已检56个，免检2个，年检率85%；全县39个民办非企业单位，其中新登记成立5个，应检34个，已检32个，年检率达94.1%。（2）福利彩票发行通过着力抓培训，抓站点，抓宣传，全县有26间福利彩票投注站共销售1450多万元，获得较好销售成绩。2.建立健全残疾人"两项补贴"制度。结合该县实际，2017年该局承接和落实残疾人两项补贴审批、发放工作，按时按质完成省残疾人两项补贴管理系统录入工作。全县残疾人"两项补贴"享受人数5953人，1—10月发放资金1012.64万元。其中，发放重度护理补贴3915人，每人200元/月，共655.54万元；发放困难生活补贴2038人，每人150元/月，共357.1万元。3.提高殡葬基本服务水平。（1）加大骨灰存放设施建设力度，全面完成石正镇马山村公益性公墓建设和长田镇长田村、上举镇文裕村骨灰存放楼设施各1座。差干镇、热柘镇、仁居镇等处于征地申报阶段，其余的镇还在选址规划。2017年，该县已建成公益生态树葬园1座、公益性公墓2座、骨灰存放楼（堂）6座。（2）加强殡葬管理监察执法工作，配合各镇及相关职能单位，认真查处违规建坟，将违规建坟现象扼杀在萌芽状态。（3）充分利用殡改宣传月和清明祭扫活动为契机，积极组织干部、群众参加殡葬宣传活动，制作大横幅60条，小标语1200条，广播电视宣传4次，文明殡葬理念成为广泛共识，占地毁林现象得到有效控制。4.扎实做好地名普查和平安边界创建工作。（1）有序推进该县第二次全国地名普查整理录入申报验收工作。在省、市普查办的指导下，完善整理录入11大类地名5465条，地名成果表5465条。2017年8月，该县地名普查工作得到省地名普查验收组专家的高度好评，并通过该县第二次全国地名普查验收工作。（2）严格做好地名命名、更名的管理和审核。2017年，该局审核后上报县人民政府审批的工业园区道路命名有12条，并完善县城和各镇主要路街巷标志牌的设置，全县设置路街巷标志牌576块（其中村牌136块、路街386块、巷牌54块）。（3）深入开展平安边界创建工作。落实界线联检制度，采取先行自查和双方进行实地联检相结合的方法，圆满完成该县与江西省寻乌县联合开展的第四轮行政区域界线联检任务。另外，该局与蕉岭县、梅县区、兴宁市签订平安边界共建活动协议书，引导各镇签订镇级平安边界共建活动协议书，明确平安边界建设共建目标以及相应措施、机制，共同推进边界地区和谐稳定。积极推行界线和界桩管理维护委托管理制度和界桩管护员制度，建立县、镇、村、管护员“四级”管理网络。5.规范婚姻登记管理。巩固3A成果，优化服务质量，依法办理婚姻登记。截至年底，办理结婚登记2516对，结婚登记1640对（含补办及涉外婚姻）；办理协议离婚411对；补领结婚证444对；补领离婚证22宗；依法查阅婚姻档案288宗，登记合格率100%。

2017年8月4日，梅州市民政局局长罗颖安（正面中）到平远县石正镇马山村指导公墓建设情况

【基层政治和社区建设】　2017年，平远县民政局从四方面做好基层政治和社区建设工作。1.完成村级换届选举和后续工作。按照省市的安排部署，该县于5月底顺利完成村级换届选举工作。全县登记选民19.9万人，参选率96.8%，村（社区）书记、主任一肩挑率和“两委”干部交叉任职率分别为86.7%和89.7%，选举产生新一届村（居）委会成员629人，推选产生村（居）务监督委员会成员451人，村（居）民小组长1488人。换届工作结束后，通过抓好新老班子交接工作，建立健全村级制度，组织新一届村干部集中培训，做好离任村干部利益诉求摸排化解工作等，做好换届后续工作，确保各村（社区）工作有条不紊推进。2.提高村级基层组织工作经费标准。2017年村（社区）干部补贴人均每月从2200元提高到2400元。村（居）务监督委员会成员补贴人均每月从550元提高到600元。村（居）民小组长补贴从每人每月

50元提高到300元，所需经费由县、镇、村按6:2:2比例负担。村级办公经费从6万元提高到7万元。3.推进社区服务设施建设。（1）加强社区公共服务平台建设。在换届前会同县委组织部、县财政局深入到143个村（社区）督查公共服务平台建设情况；全面规范村（社区）工作机构和门牌，按统一规格制作不锈钢机构牌184块。（2）推进社区综合服务设施建设。注重加强对各镇、村（社区）省级福彩公益金项目建设督查工作，实现对项目资金的有效监管。积极开展城乡社区协商建设，创建大柘镇城西城南社区和东石镇凉庭村两个城乡社区协商示范点，督促各镇有序开展城乡社区协商建设，至年底，全县30%的社区达到城乡社区协商建设要求。4.做好村（居）委会统一社会信用代码赋码工作。（1）做好基础信息采集。根据省市要求，该局及时下发相关通知要求各镇民政办组织和指导各村（居）及时做好基础信息采集工作。（2）开展数据比对。安排专人对系统中现存49条信息进行比对和补充完善，对系统中没有的94个村（居）委会信息进行设立后录入相关信息。并通过下发通知要求各镇村认真核对组织机构名称、法人代表姓名、联系人姓名等信息，确保信息的准确性。（3）做好经费预算方案。积极争取县委、县政府对“赋码工作所需经费纳入县级政府预算”规定的重视支持，做好经费预算方案，提交县政府领导审核，确保赋码工作顺利完成。

【存在问题】 2017年，平远县民政工作存在的问题是：1.医疗救助“一站式”结算服务的定点医疗机构范围小，特殊病种(精神病、慢性肺结核、糖尿病、红斑狼疮等)门诊没能纳入医疗救助“一站式”结算服务。2.对流浪乞讨人员的救助管理工作面临许多新问题，求助人员身份和救助金额难于确定，行骗职业求助的人员较多。3.镇村公益性骨灰存放设施建设选址难，阻力大，建设用地审批难，不到位。4.居家养老服务体系建设滞后、资金投入不足、扶持力度不够。5.涉军信访维稳工作压力重。（谢岳超）

2017年度平远县民政局负责人名录

局　长：刘立新

副局长：刘冬芳（女）　李剑文　林清忠　林依坚

国土资源管理

【土地利用管理】 2017年，平远县国土资源局从五方面做好土地利用管理工作。1.总体规划中期调整按期完成，调整增加建设用地规模3015亩（201公顷），全县建设用地规模达到5250亩（350公顷）。2.用地报批力度加大。上报送审新增城乡建设用地1191亩（79.4公顷），有力保障工业园区、城镇扩容提质、全域旅游示范县和民生基础设施用地需求。3.土地收储稳步推进。县游客服务中心、城南碧桂园、差干长布半岛、鸿禧中心侧、环北路周边等800多亩（53.33公顷）土地收储稳步推进。其中，城南碧桂园、差干长布半岛已供地，游客服务中心的土方完成30%。4.土地效益增强。全年出让国有土地8宗，面积213亩（14.2公顷），收取土地出让价款1.72亿元。5.“旧城镇、旧厂房、旧村庄”改造（下称“三旧改造”）顺利推进。完成城南新区碧桂园、鸿禧中心城等“三旧改造”项目179.8亩（11.99公顷）；南区市场片区改造项目征拆强势推进。

【耕地资源保护】 2017年，平远县国土资源局从三方面做好耕地资源保护。1.垦造水田初见成效。规划入库垦造水田4173亩（275.8公顷），动工在建933亩（62.2公顷），在建完成率90%。2.耕地保护落实到位。县与镇、镇与村层层签订《基本农田保护责任书》148份，划定域永久基本农田16.54万亩（1.1万公顷），完成年初梅州市下达的20.14万亩（1.34万公顷）耕地保有量和16.54万亩（1.10万公顷）基本农田保护目标任务，保护率99.9%；并建立图、册、表和数据库，新建修缮保护标志牌136座。3.划定永久基本农田整备区面积1884.32亩（125.62公顷）。

【矿产开发监管】 2017年，平远县国土资源局加强矿产资源开发秩序监管，出动150多人次，对42个持证矿山定期、不定期地开展日常监督检查，督促企业严格依照开发利用方案规范开采，发现的安全隐患问题，及时发出整改通知书。抓好采矿权信息公示落实，40个应当公示（2个免填报）矿山企业的全部实现网上信息公示，公示率100%。采取实地检查和桌面检查相结合的方式，年检27个探矿权。

【国土执法监察】 2017年，平远县国土资源局强化国土资源动态巡查和联动执法。遏制国土资源违法行为78宗（土地违法行为69宗、矿产资源违法行为9宗）。认真开展土地矿产卫片执法检查，对国土资源部下达的157个卫片监测图斑和4个矿产图斑积极开展外业测量、案件调查、材料收集、案件判定，对符合立案查处的36个土地违法图斑予以立案查处，实现卫片执法检查“零约谈、零问责”的目标。

【地质灾害防治】 2017年，平远县国土资源局做好地质灾害防治工作。编制实施《平远县2017年度汛期地质灾害防治方案》；坚持汛前督查、汛中巡查、汛后复查制度，加强地质灾害隐患点巡查监测。完成136个行政村1:50000地灾详查，地质灾害建卡点1819处，建立地质灾害风险预警平台；投入资金30万元完成中行镇仲石村塘背崩塌地灾隐患治理。全年未发生地质灾害人员伤亡事故。

【群众权益维护】 2017年，平远县国土资源局做好群众权益维护工作。制订印发《平远县征收农村集体土地补偿标准及分配办法》，对被征土地和被征土地上的青苗、房屋等附着物的征地补偿标准进行调整提高。依法依规解决好群众合理诉求，切实维护好群众合法权益，全年接待群众来访5起16人次，全部妥善处理；来信31封，答复31件。投入帮扶资金20万元，帮扶河头镇双溪村加强村基础设施建设和扶持贫困户发展生产生活。

【基础业务】 2017年，平远县国土资源局从四方面做好业务工作。1.不动产统一登记工作稳步推进。建立不动产统一登记信息平台，实现不动产登记审批、数据管理、信息共享查询等功能。全年颁发证书、证明8099份，其中证书4324本、证明3775份。完成存量数据整合录入国有土地10161宗，宅基地11467宗。2.强化地籍基础业务。扎实开展农村集体土地所有权登记发证数据库例行更新，完成136个行政村的农村地籍外业调查。3.加强宗地图件测绘服务。完成数字城市地理空间框架建设并予以公布；全力做好县工业、农业、水利、城镇规划与建设、交通、资源开发与利用、环境保护等领域宗地测图、定桩。4.开展平远县城镇土地与基准地价更新和国有农用地基准地价评估工作；完成年度耕地质量等别及监测工作。

【存在问题】 2017年，平远县国土资源管理存在的问题：1.用地出现粗放浪费现象，存在供而不用、利用率不高及不按时开工、动工现象。2.建设用地供需矛盾依然突出，保护耕地和保障发展的两难问题及重大产业、重大项目选址不符合规划的现象依然存在。3.国土资源执法监察形势严峻，土地例行督察、土地矿产卫片执法等监管政策越来越紧，措施越来越严，违法违规用地和矿产资源违法违规开采时有发生。4.因实施土地收储和管理储备土地资金缺口较大，不少原有储备土地未及时围蔽被侵占。（杨群辉）

2017年7月19日，广东省国土资源厅许史兴处长（前排右二）到平远县检查矿业权人勘查开采信息公示开展情况

2017年度平远县国土资源局负责人名录

局 长：刘 胜（任至1月）

张锡洪（1月起任）

副局长：林立全 王瑞荣 杜 斌 陈 宏

执法监察队队长：刘振忠

安全生产监督

【概况】 2017年，平远县安全生产监督管理局（以下简称“平远县安监局”）以落实“党政同责、一岗双责、失职追责”为抓手，以非煤矿山、危险化学品和烟花爆竹、职业卫生及工贸企业安全监管为重点，全面落实安全生产责任，加强基层基础工作，常态化开展事故隐患排查整治，强化日常安全生产监管和执法检查；加强安全监管队伍建设,不断提升工作执行力和服务基层群众的能力。2017年度工矿商贸企业未发生生产安全责任事故，同比事故起数和死亡人数均下降100%；道路交通、消防等重点行业领域安全生产状况进一步好转；未发生较大及以上安全事故，全县安全生产形势持续保持稳定。

【安全生产责任落实】 2017年，平远县安监局把落实“党政同责、一岗双责”作为安全生产工作的重头戏来抓，提请县委、县政府与各镇、各相关单位签订安全生产责任书，层层落实安全生产责任，全县签订安全生产责任书1600多份，镇和行政村安全责任“五覆盖”100%，规模以上企业责任体系“五落实”100%。逐月对各镇党委政府落实安全生产责任制工作进行考核，并对各镇和县直单位年终进行考评，实行“一票否决”；组织开展全县安全生产综合检查督查，对重大安全生产问题进行督查督办，下发督办函27份。

【安全生产宣传培训】 2017年，平远县安监局以安全生产月活动为契机，以“安全生产宣传咨询日”（该活动是全国“安全生产月”活动的一项重要内容，2014年，将每年的6月16日定为安全生产咨询日）和“企业家谈安全生产主体责任”活动为重点，发放各种安全宣传资料5000多份，接受市民咨询70多人次；在县广播电视台设立安全生产宣传专栏，在平城花园、优山美地、新田花园等6个重点小区主要出入口设置9个LED大屏幕宣传牌，实行滚动式昼夜宣传，张贴和悬挂安全宣传横幅标语150多条，多措并举，努力增强社会群众的安全生产意识。采用巡回培训的方式，于3月下旬组织对全县12个镇的镇村干部进行安全生产监管知识轮回培训，培训镇村干部1653人；举办工贸企业、烟花爆竹经营（零售）、职业卫生健康和粉尘涉爆、金属冶炼及有限空间作业行业领域安全管理知识培训班4期，培训人员463人。

2017年3月23日，县安监局在上举镇举办安全生产知识培训班

【安全生产基础建设】　2017年，平远县高度重视安全生产基层基础建设，在财政经费开支相对困难的情况下，仍然按照市政府与县政府签订的安全生产责任书要求，将90万元安全生产专项资金列入财政预算并拨付到位。同时，加强县安全监管部门执法和应急救援车辆装备配置，并结合平远县经济发展水平和全部城镇单位在岗职工人均工资水平，提高镇（园区）专职安全员工资，达到人均月工资3000元。

【安全生产许可】　2017年，平远县安监局严格执行安全生产许可证条例。加强安全生产源头管控，组织对1家非煤矿山企业和5家加油站完成许可证延期办证、变更手续；对1家非煤矿山开采设计进行补充评审；颁发烟花爆竹经营（零售）许可证104个；同时，组织做好燃气、建筑施工、交通运输、特种设备等行业领域的安全许可工作，严格把好“安全”准入关。

【事故隐患排查治理】　2017年，平远县安监局做好事故隐患排查治理工作。1.制定和落实重大生产安全事故隐患督办制度，建立事故隐患排查治理台账，落实复检查验收闭环管理。每月按时向市安委办报送3条重点安全生产事故隐患，做到整改资金、整改措施、整改责任、整改时限和应急预案五落实。2017年，平远县上报市的36条重点安全隐患已全部进行挂牌督办，已有35条按要求完成治理整改。2.采用购买服务的形式，聘请中介机构的专家为非煤矿山、危险化学品、工贸和职业卫生等重点行业领域的安全状况一同进行会诊、“把脉”和把关，切实加强安全生产风险防控。全年检查企业271家次，下发整改指令126份，排查整治各类安全隐患356项，整改率98.5%。

【安全生产执法监察】　2017年，平远县安监局加强安全生产执法监察，建立健全安全生产联合执法机制，认真开展安全生产执法年活动。坚持将隐患排查治理与行业安全监管相结合，结合实际制定局安全监管执法工作计划，加强与相关部门的协作配合，强化执法联动。重点抓好非煤矿山、危险化学品和烟花爆竹、冶金、职业卫生、消防、旅游、防雷、油气储罐、燃气、特种设备等重点行业联合执法检查，开展部门联合执法行动18次，实施行政处罚案件9宗，处罚金49.42万元，实际收缴罚金49.42万元。

【安全生产保障】　2017年，平远县安监局以“平安企业”和“平安工地”创建活动为抓手，加大企业安全标准化建设和安全生产应急救援体系建设工作力度，完善非煤矿山、危险化学品和烟花爆竹、规模以上工贸企业等重点行业安全应急救援预案，组织对2家企业应急预案进行修订和备案，开展全县综合安全应急演练1次和非煤矿山、危险化学品、建筑施工、道路交通、消防等重点行业企业应急救援演练230多家次；建立健全气象灾害预警、安全生产预警制度和部门间信息共享、协调联动机制。　（王绮璇）

2017年度平远县安全生产监督管理局负责人名录

局　长：徐国平
副局长：姚志勇　丘铭安

环境保护

【概况】　2017年，平远县环境保护局以改善环境质量为核心，以保障群众环境权益为目标，切实履行环境监管职能，扎实做好环境保护各项工作，全县环境质量稳定保持良好态势。县域内无重大环境污染事故、环境突发事故。水域功能区水质达到区域要求，地表水水质保持稳定良好，主要河段交接断面及饮用水源地水质达到国家地表水Ⅱ类标准，达标率100%。县域环境空气质量优良率达98.56%，2017年空气质量在梅州市排名第一，获得国家生态补偿资金8319万元。

【环境保护】　2017年，平远县环境保护局从三个方面做好环境保护工作。1.生态文明创建工作。根据2017年国家重点生态功能区县域生态环境质量考核工作要求，制定《平远县“十三五”国家重点生态功能区县域生态环境质量考核工作实施方案》，协调县直相关部门做好档案收集和生态功能区县域生态环境质量监测、评价与考核工作，以考核标准为环保工作主线，扎扎实实抓好重点污染源治理和监管。抓好环保规划编制工作，《平远县“十三五”环境保护规划（2016—2020年）》编制工作全面完成，并于8月通过市环保局评审，同时，做好生态严控区调整编制工作，为该县经济、社会、生态建设提供技术指引。推进国家环保模范城市和各类绿色创建活动，不断夯实生态文明建设细胞工程。2.水污染防治工作。认真落实南粤水更清行动计划，大力抓好水环境保护，全面加强巡查监管和监测力度，定期对县城集中式饮用水水源保护开展专项检查,消除水质安全隐患。推进农村饮用水水源保护工作，做好集中式饮用水源保护区规范建设，编制全县21个集中式乡镇饮用水源保护区规范建设可研报告，完成全县21个乡镇集中式饮用水源保护区范围划定工作，并按程序已报省环保厅审批。推进农村环境连片整治示范项目，打造清洁乡村，建设美好家园，投资2212.95万元启动大柘镇农村环境连片整治项目。全面开展养猪业污染整治，改善水环境。对全县范围的养猪场（户），结合实际情况，依法依规开展三区划定工作，新增设畜禽按禁养区102个，限养区和适养区一批，为该县开展养猪业整治关闭禁养区养猪场提供法律依据和工作基础。加强垃圾填埋场建设指导和协调乡镇污水处理厂建设。3.大气污染防治工作。按照“气十条”的要求，分期分批淘汰燃煤锅炉，全年完成淘汰关停拆除和技术改造12座燃煤锅炉。加强工业企业除尘设施及日常监管，推进工业粉尘治理，积极引导企业开展清洁生产工作，实现源头控制及污染全过程控制。抓好机动车污染防治，联合交警、交通部门开展黄标车、冒黑烟车辆上路专项执法行动，加大对黄标车、检测不合格车以及达到强制报废标准车辆上路行驶的执法检查力度，全年淘汰黄标车415辆。抓好《平远县秸秆禁烧工作实施方案》的落实，全面开展秸秆禁烧工作，查处和禁止焚烧行为。

2017年9月25—27日，“2017年国家重点生态功能区县域生态环境质量考核软件填报和数据审核工作会议”在平远富港国际酒店会议厅召开，广东省环境监测中心相关专家到会授课

【环保执法】　2017年，平远县环境保护局切实履行环保执法职能。全年出动执法人员1058人次，检查企业和个体工商户356家次，发出《责令改正违法行为决定书》17份，行政处罚9宗，罚款10.2万元。1.加强水源环境监察力度。坚持每月对水源地及主要河流开展巡查，重点查处集中式饮用水水源地保护区内的排污口、清理与供水设施和保护水源无关的建设项目、网箱养殖和旅游等活动，切实消除水质安全隐患，保障居民饮水安全。对县城饮用水源地企业违法行为作出行政处罚。2.强化涉化企业环境监管。督促指导企业进一步完善环境风险应急预案，并对企业废水排放监测监控，防止企业超标排污造成水污染事故。3.开展涉危废物专项检查。对辖区内涉危险废物的四家产生单位,重点对广东富远稀土新材料股份有限公司危险废物申报登记、数量、种类、转移处置、分类收集、贮存、标志、标识设置等情况进行检查，督促指导企业及医疗单位做好危险废物管理。同时，加强对污水处理厂平远环发环保工程有限公司污水处理设施的运行情况和污泥处理情况监管力度，确保污泥规范处理。4.开展园区环保专项检查。针对县内广州（南沙）工业转移园内工业较为聚集、密集的情况，开展园区环保大检查活动，进一步规范园区企业环保管理。5.开展“绿色护考”专项行动，营造一个安静的学习、考试和休息环境。

【污染减排】　2017年，平远县环境保护局从两方面做好污染减排工作。1.抓重点源工程减排。抓好县城生活污水处理厂主要污染指标在线监控系统的建设，规范中控系统和在线监控系统管理，加强重点源监测、监管和自动监测数据的有效性审核工作，2017年，县城污水处理厂在线自动监控数据传输率达75%以上，自行监测结果公布率达80%以上，监督性监测结果发布率达95%以上。平远工业园污水处理厂建成使用，处理规模为5000吨/日。2.促进农业源减排。县环保、畜牧和农业部门联合部署、联合督办，合力推进农业源减排。对全县32家规模化畜禽养殖场（区）完善环保手续，要求配套建设固体废物和废水贮存处理设施。污染物处理实现雨污分流+干清粪+废弃物综合利用，采用或参照温氏环保养殖模式，尿污（含沼液）厌氧发酵后与粪便（含沼渣）采用“垫料+菌种堆肥发酵后农用”的资源利用化模式。2017年，经国家环保部认定31家养殖场（区）减排达标，涉及生猪养殖总量40095头，实现COD减排量143.82吨，氨氮减排量33.21吨。

【环境项目管理】　2017年，平远县环境保护局从三方面做好环境项目管理工作。1.严格遵守审批规定，进一步规范、完善环评审批程序，落实部门会签、领导审核和公示制度。2017年，全年审批项目46个（其中报告表44个、报告书2个）。2.规范排污许可证申领程序。核发排污许可证49个（其中新核发33个、变更10个、延期换证6个）。3.强化环评机构监管。依法依规对该县7家环评机构进行考核，重点对其环评文件编制质量、服务质量等方面进行评价。

【环境监测】　2017年，平远县环境保护局从八个方面加强环境监测工作。1.加强地表水质量监测。在全县3条主要河流（地表水）设7个监测断面，26个主要监测项目，全年监测12次，获得有效数据2000多个，其中对产业转移园纳污河（超竹河）每季度进行监测。2.加强空气环境质量监测。利用大气自动监测系统，在大气采样点位开展SO^2、NO^2和PM^{10}、CO、CO^3五个空气污染因子监测，并与市平台联网实时公布。3.加强饮用水监测。对饮用水源地黄田水库进行每月一次取样监测化验，确保平远县城饮用水安全。4.加强酸雨、降尘监测。2017年，该站在市局认可的监测点位，按规范要求开展酸雨、降尘的监测，获得有效数据140多个。5.汇总编制平远县集中式饮用水水源2017年度环境状况评估报告。6.做好国控省控企业和县重点企业监督性监测。每季度对平远县污水处理厂分别进行监督性监测和对比监测1次，对平远垃圾填埋场等生态环境功能区域考核重点企业开展监督性监测。7.监测能力提升。该局投入200多万元推进环境监测站实验室升级改造工程，设备设施进一步完善，突发环境事件应急监测能力建设和技术储备得到加强。空气自动站与市平台联网，运行稳定，可实时监测PM^{10}、$PM^{2.5}$、SO^2等六个空气污染因子，为空气环境监测提供有力保障。8.规范监测数据上报。按时完成《2016年度环境质量报告书》《2016年度环境监测年鉴》《2017年度环境监测季报》及空气质量、降水、江河水质、饮用水源水质、道路交通噪声、区域环境噪声等数据上报工作。

【环境信访】 2017年，平远县环境保护局坚持做好环境信访工作。畅通“12369”热线、网络、信访接待等信访渠道，认真解决好人民群众的环保诉求。全年受理各类环境信访案件117宗（其中来访26宗，接待来访人数39人次，来信来件91宗），反映水污染问题39件，大气污染问题52件，噪声污染问题19宗，放射性污染问题1宗，电磁辐射污染问题1宗，畜养、农药化肥污染问题1宗，建设项目类问题4宗。截至年底，有效化解信访案件117宗，调处率100%。

【环保宣传】 2017年，平远县环境保护局积极开展各类宣教活动。1.开展以“绿水青山就是金山银山”为主题的“6·5”世界环境日活动和环境教育月活动，组织开展“环保六进”等系列活动。全年发放各类宣传手册3000余份，环保宣传品1000余套、宣传袋1000余个，宣传活动接待咨询群众300余人次。2.拓宽渠道，挖掘宣传阵地。在县城人群密集地段、学校、企业等场所设置环境保护大型宣传专栏18块。3.充分利用政府网站、县电视台等主要媒体的宣传。制作《守护碧水蓝天 建设美丽平远》的新闻专题片和环保公益宣传片。4.开展环保教育进课堂活动。全县37间中小学校环境教育学时均达12课时以上，普及率100%。5.开展突发环境事件应急演练。联合广东富远稀土新材料有限公司开展平远县2017年突发环境事件应急演练，进一步增强企业的环保意识，提高应急处置能力，完善应急监测、监察体系和应急预案等。

【存在问题】 2017年，平远县环境保护存在的问题是：1.环境监测能力基础薄弱，监测设备与监测扩项有差距，不利于环境监测全面开展。2.环保监管能力薄弱，工作量大面广，监管人员少，仍存在监管盲区和不到位现象。3.环境监察执法水平有待提高，与各部门协调配合有待加强。

2017 年度平远县环境保护局负责人名录

局　长：姚春尹

副局长：姚建国　林宜金　陈广林

教育·科技

教　　育

【概况】 2017年，平远县有学校37所。其中，普通高中3所；职业学校、进修学校1所；初中13所；小学19所；九年一贯制学校1所。在校学生25197人。其中，普通高中3574人；职高836人；初中5937人；小学14850人。在职教职工2833人。其中，高中教师500人；初中785人；小学969人。公办幼儿园4所，幼儿1779人，幼儿园教师109人。民办幼儿园35所，幼儿6164人，幼儿园教师337人。

【教育教学工作】 2017年，平远教育局扎实做好教育教学工作。1.2017年，平远县普通高考考生有1473人，本科入围759人，本科入围率51.5%，其中，第一批本科入围154人，比上年增加102人；第二批本科入围605人，比上年增加16人；第三批专科以上入围1418人，入围率96.3%。2017年全县中考考生有1578人，900分（总分1040分）以上122人，全县考生被各类高中、职中录取1500人。2.以深化课程改革为抓手，进一步加快教学质量全面提升。力推“触摸一体机”进课堂，努力提升课堂效率和教学质量。突出以“信息技术与教学深度融合”为主题的中小学、幼儿园教师优质课评比活动，评出一等奖45人、二等奖39人。精心组织省、市课题开题报告会，全县有省课题5个，市课题68个。3.以加强体育艺术为载体，进一步促进学生素质全面提高。组织开展学生各类学科竞赛、文艺活动、体育运动系列活动，优化素质教育展示平台，积极开展传承非物质文化遗产、校园书香节和体艺节、大课间、诗教、书法进校园等活动，初步形成“一校一品牌，校校有特色”的良好局面。4.以振兴足球为契机，推动校园足球深入发展。投入500多万元，完成城南中学等5所学校足球场改建工程，同时抓好各级校园足球联赛开展，推动实现班级、校级、县级联赛制度化、常态化。2017年，该县有14所中小学校被评为市校园足球特色学校，7所学校获评首批广东省青少年校园足球推广学校，5所学校入选全国校园足球特色学校。10月，石正中学足球队在2017年梅州市“市长杯”青少年校园足球联赛中代表平远县参赛获得亚军。

【教师队伍建设】 2017年，平远县教育局抓好教师队伍建设。1.充实学校领导班子。2017年调整、交流中小学（幼儿园）校（园）长6位，补充调整局机关、中小学（幼儿园）副股级干部18人，补充调整15间中小学股级以下中层管理干部24人。招聘教师81人。其中，特殊学校专任教师17人，体育教师11人，信息技术12人，音乐8人，美术7人，小学语文数学18人，幼儿园7人，职校1人。改善该县教师质量性缺编和结构性缺编问题。2.加强教师队伍的继续教育。加强师德建设，大力支持教师队伍继续教育，提高教师整体素质。投入继续教育资金约110万元，组织31人次参加校长任职资格培训、提高培训、跟岗培训，组织参加专业科全员培训2285人次，“公需科”等全员培训2196人次，各级骨干教师、“名师”等培训120人次。

【教师评优评先】 2017年，平远县教育局认真做好教师评优评先工作。6位老师获2017年梅州市“叶剑英基金优秀教师奖”，1位校长获梅州市“叶剑英基金优秀校长奖”；有7人被评为市优秀教师，7人被评为市优秀教育工作者，4人被评为市优秀德育工作者，4人被评为市优秀班主任，4人被评为市学校安全管理工作先进个人，6人被评为市教学工作先进个人。评选第四批县“名校长”5人，县“名教师”10人，“县优秀教师、优秀教育工作者”100名。2017年教师节颁发刘宪奖教奖学金294.5万元，对获得高考奖、教学工作先进单位奖、刘宪奖学金、县优秀教师、教育工作者奖的先进集体和个人进行表彰。

【办学条件完善】 2017年，平远县教育局努力完善办学条件。1.广东省推进教育现代化先进县创建工作不断深入。先后投入5亿多元全力推进“争先”重点工作，包括学校办学提质、师资队伍提升、教育信息化等工程。投3748万元推动教育信息化建设，为全县中小学校555间课室配置交互式液晶触摸一体机，实现100%全覆盖；同时，新增教师计算机1200台、新装多媒体计算机室32间，完善校园网32个，所有学校实现“校校通”和“班班通”。2.教育基础设施完善。特殊教育学校主体工程建设完成，确保2017年秋季依期开学；实验中学西教学楼建设项目首期工程正在进行基础施工，运动场司令台正进行主体封顶浇筑；梅青中学学生宿舍楼基本完工；平远中学学生宿舍楼完成外墙装饰，室内装饰工程正在进行。3.抢抓“两大政策”机遇，积极向上争取项目资金，计划新建的程畋小学已开展规划选址等前期工作，东石中心小学新建教学楼建设项目完成招标工作，进入施工报建程序。

2017年9月启用的平远县特殊教育学校

【安全工作】 2017年，平远县教育局抓好学校安全工作。1.学生安全知识教育全面覆盖。全县受教育学生3万人次，学生对安全应急常识的知晓率达96%以上，全年开展消防、地震逃生、防踩踏、防食物中毒等各种类型的演练活动120余场次。2.安全隐患排查整治全面加强。全年排查道路交通安全、食堂食品卫生、溺水等安全隐患28起，全面完成整改，整改率100%。3.校园综合治理全面形成。各学校主动争取校园周边相关安全隐患整治责任主体的配合和协助，形成校园安全守护网。2017年，全县中小学、幼儿园师生平安、校园平安，安全态势良好。

（姚怡雯）

2017年度平远县教育系统负责人名录

县教育局

局　长：肖洪海

副局长：林苑婷（女，8月起任）

潘昌洪　吴文汉

刘兰娇（女，任至3月）　凌征善

平远中学

校　长：余　平

副校长：张　友　朱文安　刘映红（女）

梅青中学

校　长：杨　平

副校长：姚　伟　王汝辉　刘禄清

实验中学

校　长：刘　洪

副校长：凌育浩　林淦东　沈春梅（女）

县职业技术学校、教师进修学校

校　长：李育青

副校长：刘正荣　姚万兴　陈宏智

田家炳中学

校　长：黄志东

城南中学

校　长：凌育双

石正中学

校　长：张彩洪

铁民中学

校　长：曾令平

科学技术

【概况】　2017年，平远县科技局认真贯彻实施“创新、协调、绿色、开放、共享”发展理念，围绕振兴发展主题，主攻“一城一区一带”，扭紧“三大抓手”，狠抓责任落实，积极实施创新驱动发展战略，落实省创新发展“八大抓手”，以实施科技项目为重点，以促进企业自主创新为主线，为重点，着力在科技推广应用、产学研合作上下功夫，加快科技成果推广、转化，推进科技进步，促进经济社会发展。

【科技管理】　2017年，平远县科技局从四方面做好科技管理工作。1.认真做好省级科技计划项目的组织申报工作。组织梅州市绿鹰机械设备有限公司、梅州元芯科技有限公司、梅州市汇胜木制品有限公司、仁居镇等10家企事业单位申报各类省科技计划项目11项；获得立项项目2项，立项资金100万元。2.组织6家企业申报2017年广东省省级企业研究开发财政补助资金项目；指导广东华清园生物科技有限公司申请市级创新券，获得10万元创新券。3.做好已到期项目的结题验收工作和已到期未结题项目的跟踪监管工作，全年完成3个项目的结题，指导项目承担单位做好结题验收材料，随时准备结题验收项目3个。4.做好科技成果管理及县级科技奖、科技创新奖的评审认定工作。2017年，该局组织专家进行县级科技成果鉴定9项，组织申报市级科技成果鉴定6项，获得2017年市级科学技术奖6项。其中，一等奖1项；二等奖2项；三等奖3项。医研类项目平远县中医医院的“参麦针关节腔内注射治疗膝骨性关节炎的临床研究”项目获得三等奖，填补了该县医研类市级科技奖多年来的空白。推进梅州市汇胜木制品有限公司的“基于实木封边的表面平整度调控与异型处理技术”申报省级科技奖。

【科技创新】　2017年，平远县科技局积极引导扶持有条件的企业组建科技创新平台。申报高新技术企业5家，其中重新认定的2家，首次认定的3家。全县高新技术企业总数达到6家。1.完成科技企业建立众创空间1家，梅州市众创电商网络科技有限公司的“平远县大众创新创业孵化园”成功地被认定为2017年度第一批广东省众创空间试点单位。2.实现主营业务收入5亿元以上的工业企业研发机构全覆盖，分别是平远县华企稀土实业有限公司和梅州市汇胜木制品有限公司。3.实现规模以上工业企业设立研发机构比例达20%。按2016年统计数据，该县有48家规模以上企业，该局从现有未建设研发机构的高新技术企业、高新技术入库培育企业中挑选出5家企业建立市级工程研发中心。分别是梅州市元芯电子科技有限公司、梅州市绿鹰机械铸造有限公司、广东获赛尔机械铸造股份有限公司、梅州市洪裕汽车配件制造有限公司和梅州亚力盛电子有限公司。上述企业均通过2017年第二批梅州市工程技术研究开发中心的认定。到2017年年底，该县有省级工程研发中心3家，市级工程研发中心8家，实现规模以上工业企业设立研发机构比例达到20%以上的目标。

【科技合作】 2017年，平远县科技局主动为企业牵线搭桥，促成院校、科研机构与县内企业合作，建立产学研合作平台，取得较好效果。2017年该县企业和专业镇分别与广东省工业技术研究院（广州有色金属研究院）金属加工与成型技术研究所、广州中医药大学、中国科学院华南植物园、嘉应学院等院校建立产学研合作关系。派驻企业科技特派员5人，开展技术攻关，为企业解决技术难题。同时，建立产学研平台3个、科技特派员工作站2个。

【专业镇建设】 2017年，平远县科技局围绕县委、县政府提出的加快特色产业发展的战略，充分发挥科技部门的作用。鼓励和引导专业镇与有关大学、科研机构合作，共建技术创新平台，开展产业关键技术攻关，把专业镇建设成大学院校、科研机构的科技成果转化基地。到年底，该县有8个市级专业镇、7个省级专业镇，7个省级专业镇均组建了专业镇生产力促进中心。2017年，组织仁居镇生产力促进中心申报省级科技服务体系建设项目获得立项资金50万元。通过实施专业镇技术创新试点工作，加快该县特色产业的发展。

【科技服务】 2017年，平远县科技局从三方面做好科技服务工作。1.积极开展科技宣传活动，推广各类实用科普知识和技术。联合县农业局举办水产健康养殖暨农技推广技术培训班，为东石镇100多名水产科技示范户、养殖户、贫困户传经送宝。联合科协、农业、卫计部门到八尺镇和长田镇开展“送科技下乡”活动，活动中发放各类科技资料3000多份，接受群众咨询600多人次，为群众义诊100多人次。2.该局重视到骨干和新兴企业的调研和指导工作，了解和掌握企业科技创新情况，宣传中央、省、市、县有关鼓励、扶持企业科技创新的政策，积极为符合条件企业申报科技计划项目、市级工程研发中心、高新企业培育入库等项目。3.加强科技政策的宣传和解读。为更好地贯彻落实省、市、县出台的科技扶持激励政策，该局有针对性地对相关企业进行政策宣传和解读。

【知识产权工作】 2017年，平远县科技局积极做好知识产权工作。1.做好各项专利申请。全县专利申请量有150件。其中，发明专利13件；实用新型专利107件；外观设计专利30件，同比增长51.52%。专利授权量有123件。其中，发明专利7件；实用新型专利83件；外观设计专利33件，同比增长98.39%。超额完成市知识产权局对该局下达专利申请10件的考核目标。梅州汇胜木制品有限公司的“软模热压式家具封边装置及家具异形构件封边工艺”发明专利，获得第四届广东专利优秀奖，实现年产值近6000万元，新增利税1800万元。该企业还被认定为省级知识产权优势企业。到年底，该县有2家省级知识产权优势企业。2.积极推进《知识产权战略纲要》实施。大力宣传知识产权法律法规和专利保护知识，开展各类执法专项行动，2017年，参加县部门联合执法3次，开展市、县联合专利执法检查活动1次，组织本部门专利执法检查6次。对该县部分母婴超市、药品经营店、五金皮具店等进行检查，对标注有专利标识的奶粉、药品等40多种商品进行登记，并进行专利检索，查处涉嫌假冒专利商品2件，已立案并要求商家整改。3.继续做好推进“正版正货”承诺活动。2017年新申请2家，分别是平远县春兴白玉蜗牛养殖专业合作社和梅州市冠鑫食用菌技术有限公司。到年底，该县有9家企业获得“正版正货”殊荣，积极履行承诺活动，无销售假货现象。

【防震减灾】 2017年，平远县科技局广泛宣传防震减灾法知识，提高公民的应急避险自救能力和防震减灾意识，进一步做好地震安全性评价工作和地震观测点的管理工作，发挥地震部门的重要作用。（平远县科技局）

2017年度平远县科技局负责人名录

局　长：林志坚

副局长：沈意中　钟玉惠（女）　叶振华

2017年5月12日，“平安中国”防灾宣导系列公益活动走进平远县东石镇　（肖达富　摄）

社会科学

平远县社会科学界联合会

【概况】 平远县社会科学界联合会（以下简称“平远县社科联”）成立于1992年8月，现有第二届委员会委员39人、县社科联主席1人、专职副主席1人和兼职副主席2人。2017年，平远县社科联坚持以习近平新时代中国特色社会主义思想为指导，团结组织各社科团体、学术社团和全县广大社科工作者，积极开展理论武装、政治引领、社科普及、学术研究、社团发展等各项社科活动，结合平远经济社会发展实际，为开创平远工作新局面，开启全面建设社会主义现代化新征程提供精神动力和智力支持。

【社科理论研究与宣传教育】 2017年，平远县社科联做好政策理论的宣传阐释。1.以学习宣传贯彻中共十九大、《习近平谈治国理政》（第二卷）、省第十二次党代会精神、习近平总书记对广东工作重要批示精神等为重点，深入县直单位和乡镇，开展理论宣讲辅导活动，全年送课下基层50多场次，筑牢推进平远振兴发展的思想政治基础。2.开展“关爱明天，普法先行”宣传教育活动。联合县法学会等单位在全县各中小学举办10场“关爱明天，普法先行”宣传教育讲座，组织普法考试，教育引导青少年遵守法律法规，保障青少年健康成长。3.组织开展调研征文活动。深入基层搞调研，形成《平远县非物质文化遗产保护情况调研报告》等调研文章3篇，县社科联主席陈瑞金在县政协十届三次全会上作《多措并举治理县城区交通拥堵》的发言，为平远建设宜居宜业美丽县城出谋划策，得到广泛认同。组织开展2017广东社会科学学术年会主题论文征集活动，选送县委办公室赖强撰写的《山区市如何因势因地建设特色小镇》优秀论文并参加学术年会研讨活动。组织社科骨干参加梅州市“加快振兴发展”征文活动，多人获得奖项。4.开设社科宣传电视专题栏目。与县电视台合作，拍摄录制《如何缓解高考焦虑症》《创文进行时》等社科专题栏目2期，大力宣传社会主义核心价值观，为创建省级文明县城营造良好的社会氛围。

2017年11月27日，平远县社科系统传达学习党的十九大会议精神

【社科规划课题申报与研究】 2017年，平远县社科联组织人力深入研究平远县百年历史文化，《平远百年历史文化查考》得到市课题立项并结题，课题负责人李程结集出版《百年平远》。朱上国、凌东秀负责的《数字教材教辅在教学中的应用与效果研究》课题研究报告获评为梅州市哲学社会科学

2017年优秀结题项目。李程撰写的《平远儒商之道》获梅州市第十一次哲学社会科学优秀成果三等奖。做好《文天祥在平远》《志说平远》为市规划课题的申报工作，推进优秀客家民系文化和爱国主义的挖掘传承。

【社科宣传和普及】　2017年，平远县社科联抓好社科知识的宣传和普及。1.抓好梅州市文化名片评选活动的宣传和推介工作。客家先贤“程旼”入选“世界客都”文化名片，“五指石”入选旅游资源类文化名片，提升平远的知名度。2.组织开展社科普及周活动。承办2017梅州社会科学普及周“迈进新时代，开启新征程”主题日活动，开展群众性大型广场科普宣传活动，内容包括中共十九大精神解读、广场咨询、科普便民服务、现场赠书、资料派发、科普专家基层行等。活动吸引1000多名群众参与，发放科普资料近万份。在平远社科普及周期间，组织会员单位举办送政策、送科技、送书籍、送服务“四送活动”，深入农村基层普及社科知识，接受群众咨询5000多人次，发放宣传书籍和资料5万多份。3.指导基层单位创建社科普及基地。开展社科知识的宣传活动，促进基层人文社科示范基地建设，大柘镇清河村被市委宣传部、市社科联授予市级社科科普基地荣誉称号。4.推进文明县城创建活动。县社科联承担平远县创建广东省县级文明城市的资料整理工作，负责收集、撰写申报和考核材料共3981份，编写《创建广东省文明县城基本知识100问》，大力宣传创建活动内容和工作动态，营造良好氛围，为平远成功创建广东省县级文明城市做出应有贡献。

【社科行业服务与管理】　2017年，平远县社科联充分履行业务管理和服务职能，在抓好县社科联自身建设的同时，坚持以人为本，寓管理于服务之中，做到既严格按章管理，又积极热情服务，促进全县社科类学会的发展。专题研究部署做好形势报告会和哲学社会科学报告会、研讨会、论坛、讲座报备管理工作，落实严格把关和审批管理责任，切实维护意识形态安全。办好《平远宣传》双月刊社科之窗栏目。及时发布最新的社科研究成果，宣传社科人文知识。（李东立）

2017年度平远县社会科学界联合会负责人名录

主　　席：陈瑞金
专职副主席：罗远兰（女）
兼职副主席：陈倩兰（女）　刘淼平

党史研究

【概况】　2017年，中共平远县委党史研究室（以下简称“平远县党史室”）重点做好党史编写、宣传和研究工作，牢牢把握“党史姓党”的政治方向，充分发挥党史资政、育人、存史作用，弘扬苏区精神。

【党史编写和研讨】　2017年，平远县党史室认真做好党史资料的征集、编辑出版和研讨工作。1.继续做好《中国共产党平远县地方历史》（第二卷）编研工作。至年底，已按编写目录撰写出初稿。2.编辑出版《平远红色地标》。对全县12个镇80多个革命旧址遗址进行整理、编辑，于6月由中共党史出版社正式出版。3.积极参与各类学术研讨活动和培训。参与在嘉应学院举行的梅州原中央苏区政产学研专题研讨会、延安干部学院举行的学习革命传统树立坚定信念专题研讨班和省委党史室举办的学习习近平重要讲话以及党史知识培训班，增进党史知识的交流和业务知识的提高。

【党史宣传教育】　2017年，平远县党史室认真撰写党史专稿，在各媒体宣传平远，并做好党史教育工作。1.在《平远学刊》发表研究性文章2篇；《党史与文献研究》（红广角）发表研究性文章1篇；梅州党史网上登载平远党史研究文章及工作动态8篇。2.抓好党史宣讲。“七一”前夕，平远县党史室为全县200多名党员发展对象作平远苏区历史专题辅导课，并深入挂钩帮扶村大柘镇风池村上党课和学习中共十九大精神辅导课。

【党史旧址遗址保护】 2017年，平远县党史室认真做好党史旧址遗址保护工作。1.做好红四军纪念馆、中央苏区平远历史陈列室（苏区馆）和毓秀书院重新布展的史料征集、脚本撰写、方案设计等工作。多次到东石乡苏维埃旧址、平远县红军纪念园等现场进行革命史迹修建调研和指导工作，推进工作落实。2.贯彻梅州市第七次党代会报告重点工作分工落实计划，平远县党史室牵头“深入发掘原中央苏区革命遗址”落实工作，每季度向县督办组汇报平远县红军纪念园扩容提质、遗址修建工作进度。3.向市委党史研究室提交红四军纪念馆、毓秀书院和石北革命烈士陵园申报为市级党史教育基地的材料。4.根据省委组织部和省委党史研究室开展“红色村”建设专题调研的通知，平远县党史室与县委组织部一道结合第一、二、三轮省定重点扶贫村和乡村振兴战略，选出有较丰富的红色历史故事、又有较多保存较好的革命史迹的大柘镇黄沙村和仁居镇仁居村为省级“红色村”，进行规划建设。

2017年9月26日，省委组织部副厅级调研员王叶敏（左二）等人到大柘镇黄沙村调研红色村建设情况 （赖强 摄）

【其他工作】 2017年，平远县党史室认真完成县委和县委办交办的各项工作任务，向有关单位提供相关党史资料。继续做好县老战联的联络工作，热情接待老同志的来访和认真回复老同志的信访。 （王建华）

2017 年度中共平远县委党史研究室负责人名录

主　任：王远明

副主任：叶俊新

地方志工作

【概况】 2017年，平远县人民政府地方志办公室（以下简称“平远县方志办”）精益求精，进一步提高年鉴编纂质量，继续开展自然村落历史人文普查工作、地方志资料年报、地方志资源开发利用和地方志理论研究。3月，2015年卷《平远年鉴》获得中国版协年鉴工作委员会2015—2016年度年鉴编校质量检查评比二等奖；8月，中国地方志指导小组、中国地方志学会组织开展全国地方志优秀成果（年鉴类）评审工作，全国共370部年鉴获得通报表扬，2016卷《平远年鉴》名列其中。

【《平远年鉴》编纂工作】 2017年，平远县方志办总结经验，借鉴各地优秀年鉴编纂的先进经验，开拓创新，精益求精，突出着力点，加强对年鉴条目的编写，进一步提高年鉴编辑质量。1.精心组织，广泛收集资料。按照年鉴篇目、内容的要求，研究制订年鉴编纂计划，印发收集年鉴资料的通知。同时，将年鉴资料的收集、编纂任务分解到人，由编辑人员按要求做好资料的收集汇总。2.加强编辑队伍建设。3月30日，召开年鉴组稿工作会议，对供稿单位年鉴通讯员进行业务培训，向供稿单位布置年鉴编写任务。加强对新招考的公务员和特约编辑进行业务培训的同时，对新人进行压担子，加快成长速度。加强与兄弟单位的沟通与交流，学习各地的先进经验和优秀作品，并派员到外地进修学习。6月，派出2位同志参加中国版协年鉴工作委员会在四川省绵阳市举办的第17期全国年鉴编纂高级研讨班的学习，进一步提高业务骨干年鉴编纂水平。3.开拓创新，落实责任。为确保年鉴按时按质完成编辑，并向精品目标迈进。一方面对年鉴的整体框架、版面内容安排进行调整，使其更加科学、合理，对条目的编写提出更规范的要求，补全要素。另一方面实行岗位责任编辑制，各类目编辑责任落实到人，做到责任落实，任务落实。4.认真审校，反复修改。为确保年鉴上精品，严格执行“三审”制度，并反复向各编纂单位和各编委成员征求意见，对文字、图片编排进行认真编审，反复修改。还将稿件送方志出版社审定，做到语句通顺，体例规范，排版合理。2017年卷《平远年鉴》于11月规范出版。3月，2015年卷《平远年鉴》获得中国版协年鉴工作委员会2015—2016年度年鉴编校质量检查评比二等奖；8月，2016卷《平远年鉴》获得中国地方志指导小组、中国地方志学会通报表扬。

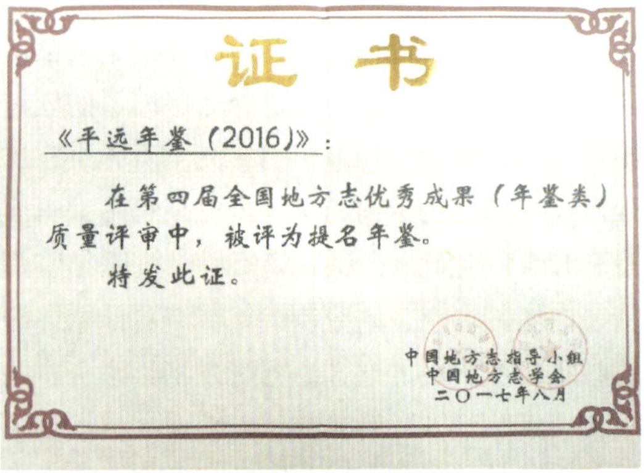

2017年8月，《平远年鉴（2016）》获得中国地方志指导小组、中国地方志学会通报表扬

【自然村落普查工作推进】　2017年，平远县方志办扎实推进自然村落历史人文普查工作。1.争取领导重视。将自然村落历史人文普查工作列入县经济社会“十三五”发展规划并写入县政府工作报告，列入县政府督查的年度重点工作任务之一；促成县政府与各镇政府签订工作目标责任书，并将县镇普查工作经费列入县财政年度预算。2.广征人才，组建总纂、复审队伍。按照熟悉本地地情、文字功底好、业余时间充足等条件挑选人才，组建总纂、复审、审读人员队伍；同时指导各镇成立普查工作领导小组、普查办，每个镇均组建3~5人组成的镇级普查资料搜集和文稿的撰写、初审及电脑录入人员队伍，推进普查工作。3.强化指导，开展学习培训。从全面启动普查至2017年12月，县普查工作领导小组或普查办先后召开9场全县性自然村落历史人文普查的工作会、现场会、推进会或培训会，召开5场《全粤村情》平远卷文稿复审工作会议，印发、转发指导性工作文件14份，开展现场面对面、手把手辅导教学100多人次。4.反复修改，提高材料质量。遵循“质量是检验普查工作成败的唯一标准”的原则，认真做好普查工作。在保证普查材料真实、准确的基础上，县普查办坚持以简洁精炼、通俗易懂为目标不断打磨材料，从初稿到送市终审，每篇文稿至少审核修改5次，累计修改文字量100万字以上。至12月底，平远县各镇已全面完成调查工作和普查表填报工作以及《全粤村情》文稿的撰写和初审工作；县方志办已完成6个镇的文稿复审工作。

2017年11月29日，平远县《全粤村情》文稿第三批次复审验收会议场景

【地方志资料年报】 2017年，平远县方志办继续做好地方志资料年报工作。3月，通过召开全县地方志资料年报工作会议，再次对全县116个单位有关人员进行业务培训，布置年度年报资料征集工作任务，全力推进资料年报工作。到12月底，收到各单位交来2016年度的年报资料82份，验收合格82份；收到2001—2011年的年报资料70份，验收合格62份。

【地方志资源开发利用】 2017年，平远县方志办继续抓好地方志资源的开发利用。1.在2016年12月完成12集《志说平远》视频摄制工作并在2017年春节期间通过《平远橙乡纪事》栏目播出的基础上，从年初开始，抽出人力，认真打磨文字资料，广泛搜集历史照片，完成近12万字的同名地情书的编写，并于10月送方志出版社进行审核。2.抓好地情网站建设，认真收集整理县志、年鉴等地情书籍资料，力所能及地上传了一些地情资料，为下一步实现地情资料网络电子化做资料准备。2017年，完成1993年版《平远县志》电子化工作。同时加强地情资料库建设，不断开阔方志阅览室利用空间。

【地方志理论研究】 2017年，平远县方志办注重加强理论和业务知识的积累和提升，有针对性地开展地情调研活动，撰写地情研究文章。全年全办干部职工在省级以上网站发表文章3篇，在市级以上报刊（网站）发表文章8篇。

【其他工作】 2017年，平远县方志办在抓好主要工作的同时，统筹兼顾，做好其他各项工作。1.向省志办、市志办提供2017年卷《广东年鉴》《梅州年鉴》“平远概况”部分。2.7月12日，会同八尺镇党委对八尺境内现存的6处红色旧址进行实地调研，并形成题为《八尺红色旧址的现状、加强保护的历史意义和现实意义以及进行保护的一些建议》的调查报告报县委书记宋才华。（刘莹子）

2017年度平远县人民政府地方志办公室负责人名录

主　任：韩园德

副主任：林绪远

档案工作

【概况】 2017年，平远县档案局（馆）依法实施档案行政管理和档案保管利用服务工作。开展达标升级保级管理，机关档案工作逐步规范；开展农村土地确权登记建档指导，农村土地确权登记档案整理工作有序推进；开展档案利用服务工作，档案资政助民育人作用成效大；开展档案资源建设，档案馆业务基础夯实；开展档案信息化，数字档案馆建设加快推进；开展国家重点档案保护工作，民国档案抢救性修裱工作全面完成。

【档案治理】 2017年，平远县档案局（馆）坚持依法治档，加强宏观管理，注重重点监督，做好档案治理工作。1.开展项目档案和民企档案管理，跟踪指导重点项目建设单位6个、规模民营企业4家。2.开展机关档案工作达标升级保级管理，复查机关企事业单位22个，对档案工作存在较大问题的2个单位实施限期整改，复查率、复查合格率和落实整改率分别为100%、91.9%和100%。3.开展档案业务监督指导，培训档案员26人。4.加强农业农村档案工作，指导农村土地确权登记档案整理工作有序开展。

【档案馆库建设】 2017年，平远县档案局（馆）加强沟通协调，积极推进档案馆建设。鉴于原选址区内的一座老楼房“宝猷楼”被列为县级文物保护单位，县政府对档案馆建设原选址作出变更，新选址拟定于县文体中心正门前空地。4月中旬，省人大常委会调研组到平远调研档案馆库建设后，县委、县政府按照省调研组提出的意见建议为方向落实整改。10月25日，县政府常务会议原则同意县档案局提交的档案馆大楼选址及初步设计方案，新馆建设选址重回县委大院内西北角。

【档案信息化建设】　2017年，平远县档案局（馆）加快实施档案信息化建设。《平远县数字档案馆项目实施方案》二期建设有序开展，三期项目的全文扫描提前进行，基础平台进一步完善，全文检索平台搭建调试。档案全文扫描完成53.4万页3600卷，累计完成78.4万页7086卷，近年来查阅热度较高的土改证、山林权证、土地延包清册等档案可电脑全文查阅。

【档案资源建设】　2017年，平远县档案局（馆）认真做好档案的收集、接收工作。该局贯彻落实国家档案局8、9、10号令和《平远县档案馆收集档案范围实施细则》，切实把档案完整收集好。2017年，共接收进馆档案655卷3671件，资料127册。其中，文书档案497卷3671件、专门档案158卷。馆藏档案总量达56458卷35159件，资料7701册。其中，文书档案33638卷31274件、专门档案21种22820卷1148件、照片档案2611张、实物档案126件。民生档案数量达36919卷24130件，占馆藏总量的65.6%。

【档案利用】　2017年，平远县档案局（馆）强化主动优质服务意识，开展档案服务发展、服务社会、服务民生工作。1.加强档案日常查阅工作，接待服务2834人次，提供查阅利用档案4769卷786件、资料235册；现行文件查阅利用271件203人次；受理来电、来函查档158人次。2.加强爱国主义教育基地工作，全年接待参观416人次。3.加强档案编研工作，参与编写《平远家训》等编研材料2个。

【档案安全】　2017年，平远县档案局（馆）加强档案安全管理工作，保持档案实体和信息安全。健全各项制度，加强安全设施，保持档案实体和信息双安全；落实省档案局领导4月到平远调研指导时提出的整改意见，投入3万多元对档案库房的木门和遮光窗帘进行更换；开展国家重点档案保护工作，修裱民国档案178卷3.2万页，全面完成馆藏民国档案的抢救性修裱工作。

【档案宣传】　2017年，平远县档案局(馆)继续做好档案宣传工作。1.在门户网站和政府信息公开平台发布信息18条，网站IP点击率2256次；按照县政府的统一部署，于下半年关闭平远县档案局网站。2.向各级档案刊物网站报送稿件7篇，被《粤档信息》采用1篇、《梅档信息》及梅州档案网站采用2篇。3.开展“国际档案日”宣传活动，出版“档案——我们共同的记忆”主题宣传专栏1期，发放宣传资料100多份。

【上级领导到平远调研】　2017年4月13日，省人大常委会教科文卫委员会主任委员张宇航率领由省人大常委会和省档案局等有关人员组成的调研组一行9人，到平远调研档案馆库建设工作。省人大常委会教科文卫委副主任委员许家瑞，省档案局副局长陈竞亚，省人大常委会机关副巡视员赵小平等参加调研活动。梅州市人大常委会教科文卫委员会主任曾大群、副主任曾如松，市档案局局长钟伟基，平远县人大常委会副主任廖文香、县政府副县长刘兰娇等陪同调研。张宇航希望平远按照省委办、省府办《关于加强和改进新形势下我省档案工作的意见》要求，尽快落实建设用地、资金，按时完成国家综合档案馆建设任务。陈竞亚指出，平远县要抓住机遇，用足用好相关政策和省里的档案馆建设补助资金；县档案局要认真落实好档案馆库建设的直接责任，推动早日完成任务。刘兰娇表示，平远县委、县政府将以省调研组提出的意见建议为方向，切实落实工作责任，加快国家综合档案馆建设，确保圆满完成建馆任务。

2017年4月13日，广东省人大常委会教科文卫委员会主任委员张宇航（中）率领由省人大常委会和省档案局等有关人员组成的调研组一行9人，到平远调研档案馆库建设工作

2017年9月20日，广东省档案局副局长黄菊艳到平远调研国家重点档案保护与开发项目工作。中共平远县委常委、县委办公室主任陈琼宏陪同调研。黄菊艳指出，国家重点档案保护与开发工作是国家档案局、财政部在“十三五”时期规划部署的重点工作，全省各级综合档案馆要全面贯彻落实国家档案局部署要求，研究馆藏档案，投入人员力量，做好馆藏国家重点档案文件级目录采集与报送的规划，积极申报《抗日战争档案汇编》编纂等国家确定和组织的重大专题开发任务和围绕社会关切的重点专题开发任务，发挥档案部门为党管档、为国守史、为民服务的神圣职责。

【存在问题】 2017年，平远县档案工作存在的主要问题是：馆库建筑未达到国家标准要求，新馆建设工作进展较慢，仍未实现动工；档案信息化工作滞后，数字档案馆尚未建成；全县各机关企事业单位的档案综合管理工作参差不齐，有些单位的档案管理工作不到位。 （杨菊良）

2017年度平远县档案局（馆）负责人名录

局　长：陈东英

副局长：徐百渊　王佐明（任至12月）

文化·传媒

文　化

【概况】　2017年，平远县文化广电新闻出版局（以下简称“平远县文广新局”）采取有效措施，以服从大局为出发点，以推动平远县构建现代公共文化服务体系为目标，整合资源，改革创新，不断加强文化设施建设，繁荣城乡公共文化活动，深入实施文化惠民工程，规范文化市场管理，促进平远县文化事业繁荣发展。

【公共文化服务体系完善】　2017年，平远县文广新局不断加强公共文化服务体系建设。1.实施图书馆改、扩建工程。该工程与老干部大学合并建设综合楼，列入县重点工程建设项目，总投资1043万元。至年底，县图书馆和老干部大学综合楼改造建设已投资680万元，完成2017年计划投资的100%。2.实施红四军纪念馆扩容提质工程。文史陈列室建设工程于8月进场施工，至年底，已完成主体工程的85%。3.实施文化驿站建设工程。在全县范围内利用图书馆、政务服务中心、医院、酒店等城区公共场所内富余空间建设10个文化驿站，补充完善其设备设施，丰富文化内涵，提升文化功能，为广大市民提供更好的公共文化服务。12月底，全县12个文化驿站全部完成布展。4.推进大柘镇、差干镇文体广场示范点建设工作。指导帮助大柘镇、差干镇提升文体广场的内涵，提高文体广场利用率，为更多的基层群众提供更丰富的公共文化产品和服务。5.继续以点带面推动“三多三促”（多形态文化、多功能利用、多元化投资，促进古民居保护、促进文化旅游、促进社会建设）农村（社区）文化俱乐部建设，建成多功能文化活动阵地10个，在保护古民居的同时充分发挥其聚集百姓、文化娱乐、休闲健身等作用。6.落实免费开放工作。全面实现县图书馆、文化馆、博物馆、程旼纪念馆、红四军纪念馆，12个乡镇综合文化站，143个村（社区）文化室、农家书屋、公共电子阅览室面向社会免费开放，切实保障所有群众享受均等化基本服务。

【群众文化活动开展】　2017年，平远县文广新局积极开展群众文化活动。1.大型文化活动主题突出。文广新局利用重要民俗节庆日，先后成功举办“平远县2017年春节群众文艺表演”“平远县创建广东省县级文明城市暨文化志愿服务进社区文艺晚会”“三月三‘客家炒绿’茶香节”“六月六民俗文化节”“学习宣传习近平书记对广东工作重要批示精神暨广东省县级文明城市专题演出”“2017年平远民俗文化节非遗晚会”“平远县创建广东省县级文明城市暨平城社区庆祝‘七一’建党节文艺晚会”“2017年平远县‘八一’军民联欢晚会”“喜迎十九大歌唱新生活”等大型主题文艺活动，协办“平远县八尺镇首届酒香节”活动，助推全域旅游示范县创建工作，进一步丰富群众文化生活。2.各类活动特色尽显。（1）文艺创作成果丰硕。全年召开5次重点作者和辅导干部参加的群文作品研讨座谈会，收到文艺创作34件，其中15件送市参评，5件送省参评。多名业余作者荣获省、市级群文创作奖，凌铭创作的表演唱《盼郎归》、小戏《伯公树下》分别获得省一、二等奖；洪树湘创作的歌曲《辛苦心不苦》获得省二等奖；八尺镇农民冯国伟创作的小戏《山娃情》获市三等奖。（2）特色活动遍地开花。图书馆开展“新春读新书”“悦读，在路上”“廉洁读书月读书征文”“少儿书法比赛”“少儿故事会”等系列活动；文化馆为丰富全县人民群众的精神文化生活，提升文化品位，开展各项演出活动，开展美术、书法、摄影等方面的活动，结合免费开放工作，坚持常年开设美术、书法培训班，全年共培训学员200多人次；博物馆通过展览进行科普知识教育，激发观众爱国爱乡热情，弘扬民族精神和时代精神，先后举办“广东状元文物图片展”“广东廉政文物图片展”等展览；程旼纪念馆依托“六月六福祖公王节”举办平远县首届民俗文化节，汇聚众多海内外乡贤，共同推动文化的传承、创新与发展；红四军纪念馆继续发挥爱国主义教育基地的社会功能，全年累计接待游客35157人，大型旅游团体87个，接待机关单位及企业团体100多个。（3）志愿活动传递正能量。到2017年，全县共有文化志愿者100多名（含文化系统干部），在全年各类文艺演出活动中均有文化志愿者的身影。11月11日协办以“苏区橙乡·平步致远”为主题的第八届北京国际山地徒步大会梅州·平远站活动，为来自国际徒步联盟的官员及国内外的8000多名徒步爱好者提供服务。

2017年1月28日，春节群众文艺表演在县人民广场举办

【文化惠民政策落实】 2017年，平远县文广新局认真落实文化惠民政策。1.继续开展“送欢乐，下基层”活动。组织县内较高水平的群众文艺团体，经文化馆悉心指导，创作排演一批精品文艺节目，深入基层把艺术和欢乐送到群众家门口，送到学校，走进农村，全年完成60多场，使文化惠民工程得到有效延伸和补充。2.广泛开展广播影视惠民活动。全年完成农村公益电影放映1632场，爱国主义影片《捍卫者》进学校、进军营等42场。还积极向上争取资金，在县城开展“面向特定人群的免费观影活动”，安排县城环卫工人专场4场、建筑农民工专场3场、教职工专场3场、医护人员专场3场，共13场，观影2900多人次。3.充分利用农家书屋开展阅读活动。暑期在

农家书屋举办以“我的书屋，我的梦”为主题的农村少儿阅读实践活动和征文活动，探索新的模式管理使用农家书屋，积极做好深化农家书屋延伸工作，进一步提高农家书屋的质量和服务能力。

【文化遗产保护】　2017年，平远县文广新局加强文化遗产保护。1.扎实有效推进文物保护工作。（1）进一步加强文物安全工作。与局属文博单位和各镇文体中心签订《2017年平远县文物安全目标责任书》；联合县消防大队开展为期3天的平远县文物博物馆消防安全联合排查整治活动，及时消除安全隐患；开展辖区内文物安全状况大排查行动，及时解决发现的问题；配合省考古专家对国道206线平远县田螺纽至超竹段改建项目进行文物考古勘察。有效消除辖区内文物保护单位及局属文博馆的安全隐患，进一步严格落实安全主体责任，强化各项安全管理制度。（2）做好文物保护基础工作。2017年，黄梅兴旧居、文贵村普滩桥、仲石村万载桥、儒地水口桥、五指石摩崖石刻五处单位被梅州市人民政府公布为第五批梅州市文物保护单位。拟申报仁居广东四大银行金库旧址为国家级文物保护单位；黄梅兴旧居、姚子青旧居、蕙楼为省级文物保护单位，已提交相关申报材料。与各文保单位业主签订《平远县文物保护单位保护管理使用协议书》，同时对全县市、县级文物保护单位制作安装保护标志和说明牌27处，其中县级文物保护单位22处。对11处贫困村平远县第三次全国可移动文物名录安装保护牌，完善文物保护单位的“四有”资料。（3）文物保护修缮工程相关工作取得新进展。顺利完成省文物保护单位红四军第一纵队后勤处旧址和石正凌风塔修缮工程；完成宝善居修缮工程立项工作，进入财政预算审核和招投标工作阶段。制作蕙楼抢修、邹坊文祠修缮勘察设计方案，做好蕙楼、邹坊文祠、宝善居二期修缮工程广东省重点文物保护专项资金的申报工作。（4）文博工作有序推进。开展平远县2017年度“5·18国际博物馆日”系列活动，继续完善行政审批事项中文物方面的行政审批标准。2.切实做好非物质文化遗产的保护和传承工作。（1）加强“非遗”申报工作，促进“非遗”保护。推荐2个“非遗”保护项目申报第七批省级非物质文化遗产代表性项目；成功申报2个县级“非遗”项目（平远仙人粄、平远客家炒绿制作技艺）；推荐平远八珍娘酒代表性传承人韩垂财申报第六批市级非物质文化遗产代表性项目代表性传承人，并获评审通过。（2）创新“非遗”保护方式，推动“非遗”传承发展。利用“文化遗产日”的活动契机，通过办展演，把歌舞类“非遗”项目分散到全县12个镇进行保护，“非遗”保护工作在全县范围内铺开、升级，一些濒临消失的“非遗”项目如石正龙舞、马灯舞等重新焕发生机。（3）完善“非遗”目录资料，建设非遗数据库。继续组织民俗专家、梅州电视台、《梅州日报》、平远电视台等对县内传统“非遗”项目平远船灯、石正煲钵制作、六月六福祖公王节、平远仙人粄、鲤鱼灯、黄氏头部拳、平远黄粄制作工艺等进行全面采写、跟踪拍摄，逐步建立完善“非遗”数据库。

【文化市场监管】　2017年，平远县文广新局加强文化市场监管。1.严把入口关，完善“准入机制”。全年审批设立歌舞娱乐场所许可1宗，歌舞娱乐场所延续换证15家，歌舞娱乐场所变更3宗；迷你歌咏亭备案1宗；出版物零售经营单位许可1宗；印刷业年审6家；申请审核非宗教类一次性内部资料印刷16宗；营业性演出准予许可1宗。确保审批手续完备，程序依法依规。2.突出重点，加大执法监管力度。开展保护知识产权、校园及周边文化市场环境、盗版音像制品和印刷复制业的专项整治，不断强化市场的有效监管。全年出动检查人员237人次，检查车辆49辆次，检查文化经营场所890家次。行政处罚违规经营场所3家。

2017年4月27日，平远县文广新局联合相关单位举行2017年侵权盗版及非法出版物集中销毁活动

【文化产业发展】 2017年，平远县文广新局大力推动文化产业发展。1.引进新企，推动文化产业发展。引进梅州市一平旅游开发有限公司，计划在平城花园南门商业街投资1.5亿元，打造集客家风情美食街、历史文化遗产展示区和民族歌舞综合演艺区于一体的风情街，努力实现文化产业新突破、大发展的工作目标和要求。2.积极申报、助力文化企业提质。上送平远县五指石休闲度假山庄有限公司、梅州天堂鸟文化传媒有限公司、梅州市瑞祥雕刻工艺有限公司等3家企业计划申报2018年度广东省宣传文化发展“文化产业发展用途”项目专项资金；广东新华发行集团平远新华书店有限公司、平远县浅草书屋等2家企业计划申报2018年广东省扶持实体书店项目。

【存在问题】 2017年，平远县文广新局存在的问题和不足是：对照省定标准，平远县的公共文化场所设施设备仍然较落后，没有形成具有标志性的场馆，图书馆改扩建工程进度较慢；镇村文化广场的文化内涵不足，真正利用率不高；在文化遗产保护传承方面也存在人员队伍青黄不接、文化人才紧缺、文化遗产保护经费短缺的问题；文化产业方兴未艾，规模较小，基础较薄弱，尚未出台鼓励扶持县内文化产业发展的政策。（肖仕楷）

2017年度平远县文化广电新闻出版局负责人名录

局　长：陈超光

副局长：谢广传　陈斌扬　陈倩兰（女）

2017年度平远县文化市场综合执法队负责人名录

队　长：谢广传（任至6月）

　　　　魏茂军（6月起任）

广播电视

【概况】 2017年，平远县广播电视台突出迎接中共十九大胜利召开这一主线，继续发挥广播电视的喉舌功能作用，抓牢舆论宣传和事业建设两项工作，为平远县主攻“一城两区”、全力加快平远振兴发展步伐，实现与全省同步全面建成小康社会的目标创造良好的舆论氛围，较好完成县委、县政府和上级部门交办的各项工作任务。

【宣传报道】　2017年，平远县广播电视台在完整转播好中央、省、市必转节目的基础上，继续办好《平远新闻》《橙乡纪事》《生活汇》等自办节目，以正面宣传为主，做好平远县社会主义新农村建设、梅平高速建设、产业园区建设、北京国际徒步大会平远站、首届八尺酒香节、县足球联赛、第五届世界客商大会平远系列活动以及依法治县、创文创卫、招商引资等重点项目、活动、节会方面的广播电视宣传报道的组织、策划工作，突出亮点，突出特色，有效宣传推介平远，《平远新闻》全年共播出新闻1523条，市台、市电台播出新闻702条，制作播出《橙乡纪事》《生活汇》各类专题节目104期。

【新媒体发展】　2017年底，为进一步发挥主流媒体的桥梁纽带作用和资源集聚优势，全面深入参与广东“互联网+政务”建设，平远县广播电视台负责运营管理的“平远发布”微信公众号作为梅州市首批政务微信公众号正式入驻“南方+”客户端南方号和“掌上梅州”客户端梅州号，“平远发布”全年推送发布平远新闻信息1523条。

【传播设备强化】　2017年，平远县广播电视台多方筹措资金，投入近37万元更新一套无人机航拍设备和两套非线性编辑系统，从而改善广播电视节目从采编、制播、发射、传输到储存的全业务流程的数字化应用，切实提高平远县广播电视数字化水平，让广大群众能看到更清晰、更稳定、高质量的有线数字电视。同时，完成对平远碧桂园、优山美地等新建小区有线电视光纤架设、科学布局；对乡镇进行电线杆迁徙和网络整改，其中仁居、泗水两镇圩镇街道网改整治7千米，长田梅平高速建设电线杆迁徙8千米，八尺镇楼前、黄沙两村美丽乡村建设及八尺酒香节电线杆迁徙20千米，确保群众能看到高质量的数字有线电视，把党和政府的声音传递到千家万户。

【队伍建设】　2017年，平远县广播电视台十分注重队伍素质的提升。1.加强党建工作，先后开展“双创，我们在行动”“建军节，走入军营活力团队活动”“记者节，亲近大自然，感受徒步乐趣”等有电视台特色的活力主题党日活动。2.做好学习培训，提高从业人员整体素质。组织党员干部学习党的十九大精神、习近平系列重要讲话精神以及新修订的《中国共产党章程》和《中国共产党廉洁自律准则》《习近平谈治国理政》（一、二卷）等。并组织全台干部职工参加党的十九大精神专题宣讲会、党的十九大精神党员考学活动、“两学一做”学习教育常态化制度化党员考学活动。3.做好公开招聘工作，2017年，公开招聘新闻编辑记者2名、栏目编导1名、办公室文秘1名和广播电视工程技术人员1名。

【存在问题】　2017年，平远县广播电视台还存在如下问题：1.基层建设不完善。平远县广播电视台下辖13个镇级广播电视网络维护管理站，在岗人员52人，26人为差额拨款人员，自2003年收编管理后，一直实行独立核算、自负盈亏的企业管理模式，导致历史债务重，各乡镇站基本入不敷出，人员队伍得不到稳定和保障。受镇级电视站的财力限制，自2003年后各镇设施设备没有及时添补和更新（各器材设备最多使用十年），致使部分村已建成的有线电视前端设备报废及不同程度的存在电缆年久失修等许多隐患问题。2.广电用户流失严重。随着三网融合进一步推进和IPTV的全面放开，电信、移动、联通进军IPTV等视频业务的力度越来越大，广电有线网络的生存空间受到严重挤压，市场份额不断减少，加之平远广电网络尚未进行双向网络改造，网络条件远远满足不了用户需求，用户流失压力较大。到年底，平远县城用户数减少1800多户，乡镇用户数减少近2000户，严重制约了广电事业的发展。3.设备老化急需更新。广播电视是一个高投入、高消耗、设备更新快的行业。截至年底，平远县广播电视台有摄像机13台，能够保证使用的仅为8台，后期非编系统、设备、电脑、字幕机以及机房播出设施已运行甚久，目前设备老化严重，问题频发，维修成本高，维修后使用期限短不稳定，安全播出存在着重大隐患，严重影响节目的正常播出。特别是购于20世纪80年代初的广播电台调频发射机，因使用时间长，设备老化，频遭雷击，已经无法维修，致使平远广播电台节目停播多年。（杨坤丽）

2017年1月23日，县委常委、宣传部部长肖桂华（中）到广电台进行新春慰问（陈润铎 摄）

2017年度平远县广播电视台负责人名录

台　长：王斌豪

副台长：张文良　谢岳芳

朱晓晖（女，任至12月）

新闻报道

【概况】 2017年，中共平远县委办新闻组围绕县委、县政府的各项中心工作，认真贯彻落实党的十九大和中央、省、市、县宣传思想工作会议精神，找准载体，突出重点，在《梅州日报》《南方日报》《羊城晚报》《南方农村报》、梅州电视台、广东卫视、新华网、人民网、南方网、中新社等20多家市级以上主流媒体上刊播1300多条反映平远县经济社会发展的新闻作品，为平远县加快振兴发展营造良好的舆论氛围。新闻组的两位工作人员均获得“2017年度梅州市十佳优秀新闻秘书”称号。

【平远故事讲述】 2017年，中共平远县委办新闻组在日常工作中，紧紧围绕平远县建设“精致休闲山水城镇、生态工业园区、生态休闲文化旅游区”和“交通基础设施建设、产业园区扩能增效、中心城区扩容提质”三大抓手，深入宣传中共十九大精神，在《梅州日报》完成24期半个版面的平远县域新闻。在《梅州日报》《南方日报梅州观察》《南方日报》《羊城晚报》刊登“三省边陲小城的美丽蝶变”“建设特色中心镇，壮大县域经济”“奋力书写新时代振兴发展新篇章”“工业园区培育新动能，实现新跨越”“乡村成风景，美景变财源”等13个专版、16个半版。同时选准新闻宣传的切入点和突破点，逐渐改变以往传统思路和做法，加强与各级媒体记者的沟通联系，主动向上级媒体投稿和邀请记者到平远采访，做好记者到平远的接待、引导等服务工作，利用一切宣传工具、调动一切积极因素，积极策划，深入挖掘，开展形式多样的宣传活动，为全县经济发展建设“鼓”与“呼”，对外树立形象，聚集人气，提升平远县的知名度和美誉度。

【宣传实效增强】 2017年，中共平远县委办新闻组突出重点，增强宣传实效。1.根据每个时期市、县重点工作和群众关心的热点问题，积极组织写稿上传到梅州日报。如梅州市召开世界客商大会期间，及时组织采写平远县在工业经济等方面的做法和成效，先后推出与园区发展、招商引资成效和平远县政务服务有关等新闻，营造舆论氛围，及时把平远县主动作为、效果明显的做法和结果宣传出去。2.结合重要节日和主题宣传日，邀请媒体记者宣传推介平远。如民俗文化节、第八届北京国际山地徒步大会梅州平远站、平远脐橙旅游文化节、八尺酒香节等，邀请中新社、中央人民广播电台等中央、省、市媒体宣传推介平远的经济社会发展情况，特别是优美的生态和良好的营商环境等，让全国各地人民和海外华侨等认识平远、了解平远、喜欢平远。

【社会舆论引导】 2017年，中共平远县委办新闻组及时回应，引导社会舆论。8月14日，《梅州日报》“民生一线”栏目刊登《开采矿山致饮水灌溉受影响》的报道，反映东石镇一矿场因开采矿山导致凉庭村和东汶村农田荒芜等问题。报道刊登后引起一些舆论，县委办新闻组马上与当地党委政府联系，东石镇党委、政府高度重视，第一时间组织人员实地调查了解情况。随后，县委办新闻组跟梅州日报记者联系，在8月22日再次刊登《平远东石镇到期矿场经本报曝光后已被责令停工整改》，以此回应舆论，也让群众看到政府的作为。9月2日，在《南方农村报》刊登《大矿坑留下安全隐患政府探索治理新模式》，10月18日，在《南方日报》刊登《平远废弃矿山变身光伏发电站》。县委办新闻组引导记者不仅客观公正的报道了群众的诉求，也报道了相关部门的动作，特别是探索废弃矿山治理的新模式。这些文章更多的是肯定政府积极探索，因为矿山治理修复需要大量财力，而当地政府已经引进企业在废弃矿山发展光伏产业，不仅修复了矿山，而且利用了废弃的矿山发电，是全省首例，实现经济和生态效益双丰收。报道后，不仅让不知道真相的网民明白了原委，而且让广大网民知道了当地政府在处理废弃矿山上的作为。

【存在问题】 2017年，平远县新闻报道工作还存在以下问题：比如宣传县委、县政府的中心工作不够多、不够及时；和有关职能单位沟通不够密切、深入，导致新闻深度不明显；写作手法不够灵活、有趣，采写群众喜闻乐见的新闻较少等。 （赖　强）

2017 年度中共平远县委办新闻组负责人名录

新闻秘书：朱双玲（女）

卫生·计划生育·体育

卫生和计划生育

【概况】 2017年，平远县有各类医疗卫生机构202间（含村卫生站136间）。床位数640张，每千常住人口占有床位2.67张。在职卫生专业技术人员992人，其中，副高级职称55人、中级职称195人。每千人执业（助理）医师2.03人、注册护士2.24人。全县固定资产1.4亿元，业务用房面积5.06万平方米。

2017年，卫生财政补助1.9亿元。全县医疗机构总诊疗人次数40.76万人次、出院2.1万人次；病床使用率51.57%；平均住院日5.6天。

2017年，平远人口计生报表显示，平远县常住人口218989人，年内户籍人口出生3720人，政策生育率96.88%，人口出生率13.22‰，人口自然增长率6.74‰。出生人口性别比108.05:100。免费孕前优生健康检查2178人，项目目标人群覆盖率94.7%。

【医改深化】 2017年，平远县卫生和计划生育局（以下简称“平远县卫计局”）从六方面做好深化医药卫生体制改革工作。1.县级公立医院综合改革实现全覆盖。7月8日正式启动，县级公立医院全部取消药品加成，将挂号费并入诊查费，同步调整医疗服务价格，调整后的门诊诊查费按定额纳入医保报销。对医院因取消药品加成减少的合理收入进行补偿。2.深化医联体建设。平远率先在全市推进县镇医疗卫生服务一体化改革工作，八尺镇、仁居镇、石正镇和中行镇4间卫生院先后获得全国“群众满意的乡镇卫生院”称号。县人民医院与梅州市人民医院签订医联体建设协议，市人民医院选派业务骨干到县人民医院开展专家专科门诊、院前急救等技术帮扶，并协助开展重点专科建设，提高县人民医院综合服务能力。3.全面推进家庭医生签约服务。优先向重点人群和精准扶贫对象提供签约服务，一般人群和重点人群签约率分别为36.3%、71.8%，超额完成目标任务。4.加快构建分级诊疗服务模式。县人民医院、县中医医院定期组织专家到分院坐诊，开展医师下沉，共派出医生50余批314人次、诊疗2300人次；开展全员培训18期380多人次。县域内就诊率逐步提高，2015年上半年县域内住院率65.5%，2017年县域内住院率上升至68.3%。5.大力拓展对口支援工作。加大对口帮扶对接力度，在科室对接托管方面取得突破性的进展，由中山大学孙逸仙纪念医院技术托管县人民医院放射科，标志着县人民医院放射诊断水平迈上省级医疗水平之列。中山大学孙逸仙纪念医院对口帮扶县人民医院，该院泌尿外科微创手术、腹腔镜下结肠癌根治术等实现从无到有的转变，大幅提升全县医疗技术水平。6.加快推进信息化建设。举办平远县基层医疗卫生机构管理信息系统项目培训班。与中国电信平远分公司合作建设全县卫生信息数据中心，县人民医院与中山二院开通“互联网+医疗”信息化服务。

2017年4月6日，梅州市人民政府副市长张晨（右三）率队到平远县调研医联体改革和村卫生站建设工作

【卫生强县建设】　2017年，平远县卫计局主要从三方面做好建设卫生强县工作。1.大力推进基础设施建设。整体迁建县中医医院、县妇幼保健计划生育服务中心、县慢性病防治站和县120急救指挥中心。县中医医院、县慢性病防治站和县120急救指挥中心主体工程全面完成；县妇幼保健计划生育服务中心迁建项目、县人民医院综合大楼建设项目已启动。为县人民医院、县中医医院配齐76种基本设备，改善设备落后状况。全面完成12间乡镇卫生院标准化规范化建设。对全县129间村卫生站全面实施规范化升级改造。2.加强卫生人才队伍和科室建设。公开招聘40名卫技人员；完成全科医生规范化培训1名，助理全科医生培训3名，全科医生转岗培训23名，全科医生岗位培训3名，助理全科医生带教师资培训6名，超额完成市局分派的任务。同时，借助中山大学孙逸仙纪念医院、广州市中西医结合医院分别对口支援县人民医院、县中医医院的契机，填补县内多项医疗技术的空白，县人民医院骨科脊柱专科建设、放射科MRI走在全市同级医院前列。3.大力创建“卫生两基示范镇”。第一批7个镇（差干、八尺、中行、河头、上举、东石、石正）成功创建“卫生两基示范镇”，第二批5个镇（仁居、泗水、大柘、长田、热柘）启动创强工作，2018年将接受市级验收评估。该县4名医生、2名村医、2名护士分别荣获“梅州好医生”“梅州好村医”“梅州最美护士”称号。

【计划生育服务管理】　2017年，平远县卫计局继续做好计划生育服务管理。1.全面两孩政策稳妥实施。加强出生人口监测，鼓励群众按政策生育。完善计划生育目标管理责任考核办法。2.提升妇幼健康服务能力。积极应对全面两孩政策实施后的新情况，推进妇幼安康工程，建立县级出生缺陷综合干预中心，对孕妇产前筛查和新生儿疾病筛查进行补助；落实孕前优生健康检查、孕产期保健服务和出生缺陷综合防控、地贫筛查、“两癌”检查、农村孕产妇住院分娩补助等措施，提高出生人口素质。3.加强流动人口服务管理。推进流动人口基本公共卫生计生服务均等化。强化流动人口信息监控交互，全面推行流动人口计划生育证明电子化，坚持定期信息采集、上报和平台接收、反馈、提交。2017年流动人口信息接收率和反馈及时率均为100%。开展元旦、春节流动人口卫生计生集中服务、职业病防治、关爱留守儿童、流动人口计划生育服务管理专项活动。培育流动人口健康促进场所，2017年该县亚力盛电子厂被国家卫计委流管司列入第一批健康促进示范企业。

【计划生育扶助奖励】　2017年，平远县坚持落实奖励扶持政策。1.提高城镇独生子女父母计划生育奖励标准，从每人每月80元提高到120元。2.加强对计划生育特殊家庭的经济扶助和精神关怀。2017年该县共扶助计划生育特殊家庭27人，按每人每月1000元发放补助。独生子女伤残4人，按每人每月500元发放补助。3.继续实行政策调整前的独生子女家庭奖励及农村计划生育纯女户奖励扶助政策。2017年度全县累计确认各种奖励对象5831人，发放奖励扶助金516.4万元。4.对计生特扶家庭建立联系人制度和签约家庭医生。出台《平远县计划生育特殊困难家庭重特大疾病医疗救助实施细则》，对计划生育特殊困难家庭发生重特大疾病一次性救助3000元至5000元。5.县、镇、村三级联合实施"关怀政策"。积极发挥基层计生协会作用，继续开展计划生育"三结合"项目、青春健康教育等"生育关怀"行动。

【医政管理】 2017年，平远县卫计局主要从以下方面持续改进医疗服务质量。1.强化医疗质量管理，规范诊疗行为。严格依法行医，建立健全医疗质量管理和控制体系，建立健全病历全程质量监控、评价、反馈制度。推进临床路径管理和单病种付费，加强医疗服务过程中重点环节、重点区域、重点人员管理，持续改进医疗质量，安全态势日渐平稳。县人民医院张赐鑫、县中医医院林健平、县妇幼保健计划生育服务中心张莉婷、石正镇中心卫生院谢宝云荣获"梅州好医生"，中行镇仲石村卫生站张健强、热柘镇下黄地村卫生站何耀宽荣获"梅州好村医"称号。2.强化优质护理服务，规范护理操作。加强临床护理管理，强化护理人员日常训练与考核，强化分级护理质量管理，建立符合护理专业特点的护士岗位管理和绩效考核制度。县妇幼保健计划生育服务中心刘文秀、石正镇中心卫生院刘欢获"梅州最美护士"称号。3.强化医院感染控制，杜绝院感事故。加强医院消毒中心、手术室、重症监护室、血液透析、新生儿室等医院感染重点部门和重点环节管理，全面落实医院感染防控措施，杜绝院感事件的发生。4.强化抗菌药物整治，确保用药安全。落实抗菌药物分线分级使用办法，开展抗菌药物使用和处方点评管理办法等培训，加大处方点评通报处罚力度，加强药学部门和药事质量管理，遵循合理用药原则。5.扎实开展医疗保障和义诊活动。做好医疗保障工作，县内各项重大活动期间，派出医疗保障工作组，全力确保重大活动的顺利完成。扎实开展卫生支农、医疗支农、医药惠农、医普帮农等活动，开展2017年"服务百姓健康行动"大型义诊周活动，共诊疗457人次，发放宣传资料6300多份；免费测量血压、血糖，发放免费药品，开展常见病、慢性病的咨询、诊断和一般治疗，普及医学常识和健康知识830多人次。

【中医药事业发展】 2017年，平远县卫计局加快推进中医药工作，全县中医药事业发展迈出新步伐。1.成功创建"全国基层中医药工作先进单位"。2.县中医医院迁建工程推进顺利，新设立中医特色小针刀诊室、中医肝病科。3.中医人才培养力度加大，继续选派业务骨干参加全市中医药业务管理骨干培训班，县中医医院选派7名骨干医师到省级三甲医院分别进修针灸康复科、中医肝病科、中医特色小针刀等专业。该县1名农村赤脚医生通过省市中医确有专长人员的考核。4.抓好中医药适宜技术推广和基层医疗技术指导，提高中医药的覆盖率，全年开展中医药适宜技术推广和培训16场次，培训544人次；开展中医药业务知识培训和专题学术讲座9场次，培训403人次。

2017年12月14日，由安徽省阜阳市卫生计生委副主任马振华率领的国家评审专家组一行4人到平远县评审创建全国基层中医药工作先进单位

【公共卫生】 2017年，平远县卫计局继续

做好公共卫生服务。1.做好疾病预防控制。所有预防接种单位保证每旬运转一次以上，全县“六苗”基础接种率达99%以上。H7N9、手足口病、艾滋病、结核病等重大传染病得到有效防控，联防联控机制得到有效落实，传染病报告总发病率控制在较低水平。圆满完成艾滋病检测筛查网络建设工作，设置3个实验室和13个监测点。2.做好14类国家基本公共卫生服务项目。其中，建立城乡居民电子健康档案197937份，电子建档率84.64%；中医药健康管理人数有20429人，覆盖率58.13%；规范管理高血压人数7542人，规范管理率83.27%；接受健康管理65岁以上老年人17376人，管理率67.55%；规范管理糖尿病患者人数2220人，规范管理率81.08%；0～6岁儿童健康管理18692人，健康管理率保持在95%（95.18%）以上；接受产后访视的产妇3500人，产后访视率98.73%；按规范要求进行管理的严重精神障碍患者1253人，规范管理率91.13%。3.引入社会资本兴办精神病院，填补该县无民营医院及精神病院两个空白。2017年度国家基本公共卫生服务项目市级现场绩效评估排名全市第三。

【卫生计生监督执法】　2017年，平远县卫计局主要从四方面做好卫生计生监督执法工作。1.加强卫生执法。突出打击非法行医行为，全年查处非法行为案件8宗。其中，黑诊所2宗、药店3宗、牙科诊所3宗，罚款金额共3.3万元，没收一批非法药品及器械。2.加强出生人口性别比综合治理。继续开展打击“两非”专项行动，重点加大对黑诊所、个体诊所等领域检查力度，切实建立群众监督举报机制，有效治理性别比偏高问题。3.开展违法违规应用人类辅助生殖技术专项行动。联合公安、工商、食品药品监管等相关部门开展专项整治行动，检查医院、卫生院、药店、妇幼保健机构24家，未发现违法违规案件。4.不断加强卫生监督机构效能建设。进一步提高公共场所量化分级管理率，居民生活饮用水安全得到有力保障，全年未发生饮用水污染引起的突发健康危害事件。

【健康宣教】　2017年，平远县卫计局主要从五方面做好健康教育宣传科教工作。1.整合拓展卫生计生宣传阵地。加强村级卫计宣传阵地建设，着重做好卫生计生政策和新条例的宣传和解读。建设卫计宣传四小区，在县城区四大住宅小区设置灯箱宣传广告牌，重点宣传创建广东省县级文明城市、省卫生县城、卫生计生政策、无偿献血、疾病预防以及贴近群众的健康教育等知识。2.大力开展媒体宣传工作。运用梅州市政府信息公开业务管理平台及健康平远微信公众号向群众传递卫计动态及卫生计生知识，发布卫计新闻40条。开展“5·8世界地贫日”“5·29计生协会活动日”“9·26世界避孕日”“11·14联合国糖尿病日”等大型卫生计生纪念日活动。3.做好微信公众号推送工作。及时更新微信公众号内容，为全县推送卫生计生新政策解读，卫计新闻和健康保健知识。全年推送35条卫计新闻和健康养生保健知识（县直新闻31条，镇村动态4条）。4.完善新闻信息制度建设。建立卫生计生新闻宣传工作长效机制，规范全县卫生计生新闻宣传工作。2017年共出稿件数量9件（省级刊登3篇、市级刊登6篇）。5.开展形式多样的健康教育活动。举办广东省公务员健康素养巡讲（平远专场）专题讲座。加强结核病、艾滋病等重大疾病专题健康教育，广泛传播医疗预防保健知识，有效地扩展健康教育覆盖面。编印各种卫生法规和健康知识宣传资料，全年向基层提供各种文字传播材料3万册（份）、宣传海报2000张，制作健康教育宣传栏1800版次，翻刻VCD、DVD800盘。结合第30个世界无烟日活动主题“烟草——对发展的威胁”，在全县范围内组织开展控烟宣传教育工作。6.科教工作再创佳绩。创立县人民医院为该县助理全科医师培训基地，2017年发表论文3篇，推广应用项目1篇，县中医医院《参麦针关节腔内注射治疗膝骨性关节炎的临床研究》项目荣获“梅州市2017年度科学技术三等奖”。

【平安医院创建】 2017年，平远县卫计局全面开展平安医院创建活动，借助民生热线、网上信访、来信来访等渠道，及时妥善做好信访回复工作，全年处理卫生计生来电、来信、来访案件467例，办结率100%，其中，处理各类群众来信来访和举报投诉26件，办结率100%。全年无不良舆情发生。

【爱国卫生运动】 2017年，平远县深入开展爱国卫生运动，成功创建省级卫生县城，启动创建国家卫生县城。深入开展爱国卫生运动。扎实推进省、市卫生镇、村创建活动，全年创建42个省级卫生村、29个市级卫生村，超额完成年初创建计划。农村改厕和病媒生物防制工作有序实施，城乡环境卫生进一步改善。

【无偿献血】 2017年，平远县献血办加强无偿献血和临床用血规范管理，加强无偿献血知识宣传，规范开展互助献血工作，严禁非法自行采集血液，严格掌握临床输血适应证，积极开展成分输血和临床用血质量评价，保证血液质量和血液安全。全县有1230人次参加无偿献血，献血总量25.45万毫升。

【医疗援助】 2017年，平远县卫计局选派的县人民医院吴毓添圆满完成广东省第28批（梅州）援赤道几内亚为期一年半的医疗援助任务,受到中国驻赤几大使馆、赤几政府、赤几人民的高度赞扬和梅州市委、市政府通报表扬。 （县卫计局办公室）

2017 年度平远县卫计系统负责人名录

平远县卫生和计划生育局

局　长：凌征新

副局长：谢传生　谢增扬　王梅芳（女）
　　　　姚玉红（女）　陈任先

平远县人民医院

院　长：卢　斌

平远县中医医院

院　长：张学良

平远县妇幼保健计划生育服务中心

主　任：林　通

平远县卫生监督所

所　长：黄剑军

平远县疾病预防控制中心

主　任：陈汉奕

体　　育

【概况】 2017年，平远县体育局围绕县委、县政府的中心工作，全面贯彻实施《中华人民共和国体育法》和《全民健身计划（2016—2020年）》，以优化体育发展环境为重点，全力抓好群众体育、竞技体育和体育产业各项工作，努力推动体育事业创新、协调、融合发展。2017年8月，平远县体育局被国家体育总局授予“2013—2016年度群众体育先进单位”称号。

【基础设施建设】 2017年，平远县体育局持续加强体育基础设施建设。1.投入9.5万元升级改造县级全民健身广场户外篮球场，完成四周围网、场内硅PU地底的改造翻新。2.以创建“广东省县级文明城市”为契机，为县城社区7个晨晚体育活动点增加新的体育健身设施，共采购路径87件、室外乒乓球台9张、篮球架1副。3.支持镇村两级抓好文体广场建设，2017年共支持部分镇村文体广场建设14.7万元。

【群众体育】 2017年，平远县体育局积极推进群众体育工作发展，普及全民健身活动。2017年开展各类群众体育活动1338场次，其中足球比赛244场次，参与体育活动45431人次。1.春节期间，组织乒乓球、篮球、足球、羽毛球、象棋、气排球等各项体育比赛系列活动。2.4—5月，组织举办广东省第二届百县（区）足球预选赛，选拔冠军队参加市级选拔赛。3.以全国第九个全民健身日暨第十八届体育节为契机，开展体育竞赛、友谊赛、表演等示范性、引导性的“体育节”系列活动。4.9月25—26日，在县文体中心组织举办粤闽赣边三省八县老年人体育协会第十一次联谊会。5.9月下旬至10月上旬，组织开展平远县第二届“活力工会”职工乒乓球团体赛、“凝聚向心力·喜迎十九大”系列体育活动和国庆、中秋节日系列体育活动等。

【国民体质监测】　2017年，平远县体育局扎实做好国民体质监测、运动健身指导站评估、镇级社会体育指导员服务站建设、社会体育指导员培训等工作。1.9月，为218名农民进行体质测定，健身指导站完成1000名国民体质监测任务。2.顺利通过2016年度省指导站对平远县国民体质运动健身指导站的验收。3.2017年，全县12个镇均建有社会体育指导员服务站，其中B级服务站9个，并配备服装，做到统一着装上岗服务。培训三级社会体育指导员50人，申报晋升二级社会体育指导员10人。至2017年年底，全县有社会体育指导员1001人。其中，国家级1人；一级15人；二级58人；其他927人。达到每万人配备37名社会体育指导员。

【竞技体育】　2017年，平远县体育局继续紧抓竞技体育。1.平远组队参加梅州市“铁汉生态”杯第八届运动会，获得4金、4银、11铜。其中，男子甲组、女子丙组羽毛球团体赛分获第二名；男子乙组、女子丙组乒乓球团体赛分获第三名；姚萌获乒乓球男子甲组冠军，吴新海获60公斤级拳击比赛冠军。2.平远组队参加梅州市2017年第三届“体彩大乐透”跆拳道锦标赛暨第十六届省运会跆拳道运动员选拔赛，荣获团体总分第一名，获得14金、9银、2铜。3.大力做好体育人才培养和输送工作。2017年，平远县向梅州市输送青少年乒乓球队员2人，向梅师附小输送青少年羽毛球队员1人。至年底，平远县向梅州市输送优秀运动员共11人。

【足球振兴工作】　2017年，平远县扎实抓好足球振兴工作。1.抓好足球场地建设。升级改造足球场地3块。其中，7人制场地2块；11人制场地1块。2017年全县共有足球场地23块。其中，11人制场地4块；7人制场地17块；5人制场地2块。2.抓好足球训练和足球比赛。3—6月继续开展2017“天之草”平远足球联赛，共有成人组和少年组24支球队500多名足球队员进行11轮132场比赛。2017年平远县足球联赛成功利用社会力量，以政府引导、企业出资的方式举办，共获得企业赞助资金100万元，促进了平远足球运动的发展。2017年，共组织举办各类足球赛事244场，1432人次参与。3.抓好校园足球工作。严格落实教练员下校制度，坚持每一位教练员挂钩联系一所学校；积极组织学校参与各类足球赛事，提高校园足球竞技水平。10月下旬，组织石正中学足球队参加梅州市“市长杯”青少年校园足球联赛初中组比赛，获第二名，为平远县初中组足球队参加市级足球联赛以来取得的最好成绩。

2017年3月25日至6月4日，平远县足球协会在平远体育场举办2017“天之草”平远足球联赛，图为小学组冠军队　（林向东　摄）

【体育产业】 2017年，平远县不断推进体育产业发展。1.“徒步+”多元模式成效显著。11月11日，第八届北京国际山地徒步大会梅州·平远站活动在差干镇五指石景区举行，吸引国际徒步联盟的官员及国内外近万名徒步爱好者参加，近50家宣传媒体及上万家自媒体参与宣传报道。2.场馆运营管理规范有序。平远县文体中心接待参加体育活动的群众9.8万人次，举办大型体育赛事和文娱活动22场，举办运动健身指导60次，接待群众免费体质测试1000人次，为提高全县人民群众的健康水平发挥积极作用。3.体育彩票销量稳步增长。平远县体育彩票销售网点有32个，2017年体彩销量1623万元，其中电脑型销售1431万元，即开型销售192万元，总销量比上年同期减少48万元，下降2.89%。

2017年11月11日，第八届北京国际山地徒步大会梅州·平远站活动在差干镇五指石景区举行 （张日光 摄）

【存在问题】 2017年，平远县体育工作仍存在以下问题：公共体育供给不足，不能满足人民群众日益快速增长的体育文化需求；体育后备人才相对缺乏，运动员和专业体育人才缺乏，断层情况明显，短期内难以得到缓解，发展难度较大；初步形成的体育产业模式急需进一步加以引导，以促进平远县体育旅游业的发展。 （姚丽玲）

2017 年度平远县体育局负责人名录

局 长：谢志平

副局长：徐东虹（女） 吴 跃

各镇概况

差 干 镇

【概况】 差干镇位于平远县北部，距县城54千米，东邻福建省武平县下坝乡，西接江西省寻乌县项山乡，南与该县仁居镇、上举镇接壤，北靠福建省武平县民主乡，镇政府驻该镇加丰村差干圩，位于北纬24° 89'、东经115° 95'，界域面积94.6平方千米，辖新岭、湖洋、三达、差干、文丰、加丰、湍溪7个村民委员会，42个村民小组。2017年年末，全镇户籍人口2298户8486人。其中，农业人口7186人；非农人口1300人。2017年，全镇实现生产总值17238万元，同比增长5.9%。其中，农业总产值6960万元，比增1.4%；工业总产值17017万元，比增3.4%。旅游服务业总产值12523万元，其中五指石、松溪景区实现收入4900万元，全年接待游客57.72万人次，带动直接和间接就业2100多人。镇级财政收入3955万元，其中一般公共预算收入1337万元。各项经济指标持续稳步增长。差干镇旅游资源丰富，有五指石、松溪河等知名景区。

【旅游发展】 2017年，差干镇围绕县委提出的建设生态富民带目标和该镇“一引擎两重点”发展战略，推进以五指石景区为龙头的项目建设，打造新的景观增长点，推进全域旅游发展，推动生态富民强镇。推动该镇旅游从“景点旅游”向“全域旅游”转变，推进“处处是风景、人人是旅游形象”的全域旅游建设。1.加快五指石旅游产业园建设。（1）推进贵妃湖环湖景观带项目建设。（2）五指天路二期建设：前期勘线和林地权属摸排查基本完成，开始规划设计。（3）岭东大酒店完成主体工程建设，投入使用餐饮、娱乐厅与客房，国庆前开始试运营。2.保障长布半岛休闲度假区（含松溪河景区）施工。（1）完成长布半岛开发一期第一批次征地的土地招拍挂程序。（2）完成第二批次征地摸底工作，开始编制征地预算，并成立工作组进村入户宣传。（3）完成长布半岛跨河桥梁选址，开始测设工作和施工建设。3.景区周边配套不断完善。鼓励、支持景区周边的酒店、山庄、民宿建设，红豆山庄、横龙酒店等服务设施陆续投入运营。全镇酒店、山庄、民宿等不同层次的住宿约能提供床位1000个，有效缓解游客来差干后“住”的问题。4.该镇在干部队伍较少的情况下完成全年重点项目，并坚持节假日不休息，以保障游客高峰安全有序。

【农业】 2017年，差干镇结合精致高效农业发展和生态景区打造，借助旅游发展的后发优势，立足本地独特的生态、区位、旅游和产业优势，立足农业，促进旅游业与农业的融合，鼓励农户种植脐橙、葡萄、玉米、灵芝等一系列效益较好、游客喜爱的特色经济作物，全镇全年产值7496万元。推广塔子里、邓头坑等农旅庄园的自摘活动，发展具有传统民居特色的家庭客栈、民宿、农家庄等，建立“互联网+”的模式，鼓励农民积极对接，最终实现助农致富。

【基础设施建设】 2017年，差干镇加强基础设施建设。1.推进日产2000立方米的圩镇自来水厂迁建，完成厂址建设、主管网铺设，开始坝址建设。2.镇级污水处理厂进入收尾阶段。3.新福利院完成选址、前期征地工作，开始相关工程报建手续。4.社区残疾人康原中心选址在文丰村文丰小学，开始施工。5.开始对差干学校–湖洋村、新岭桥–新岭村址破损路面维修。6.推进新岭、三达、文丰、湍溪4个村卫生站升级改造建设，并申报创建省市卫生村。

【新农村建设】 2017年，差干镇加大新农村建设力度。1.整治提升村容村貌开展城乡环境综合整治，全年投入60多万元用于农村生活垃圾综合治理，重新划定圩镇、云板岗、湖洋主村道等的交通标识、标线。2.以三达村、加丰村、湍溪村、差干村为试点开展新农村“三清三拆三整治”工作，拆除危旧房间1435间，拆除废弃猪牛栏、露天厕所582间，拆除面积2万多平方米，新农村建设取得初步进展，完成80%以上工作任务。3.规范建房管理。基本完成6个村村庄规划编制工作，按照“三张图”建设要求，引导村民按照客家民居方案实施建房。

【支农惠农工作】 2017年，差干镇抓好社会事业，提升人民幸福指数。1.提升镇级医疗水平。在蓝韵集团的支持下，引进深圳市云影医疗科技有限公司的DR（高清数字化X线机），患者所拍的X光片通过互联网传输到深圳的专家诊断中心，由专家出具诊断报告，使诊断报告更加准确。2.推进土地确权工作。完成第一轮公示，收集补充材料进行相应的修改，准备进入第二轮公示阶段。3.做好第三次全国农业普查工作，确保普查数据的真实可靠，PDA数据上传完成95%，进入查漏补缺阶段。4.社会保障取得实效。扩大农村低保范围，纳入低保范围的有156户342人，发放低保资金76.1万元。4297人参加农村养老保险，7000多人参加新型农村合作医疗保险。5.落实惠农政策。农村义务教育“两免一补”政策得到落实。种粮直补、农资综合直补、能繁母猪补贴等全部兑现到位。

【精准扶贫】 2017年，差干镇推进精准扶贫工作，全年预脱贫26户，全部符合“八有”标准，通过市县考核验收工作，使用“631”帮扶资金123万元，使用率82%，贫困户实现人均可支配收入9147元；鼓励贫困户参与资产性收益项目，入股镇属企业资金36万元；支持贫困户参与县主导产业（威大地葛根种植产业）和镇主导产业，其中，6户养殖猪、牛、鸡、鸭、蜜蜂等，1户种植香菇，1户加工包装盒，10户无劳动能力贫困户发展光伏项目，解决贫困户收入问题。

【文化教育】 2017年，差干镇着力抓好文化教育工作。1.加大教育经费投入，在抓好教育强镇的基础上提升教育教学水平。2.文体事业不断进步。开展成人文化科技培训，完善镇村文化室建设，以镇人民广场、差干文化广场、湖洋文化广场以及村级文化活动室为平台，开展节庆活动、送戏下乡等文化活动；配合县体育局做好第八届北京国际山地徒步大会梅州·平远站工作。

【平安建设】 2017年，差干镇综治信访维稳中心受理25宗信访案件，调处24宗，1宗正在调处。其中上级交办信访案件14宗，调处14宗，调处率100%，受理民间纠纷案件11宗，调处10宗，1宗正在调处。在因旅游大开发客流量大幅增加的情况下，做到旅游安全事故“零发生”。

【党建】 2017年，差干镇抓好基层党建工作，全面从严治党。1.思想建设。开展“两学一做”学习教育，制定可行的党员干部培训计划，通过书记讲党课、领导带学活动，利用远程教育、微信等工作平台，组织全镇党员干部开展学习教育。2.组织建设。（1）做好村级换届工作，全面展开调查摸底工作，结合直联工作，采取进村入户走访党员群众的形式，对现任村“两委”班子情况、村干部思想状况和后备干部情况进行认真摸底调查，全面掌握各村党员、干部和群众的思想动态。（2）整顿软弱涣散党组织。开展加丰村党支部的软弱涣散整治工作，整理收集在党员干部队伍建设和民生建设方面存在的问题，分别设立问题台账限时整改。（3）开展党组织关系排查，排查出失联党员1名。（4）加强党费收缴，提高党员缴交党费的意识。增强和流动党员的联系，建立各党支部党员微信群。3.制度建设。（1）完善两个例会制度。全镇7个村全部建立健全“班子联席会议制度”和“党群联席会议制度”，落实重要事项决定权、管理监督权等。全部建立村务监督委员会，按相关规定配齐人员，明确定位、职责，完善村务监督机制。（2）完善《镇村干部管理规定》制度。以《村“两委”干部绩效考核实施意见》为指导，每月对各村进行计划生育、安全生产、综治维稳等六个方面进行考核。考核结果作为镇村干部绩效补贴、评优评先的依据。4.做好农村基层治理工作。落实农村集体“三资”监管制度，巩固村集体“三资”清产核资成果。加强纪检监察工作，2017年全镇排查农村基层党员干部违纪违法线索9条，立案3宗、结案3宗，党纪政纪处分3人。基层公共服务综合平台建设全面启动，全镇七个村公共服务平台全面建成投入使用。5.直联制工作。坚持每周星期二进村入户，主动入户征求群众意见，详细记录于民情日志。建立问题研判机制，全部落实责任人进行限时整改。接访群众370人，走访1020户，召开座谈会126场，收集群众反映问题196条，全部解决，解决率100%。6.开展党员“三带富”活动。党员创业带富产业以三达村党员谢可清建立的“平远县南皇子家庭农庄”企业为主，采取以主导企业带动，走联合养殖的路子，助贫困户脱贫、贫困村摘帽。

（差干镇党政办）

2017年度差干镇领导班子成员名录

党委书记：李　胜
党委副书记：谢沐雄　王永光　杨　毅
党委委员：李　胜　谢沐雄　王永光
杨　毅　杨志强　谢伟杰
罗　曦（任至12月）
赖　炜（12月起任）
谢旷为（12月起任）
李国礼（12月起任）
张　兰（女）
人大主席：姚志坚
人大副主席：曾令权
镇长：谢沐雄
副镇长：杨志强　陈慧平（女）　张伟添

仁居镇

【概况】　仁居镇位于平远县西北部，东邻差干、上举两镇，西接八尺镇，南连东石、河头两镇，北毗江西省吉潭镇项山乡，距平远县城36千米，界域面积191平方千米，辖1个社区居民委员会、15个村民委员会、192个村民小组。2017年年末，全镇户籍人口7210户23913人。其中，农业人口20103人；非农人口3810人。2017年，全镇实现生产总值3.57亿元，同比增长5.4%；农业总产值1.97亿元，同比增长1.4%；工业总产值3.22亿元，同比增长4.3%；固定资产投资6757万元，同比增长10.4%；镇级税收收入超额完成县下达的包干任务。

【重点项目】　2017年，仁居镇抓好重点项目。1.制订《一抹禾香项目用地收回工作方案》，完成项目建设规划区域内面积统计，地面附着物、农户合约完成解除补偿。2.仁居古镇建设成立指挥部办公室，多次组织召开协调会，开展公有房摸底调查等工作。3.“六个一”建设至2017年年底，累计投资5466万元，圩镇总体规划编制完成评审和报批，镇村基层公共服务平台建设全部建成投入使用，卫生院住院大楼、客家特色风情商业街区、土地储备等加快推进。

【高效农业】 2017年，仁居镇农业工作有成效。1.结合种植结构调整，组织开展3期153人次的梅菜栽培技术、番薯栽培技术、水产疾病防控等知识培训，提高农村农民的种养技能。2.推进山地农业结构调整，扶持个体专业户调整种植类型，发展种植百香果、杨梅、葛根等农经作物；做好黄龙病防治工作，落实黄龙病防控喷药覆盖种植面积523公顷（7845亩）；在脐橙市场价格持续升温的形势下，鼓励开展脐橙复种，在飞龙、邹坊、六吉3个村复种脱毒脐橙苗木66.67公顷（1000亩），示范带动农户砍除黄龙病株复种脐橙。3.完成土地确权登记工作任务，全镇实测耕地面积1829.60公顷（27444.06亩），颁发确权登记证5490份，颁证率105.3%。4.做好政策性水稻保险推广工作，全年核实赔偿因风灾水灾受损水稻30多公顷（500多亩）；开展农业“三项补贴”改革工作，清理改变用途耕地10多公顷（200多亩）。

【基础设施建设】 2017年，仁居镇抓好基础设施建设。1.投入177万元，完成硬底化通村道路2.38千米，交通路网不断完善。2.国道358线仁居段征地历史遗留问题基本解决，路基平整实现无障碍施工。3.投入4000万元，完成山区中小河流治理工程建设任务28千米，其中护岸工程15.35千米，落实河长制工作，改善辖区内河道面貌。4.完成村村通自来水圩镇扩容建设工程征地工作，开始施工建设；镇级污水处理设施二期管网动工建设；投入100万元完成飞龙村和敬老院污水处理氧化塘项目，村级污水处理设施建设完成工程立项、选址工作。5.投资89.24万元完成飞龙村娥石山塘除险加固，修复初石坑山塘、耐济塘山塘、绵洋坑山塘、武石头背山塘等4宗山塘，完成全镇小型水利工程确权登记，通过省级验收、发证。6.落实人大议案，完善麻楼水库水源水质管护机制，筹资3万元全面完成邹坊村罐子下山塘除险加固工程。

【新农村建设】 2017年，仁居镇抓好新农村建设。1.整治提升村容村貌。推进新农村“三清三拆三整治”工作。飞龙、社南、畲溪、上远、五福成立村民理事会45个，拆除废弃猪牛栏、露天厕所、危旧房屋846间33600平方米，清理村巷道、池塘、溪河44处4980平方米，整治疏浚河道沟塘4350米，完成新农村整治规划编制，拉开新农村建设框架，为下一步乡村环境整治工作打下基础。2.推进生活垃圾处理全覆盖。投入120万元扎实推进城乡环境整治工作，新增分类垃圾桶350个，添置垃圾运输车12台，五里桥新垃圾中转站顺利建成投入使用。启动实施圩镇空中管线整改工程。镇级垃圾中转站选定新建位置，开始施工前期准备；落实“户投放、村收集、镇转运、县处理”的常态化管理模式，全镇各村环境卫生日益改善。3.推进生活污水处理全覆盖。投入49万元推进养猪业整治工作，完成禁养区内养猪业整治14户，其中拆除猪舍9户6126.5平方米，关停5户；同时，在适养区和限养区推广兴建微生物发酵池，投入资金34万元扶持11户养殖户完成建设任务，其中6户安装自动翻耙机，污染治理工作有序推进。

【支农惠农工作】 2017年，仁居镇社会保障水平稳步提高。1.核减低保38户82人，发放抚恤金、现役军人优待金、高龄老人生活津贴等50多万元。2.强化创业培训，举办就业创业政策宣传会2场，开展创业担保贷款贴息工作，做好城乡居民医疗保险工作，实现农村养老保险全覆盖。

【精准扶贫】 2017年，仁居镇深入落实精准扶贫工作计划，开展产业帮扶，探索“企业+合作社+农户”模式，发展主导产业；落实“三保障”政策，开展全镇各村相对贫困户帮扶工作；壮大村集体经济，重点推动社南3.33公顷（50亩）高端果蔬种植、畲溪体验农场和飞龙农特产品展销中心等产业帮扶项目。完善贫困村道路、农田水利等基础设施建设，建立贫困户脱贫长效机制，实现扶贫工作任务按时按质完成。

【健康建设】 2017年，仁居镇卫生和计划生育工作扎实推进。落实孕前健康检查120例，完成社会抚养费征收29万元，人口出生率、人口自然增长率、政策生育率、出生人口性别比均实现县下达的控制指标；开展“卫生两基示范镇”创建工作，完成镇卫生院老住院大楼装修立项，完成新住院大楼主体工程；村卫生站建设全面铺开，建设完成10个村卫生站。

【平安建设】 2017年，仁居镇推进“中心+网格化+信息化”建设，每周召开信访维稳研判会，集中力量解决影响社会和谐稳定的源头性、根本性、基础性问题。化解矛盾纠纷信访案件16宗，办结上级转办信访案件31宗，办结率100%，无非正常进省进京群体性事件，全镇社会局面保持总体平稳。加强社会治安综合治理，畅通群众来信来访渠道；严格落实安全生产责任制，坚决遏制重特大安全事故的发生；开展“平安仁居”创建和“七五”普法活动，落实禁毒工作责任；坚决落实扫黑除恶专项行动，依法严厉打击农村赌博、非法放债、暴力取债等涉黑涉恶问题，促进社会治安和谐稳定。

【党建】 2017年，仁居镇认真抓好党建工作。1.思想建设。推动“两学一做”学习教育常态化制度化，利用班子学习会、支部大会、镇村干部大会等会议和微信群、微信公众号等平台，深入学习中共十九大精神、党章党规、习总书记对广东工作重要批示和习近平总书记系列重要讲话精神，开展窗口党员“戴党徽、亮身份、作表率”活动，推进“两学一做”学习教育。开展“学省党代会”党员考学参考率100%，各党支部召开27场学习中共十九大精神会议，组织党员学报告学党章考学活动。2.组织建设。（1）圆满完成村（社区）“两委”换届选举工作。按照上级的统一部署，做好2017年村（社区）“两委”换届选举工作，15个村（社区）支部书记、主任实现“一肩挑”，“一肩挑率”93.75%；“两委”干部交叉率93.75%。（2）规范党支部建设和党员队伍建设。开展党员基本信息采集登记，健全在册党员档案；建立党员名册清单，规范党费收缴及党费管理台账；及时做好党组织换届工作，建立党组织换届的清单和提醒机制，严格发展党员把关工作，发展党员10名。3.反腐倡廉建设。把党风廉政建设和反腐败工作列入重要议事日程，基本完成纪委谈话室规范化建设，组织开展“廉洁火炬杯”知识竞赛、纪教月、微体会征文等活动，营造好的党风廉政宣传氛围；推进基层治理，完成全镇涉农领域12个项目3466户4262人入户核查工作；排查线索15条，收到群众来信10件，立案4宗，结案4宗，留党察看1人，党内警告3人。4.持续整顿软弱涣散党组织。以镇主要领导挂点督办、选派强有力工作组等方式，建立健全邹坊、井下两村的各项规章制度，完善党务村务公开栏，规范党务、村务和财务公开，基本完成软弱涣散基层党组织整顿工作。5.直联制工作。采取多种联系方法，在春节、端午、“七一”等节点，对困难群众、困难党员、老党员和贫困户开展走访慰问和民情恳谈。至11月底，走访慰问困难党员群众18213人次，召开座谈会86次，为党员群众解决实际困难66件。

（黄冠杰）

2017 年度仁居镇领导班子成员名录

党委书记：姚文顺
党委副书记：王　敏　陈俊平　曾繁寿
党委委员：姚文顺　王　敏　陈俊平
曾繁寿　林晓玉（女）
钟云强　何海桂（任至1月）
卓文峰　陈志雄
韩　建（任至12月）
郭意杰　黄立鑫（8月起任）
朱依依（女，12月起任）
人大主席：李超贤
人大副主席：黄金运
镇　长：王　敏
副镇长：林晓玉（女）　潘伟华
王锦洲

八　尺　镇

【概况】 八尺镇地处平远县西北部，东邻仁居镇、河头镇，南连中行镇，西北分别与江西省寻乌县留车镇、南桥镇接壤，国道206线、358线及济广高速公路贯穿其间，是平远县的北大门，界域面积108平方千米，辖1个社区居民委员会、11个村民委员会、118个村民小组。2017年年末，全镇户籍人口4612户15166人。其中，农业人口11814人；非农人口3352人。2017年，全镇实现生产总值2.87亿元，同比增长5.2%；农业总产值1.61亿元，同比增长1.4%；工业总产值2.03亿元，同比增长3.6%。八尺镇党委大力支持农业、酒业、旅游业三大产业的发展，全力打造“高端养生食材镇”“酒香特色小城镇”“全域旅游示范镇”3张名片。

【酒业】 2017年，八尺镇引导酒业做强做大。1.全年酒业发展形势良好，生产米香型白酒6000多吨，娘酒2500多吨，获得广东省“酒香小镇”称号。2.八尺镇与仲恺农业工程学院、梅州嘉应学院生命科学院等高校达成政产学研合作，成立“仲恺—八尺酿酒研究室”；各酒企抱团进驻梅州义乌商品批发城，成立“八尺酒一条街”并顺利开业；成功举办平远县八尺镇首届“酒香节”活动，邀请到梅州市重要乡贤何冬青、陈小奇先生出席；承办广东省酒业发展论坛，获得业界的广泛好评；通过酒产品展示展销活动进一步推广八尺酒品牌。3.禾米香、八珍娘、大客丰、好八方、一抹禾香等龙头酒业发展稳中有进，其中大客丰酒业投入500万元，推进大客丰系列酒产品改造项目，完成酒业服务配套城建设，为酒企生产经营提供技术设备等配套服务。

【旅游】 2017年，八尺镇以绿色生态为基础，突出农业酒业特色，挖掘八尺红色文化，打造“全域旅游示范镇”。1.加大旅游基础设施投入，完成圩镇市场和黄沙村旅游厕所建设。2.八珍娘酒业、怡情园生态农庄成功申报客家民宿项目。3.围绕“酒业+文化+旅游”的发展思路，打造平远县八尺镇“酒香节”品牌活动，首届酒香节获得圆满成功，“千人品酒大会”吸引来自各地近千名游客，打响八尺旅游名气。

【农业】 2017年，八尺镇引导农业效益化发展，推广经济农作物种植。1.发展好制种、烤烟、优质稻、甜玉米、西瓜等传统农作物的种植，通过引导农产品规模化、产业化发展，提升经济效益，其中烤烟种植面积207.86公顷（3118亩），产量43.5万公斤，产值1300多万元。2.发展好精致高效农业，重点打造石金钱龟、白玉蜗牛、铁皮石斛等明星特色产品，打响八尺养生食材镇品牌。梅州天源达生态农业发展有限公司启动总投资3亿元的石金钱龟养殖项目，在八尺村塘心建设石金钱龟养殖基地，全年投资2100万元，完成项目征地、场地平整、道路建设、基地绿化等基础设施建设；平远县春兴白玉蜗牛专业合作社投入500万元，启动白玉蜗牛1500吨扩建项目第二期建设；梅州绿盛铁皮石斛基地投入1000万元，完善基地附属设施建设，发展铁皮石斛林下种植及原生态附生栽培。

【基础设施建设】 2017年，八尺镇推进交通公路及水利等基础设施建设，补齐制约发展的短板。1.抓好交通公路建设。配合县做好国道206线升级改造后续绿化及边沟维修工程；实施“肥田—凤头”10多公里道路维修工程，在部分路段建设混凝土防护栏，对1公里狭窄路面进行扩宽；推进村道硬底化建设，投入420多万元，完成肥田、八尺、石峰、笙竹、樟田、黄沙、凤头等村11.76公里道路硬底化建设，直接受益人口3000多人；各村主村道全部实现硬底化建设，并配套实施绿化、亮化工程。2.推进水利设施建设。启动投资800多万元的村村通自来水项目，实施自来水扩网和水质提升工程，建设镇级供水片区和村庄供水片区，覆盖11个村、1个社区，受益人口11500多人；继续做好水库移民后续扶持项目，保障水库移民的生产生活条件。

【新农村建设】 2017年，八尺镇完善新农村规划建设。1.投资80多万元完成11个行政村的建设规划及美丽乡村规划，完善村（居）“三张图”设计。2.全面完成“幸福村居示范片建设项目”总体工程，推广客家特色民居外立面改造。3.以黄沙、排下两个省定贫困村创建社会主义新农村示范村为契机，全面推进“三清三拆三整治”工作，完成清拆面积2.6万多平方米，整理疏浚河道9800多米。4.启动总投资500万元肥田烟区新农村EPC建设项目，完成下墙背至小龙坑、崩岗下至大荷树下两段路面硬底化建设，修建肥田村曾田耕作桥一座。

【支农惠农工作】 2017年，八尺镇坚持公共财政支出向民生倾斜。1.实现城乡居民养老保险和医疗保险全覆盖。2.开展“银龄安康行动”，为150名60周岁以上老人购买意外伤害险。3.“康园”项目建成投入使用。4.做好困境儿童救助工作，为93名符合条件的儿童办理申请。5.镇村公共服务站投入使用，为群众提供最直接的公共服务。6.筹资200多万元成立教育发展基金，并在首届奖教奖学典礼上向获奖的单位和个人发放13万元奖助学金。7.优化卫生计划生育服务，推进基本医疗和基本公共卫生服务。8.启动村级卫生站规范化建设，完成凤头、排下、南塘、楼前4个村卫生站建设工作。9.加大对农村富余劳动力的就业指导，举办创业培训会和专场招聘会。10.完成樟田村基层综合性文化服务中心建设。11.做好农网改造项目，有效改善电压偏低，线路存在安全隐患等问题。12.推进农村超高速无线局域网建设，发放无线路由器2440个，逐步实现无线信号全覆盖。

【精准扶贫】 2017年，八尺镇扎实开展“精准扶贫、精准脱贫”工作，有41户175人摘下贫困的帽子。1.贫困户人均可支配收入得到有效提高，根据扶贫云显示，全年全镇有劳动能力贫困户人均可支配收入10160元。2.落实社会保障兜底政策，全镇无劳动能力的贫困户有18户纳入低保，27户纳入五保。3.列入危房改造计划的31户贫困户，全部完成危房改造建设。4.投入省统筹资金69万元到企业，通过入股经营的形式让有劳动能力的贫困户获得对应的收益分红。

【党建】 2017年，八尺镇持续加强党建工作。1.圆满完成村级换届选举工作，“两委”

干部交叉率94.4%，书记、主任“一肩挑”率91.7%，选优配强基层党组织队伍。2.落实镇领导干部驻点联系群众工作、“两学一做”学习教育常态化制度化工作、书记项目、软弱涣散党组织整顿工作。3.抓好理论学习，开好民主生活会。4.建立党建工作责任体系，明确责任分工，形成层层抓落实的党建格局。5.严格执行《关于新形势下党内政治生活的若干准则》和《中国共产党党内监督条例》，做到政治严明。6.严格执行中央八项规定，有效控制“三公”开支。7.开展党风廉政建设和反腐败斗争，加强镇纪委线索排查工作，全面查处涉农领域违纪违法行为，开展2013年度至2016年度涉农领域资金自查，营造风清气正的政务环境。（八尺镇党政办）

2017 年度八尺镇领导班子成员名录

党委书记：林　松
党委副书记：卓　巩　吴雨华　钟佛招（女）
党委委员：林　松　卓　巩　吴雨华　钟佛招（女）　吴钦福　余　赟　张文让　陈　毅　韩芳明（任至12月）　肖　三（12月起任）
人大主席：沈燎原
人大副主席：韩芳丁
镇长：卓　巩
副镇长：吴钦福　朱炯辉　林东亮

河头镇

【概况】　河头镇位于平远县中部，东邻东石镇，西接八尺镇、中行镇，北靠仁居镇，南连大柘镇，济广高速连接线直达圩镇，界域面积82.42平方千米，辖9个村民委员会、80个村民小组。2017年年末，全镇户籍人口2930户10930人。其中，农业人口9448人；非农人口1482人。2017年，全镇实现生产总值1.89亿元，同比增长5.2%；农业总产值1.01亿元，同比增长1.4%；工业总产值7025万元，同比增长3.4%；镇级财政收入205万元，同比增长8%。河头既是“生态胜地、水源重镇”，属于有“粤东明珠物种宝库”之美誉的龙文—黄田省级自然保护区核心区，是平远县城饮用水水源地，又是一片红色土地，向阳村（原太阳村）是第二次国内革命战争时期平远革命斗争的发源地。

【生态经济】　2017年，河头镇发挥传统产业优势，促进农民增收致富。1.以三华李、蜂蜜、名贵苗木种植等产业为抓手，推进“合作社+农户”模式，三华李年均产值6000万元，蜂蜜年产值200万元。2.以美丽乡村建设为契机，生态农业旅游蓬勃发展。打造以黄田水库为核心，十里水乡为亮点的生态农业旅游区。发展“农业+旅游”，发展观光农业、亲子采摘园、农家乐等，十里水乡美名远播。3.打造创文产业，提升该镇核心竞争力。设计推出以三华李为原型的形象代言人“和和美美”，进行拟人化运营成为网红，拉动农特产品销售和乡村旅游业的发展。

【新农村建设】　2017年，河头镇以向阳村“三清三拆三整治”为突破口，发挥村民理事会的作用，突出清拆与建设齐头并进。拆除危旧杂房1425间2.12万平方米，清理鱼塘9500平方米、沟渠6780米，完成外立面改造78户，重点抓好旧垃圾中转站改造、沿河公路、上塘污水处理设施、村规民约公园等一系列新建改造项目，串珠成链成为群众生活便利设施及沿线亮丽的风景。投入90万元完善9个村级卫生站，全面完成9个村的农家书屋建设，开展群众喜闻乐见的文化活动。

【生态环境建设】　2017年，河头镇明确“水源重镇生态胜地”功能定位，坚持绿水青山就是金山银山的发展理念，持之以恒抓好生态保护。1.抓好水源水质保护。以点带面抓好农业面源污染治理试点工作，推广面积409.47公顷（6142亩），农药用量减幅28%。通过重新划定禁限养区范围、镇村干部包干到户等举措大力整治养猪业，力争全面退养。2.抓好环境整治。通过打造公路景观带、圩镇扩容提质、村容村貌整治提升、完善公共基础设施等，实施水源标志石公园建设、老道班改造、布心坪臭水塘改造等重点项目，呈现山区换新颜、水乡展风采的新视觉。

【支农惠农工作】 2017年，河头镇以解决群众最关心的民计民生问题为突破口，推进各项惠民工程，提高群众的幸福指数。城乡居民养老保险参保6000人，实现60周岁以上人员100%参保，城乡居民医疗保险参保约9000人，参保率96%。发放低保保障金1148.46万元、80周岁以上老人津贴14.72万元、大病救助款21.32万元。提前完成农村集体土地确权工作任务，颁发承包经营权证书2700多本，完成率99.8%。提升农村饮水安全工程，生活污水治理工作正在推进。人口和计划生育工作整体水平不断提高，人口自然增长率4.73‰。

【平安建设】 2017年，河头镇保持社会和谐稳定。受理综治信访案件25宗，调处及答复25宗。调处各类山林权属纠纷9宗，面积30.67公顷（460亩），山林纠纷调解率100%。发挥“一村一法律顾问”的作用。实现全年无安全生产事故的责任目标。完成省级法治镇创建工作。

【党建】 2017年，河头镇扎实做好党建工作。1.组织建设。（1）圆满完成村级换届。依法依规依程序选举产生村党支部委员27名、村委成员36人，村“两委”干部38人，村党支部书记兼村委主任“一肩挑”率、党支部委员兼村委成员交叉率均为88.89%，村监委成员27人，优化班子结构。（2）创新直联工作制度。落实包片包户责任制，形成横向到边、纵向到底全覆盖的网格体系。创新成立党员巡回服务队、志愿者服务队、美丽乡村综合巡查队，创新建立“一卡一志五台账”“党员+贫困户结对”“服务之星评比”“流水线式处理诉求”等制度。全镇驻点团队入户率100%，收集群众反映问题74个，办结率100%。选好用好干部，坚持看德才配干部、凭实绩用干部、靠公论选干部的选人用人导向，打造忠诚、干净、敢担当的干部队伍。2.作风建设。坚持问题导向，从严从实推进象牙村软弱涣散党支部整顿工作，严格执行“四议两公开”“三会一课”等制度，抓好班子建设，增强村“两委”战斗力。狠抓工作责任、上下班、值班、请销假、驻点直联等制度落实，达到用制度管人的目的。3.反腐倡廉建设。重点做好党规党纪“每周一学”、机关作风“每周一查”和村级财务“每月一审”“三个一”制度的创新与执行。严格执行民主集中制，注重班子成员之间的优势互补、配合协调，领导干部靠前指挥、率先垂范，在全镇形成良好的干事创业氛围。 （河头镇党政办）

2017年度河头镇领导班子成员名录

党委书记：姚　蓝
党委副书记：陈瑞平　郭　亿　凌宏文
党委委员：姚　蓝　陈瑞平　郭　亿　凌宏文　林　晓（女）　李冬利（女）　凌远强　张全华　刘国贤　黎志斌（任至12月）
人大主席：杨健书
人大副主席：陈洪华
镇长：陈瑞平
副镇长：李冬利（女）

黎志斌 （任至12月）
肖　鸣
罗　曦（12月起任副镇长人选）

中　行　镇

【概况】 中行镇位于平远县西部，距平远县城14千米，国道206线贯穿其间，东邻河头镇，西接江西省寻乌县丹溪乡，北靠八尺镇，南连大柘镇，界域面积74平方千米，辖良畲、仲石、儒地、中行、官坑、快湖6个村民委员会，51个村民小组。2017年年末，全镇户籍人口2763户9069人。其中，农业人口6663人；非农人口2406人。2017年，全镇实现生产总值1.69亿元，同比增长5.3%；农业总产值7414万元，同比增长1.4%；工业总产值1.51亿元，同比增长3.4%；镇级财政收入101.96万元，同比增长2%。

【农业】 2017年，中行镇完善科技体系建设，发展精致高效农业成效显著，利用科技示范户辐射示范带动周边群众发展种养殖业，引导八乡情、金穗山庄采取“企业+基地+农户”模式，鼓励群众种植黑糯米166.67公顷（2500亩），巩固提升以黑米、油茶、岗梅、烟叶等为主的绿色农业，加快现代农业产业化进程。传统种养殖业继续做强做大，优质稻、烟叶、油茶、甜玉米、葛根、岗梅等农作物产值有新突破。

【基础设施建设】 2017年，中行镇完成8.7千米村道扩宽改造工程，对中行村老桥进行维修加固改造。在帮扶单位南沙城投公司的帮扶下，投入210多万元在快湖村实施村道硬底化、亮化等工程。完成平兴高速公司定点三改措施42个，抓好后续遗留问题的处理。有序推进村村通自来水工程建设，完成仲石招子畲、儒地相公塘山塘除险加固工程2宗，建设3条灌溉渠道，总长3990米，维修加固3座陂头，铺筑2010米机耕路面。

【新农村建设】 2017年，中行镇抓好新农村建设工作。1.整治提升村容村貌。成立11个新农村建设村民理事会，鼓励村民积极参与新农村建设全过程，尊重村民意愿，广泛征询村民意见。主动与设计公司衔接，规划勘定重要节点。“三清三拆三整治”工作有序推进，完成瓦面改造1.8万平方米、外墙改造9000平方米、拆旧复绿7000平方米。2.提升农民住房水平。整治无序建房、违规建房和违法违规用地行为8宗，落实《平远县美丽乡村建设管理若干意见》，提升美丽乡村的档次。全面执行上级关于削坡建房政策要求，完成削坡建房户信息录入系统850户，订立削坡建房户网格化管理明示牌850块。3.提升基本公共服务水平。投入100多万元进行村卫生站建设和升级改造，荣获2017年度国家级“群众满意乡镇卫生院”。

【支农惠农工作】 2017年，中行镇举办就业创业政策宣传活动2场，输送农村劳动力就近就业135人，珠三角地区就业88人，培训劳动力120人次，扶持创业20人、带动就业120人。筹集130多万元植基奖教奖学金，用于奖教、教学、资助困难学生。发放第四届奖教奖学金11.55万元，奖励154名优秀师生。

【精准扶贫】 2017年，中行镇筹集各项财政扶贫资金509.64万元，投资60多万元完成快湖村饮水安全工程。投入帮扶资金130多万元用于产业帮扶项目，顺利完成2017年度脱贫任务。全面落实精准扶贫挂钩责任，密切联系贫困群众，各帮扶单位对分散贫困户已实现一对一帮扶。全年完成贫困户危房改造17户，完成率100%。

【平安建设】 2017年，中行镇受理信访案件和矛盾纠纷32宗，其中上级交办27宗、自办5宗，成功按时办结32宗，办结率100%。中行村被广东省防范和处理邪教问题办公室评为“无邪教创建示范工程”活动先进村。未出现一宗到市以上的越级上访事件，实现“四个不发生”工作目标，被县委、县政府评为“良好单位”。对辖区内43家企业、2个非煤矿山、73个地质灾害隐患点巡查全覆盖，对1384户农村土坯危房逐户落实镇、村干部包联责任，并发放地质灾害避险明白卡。组织安全生产现场检查74次，发出整改指令62次，有效推动安全生产专项整治行动和各类隐患的排查治理工作。

【党建】 2017年，中行镇抓好党建工作。1.思想建设。学习习近平新时代中国特色社会主义思想和中共十九大精神，坚决贯彻党的路线方针政策和上级党委政府的决策部署，自觉服从镇党委领导。开展“两学一做”学习教育，自觉接受镇人大监督和广泛听取群众的意见建议。办好人大代表议案、建议和政协委员提案。2.组织建设。严格按照相关法律法规，顺利完成第七届村“两委”换届选举工作。全镇新一届村“两委”班子成员在年龄、性别结构等方面较上一届明显优化，为加快农村基层党组织建设，巩固党的执政基础奠定坚实的组织基础。加强镇村“三资”平台和惠民平台建设，依法依规完善和规范资产资金运行。3.反腐倡廉建设。全面落实基层党风廉政建设责任制，严格执行中央八项规定，认真查摆和整改“四风”等方面存在的突出问题，营造风清气正的基层政治环境。4.直联制工作。各驻点团队驻点接访群众531人次，联系走访群众2114户8283人次，召开群众座谈会21场次，受理群众反映的高速公路遗留问题、农田水利、土地纠纷等问题131个，办结率95.4%。 （杨裕良）

2017年度中行镇领导班子成员名录

党委书记：韩洵轩
党委副书记：杨炳伟　陈运广　谢　翔
党委委员：韩洵轩　杨炳伟　陈运广
谢　翔　凌伟强　饶宏恩
张捷峰（任至12月）
李国礼（12月起任）
陈华南（任至12月）
王仲基（12月起任）　张国权
人大主席：杨　志
人大副主席：张添珍
镇长：杨炳伟
副镇长：饶宏恩　刘益斌
谢春红（女）

上　举　镇

【概况】 上举镇地处闽粤交界处，位于平远县东北部，东临泗水镇，南接东石镇，西与差干镇、仁居镇相连，北与差干镇、福建省武平县下坝乡交界，距平远县城33千米，界域面积98.6平方千米，耕地面积461.48公顷（6922.2亩），山林面积8666.67公顷（13万亩），其中龙文省级自然保护区2200公顷（3.3万亩），是省级“龙文—黄田”自然保护区核心区域，下辖6个村民委员会、53个村民小组。2017年年末，全镇户籍人口2013户7557人。其中，农业人口6088人；非农人口1469人。2017年，全镇实现生产总值1.85亿元，同比增长6.1%；农业总产值0.82亿元，同比增长1.4%；工业总产值0.88亿元，同比增长3.4%。全镇呈现出经济发展、财政税收、农民收入等均稳中有增的良好态势。

【全域旅游】 2017年，上举镇推进全域旅游创建工作。1.推进景观游。对相思谷景区进行设施完善、加强管理和宣传推广等工作，接待游客3万多人次。2.推进生态游。充分发挥上举全镇的生态优势，以获评广东省“森林小镇”示范镇为契机，宣传上举的绿水青山和天然氧吧，打响生态牌。开展绿化美化工作，增加绿化6.67公顷（100多亩），生态优势得到巩固。3.推进乡村游。结合美丽乡村建设，发展民宿、农家乐、生态农场采摘等旅游新业态，引导群众发展生态观光农业。4.推进文化游。先后举办首届锥花节、第八届红叶节、吴三立故居重修挂牌仪式和美丽乡村摄影等节会活动，上举文化旅游品牌得到进一步打响。

【农业】 2017年，上举镇着力巩固农业基础地位。在保持优质稻、烟叶、冬种梅菜、脐橙等特色农产品原有种植规模的基础上，引导并鼓励农户种植鹰嘴桃、香菇、岗梅、葛根、黄花倒水莲等作物，切实提高农业经济效益，生态观光农业得到进一步发展。

【基础设施建设】 2017年，上举镇推进道路桥梁建设。1.整合资金完成畲脑上仓子0.9千米、山瓦0.2千米、圩镇森工站背0.5千米、八社虎踞0.8千米道路硬底化建设工程。为解决群众出行难问题，投入资金8万多元在龙文赤大新建桥梁1座。2.八社苏坑至文裕志成桥道路建设正在进行前期测设，县道036和037两条线争取规划升格为省道，并列入省“十三五”路网改造计划。3.配合县水务局推进中小河流域治理工程，协助解决下举河治理中文裕曾陂桥段、塘竹段、河东老屋段等工程遗留问题，顺利完成差干河畲脑段治理的前期征地工作。4.推进镇、村污水处理设施建设，率先完成畲脑湿地建设工程，顺利完成镇级污水处理设施建设征地工作，确保工程无障碍施工，完成5处村级污水处理设施建设初步设计工作。

【镇村建设】 2017年，上举镇开展城乡环境综合整治工作。1.加大资金投入，增加垃圾车、垃圾桶等设施，扩大垃圾收集的范围，完善日常管理，全镇生产生活垃圾得到有效治理。2.完成各村“三张图”编制工作，通过切实加强农村建房日常巡查监管，严格管控辖区内所有未经批准的建设和开发行为，有效杜绝违规用地、违规建房“两违”现象的发生。相关职能部门和各村能严格按照村庄整治规划，引导村民拆旧建新，或在规划区内、农民新村有序建房，并严禁利用水田建房。3.坚持重典治乱、依法管理，对存在的“六乱”行为和问题，抓好整改，全镇城乡面貌得到显著改观，人居环境得到持续改善。4.全面推行河长制工作，制定上举镇全面推行河长制工作方案，明确工作职责，以保护水源、防治水污染、改善水环境、修复水生态为目标，加强对各河道的管理，确保河长制工作真正得到贯彻落实。

【新农村建设】 2017年，上举镇社会主义新农村建设取得阶段性成效。将社会主义新农村建设列为头号工程，以示范村八社村、上举村为建设重点，有序推进“三清三拆三整治”、客家特色民居外立面改造、规划设计和节点打造等工作。1.至年底，全镇累计拆除危旧房屋、废弃猪牛栏、露天茅厕628处33628平方米，其中，八社村、上举村累计拆除479处23890平方米。2.全镇客家特色民居外立面改造399户，其中属旅游沿线改造的185户，属新农村建设示范村改造的214户。3.推进八社村赤城、虎踞和上举村一河两岸、石角等节点的打造工作。通过开展新农村建设，乡村面貌焕然一新，畲脑、上举、八社一条带的美丽乡村效应初步显现。4.有序推进村村通自来水建设工程，完成6个行政村饮水现状摸底调查工作，确定全镇18宗饮水工程改造方案及5宗新建饮水工程实施方案，八社村、龙文村动工建设。

【支农惠农工作】 2017年，上举镇不断强化社会保障。1.八社村虎踞整村搬迁安置顺利完成。稳步落实集中建房点“三通一平”及其他设施的建设工作，按程序管好用好省级地质灾害安置专项资金196万元和“两不具备”整村搬迁项目资金81万元，并成功争取对口帮扶单位资金76万元用于帮扶和奖励建房，虎踞原有地质灾害隐患点老屋基本拆除，有26户房屋建好并入住。2.实施“全民参保登记计划”，全镇城乡居民医疗保险参保人数5761人，完成率93.5%。3.推进危房改造工作，全镇农村低收入危房计划改造户38户，全部完成改造，顺利完成上级下达的工作任务，让住房困难群众真正得到实惠。上举镇家庭综合服务中心、畲脑村居家养老服务中心、应急避险场所、骨灰存放楼和镇、村公共服务平台等建设工程均顺利完成。

【精准扶贫】　2017年，上举镇统筹推进精准扶贫、精准脱贫工作。1.落实“三保障”政策，抓好各项帮扶措施，扎实推进精准扶贫、精准脱贫工作。完成预脱贫户30户101人，人均可支配收入9343元（脱贫标准为6883元）。全年落实教育生活费补助32人，全镇贫困户311人农村合作医疗全部由财政统一购买，年满60周岁以上的贫困户全部可正常领取基本养老保险金。全年投入并发放生产物资41.5万元，以奖代补农户65户，发放奖励金38.3万元。2.建立贫困户长效脱贫机制，着力打造“一村一品”，统筹扶贫开发资金27万元，采取“公司+基地+贫困户”的合作发展模式，入股平远县兴连农林发展有限公司，将香菇种植规模扩大至0.67公顷（10亩）以上，确保贫困户能稳步增收。转移就业培训、扶贫小额贷款、扶贫专项资金使用监管等工作均得到顺利落实。

【平安建设】　2017年，上举镇抓好平安建设。1.坚持稳定压倒一切的底线思维，加强矛盾纠纷排查化解，强化舆情监测管控，社会层面和意识形态领域安全平稳。推进“中心+网格化+信息化”建设，扎实做好各领域的安全生产防范工作。2.镇调委会全年受理人民调解案件13件，均成功调解，未发生因处理不及时导致矛盾激化情况，未发生非正常上访案件和“民转刑”案件。3.推进“中心+网格化+信息化”建设工作，对全镇进行定格、定人、定职、定流程。4.切实加强生态资源管护。认真加强对盗砍滥伐、非法收购木材等行为的巡查监管力度，组织镇村干部、护林员共同学习《梅州市森林火源管理条例》，全镇林业资源得到较好的保护，连续39年未发生山火。

【村委换届】　2017年，上举镇顺利完成村委换届工作。1.对原村“两委”干部近一半人员进行调整，新一届村“两委”干部27人，其中妇女干部8人、新进干部9人；有4个村实现配备35周岁以下年轻干部目标。2.换届后，上举镇指导各村及时完善和修订党务村务财务公开、党员民主评议、村规民约、“一事一议”等各项规章制度，切实加强对村干部的监督管理，严格规范重大事项决策、财务收支、审批和村务公开程序，防止“一人兼”变成“一言堂”。3.对村“两委”干部进行集中“充电”，组织各村村干部集中学习相关法律法规和工作制度，通过农村政策法规、村务民主管理、党风廉政建设等内容的培训，着力提高新一届村“两委”干部的政治素养和工作能力。

【党建】　2017年，上举镇从严从实加强镇村基层组织建设和党员队伍建设。1.常态化抓好“两学一做”学习教育，抓好“书记项目”“直联制”“整软”和基层治理等工作。严密组织，严肃纪律，又稳又好完成村社组织换届，进一步配齐配强基层干部队伍。2.以落实中央八项规定和党风廉政建设有关规定为抓手，持之以恒整治“四风”，修订完善镇机关干部管理和车辆、财务、公务接待等各项规章制度，用制度管人管事，切实改进机关作风，不断提高机关服务基层、服务群众的水平。3.严格落实“两个责任”，筑牢干部队伍拒腐防变思想防线，推动党风廉政和反腐败工作向纵深发展。用好监督执纪“四种形态”，查办违纪案件3起，给予开除党籍处分1人，党内警告处分2人。4.加大“村账镇管”力度，发挥村监委监管作用，提升“三资”管理水平。5.发挥党员先锋带头作用。在新农村建设工作中，八社村党支部把创建社会主义新农村示范村与开展争创“合格党员”活动结合起来，实行新农村建设党员包片联户责任制，除因身体原因无法做工作的党员外，该村有39名党员建起39个责任区，联系群众297户，实现了包片联户全覆盖。（上举镇党政办）

2017 年度上举镇领导班子成员名录

党 委 书 记：张教东
党委副书记：钟伟锋　何东生　张小明
党 委 委 员：张教东　钟伟锋　何东生
张小明　吴益华
吴稀诺（任至12月）
肖　三（任至12月）
张　桂　吴中杰
丘俊龙（12月起任）
韩芳明（12月起任）
人 大 主 席：王云峰
人大副主席：廖晓阳
镇　　长：钟伟锋
副　镇　长：吴益华　谢长亮
曹锋玫（女）

泗　水　镇

【概况】　泗水镇位于平远县东北部山区，东邻蕉岭县，西接上举镇，南连东石镇，北毗福建省武平县，界域面积133.8平方千米，辖8个村民委员会、140个村民小组，全镇耕地面积6.07平方千米（9106亩）、山林面积113.33平方千米（17万亩）。2017年年末，全镇户籍人口3199户10930人。其中，农业人口8605人；非农人口2325人。2017年，泗水镇实现生产总值2.12亿元；工业总产值1.49亿元，比增5.2%；农业总产值1.05亿元，比增1.4%；税收收入139.19万元。全镇经济持续平稳健康发展，镇域经济实力和人民生活水平均稳步提升。

【生态富民产业】　2017年8月，泗水镇成功引进广东鸿艺集团有限公司打造“中国·客天下平远梅畲田园综合体”。通过镇党委主导、支部推动、党员带动、企业与村民共建共享方式，迅速成立村民理事会以及平远梅畲农旅文化发展有限公司，实现与广东鸿艺集团业务对接。完善普滩的旅游规划和实施建设，结合普滩森林公园规划，将普滩打造成为公园、美食、水上渔家为一体的景区。

【农林业】　2017年，泗水镇水稻播种面积406.51公顷（6097.625亩），其中优质稻95%，主要品种以明优016、禾子谷为主。新发展大新静香园和木联山村老农2个农业生产基地，对成文、大新现有金桔园进行改造，做强做大泗水金桔的品牌。做好畜牧工作，抓好动物疫病防治，强化检疫和监督，扶植壮大牛、羊、竹鼠等低污染生态养殖品种。严厉打击破坏森林资源的违法犯罪行为，将滥伐阔叶林的2宗重大案件移送刑事判决。用好年度采伐指标分配，重点扶贫对象、大病治疗需要户、大学生教育户、建房户优先安排指标23户，把尖峰、下局、大新、大角湖、普滩、崩坑、十字坳列入年度指标促进林场转制，加快纠纷化解。制订和执行《泗水镇保护发展森林资源考核办法》完善护林网络体系建设。发展林下经济，技术指导金田村深山合作社发展杉林下种植白背叶等经济作物，及时做好全镇348公顷（5220亩）生态公益林资金发放和管理。

【圩镇扩容提质】　2017年，泗水镇开展“三清三拆三整治”，拆除老工程队旧址危房，增加300多平方米空地并绿化美化，拆除旧卫生院大楼，发动乡贤集资，完成新卫生院大楼的设计、立项和招投标工作。加强河道和圩镇街道的保洁，对圩镇电力和通信线路乱搭乱挂进行整治，对镇政府老旧电力线路完成整改，确保用电安全。完成加油站至泗水村委的进镇道路扩宽工程。建成大神坝社会主义核心价值观广场并开放使用，广场占地面积1530平方米，包括大神坝遭遇战主题宣传栏及舞台1个、篮球场1个、公厕12间，健身器材8件，工程投资95.41万元，广场集弘扬红色传统革命文化、丰富圩镇群众文化体育生活和传递社会主义核心价值观等功能于一体。完成镇级自来水厂和污水处理厂项目选址。

【新农村建设】　2017年，泗水镇抓好新农村建设。1.推进村道硬底化。新农村公路建设指标全面向贫困村倾斜，发动村民集资和乡贤捐资相结合，完成东坑村心、文贵上新路段、肩丰大坑里等14段7.54千米村道硬底化；在文贵上新路段、炉池停车场等路段3.81千米村道安装路灯。2.推进生活污水处理全覆盖和集中供水全覆盖。完成村村通自来水工程和村级污水处理站的选址工作。开展养猪业污染问题专项整治工作，依法拆除禁养区猪舍1户，限养区100头以上养殖户实现零排放的有4户，另外2户达标排放；适养区专业户10户达标排放，散养户64户100%达标排放。全面推进河长制工作，制定镇级和村级河长制工作方案和三项会议制度，做好镇级领导巡河记录和督促村级河段长及河道保洁员履行职责，完成中央关于全面推行河长制工作中期评估工作。3.提升农民住房水平。全面铺开“三清三拆三整治”活动，累计拆除危旧房、废弃猪牛栏、露天厕所和违章建筑151处6080多平方米，清理积存垃圾33吨，清淤疏浚河道18千米。实施村庄绿化工程，开展“河堤格桑花”活动带动群众参与美化村庄活动。4.提升基本公共服务水平。（1）自6月起，全镇8个村级公共服务站投入使用；文贵村完成电脑室、图书室、村文化广场建设，木联村完成居家养老活动中心及康园中心建设，大新村完成503.21平方米文化活动休闲娱乐广场建设工作。（2）完成镇、村二级公共文化服务网络建设，构筑镇综合文化站、行政村文化活动室和农家书屋等文化共享平台，开展农家书屋建设管理工作，扎实开展“书香读书”活动，完善“村级电子阅览室”建设。5.提升乡风文明水平。弘扬社会主义核心价值观，组织各村重新完善和修订各村的村规民约；创建文贵上村、金田黄竹两个“三多三促”乡村文化祠堂，加强文贵新屋、金田黄竹、梅畲东涧公祠堂等“示范文化祠堂”建设。

【精准扶贫】　2017年，泗水镇做好精准扶贫工作落实，实现18户49人预脱贫，其中省定贫困村文贵村16户41人，非贫困村2户8人，通过2017年度扶贫开发省级考核。1.做好新时期脱贫攻坚信息平台建设并做好建档立卡信息平台、扶贫云系统和扶贫APP信息的更新完善。2.贫困户中有劳动能力户人均可支配收入6883元以上。无劳动能力的贫困户有30户47人全部得到兜底保障。3.统筹“631”资金使贫困户参与产业取得增收：其中6户24人采取入股经营的方式投入10.8万元，投资到省级龙头企业金穗有机生态公司；对有外出务工和发展种养项目的贫困户给予奖补，发放奖补资金11.65万元；实施“政企银农”的合作模式，发放贷款5笔，总金额15万元；完成7户贫困户危房改造。4.扶持文贵村发展村级集体经济，投资20万元到平远县县属国有资产投资运营有限公司，所得收益20%用于村“两委”工作经费，40%用于发展村集体经济和公益事业，40%用于本村特困人员的帮扶。

【支农惠农工作】 2017年，泗水镇切实抓好支农惠农工作。1.投入150多万元在全镇各村主要耕作区完成农田水利设施三面光工程建设14300米，改善农田耕作条件。2.8月底前按程序和时间节点完成农村土地承包经营权确权登记颁证各项工作，确权地块25343块，实测面积10125.21平方米，颁发农地承包经营权证2743本，颁证率105.06%。3.做好农业普查工作，做好宣传发动和普查员录入员培训，全镇PDA数据上传农户普查表2563户，上传规模户普查表9户，上传农业生产经营单位普查表25个。4.完成地籍调查第二阶段工作，加强土地监察，及时预防和查处国土资源违法违规行为。5.在梅畲村大坳里补充开发水田（旱改水）10.87公顷（163亩），扩大梅畲村农业综合生产能力，稳定粮食种植面积。6.做好复退军人优抚稳控工作，及时足额发放军人家属慰问金和优待金，加强“双拥模范县”创建宣传。7.提高五保老人保障金水平，加大福利院财政投入，院长纳入镇集体干部待遇，管理员工资待遇也得到提高。8.冬令春荒期间帮助89户200人解决生活困难，71户71人解决医疗救助困难，新增10户26人困难群众纳入低保。9.深化殡葬改革，加大殡改法律法规的宣传和建档管理工作。10.以文贵村为试点，按民政局要求统一规范党务、村务和组务公开栏的设置和公示内容。11.做好老龄服务工作，该镇406名80周岁以上老人及时足额享受高龄老人津贴，同时为2位百岁老人发放长寿保健金。12.高质量完成征兵工作，大学生新兵占多数。13.全镇办理城乡居民医疗保险8764人，参保率99%以上，新农保缴费770人，到龄享受养老保险待遇1678人，办理60周岁以上人员生物特征信息采集500多人。14.全镇劳务输出263人，常态化举办就业创业宣传活动，发动群众参加创业技能培训班，促进富余劳动力就地就近就业。

【文化体育】 2017年，泗水镇开展县级文明城市创建工作，投入18.2万元，在全镇范围内建设一批长期性的社会主义核心价值观主题的宣传栏、宣传牌，加强社会主义核心价值观和公益宣传。完成全镇26个自然村落的历史人文普查。实施文化下乡工程，先后开展元旦、春节、“七一”、国庆等文艺晚会和篮球赛、羽毛球赛等大型文化体育活动7场，参加活动1000多人次，受教育群众5000多人次，努力丰富镇村文化体育生活。泗水镇代表队参加2017“天之草”平远足球联赛获得成人组季军。

【健康建设】 2017年，泗水镇加强基层医疗卫生服务体系建设和疾病防控水平，创建2017年“卫生两基示范镇”，卫生计生工作由二类镇提高到一类镇，达到新的发展水平。抓好计生指标提升，户籍人口出生135人，出生总性别比101.49；人口出生率为11.17‰；死亡69人，自然增长率为5.46‰。开展计生宣传和服务工作，先后开展12场计生服务活动和健康知识讲座；采取活动现场讲解、派发宣传单、镇村计生公开栏公示、人口集中区宣传栏公示等多种渠道和方式加大“全面两孩政策”宣传力度，让育龄群众理解和支持“全面两孩政策”；开展流动人口走访和关爱活动；依托人口基金平台，推进“生育关怀·幸福家庭”项目，关爱特殊困难计生家庭，增强计划生育家庭发展能力，推进计生家庭脱贫攻坚。开展卫生计生融合工作，将“人口和计划生育领导小组”更名为“卫生和计划生育领导小组”，撤销计划生育办公室，设立“卫生和计划生育办公室”，继续实行卫生和计划生育目标管理责任和一票否决制。

【平安建设】 2017年，泗水镇坚持排查调处周例会信息报送、督促检查制度的落实，主动作为，全镇社会稳定局面不断得到加强。1.接访群众44批67人，上级交办信访案件19宗，组织排查48次，受理信访案件21宗，办结信访案件19宗，办结率91%。2.做好7次全国重要节会期间维稳工作。3.制定并与各村签订社会治安综合治理工作目标管理责任书，深入排查，综合整治化解学校、幼儿园周边的治安隐患。4.落实“中心+网格化+信息化”工作，完成镇村制度上墙、镇级基础数据录入、举行2次全镇网格员培训。5.进一步夯实基层群众反邪教意识和自觉抵御侵蚀的能力，文贵村获“创建无邪教示范村”的荣誉。6.按照流程发放2017年度精神障碍患者监护人、协助监护人补助39600元，开展2次严重精神障碍患者排查救治管理专项行动，进一步明确各部门和村委的职责，新确诊8名患者并落实监护人监护责任，有效防止患者肇事肇祸案（事）发生。7.组织实施2017年火灾隐患重点地区专项整治并于年底顺利实现摘牌销案。8.坚持不懈做好森林防火工作，悬挂横幅34幅，张贴宣传标语500份，发放宣传册2000份，专题组织《广东省森林防火条例》《梅州市森林火源管理条例》讲座等多种形式提高群众的防火意识，10月成立镇级护林大队，组织2人专职督查村级防火，严格护林员管理，进行量化考核表彰先进6人，辞退不合格2人，警示谈话3人，新入考察5人，加强野外火源管理，高危险天气严禁一切炼山作业，实现全年无山火。9.开展交通安全、食品安全、消防安全、烟花爆竹等专项整治，强化日常安全监管，全镇安全生产形势持续向好。

【党建】 2017年，泗水镇管党治党，党建质量不断提高。1.思想建设。强化教育学习，全面贯彻中共十九大精神和开展“两学一做”学习教育。成立学习宣传贯彻中共十九大精神领导小组，围绕学懂弄通做实的目标，领导班子和领导干部带头学、带头讲，组织集体宣讲18批次，远程教育集体观看专题报道35次、网络考试覆盖全体党员，推动中共十九大精神进企业、进农村、进机关、进校园。制定和印发泗水镇“两学一做”学习教育常态化制度化工作清单和计划，形成学习教育制度。2.组织建设。从严管理，加强队伍建设。严格督查各支部坚持“三会一课”制度；发展5名党员，按期收取党费58495元。在镇村建立支部微信群，强化和创新流动党员管理；推进排查12条党员违纪违法线索，涉农领域腐败问题专项治理工作处分3名党员。3.作风建设。丰富活动载体，发挥党员先锋引领作用。推进书记项目“党建促精准扶贫”工作的精细化，在梅畲村探索“一体六改变”的新农村建设模式试点。开展党员立足岗位做贡献活动，开展志愿者服务活动4场、党员牵头成立1个种养合作社和1个农旅文化发展有限公司。4.制度建设。健全完善机制，严格落实党建主体责任。召开15次党委会议，研究布置党建重大事项和重要活动，落实“一岗双责”；各支部签订党建和党风廉政建设责任书，落实支部书记述职，提高党建工作考核占分权重。选优配强班子，顺利完成村级换届工作，选出村“两委”干部35名，一肩挑率100%，两委交叉率95.8%；对相对软弱涣散党组织进行重点整改，对整软完成支部开展“回头看”。5.直联制工作。分类推进，做好基层治理。直联完成50次驻点，入户率100%。接到群众反映的问题342个，解决336个。强化财政保障，夯实基层党建基础。筹资100多万元新建镇、村公共服务站9个，改建、维修村级活动场所2个。走访慰问党员群众58人次，发放慰问金

16100元。（王世雄）

2017年度泗水镇领导班子成员名录

党委书记：林岳胜

党委副书记：蔡　平　陈连祺　王传麟

党委委员：林岳胜　蔡　平　陈连祺　王传麟　张展奎　陈可颂（任至12月）　涂鹏峰　李惠霞（女）　陈文胜

人大主席：洪淦桂

人大副主席：余国运

镇长：蔡　平

副镇长：李惠霞（女）　凌　峰　林　珊（女）

东石镇

【概况】 东石镇位于平远县中部，东邻蕉岭县，西接河头镇，南与大柘镇、热柘镇接壤，北靠仁居、上举、泗水镇，界域面积163.1平方千米，耕地面积10平方千米（1.5万亩），森林覆盖率75.12%，辖1个社区居民委员会、17个村民委员会、223个村民小组，其中灵水、白岭、太阳村是革命老区。2017年年末，全镇户籍人口10368户35356人。其中，农业人口30312人；非农人口5044人。2017年，全镇实现生产总值6.74亿元，同比增长6.5%；工业总产值6.86亿元，比增5.4%；农业总产值2.70亿元，同比增长1.4%。

【工业】 2017年，东石镇汽车部件专业镇示范区建设产学研合作项目取得阶段性成果。金科新业完成为期三年的汽车配件生产线技改产业升级项目并投产，与德国BPW（中国梅州）车轴公司达成战略合作。位于原尖山矿区的平远利天新能源电力有限公司50兆瓦光伏发电项目（首期）成功并网发电，标志着广东首个利用光伏电站改善废弃矿区生态环境的工程取得重大突破。总投资1200万元的分布式屋顶光伏电站项目有序推进。工业集中区基础配套设施不断完善，承载能力不断增强。

【农业】 2017年，东石镇农村土地承包经营权确权登记颁证率98.75%。加强农业基础设施建设，涵盖9个村的高标准农田建设完成90%建设任务。引导农村土地规范流转，促进规模化种植、产业化经营，推广“公司+基地+农户”生产经营模式，推进锅叾茶、长窝金柚、有机蔬菜、花生等种植基地标准化建设，特色农产品加工转化率和产品附加值不断提升。引进梅州彧园山仁公司并雇佣有劳动能力的贫困户种植优质牧草21.33公顷（320亩）和新建仓储基地，着力打造南方现代牧草基地。发展无公害农产品，绿盛源水产养殖场获评“农业部水产健康养殖示范场”。集中人力物力财力，落实镇村组理事会责任，加大宣传引导力度，推进3个省定贫困村和5个非贫困村“三清三拆三整治”和节点建设，推进社会主义新农村示范村创建工作。全镇拆除废弃猪牛栏、露天厕所243间2867平方米，拆除危旧房2398间2.68万平方米。落实奖补政策，发放平整复绿奖补资金82.5万元。

【基础设施建设】 2017年，东石镇总投资7668万元的中心镇11个项目建设进展有序，征收大屋村沙坝里1.3万平方米地质灾害受灾群众安置房储备用地，破烂近10年的原东泗公路零公里至目睡岗段实现全线通车，东石中心小学教学楼动工建设，投入700万元建成六福商住小区第三幢住宅楼并完善六福商业街道路等基础设施。完成观音阁镇级森林公园规划设计及部分步道清理、绿化。投入20万元升级东石公共服务中心并于6月正式运营。新建或改造农村公路9.2千米。全长15千米中小河流治理工程完成近60%的工程量，村村通自来水工程正式动工，镇级污水处理厂及锡水、汶水、茅坪村污水处理池正在建设。

【新农村建设】　2017年，东石镇加强新农村建设。1.推进生活垃圾处理全覆盖。投入200多万元持续整治全镇环境“脏乱差”现象，规范和完善农村生活垃圾收运处理机制，加大日常巡查监管力度，全镇卫生环境得到有效改善，16个村成功申报省、市卫生村。2.推进生活污水处理全覆盖。全面落实河长制，推动镇、村河湖库长效化常态化治理。强化水源水质保护，整治养殖业污染，划定东石镇畜禽养殖禁养区、限养区、适养区范围，推广应用畜禽废弃物生物酶解发酵技术，关闭禁养区内2家养猪场，限养区内202家养猪场（户）完成污染治理设施建设并达标排放。持续完善旅游接待配套设施，新建汶水、圩镇两座旅游厕所。3.提升农民住房水平。开展土地卫片执法检查工作，规范农村建房及客家特色民居建设。4.加强矿区生态环境综合治理。投入98万元完成狮子岩矿山整治，投入143万元完成东石镇尖山矿区西湖、东湖排洪涵洞工程建设，联合县职能部门依法打击多起私挖滥采矿产资源等不法行为，投入近80万元完成市、县下达茅坪等村矿区矿山复绿工作，完成灵水村20公顷（300亩）的碳汇林和汶水村2公顷（30亩）的桉树改种造林工程。强化森林资源管护，实现全年无山火。

【支农惠农工作】　2017年，东石镇社会救助更加有力，全年审核上报低保101户，发放低保金172万元；全年五保供养82人，发放资金68.9万元；发放医疗救助金135.7万元；2018年城乡居民医疗保险和养老保险参保人数分别为30400人、16187人，基本实现全覆盖。投入60万元建成残疾人社区康园中心和镇级避难场所。

【精准扶贫】　2017年，东石镇坚持把脱贫攻坚作为“第一民生工程”来抓，推进建档立卡户“八有”工作，突出抓好锡水、汶水、茅坪三个省定贫困村公共服务站、卫生站、村道等基础设施建设，统筹549.7万元扶贫开发资金实施光伏扶贫和农业产业扶贫项目，完成95户危房改造任务，在巩固2016年脱贫成果的基础上，全年累计脱贫率75%。

【文教卫体】　2017年，东石镇全面两孩政策稳妥实施，强化基本公共卫生服务，开展进村义诊、省定贫困村农村妇女免费“两癌”筛查等活动，完成东石中心卫生院升级建设和17个村级卫生站标准化建设，成功创建全市“两基示范镇”。完成原中央苏区农村超高速无线局域网建设，主要居民区实现网络全覆盖。完成全镇32个自然村落历史人文普查，投入100多万元完善镇村两级社会主义核心价值观主题公园。建成铁民中学7人制标准人工草坪足球场。

【平安建设】　2017年，东石镇安全生产形势持续稳定，食品药品安全监管不断强化。全面推进综治“中心＋网格化＋信息化”建设，完成综治中心升级改建，划分综治网格83个，配备网格员128人。深入开展“七五”普法，推进“一村（社区）一法律顾问”制度，全镇村（社区）法律顾问累计到村服务216次，接受群众法律咨询208人次。

【法治政府建设】　2017年，东石镇坚持“两学一做”学习教育常态化制度化。严格执行财经纪律，从严控制“三公”经费支出。配合梅州市县级党委异地巡察工作，立行立改巡察组反馈的问题，推动政府工作规范化制度化。认真接受镇人大监督和评议，及时向人大通报工作情况，全年承办镇人大议案9件，协办县人大议案5件，协办县政协提案6件。开展涉农资金管理使用和扶贫政策落实情况的核查和整改工作。加强制度约束，重新修订东石镇机关管理制度，推出公务员、事业单位人员、村民小组长、村监委及其成员绩效考核四大考核机制，以制度推动工作落实，机关干部工作作风明显转变。

【党建】 2017年，东石镇认真抓好党建工作。1.思想建设。严格执行“三会一课”制度，开展“两学一做”主题教育，增强党员干部宗旨意识和廉政意识。2.组织建设。全面完成村（社区）“两委”换届选举，一肩挑率88.9%，两委班子交叉率61.5%，选好配强党支部书记和村（社区）“两委”班子成员，蕉留村软弱涣散党组织得到有效整顿。规范发展党员程序，提高党员质量，全年发展党员13人。3.反腐倡廉建设。认真落实党风廉政建设责任制，切实落实好“一岗双责”和“两个责任”，建立防腐倡廉长效机制。全面开展《中国共产党廉洁自律准则》和《中国共产党纪律处分条例》的学习教育活动，强化教育、制度、监督并重的惩治和预防腐败体系建设，全年排查出农村基层党员干部违纪违法线索15条，其中对3条重大线索进行立案调查。加大信访案件查办力度，全年对违法违纪党员党纪立案3宗，党纪处分3人，政纪处分1人。4.直联制工作。开展党员志愿者服务活动、镇领导干部驻点普遍直接联系群众活动、党员包片联户活动，全年收集群众意见建议201条，解决群众反映的热点难点问题194个，化解矛盾纠纷65宗。

（东石镇党政办）

2017 年度东石镇领导班子成员名录

党委书记：何维耀
党委副书记：赖家洪 曹巨锋 王运奇
党委委员：何维耀 赖家洪 曹巨锋
王运奇 危彬文 邝文兵
古兰标 韩益平
陈华南（12月起任）
刘维蓉（女） 潘昌炎
姚志广（任至12月）
人大主席：李新兰（女）
人大副主席：刘宗泉
镇长：赖家洪
副镇长：危彬文 王贵昌
赖婉红（女）

大柘镇

【概况】 大柘镇为平远县城所在地，是全国文明镇、全国重点发展镇，全县的政治经济文化中心。东邻东石镇和热柘镇，西接江西省寻乌县，南连石正镇和长田镇，北毗中行镇、河头镇，界域面积154.41平方千米，辖3个社区居民委员会、25个村民委员会、266个村民小组。2017年年末，全镇户籍人口30660户87802人。其中，农业人口26686人；非农人口61116人。常住人口约12万人。2017年，全镇实现生产总值13.75亿元，同比增长6.1%；工业总产值12.1亿元，同比增长3.4%；农业总产值3.59亿元，同比增长1.4%；固定资产投资1.32亿元，同比增长25.4%。

【重点项目】 2017年，大柘镇有效推进南区市场改造项目房屋征收工作；推进县旅游综合服务区征拆工作；完成梅州富远至畲江22万伏塔基征地任务；完成兴隆路征拆任务；完成凤池水库81户283人的实物调查工作；推进南台卧佛山旅游度假区和佛文化产业园征地拆迁工作；确保工业园区用地需求；全力保障梅平高速公路（平远大柘段）施工秩序；国道206线绕城段、瑞梅铁路等项目前期准备工作有序开展，沿线管控工作落实到位；协助推进县道967线的提升改造工程；妥善解决碧桂园、平城花园、优山美地等宜居小区建设中出现的问题，各项重点项目建设的用地需求得到有效保证。

【农业】 2017年，大柘镇巩固发展脐橙、南药、优质稻、油茶等精致农业，引导发展壮大大蒜、生姜、金柚、贡柑、金橘、灵芝等“一村一品”产业。创新农业经营模式，全面推进农业产业化龙头企业和农民专业合作社发展，市级以上农业龙头企业发展到10家，新发展农民合作社13个，带动2554户非成员户壮大种植规模。农业“三项”补贴工作发放到位，全镇耕地地力保护补贴面积1166.4公顷（17496亩），补贴资金184万元。严格执行耕地保护制度，保证农田面积不减少。推进农村土地制度和集体产权制度改革，完成10032户农村土地确权登记颁证工作，颁证率98.38%。

【基础设施建设】　2017年，大柘镇基础设施建设得到完善。全面加快交通水利基础设施建设，投入70万元完成1.7千米农村道路硬底化工程；投入168万元推进3.1千米坝头河堤路硬底化工程；完成投入4100多万元的大柘河、超竹河等23千米清淤治理工程；分步建设村级小型水利工程，改善灌溉条件；完成村村通自来水工程规划编制和招标工作，进入施工阶段；推进实施大禹杯示范点坝头片项目，投入24万元完成振东大桥旁固定河床陂头工程。改善与民生相关的基础设施建设，推进“卫生两基示范镇”建设，完成对镇卫生院的修缮升级，田兴、超南、超竹、西河、贤关、黄沙、程西、坝头村卫生站建成投用。全年筹资投入100多万元新建西河、程北村文体小广场；完成25个村中央苏区县农村超高速无线局域网试点工作。

【新农村建设】　2017年，大柘镇坚持“精致休闲、特色宜居”理念，抓重点、攻难点，统筹推进城乡一体化进程。1.有序推进新农村示范村建设。通过“点线面”立体式建设，细化优化新农村示范村建设项目库，完成3个省定贫困村的规划方案。强化村民理事会作用，引导村民自觉投入到新农村建设中；开展“三清三拆三整治”工作，全镇拆除废弃猪牛栏、露天厕所、危旧房1050间，面积约1.75万平方米；清理村巷道、池塘、溪河200处2.29万平方米，清理积存垃圾90处约180吨，整治疏浚河道沟塘约5000米，平整拓宽主村干道路基、路肩约7千米。2.加大城乡环境整治力度。抓好“六乱”和城乡环境整治工作，投入2400多万元的农村环境连片整治工程动工建设；全镇禁养区内关闭15家养猪场，自动退出15家，限养区整改93家。加快水污染防治，实施流域环境综合治理，全面落实“河长制”。有序规范农村建房审批，全年受理建房申请130户，办理规划许可证74户，发出《责令停止违法建设通知书》45份，依法拆除违法建设9户。3.加强生态环境保护。响应“绿满平远”号召，加大火烧迹地的更新和复绿力度，推进666.67公顷（1万多亩）林分改造和抚育，完成300公顷（4500多亩）森林碳汇生态工程和66.67公顷（1000多亩）森林进城围城工程；森林防火工作严格落实到位，全年未发生重大山火。

【支农惠农工作】　2017年，大柘镇按时完成2018年度城乡居民医疗保险的参保和修改工作；开展被征地农民养老保障预存资金的分配工作，50名符合条件的失地农民参保。全年发放城镇低保金726.8万元，五保金89.04万元，优抚金113.33万元，医疗救助金176.25万元，高龄老人津贴金74.78万元，临时救济金20万元。加大残疾人扶贫解困工作力度，推进残疾人康园中心管理和建设，全镇有980人享受重度残疾人护理补贴，611人享受残疾人生活津贴。

【精准扶贫】　2017年，大柘镇对精准扶贫初期名单进行全面核查、清退、新增，建档立卡实有283户718人，全面落实基本医疗保障，资助100名建档立卡扶贫户学生。推进产业项目帮扶，实施“八项工程”和“五个一批”，在产业帮扶、金融帮扶、教育帮扶、住房保障等方面精准发力，至年底累计投入304.23万元，全年79户贫困户262人实现脱贫，脱贫率77.7%。

【文化体育】 2017年，大柘镇不断加大对文化体育设施的投入力度，全年投入100多万元用于体育设施建设，西河、程北等村新建文体小广场，清河、梅东、乔庄、老圩、漳演成立农村文化俱乐部，各项文化基础设施齐全。6个村新增加乒乓球桌和一批健身器材，25个村均建有文体娱乐场所；重大节假日大柘镇有组织、有计划地在各村开展篮球赛、游园活动、拔河比赛和新春文艺演出等丰富多彩的文体活动；清河、乔庄、梅东3村文化祠堂获评为市“文化祠堂”称号。黄沙村依托梅平武工队、群益读书会纪念馆等红色资源，评选为省“红色苏区村”。

【平安建设】 2017年，大柘镇坚持“稳定压倒一切”的底线思维，不断健全完善社会治理方式，群众满意度、安全感、幸福感大幅提升。1.推进“中心+网格化+信息化”建设工作。按照“合理定格、准确定人、完善系统”的工作要求，科学合理划分152个网格，配备由挂村领导、工作组长、村“两委”干部、承办单位负责人等构成的217名网格员，筹建完善联勤指挥室，将重点上访人员、精神病患者、刑满释放人员、社戒社康人员等纳入网格化管理。2.抓好信访维稳工作。认真落实信访案件领导包村包线包案责任制度和领导每周接访制度。受理各类信访案件159宗，同比下降7%，调处办结153宗，期限内办结率96%，化解医疗纠纷、环北路征地遗留问题等6宗历史遗留案件，维护中共十九大、全国“两会”、省第十二次党代会、世界客商大会等重大会议期间的社会稳定。3.加强治安管控工作。开展禁毒专项整治工作，对辖区内13个易制毒场所开展常态排查巡查，查处涉毒刑事案件1宗、行政案件20宗23人。开展“飓风2017”“梅安1号”等专项打击行动，全年立刑事案件148宗，同比下降33%；破案115宗，破案率77.7%，同比增长13.4%。4.做好安全生产工作。落实安全生产“党政同责、一岗双责、齐管共抓”制度，重点开展对道路交通、特种设备、危险化学品、非煤矿山、水库防汛、建筑消防等方面的排查防控，安全隐患排查到位，全年未发生安全生产事故。

【党建】 2017年，大柘镇自觉践行政治意识、大局意识、核心意识、看齐意识，创新工作举措，规范党建制度，培育示范典型，基层党组织在服务中心大局、加强社会治理和推动经济发展中的引领作用得到进一步发挥。1.全面学习贯彻中共十九大精神。把学习贯彻中共十九大精神、习近平新时代中国特色社会主义思想和习近平总书记系列重要讲话精神作为当前最主要的一项重要政治任务，全镇37个党支部以开展“五个一”（一场学习会议、一场专题党课、一场主题党日、一场专题研讨、一次专题调研）活动为抓手，通过党委中心组学习、专题组织生活会、专题党课等方式，原汁原味阅读中共十九大报告，推动十九大精神进企业、进农村、进机关、进校园。严格按照中共十九大提出的新要求新任务，牢牢把握住意识形态工作的领导权，落实意识形态工作责任。2.深化“两学一做”学习教育常态化、制度化。制定和印发“两学一做”学习教育常态化制度化工作清单。严格落实“三会一课”制度，认真开展组织生活，开展主题党日和党员立足岗位做贡献活动。各党支部开展党员志愿服务活动11场次、党员牵头成立4个种养合作社。3.圆满完成村级换届选举工作。通过开展“四必谈”、组建换届风气督导组等方式，营造良好的换届环境。依法选举产生

132名村（居）干部，实现书记、主任“一肩挑”率和“两委”干部交叉任职率分别达85.7%和94.04%。4.统筹推进各项党建工作。严格落实驻点团队每周汇总、镇联席会议每月研判制度，全面规范“直联”工作。接访、走访群众2.8万户，收集群众反映的各类问题2138条，解决2048条。从严从实开展“整软”工作，投入180多万元突出解决好班子配备、村务管理等方面的存在问题。如超竹村，筹资投入133万元，通过设立党总支部、改善党组织活动阵地、推进民生建设等措施，顺利完成整顿任务。加强党员队伍建设，发展党员23名，其中女性11名，大专以上学历13名，35岁以下14名。5.扎实开展党风廉政建设。落实党风廉政建设党委主体责任、纪委监督责任的“两个责任”，开展农村党员干部违纪违法线索排查，排查违纪违法线索35条，其中七大类线索32条，转立案线索7条，立案7宗，结案7宗，给予党纪处分6人和组织处理1人。（大柘镇党政办）

2017年度大柘镇领导班子成员名录

党委书记：赖光亮
党委副书记：颜德华　何志宏　肖爱兰（女）
党委委员：赖光亮　颜德华　何志宏　肖爱兰（女）　杨玉平（女）　谢中伟　王淦宏　王波旋　凌征贤　丘晓钦　张智华　卓标廉　钟　友
人大主席：李菲丹
人大副主席：姚浩明
镇长：颜德华
副镇长：王波旋　王兴健　姚亮平　姚国强
挂职副镇长：李子怡

石正镇

【概况】　石正镇位于平远县南部，地处粤赣两省四县交界，与梅县区梅西镇、兴宁市黄槐镇、寻乌县丹溪乡接壤，济广高速公路、省道225线横贯其中，距平远县城12千米，界域面积98平方千米，辖1个社区居委会、17个村民委员会、173个村民小组。2017年年末，全镇户籍人口9830户34199人。其中，农业人口28993人；非农人口5206人。2017年，全镇实现生产总值6.24亿元，同比增长6.8%；工业总产值3.02亿元，同比增长3.4%；农业总产值1.77亿元，同比增长1.4%；固定资产投资8514万元，同比增长30%；上缴各项税收405万元，完成县级任务。广州南沙（平远）省级产业转移园坐落在该镇，是广东省首批重点发展的中心镇之一。

【重点项目】　2017年，石正镇全力抓好重点项目建设。1.完成广州南沙（平远）省级产业转移园征地任务。组织精干人员，借助各方力量推进园区征地拆迁工作，切实解决水坑里北面等征地遗留问题，顺利搬迁温氏猪场，完成工业用水管道、污水处理厂管道铺设工程和温氏猪场周边未利用地等项目23.33公顷（350亩）的征地任务，保障园区用地需求。2.推进中心镇“六个一”工程。圩镇总体规划修编完成、控制性详细规划得到完善，木检站改造项目完成清拆，石正中学、冬青实验学校运动场升级改造基本完成，在石正公园新建1条登山步道、2条休闲步道及平台建设，基本完成村卫生站规范化升级改造工程，镇域基础设施整体水平得到有效提升。3.推进旅游项目建设。完成南台山山顶5千米安全防护设施工程和22.79公顷（341.8亩）储备用地的征收工作，为南台卧佛山旅游产业开发奠定良好基础。协助成功举办三月三“客家炒绿”茶香节。全面完成4座旅游厕所新建改建任务，交通节点旅游标识牌基本实现全覆盖，旅游接待配套设施建设持续改善。4.特色产业稳步发展。引导农村土地规范流转，促进规模化种植、产业化经营，新增发展樟头坰片区千亩彧园牧草、坪湖村湖阳莲种植项目，新建先锋村、石正村2个蔬菜基地和6666.67平方米（10亩）“稻花鱼”试验示范基地，发展中东南药、东台葡萄等千亩精致高效农业示范点。南台酒（水）、梅片树、有机茶等特色优势产业不断巩固发展，华清园、园山湖、源丰等农业深加工项目加快建设，农业产品加工转化率和产品附加值不断提升。

【基础设施建设】 2017年，石正镇做好基础设施建设工作。投入150多万元完成乡村公路硬底化改造工程，完善农村交通网络建设。规范镇级汽车站使用，推进城乡公交一体化，完善公交站亭建设，全面提升交通运输公共服务水平。投入资金72万元，修复水毁陂头工程1宗，水土保持工程2宗，维修河堤砌结500多米，疏通河道300米，清淤排灌圳道16千米。镇村污水处理设施、村村通自来水工程、工业园污水处理厂配套管网等项目前期工作顺利实施。

【新农村建设】 2017年，石正镇美丽乡村建设成效显著。1.整治提升村容村貌。坪湖、中东、安南3个省定贫困村作为首批新农村建设示范村，20户以上的31个村庄均建立村民理事会，完成村庄整治规划和创建规划，“三清三拆三整治”取得阶段性成效。2.推进生活垃圾处理全覆盖。采取“以奖代补”方式，通过村民代表大会表决，明确收取标准，抓好农村生活垃圾处理服务费收取工作。推动“户投放、自分类、村收集、镇转运、县填埋”的农村生活垃圾处理模式，加大农村环境卫生整治力度，人居环境明显改善。3.提升农民住房水平。坚持每周3次以上的土地动态巡查机制，将土地动态巡查与基本农田保护、建设项目跟踪管理和土地法律法规宣传相结合，及时发现查处国土资源违法违规行为，全面规范国土资源和村镇建设管理秩序。全年制止8宗违规建房行为。结合农村的实际和特点，全面完成圩镇总体规划修编、村庄整治规划和美丽乡村“三张图”编制工作，引导农民依法依规建设具有客家特色风格的民房，逐步改变农村有新房无新村的现象。

【生态环境建设】 2017年，石正镇加大植树造林力度，高标准、高质量完成县林业重点工程项目碳汇林造林、南台山国家森林公园和石正公园抚育任务448.2公顷（6723亩）。宣传森林防火，加强巡山巡查，做到坚决杜绝野外用火，严格防范森林火灾发生。全面落实河长制，明晰石正河流经的村（居）负责河段，因地制宜，一河一策，推动江河湖库长效化常态化治理，民生水利保障和支撑能力不断提高。实行镇村干部挂钩包户制度，做好养猪业污染专项整治工作。

【精准扶贫】 2017年，石正镇道路硬化、安全饮水、生活用电、医疗设施、广播电视、网络覆盖数据100%。“三保障”当中的义务教育、基本医疗100%，其中完成危房改造74户，贫困户的人均可支配收入12943.7元，社会保障兜底100%。落实上级“两奖补”政策，发放30.34万元用于鼓励贫困户发展产业、就业。采取“一户一策”，投入22.8万元用于帮扶发展优质有机水稻、甘薯、农家鸡养殖等特色种养产业。采用贫困户入股分红模式，投资375万元到县工业园、梅州市金穗有机农业发展有限公司和广东华清园生物科技有限公司。全年实现预脱贫人口186人，预脱贫率32%，顺利完成2017年度相对贫困人口减贫目标任务。

【平安建设】 2017年，石正镇扎实开展

"七五"普法工作。坚持镇领导班子成员每周接访制度和领导包案责任制，争取将矛盾纠纷化解在基层，防止群访及越级上访事件发生。推行"中心+网格化+信息化"工作，切实做好舆情监测管控，防范应对各类风险隐患和矛盾纠纷。全年受理办结矛盾纠纷202件，网格化平台录入和处理矛盾纠纷排查信息117条，化解终结信访案件54件，排查重点人员5人，圆满完成中共十九大、第五届世界客商大会等重大活动安保维稳任务。坚守安全红线不动摇，排查和消除安全隐患，对全镇范围内的关闭煤矿、非煤矿山、危险化学品和烟花爆竹、建筑施工、旅游景区、燃气等重点行业领域、人员密集场所全面开展安全生产大检查。

【党建】　2017年，石正镇认真抓好党建工作。1.思想建设。推进"两学一做"学习教育常态化制度化。镇党委多次召开会议，落实中央和省市县关于推进"两学一做"学习教育常态化制度化的有关要求。镇党委研究制定方案，在全镇推进"两学一做"学习教育常态化制度化中发挥领导干部带头作用，党员领导干部带头开展经常性学习、带头讲好专题党课、带头参加组织生活会和民主生活会、带头参加支部主题党日活动、带头严守纪律改进作风逐步走向常态。2.组织建设。强化党员队伍教育和管理。按照党员发展细则，严把党员入口关，全年发展党员11名，其中35岁以下3名、大专以上2名；做好党员信息采集和党组织信息采集工作，保质保量完成录入党员和党组织信息，规范党员档案管理和组织关系转接，对各支部党员实行动态管理。在全体党员中广泛开展新时代理论宣传、重温入党誓词、传达学习中共十九大精神和习近平总书记系列重要讲话精神，以及"两学一做"和"学报告·学党章"考学活动等系列学习教育活动；坚持开展支部主题党日活动，使党员在参与本村本单位建设中增强归属感、成就感，进一步增强党支部的凝聚力和号召力。3.作风建设。认真执行廉政建设各项规定，落实党风廉政建设责任制，加强党性、党风、党纪教育，把党风廉政建设作为中心组学习和民主生活会、党员组织生活会的重要内容。认真贯彻执行中央和省、市、县关于加强作风建设的决策部署和严格贯彻落实中央八项规定，持续整治"四风"突出问题。深化"两学一做"学习教育活动，持之以恒抓好作风建设，强化制度执行力和纪律刚性，常态化推进驻点联系工作，进一步改进干部工作作风。4.制度建设。认真落实抓主业意识，通过抓覆盖、抓规范、抓制度等举措，严格落实"三会一课"制度。传承红色基因，挖掘红色文化资源，打造拥军亭、革命烈士陵园、解放军青年林等红色教育基地，在全镇范围营造浓厚"党味"。坚持村级班子联席会议制度和党群联席会议制度"两个联席"会议制度，对村级经济发展，重大事项决策，特别是"三资"监管，进行集体决定决议，并及时公开有关决议事项。扎实开展创建党建示范点、设岗定责等活动，充分发挥党支部和党员在精准扶贫和新农村建设中的先锋模范作用。

（石正镇党政办）

2017年度石正镇领导班子成员名录

党 委 书 记：吴远平

党委副书记：黄小芬（女）
冯概福　谢展开

党 委 委 员：吴远平　黄小芬（女）
冯概福　谢展开　刘达平
卢雄昌　曾　泉　丘耀仁
张秋兰（女）
凌征聪　吴永伟

人 大 主 席：王兴连

人大副主席：凌云辉
镇　　长：黄小芬（女）
副 镇 长：卢雄昌　谢远崧　谢伟生

长　田　镇

【概况】　长田镇是平远县南大门，东、西、南分别与梅县的石扇、梅西及大坪镇接壤，北与该县热柘镇、大柘镇相连。国道206线南北贯穿全镇，距梅州市区30千米，离平远县城14千米，界域面积69平方千米，辖7个村民委员会。2017年年末，全镇户籍人口2972户9639人。其中，农业人口6479人；非农人口3160人。2017年，全镇实现生产总值1.69亿元，同比增长5.6%；人均GDP（国内生产总值）21428元，同比增长5.2%；工业总产值2.03亿元，同比增长4.3%；农业总产值0.83亿元，同比增长1.5%；固定资产投资0.36亿元，同比增长10%。

【工农业】　2017年，长田镇重点通过服务模式创新、金融信贷支持、项目用地保障等措施，促进企业提质创牌和扩能增效。平远友邦木业与广州欧派、碧桂园肇庆现代家居公司合作筹建的木门生产线建成并投入生产，年产量10万套，在培育产品技术含量、提升产品附加值方面实现转型升级，公司总产值实现2亿元；元芯科技公司总产值实现9000万元，于年底成功入驻第三工业园；新大地公司林旅结合不断深化，实现产值2200万元；客家情酒厂进行技术改造，年产值实现1500万元。新大地公司创新“工农商旅”结合模式，以旅游带动农业开发，林下经济，茶油电商发展，申报为省级农业公园。巩固发展沙田柚、油茶特色农业，壮大鸿福、和信达、源丰和威大地等一批农业龙头企业；配合生态旅游种植连片油菜花，引导和信达、新绿湖和枫树园等生态农庄打造农业休闲综合体，挖掘整合农家乐、生态采摘等旅游资源，发展乡村旅游，取得良好的社会效益；新增市县级农业龙头企业1家、农民专业合作社1家、家庭农场2家以上；开工建设高标准农田143.33公顷（2149.95亩）；农村土地承包经营权确权登记颁证工作通过县级验收，全年流转土地13.33公顷（200多亩）；提高农业保险覆盖面，提升农业抗风险能力。实施县“电商进农村”的项目，着力解决农副产品销售不畅问题，平远县新绿湖生态农业发展有限公司被评为2017年度平远县十大优秀电商企业之一。

【基础设施建设】　2017年，长田镇为推进梅平高速公路长田段建设，长田段补征地189宗7.62公顷（114.27亩），处置“三改”问题和施工影响补偿100多宗，调处引发的矛盾纠纷10多宗，完善拆迁安置工作32户，确保梅平高速长田段的无障碍施工和周边社会的稳定。动工建设火石寨森林公园道路，完成路基2.26千米；结合高标准农田建设，启动礤上、留大畲、江子和朱屋坝等村4条乡村道路硬底化改造工程，约3.2千米；完成圩镇国道206线至长田村村址的扩宽工程征地任务。完成村村通自来水工程项目设计、招投标等工作，进入征地施工阶段；镇级污水处理厂工程如期施工，完成8个村级污水处理点的选址工作；全面推行河长制工作，构建以镇党委书记、镇长为镇级河长的镇、村两级河长体系，完善“三项制度”，各级河长开展巡河660人次，集中开展沿河流域环境整治2次，维护辖区河流的水清岸绿；协助县完成中小河流治理项目前期设计；推进三防系统标准化建设，严守“三防”24小时值班制度，加大水利工程、地质灾害巡查力度。

【新农村建设】　2017年，长田镇加大新农村建设力度。1.整治提升村容村貌。完成镇区总体规划和7个行政村村庄规划，并通过公告栏、召开村民代表会等方式广泛向公众采纳相关意见建议。总体规划于10月27日在长田镇十六届人大三次会议上通过，并提交至县政府审批。采取“镇主导、村牵头、理事会抓落实”的模式联动推进，完成新农村示范点石赖坑村小组的“三清三拆三整治”，拆除老屋、杂屋41间1100平方米。农村环境综合治理体系逐渐形成，镇环境整治巡查队和市场监管队责任落实，在垃圾卫生，私搭乱建，私挖乱采等发挥重要作用。2.推进村道硬底化。完成圩镇至长田村村址村道扩宽、亲水平台、村内外环路内环路、公厕、卫生站等建设征地4000多平方米，杜屋段道路建设路基平整、石赖坑村外环路硬底化、村卫生站和公厕已建成，外立面改造验收11户，5户待验收。3.推进生活垃圾处理全覆盖。修建垃圾中转站，新增添400多只垃圾桶，分发5台三轮垃圾运载车等收集设备。4.推进生活污水处理全覆盖。实施环境综合整治集中行动20多次，出动人力1000人次，整治现有养殖场32个，发动30多户规模养殖户达成“零排放”养殖场改造建设意向，有效改善乡村环境。5.提升农民住房水平。实施圩镇外立面改造工程，验收奖补66户，仍有35户未验收。6.提升基本公共服务水平。沟通对接县供电部门落实配网基建改造项目，年度新建及改造10千伏线路1.07公顷（16.09千米），新建及改造低压线路2.34公顷（35.11千米），工程总投资1085万元。投入100多万元新建村级卫生站5间，为切实改善长田镇村就医环境打下坚实的基础。

【生态环境建设】 2017年，长田镇实施乡村绿化美化工程和重点林业生态工程，完成圩镇大方桥以下国道两边花池建设和花木的改种补植；高标准营造长江村碳汇林26.13公顷（392亩）；规划设计并实施火石寨县级森林公园建设，完成环山公路路基、停车场平整和1.2千米登山步道硬底化工程，落实公园内33.33公顷（500亩）林地抚育补植工作；配合上级林业部门做好梅平高速景观林带备耕53.33公顷（800亩）、清理国道沿线山脚防火带13千米。

【支农惠农工作】 2017年，长田镇全年开展就业招聘活动2场，实现劳动力转移就业62人；扩面征缴社保、医保，实现农村医保、低保和五保供养全覆盖，社保征缴率98%，医保征缴率99%。在县2017年度人力资源和社会保障工作考核中，长田镇获得先进集体称号。投入40多万元对卫生院进行标准化改造，完成基本医疗服务区、公共卫生服务区、中医药服务区和业务楼外立面标准化建设，并按标准化设置功能科室，配置了一批辅助检查设备，有效提升卫生院的医疗服务功能和服务环境；投入80多万元实施镇敬老院改扩建工程和居家养老服务中心建设工程，完成长田镇家庭服务中心、应急避险场所建设，残疾人康园中心逐步完善；启动民政日间照料中心建设项目，选址建造在卫生院区内，既能补充卫生院内设空间，又为启动医养结合模式打好基础。

【精准扶贫】 2017年，长田镇按照“两不愁三保障一相当”的要求，通过对无劳动力贫困户实施兜底保障，对有劳动力贫困户进行产业奖补、就业奖补、资产扶贫等方式，扶持贫困户养蜂、养猪、养羊等项目发展，贫困户全面落实“八有”（有稳固住房、有饮用水、有电用、有路通自然村、有义务教育保障、有医疗保障、有电视看、有收入来源或最低生活保障），5户贫困户实施危房改造；完成长田镇42户59人的分散贫困户各项帮扶工作（预脱贫），同时“两不具备”贫困村庄搬迁工作平稳推进，对符合条件的76户落实补助。

【文化教育】 2017年，长田镇“九年一贯制”教育模式持续巩固提升，自然村落普查工作完成二稿编撰，正在进行三稿修正，完成国家第五批传统村落的推荐申报；结合县创建“广东省县级文明城市”工作，对镇级文化中心进行修缮改造，对镇村两级文化广场落实社会主义核心价值观宣传，安装道旗40幅、雕塑1座、制作宣传栏7个；保护弘扬客家文化，落实《长田山歌》推荐申报第七批市级非物质文化遗产工作；支持民间艺术团队群声乐队艺术创作和活动，组织和参与文体活动8次。

【平安建设】 2017年，长田镇实行包村入户网格化管理，加大“中心+网格化+信息化”系统建设力度，建设联勤指挥室，划分21个网格，63名网格员，着力化解基层矛盾纠纷。受理各类矛盾纠纷案件95宗，其中派出所受理45宗，服务中心受理26宗，村级工作站受理24宗。完成镇级和各村公共服务平台基础设施建设，公开招聘7名村专职公共服务站人员，选配2名镇公共服务中心工作人员，进行系统的业务培训，保证公共服务中心平台的运作。完成2251户的土地确权工作，登记颁证率105.6%；完善社会安全防控体系，落实安全生产“一岗双责”制度，扎实开展百日安全生产、节日安全生产检查等行动，持续加大道路交通安全、燃气安全、烟花爆竹、“三小场所”等专项整治力度，全年未发生安全生产事故；完成削坡建房户的调查和信息录入工作，为保障群众生命财产安全提供管理基础。

【党建】 2017年，长田镇努力打造为民务实清廉政府，开展党建工作。1.坚持“两学一做”学习教育常态化、制度化，深入学习习近平总书记治国理政新理念新思想新战略和中共十九大报告精神，严明党风廉政建设岗位责任制，严格执行中央八项规定精神和廉洁从政各项规定，聚焦重点领域监管，有效促进权力公开透明运行。2.坚持向镇人大主席团报告工作，主动接受镇人大的法律监督和工作监督，定期在政府门户网站以及公开栏更新工作动态，并在网站专栏、政府宣传栏主动公开政务信息。 （叶田田）

2017 年长田镇领导班子成员名录

党委书记：李文锋
党委副书记：王平梅（女） 钟浩平 张 天
党委委员：李文锋 王平梅（女）
钟浩平 张 天 王子发
林 岳 陈雄英
朱晓晖（12月起任）
颜奇真 林依娜（女）
陈伟雄 王传文
人大主席：谢冠生
人大副主席：王子发
镇 长：王平梅（女）
副 镇 长：陈雄英 李志伟
颜奇真

热 柘 镇

【概况】 热柘镇位于平远县东南部，东与蕉岭县新铺镇、梅县区石扇镇接壤，西与大柘镇为邻，南连长田镇，北接东石镇，距平远县城13.9千米，界域面积10平方千米，山林面积87.33平方千米（13.1万亩），占比80.9%，森林覆盖率78%左右；耕地面积7.07平方千米（1.06万亩），占比6.5%，辖8个村民委员会、74个村民小组。2017年年末，全镇户籍人口3562户13548人。其中，农业人口10002人；非农人口3546人。2017年，全镇实现生产总值1.68亿元，同比增长5.9%；工业总产值0.67亿元，同比增长3.4%；农业总产值0.87亿元，同比增长1.4%；固定资产投资1425万元，同比增长25%。热柘镇是革命老区、华侨之乡；柚树河是平远县境内最大的河流；水力发电站有10座，年发电量占全县小水电的33.68%；柚树河小胆滩海拔89米，是全县最低点；矿产资源主要有丰富的耐火石和温泉；豆干是全县知名的农副特色产品。

【工农业】　2017年，热柘镇着力抓好工农业生产。1.农业方面。落实镇村干部包村包片责任制，抽调优秀干部协助作业公司做好农业普查、土地确权、消防建筑信息采集、地籍调查等工作，为农村土地流转奠定基础，探索解决用地的瓶颈问题。宣传引导群众发展沙糖橘、油茶、优质稻、仙人草、名贵花木等生态富民特色产业，先后多次邀请专业技术人员对农户进行脐橙、沙糖橘、柑柚等黄龙病防治培训指导工作，鼓励种养大户、专业合作社、家庭农场等经营主体适度扩大种养规模，发展沙糖橘、仙人草、岗梅等种植规模120公顷（1800多亩），发展优质稻533.33公顷（8000多亩）。完善镇村两级电商运营服务平台建设，加快“互联网+农业”融合发展，拓宽农产品销售渠道，增加农民收入。2.工业方面。稳增长促转型，产业经济提质增效。开展“暖企”行动，认真协调解决企业发展过程中的问题、难题，引导曹字实业、绿叶水厂等企业技术升级改造、增资扩产。做好招商引资工作，引进本县注册公司11家，其中与深圳市建艺投资控股有限公司签署热水温泉度假区10亿元投资意向书，探索农旅结合模式，努力培育生态旅游产业。

【基础设施建设】　2017年，热柘镇累计投入9500万元，省道225线（原县道967线）实现全面通车，下黄地村溪尾至三尺炭村道完成路基工程；双坝桥新建工程完成水下主体工程；“村村通”饮水入户末端工程投入1400多万元，基本投入使用。投入150万元进行污水管网升级改造工程，各村生活污水处理设施规划选址设计中；“卫生两基示范镇”创建工作稳步推进，全镇7个村的标准化卫生站全面建成；客家特色商住区、老人文体广场、旅游公厕全面建成；敬老院项目建设稳步推进中。

【新农村建设】　2017年，热柘镇乡村振兴战略稳步推进。1.整治提升村容村貌。坚持党建引领作用，按照省定贫困村新农村示范村创建标准，完成7个行政村村庄规划编制工作和圩镇总规规划，开展“三清三拆三整治”，打造下黄地坎头客家特色新农村示范点。2.推进生活垃圾处理全覆盖。全面推行河长制，常态化抓好农村生活垃圾运收处理。3.推进生活污水处理全覆盖。深入开展养猪业污染整治，加强政策宣传，科学划定禁养区、限养区，全镇禁养区内26户养猪户中，关停或拆除21户，整治面积1.06万平方米。4.提升农民住房水平。人居环境不断优化，坚持加快村庄规划编制工作，规范农村建房管理，扎实推进农村危房改造工作，加强农村建房监管，依法拆除3户违规建房，建房秩序得到有效维护。

【支农惠农工作】　2017年，热柘镇始终把保障和改善民生放在突出位置，认真落实惠农政策，从严从实开展涉农资金专项检查，专款专用，确保各项补贴发放到农户手中。扎实做好社保征缴扩面工作，加大就业培训和创业扶持力度，加强社会保障和社会救助。利用“五保户”门诊医疗救助金，妥善解决“五保”对象的灵活就医问题。严格执行医疗救助制度，提高救助水平，对贫困户家庭中患重大疾病、长期慢性病的人群给予救助。落实孤儿救助政策，使全镇10名孤儿得到稳定有效的救助。开展“绿满热柘”行动，引导群众“四旁”绿化，不断提升村庄绿化水平，优化生态环境。该镇全年加强植树造林，抚育林地26.67公顷（400多亩），种植各类苗木2万多株。加强林业资源管护，提倡文明祭祀，严禁带火种上山，全年无重特大山火灾情。加强矿山非法开采监管，全天候巡查，封堵出入交通路口，有效防止矿山非法开采死灰复燃。

【平安建设】 2017年，热柘镇推进综治维稳“中心+网格化+信息化”建设，强化精神障碍患者管护，加强禁毒、反邪教工作，严厉打击赌博和其他违法犯罪活动。严格落实信访维稳工作包案领导责任制，及时解决群众合理诉求，努力把社会不和谐因素化解在萌芽状态，确保社会和谐稳定。各类信访案件13件次，比上年下降38.2%。进一步落实安全生产“一岗双责，党政同责，失职追责”工作责任，加强对重点场所、重点领域的安全大检查，安全生产形势稳定。

【社会各项事业】 2017年，热柘镇加大计生新政策宣传力度，强化优生优育服务。民兵武装工作不断加强，全民国防教育和拥军优属工作扎实开展。发挥工会、共青团、妇联、残联、工商联等群团组织联系群众、服务大局的作用，统计、保密、档案、侨统、邮政、电信、农商行、供电等工作卓有成效。

【党建】 2017年，热柘镇抓好党建工作。1.思想建设。从严从实开展“两学一做”学习教育，深入学习贯彻中共十九大精神，用科学理论武装头脑，突出党性教育主题，参与党史国史、党章党纪、党的优良传统和作风教育，不断强化党员意识和纪律意识。开展学习培训90多场次，受教育党员3000多人次。2.组织建设。高度重视党员组织关系集中排查、党费收缴工作专项检查等工作，基本完成全镇12个党支部党费清缴工作。3.直联制工作。各驻村团队走访群众2500多户次，收集群众意见建议180多条次，帮助解决群众困难150多条次，协助化解矛盾近30件次。（王淦彬）

2017年度热柘镇领导班子成员名录

党委书记：林　欣

党委副书记：谢石海　凌礼宏　陈国忠

党委委员：林　欣　谢石海　凌礼宏　陈国忠　张永光　张国栋　曹维颂　林　琳（女）　林坤鹏

人大主席：黎崇赞

人大副主席：陈均定

镇长：谢石海

副镇长：张永光　陈碧英（女）　姚广海

光　荣　榜

先进集体　先进个人名录

平远县荣获2017年度副厅级及以上单位表彰的先进集体一览表

表3

单位名称	授称时间	授予单位	荣誉称号
平远县泗水镇文贵村	2017.03	国务院防范和处理邪教问题办公室	2015“百县千乡万村无邪教创建示范工程”活动创建无邪教示范村
平远县第三小学	2017.03	广东省教育厅	广东省青少年校园足球推广学校（第一批）
实验小学	2017.03	广东省教育厅	广东省青少年校园足球推广学校（第一批）
平远县中行镇中行村	2017.03	广东省人民政府防范和处理邪教问题办公室	2015“‘三个五’无邪教创建示范工程”活动创建无邪教示范村
广东保灵医药有限公司连锁部	2017.03	广东省妇女联合会	广东省“巾帼文明岗”
梅州市汇胜木制品有限公司白身车间贴皮班	2017.04	广东省总工会	广东省五一劳动奖状
中国建设银行梅州平远支行	2017.04	中国建设银行总行	2016年度代理中央财政业务优秀服务机场先进单位
平远汽运有限公司	2017.04	广东粤运股份有限公司	2016年度先进集体
实验小学	2017.05	教育部	全国青少年足球特色学校
平远县第三小学	2017.05	教育部	全国青少年足球特色学校
中国移动平远分公司	2017.06	广东省工商行政管理局	广东省守合同重信用企业（连续十三年2004—2016）
平远县广播电视台	2017.07	梅州市精神文明建设委员会	梅州市文明窗口

续表3

单位名称	授称时间	授予单位	荣誉称号
平远县体育局	2017.08	国家体育总局	2013—2016年度群众体育先进单位
平远县人民政府地方志办公室	2017.08	中国地方志指导小组、中国地方志学会	《平远年鉴》（2016年卷）在第四届全国地方志优秀成果（年鉴类）质量评审中，被评为提名年鉴
平远县公安局	2017.09	广东省公安厅、广东省人力资源社会保障厅	2015—2016年度全省优秀公安局
平远县人民政府	2017.11	广东省精神文明建设委员会	广东省县级文明城市
平远县人大常委会办公室	2017.11	广东省人大常委会人民之声杂志社	2017年度《人民之声》先进发行单位，被评为一等奖
广东平远龙文—黄田省级自然保护区	2017.12	《森林与人类》编辑部	中国最美森林 中国森林氧吧
中国建设银行梅州平远支行	2017.12	中国建设银行广东省分行	县（市）支行一般性存款提升奖
东石小学	2017.12	广东省教育厅	广东省青少年校园足球推广学校（第二批）
冬青实验学校	2017.12	广东省教育厅	广东省青少年校园足球推广学校（第二批）
石正中学	2017.12	广东省教育厅	广东省青少年校园足球推广学校（第二批）
田家炳中学	2017.12	广东省教育厅	广东省青少年校园足球推广学校（第二批）
实验中学	2017.12	广东省教育厅	广东省青少年校园足球推广学校（第二批）
平远县人民武装部	2017.12	广东省军区	2017年度先进人武部
广东平远农村商业银行股份有限公司	2018.02	广东省农村信用社联合社	广东省农村合作金融机构2017年度综合考核农商行B类三等奖
梅州平远供电局人力资源部	2018.03	广东电网有限责任公司	2017年度人力资源工作先进集体
中国电信平远分公司差干营销服务中心	2018.03	中国电信广东分公司	广东公司金光133竞赛农村营服中心先进单位

平远县荣获2017年度副厅级及以上单位表彰的先进个人一览表

表4

姓名	授称时间	授予单位	荣誉称号	授称时所在单位职务
凌明球	2016.04（补录）	广东省总工会	广东省五一劳动奖章	平远县粮食收储公司超竹仓库主任
丘顺英	2017.01	梅州市精神文明建设委员会	第六届梅州市道德模范提名奖	平远县总工会财务部长
凌　铭	2017.04	广东省文化厅	创作的表演唱《盼郎归》荣获曲艺类一等奖	平远县文化馆正股级干部
洪树湘	2017.04	广东省文化厅	创作的歌曲《辛苦心不苦》荣获音乐类二等奖	平远县文化馆副馆长
凌　铭	2017.04	广东省文化厅	创作的小戏《伯公树下》荣获戏剧类二等奖	平远县文化馆正股级干部
吴卫忠	2017.04	广东粤运股份有限公司	2016年度优秀共产党员	平远汽车运输有限公司总经理
林敦永	2017.04	广东粤运股份有限公司	2016年度先进生产（工作）者	平远汽车运输有限公司副总经理
姚雪军	2017.05	共青团广东省委员会	2016—2017年度广东省优秀共青团干	平远县畜牧兽医局办公室副主任
洪瑞梅	2017.06	广东省国土资源厅	作品《近道居的孩子》被评为“南粤大地情”随手拍摄影大赛三等奖、网络人气奖	中共平远县委老干部局副主任科员、人秘股股长
姚青栋	2017.06	广东省高级人民法院	荣誉天平奖章	平远县人民法院党组成员、纪检组组长
钟东泰	2017.06	广东省高级人民法院	荣誉天平奖章	平远县人民法院法警大队副大队长
洪树湘	2017.07	中共广东省委宣传部	入选2017年广东省基层宣传文化能人	平远县文化馆副馆长
陈耀宗	2017.07	广东省作家协会、广东省小小说学会	作品《眼睛》获广东省30年优秀小小说三等奖	平远作家协会主席
林　军	2017.09	广东省金融系统	“建功十三五 喜迎十九大”职工美术作品类三等奖	中国人民银行平远县支行副行长
林　军	2017.10	中国人民银行文联办公室	“喜迎十九大”央行职工美术优秀奖	中国人民银行平远县支行副行长

续表4

姓名	授称时间	授予单位	荣誉称号	授称时所在单位职务
谢彤	2017.11	广东省人力资源和社会保障厅、广东省司法厅	第三届全省法律援助工作先进个人	平远县司法局副局长
张添珍	2017.11	广东省人大常委会办公厅	2017年度人民之声优秀通讯员	中行镇人大副主席
林敦伟	2017.11	广东省人大常委会办公厅	2017年度人民之声优秀通讯员	依法治县办主任
李思惠	2017.11	广东省人大常委会办公厅	2017年度人民之声优秀发行员	平远县人大常委会办公室职工
陈远青	2017.11	广东省人大常委会办公厅	2017年度人民之声优秀发行员	平远县人大常委会办公室职工
洪瑞梅	2017.12	中国农业博物馆	《春日茶田》《晒秋》在“全国二十四节气摄影作品征集活动”中被评为优秀摄影作品，并被中国农业博物馆收藏	中共平远县委老干部局副主任科员、人秘股股长
陈锦光	2017.12	梅州军分区	优秀基层干部	平远县人武部保障科正连职助理员
韩丽莉	2017.12	梅州军分区	优秀职工	平远县人武部政治工作科职工
杨梓强	2018.01	广东电网有限责任公司	2017年度基建业务优秀个人	平远供电局计划建设部助理专责
罗辉君	2018.01	中国移动广东公司	中国移动广东公司2017年度“先进个人”	中国移动平远分公司总经理
曾龙	2018.01	中国移动广东公司	中国移动广东公司2017年度“先进个人”	中国移动平远分公司总经理助理
李伟珠	2018.01	中国移动广东公司	中国移动广东公司2017年度“先进个人”	中国移动平远分公司东石营业厅店面经理
倪曼娥	2018.01	中国移动广东公司	中国移动广东公司2017年度“先进个人”	中国移动平远分公司市场部营销主管
朱其明	2018.01	中国移动广东公司	中国移动广东公司2017年度“先进个人”	中国移动平远分公司仁居营业厅渠道经理
凌益鹏	2018.01	中国移动广东公司	中国移动广东公司2017年度“先进个人”	中国移动平远分公司网络部网络支撑

续表4

姓名	授称时间	授予单位	荣誉称号	授称时所在单位职务
姚雪梅	2018.01	中国移动广东公司	中国移动广东公司2017年度“先进个人”	中国移动平远分公司环北路营销代表
姚新红	2018.01	中国移动广东公司	中国移动广东公司2017年度“先进个人”	中国移动平远分公司综合部业务主任
杨林辉	2018.01	广东省经济和信息化委员会	优秀数据报送员	广州南沙（平远）产业转移工业园管理委员会职员
韩雄辉	2018.02	广东电网有限责任公司	2017年度安全生产先进个人	平远供电局局长助理
龙兴起	2018.02	广东电网有限责任公司	2017年度安全生产先进个人	平远供电局生产设备管理部主任
姚思达	2018.02	广东电网有限责任公司	2017年度物资工作先进个人	平远供电局物流服务中心专责
王海亮	2018.02	广东电网有限责任公司	2017年度市场营销（农电）工作先进个人	平远供电局副局长
梁家凤	2018.02	广东电网有限责任公司	广东电网公司“最美家庭”	平远供电局东石供电所营业员
陈胜斌	2018.02	广东省人力资源和社会保障厅、广东省社会治安综合治理委员会	2016—2017年度全省社会治安综合治理先进工作者	平远县委政法委专职委员
凌红毅	2018.03	广东电网有限责任公司	优秀配电设备主人	平远供电局大柘供电所班长
蔡科明	2018.03	广东电网有限责任公司	2017年度教育培训先进个人	平远供电局生产设备管理部专责
韩小丽	2018.03	中国移动广东公司	中国移动广东公司2017年度“劳动标兵”	中国移动平远分公司政企部客户经理

表彰通报

中共平远县委　平远县人民政府
关于表彰2017年度社会治安综合治理工作
（平安建设）先进单位和先进个人的通报

（2018年2月23日　平委〔2018〕3号）

各镇党委和人民政府，县直副局以上和省、市属驻平各单位：

2017年，全县各镇各部门认真贯彻落实县委、县政府工作部署，大力加强社会治安综合治理工作（平安建设），为我县经济社会全面发展创造了和谐稳定的社会环境。在社会治安综合治理工作（平安建设）中，涌现出一批先进单位和先进个人，为激励先进、树立典型，县委、县政府决定对2017年度社会治安综合治理工作（平安建设）先进单位和先进个人进行通报表彰。

一、先进单位（6个）

石正镇、热柘镇、泗水镇、县委组织部、县工商质监局、县田家炳中学。

二、先进个人（10名）

郭　亿（河头镇党委副书记）

何东生（上举镇党委副书记）

曾繁寿（仁居镇党委副书记）

杨旭辉（县纪委常委、县监察委委员、办公室主任）

黄　珍（县检察院副检察长）

姚建军（县公安局副局长）

吴可兴（县信访局副局长）

王　平（县人社局党组副书记、主任科员）

王碧芳（县财政局副局长）

黄荣浩（县委政法委一室副主任）

希望受表彰的先进集体和先进个人发扬成绩，再接再厉，进一步提振精神、坚定信心、开拓进取，为全力构建“一城一区一带”科学发展新格局，加快建设新时代幸福平远而努力奋斗！

中共平远县委　平远县人民政府
关于表彰党的十九大维稳安保工作
先进单位和先进个人的通报

（2018年2月23日　平委〔2018〕4号）

各镇党委和人民政府，县直副局以上和省、市属驻平各单位：

2017年3月至12月，全县各镇各部门紧紧围绕中央和省、市、县委工作部署，以最强部署、最严举措、最实稳控做好党的十九大维稳安保工作，实现了省委提出的“四个不发生”工作目标，圆满完成了十九大维稳安保工作任务。为总结成绩，激励先进，树立典型，县委、县政府决定对在党的十九大维稳安保工作中表现突出的先进单位和先进个人进行通报表彰。

一、优秀单位（10个）

八尺镇、石正镇、仁居镇、大柘镇、东石镇、县委维稳办、县公安局、县信访局、县民政局、县人社局。

二、良好单位（10个）

差干镇、热柘镇、泗水镇、长田镇、上举镇、中行镇、河头镇、县文广新局、县环保局、县住建局。

三、先进个人（10名）

肖创泰　县委政法委副主任科员
陈先平　县公安局党委委员、指挥中心主任
林福云　县信访局主任科员
刘　琳　县信访局综合调查股股长
杨立强　县人社局人事争议仲裁院副院长
冯　跃　县民政局工作人员
刘智春　县公安局国保大队副大队长
丘晓钦　大柘镇党委委员
谢展开　石正镇党委副书记
沈俊达　县公安局治安大队大队长

四、表扬个人（29名）

刘梅峰　县委政法委专职副书记
吴文胜　县信访局局长
杨　柳　县委宣传部副部长
林　敏　县委政法委专职委员、三室主任
刘连昌　县信访局副局长

潘佛扬　县民政局党组成员
罗小锋　大柘镇信访办主任
朱　斌　县禁毒办副主任
刘献忠　县公安局指挥中心副股长
林海丰　县人社局劳动保障监察综合执法大队办事员
刘志江　大柘镇综治办主任
曾　泉　石正镇党委委员、派出所所长
曹巨锋　东石镇党委副书记
吴国鹏　东石镇综治办主任
曾繁寿　仁居镇党委副书记
姚岸良　仁居镇综治办主任
吴雨华　八尺镇党委副书记
陈炜坚　八尺镇综治办负责人
张玉峰　泗水镇综治办主任
何东生　上举镇党委副书记
曾　鹏　差干镇综治办主任
谢　翔　中行镇党委副书记
郭　亿　河头镇党委副书记
凌礼宏　热柘镇党委副书记
张　天　长田镇党委副书记
肖元奎　县公安局交警大队大队长
林升珊　县公安局党委委员、大柘派出所所长
钟云强　仁居镇党委委员、派出所所长
韩益平　东石镇党委委员、派出所所长

希望受表彰的先进单位和先进个人发扬成绩，再接再厉，进一步做好维护社会稳定工作，为全力构建“一城一区一带”科学发展新格局，加快建设新时代幸福平远而努力奋斗！

中共平远县委　平远县人民政府
关于表彰创建“广东省县级文明城市”工作
先进单位先进个人的通报

（2018年2月26日　平委〔2018〕5号）

各镇党委和人民政府，县直副局以上和省、市属驻平各单位：

我县创建“广东省县级文明城市” 工作启动以来，在各单位的高度重视和密切配合下，各项工作有序开展，效果显著，于2017年11月份通过省考核验收，获授“广东省县级文明城市”荣誉称号。

在创建“广东省县级文明城市”工作中，涌现出一批工作扎实、作风过硬、敢于担当的先进单位和先进工作者。为树立典型，激励先进，进一步调动干部职工干事创业的积极性和创造性，县委、县政府决定对在创建“广东省县级文明城市”工作中做出突出贡献的单位和个人予以通报表彰。

一、创建“广东省县级文明城市”先进单位（共25个）

县委办、县府办、县委宣传部、县公安局、县财政局、县住建局、县食品药品监管局、县交通运输局、县文广新局、县工商质监局、县文明办、县广播电视台、县市政公用事业管理中心、县政管办、县国税局、团县委、县公安局交警大队、县城管大队、县卫监所、县人民医院、田家炳中学、大柘镇、石正镇、大柘镇城北居委会、长田镇长田村委会。

二、创建“广东省县级文明城市”先进个人（共35人）

赖　强　谢　磊　陈瑞金　陈永红　涂增胜　黄思琼　凌恒辉　姚若龙　郭婷婷　刘伟东
陈倩兰　陈以明　林志红　陈润铎　李绿华　刘　拔　廖建财　卓　毅　余　军　林志军
凌鑫传　林绪友　古雅梅　林祖华　徐增财　王淦宏　丘春燕　吴永伟　肖　榆　黄利均
钟国平　郭玉峰　曾文炎　赖爱灵　林祖城

三、创建“广东省县级文明城市”表扬单位（共29个）

县委政法委、县水务局、县民政局、县直机关工委、县卫计局、县人社局、县文联、县旅游局、县体育局、县公路局、邮政平远分公司、县环保局、县妇联、县公安消防大队、平远中学、县一小、文化馆、中医院、环卫所、园林所、物业站、东石镇、长田镇、河头镇、上举镇、县义工协会、大柘镇城西城南居委会、大柘镇城东居委会、东石镇大屋村委会。

四、创建“广东省县级文明城市”表扬个人（共42人）

凌文裕　马鑫平　邱秋阳　张丽丽　华利琴　彭志强　姚伟文　张任锋　陈雪莲　李献忠
黄晓振　钟小明　林鹏飞　徐　琼　潘　龙　吴卫忠　肖富兵　陈孝廉　韩垂栋　张珍兰
张学良　姚丁尹　宋舒平　谢　舜　邝文兵　王传文　陈瑞平　钟伟锋　林康华　朱运华
姚玉珍　黄政清　谢　旭　郭南祥　黎静兰　钟乐明　林远平　刘伴琴　孙培译　谢志刚

陈宇锋　王　敏

希望各先进单位和个人珍惜荣誉，再接再厉，继续发挥模范带头作用，为全力构建“一城一区一带”科学发展新格局，加快建设新时代幸福平远而努力奋斗！

中共平远县委　平远县人民政府
关于2017年度落实科学发展观
考评情况的通报

（2018年3月8日　平委〔2018〕6号）

各镇党委和人民政府，县直副局以上和省、市属驻平各单位：

2017年，全县各镇各部门认真贯彻省、市和县委、县政府的工作部署，积极运用“两大振兴政策”，狠抓重点项目，统筹民生保障，加强党的建设，实现了全县经济社会的全面进步。

根据《平远县镇级领导班子和领导干部落实科学发展观评价指标考核评价办法》（平委办〔2011〕62号）和《平远县县直领导班子和领导干部落实科学发展观评价指标考核评价办法》（平委办发〔2014〕2号）的要求，通过县考核领导小组的综合考核评定并经县委、县政府同意，现将2017年度考评结果靠前的集体予以通报。

1. 综合考评靠前的乡镇（4个）：大柘镇、热柘镇、八尺镇、河头镇；

2. 综合考评靠前的A类单位（12个）：县政府办公室、县卫计局、县农业局、县工商质监局、县统计局、广州南沙（平远）产业转移工业园管委会、县司法局、县财政局、县民政局、县人社局、县水务局、县公安局；

3. 综合考评靠前的B类单位（10个）：县委办公室 、县政协机关、县人大机关、县委宣传部、县委组织部、县委政法委、县纪委、县体育局、县委统战部、县直机关工委；

4. 综合考评靠前的C类单位（3个）：平远中学、城南中学、田家炳中学；

5. 综合考评靠前的D类单位（5个）：县国税局、县地税局、县烟草专卖局、县农村商业银行、县邮政局。

希望各镇各部门切实按照县委、县政府的工作部署，发扬成绩，开拓创新，为全力构建“一城一区一带”科学发展新格局，加快建设新时代幸福平远而努力奋斗。

中共平远县委 平远县人民政府关于表彰平远县争创“广东省推进教育现代化先进县”工作先进单位和先进个人的通报

（2018年3月27日 平委〔2018〕7号）

各镇党委和人民政府，县直副局以上和省、市属驻平各单位：

自2015年启动创建“广东省推进教育现代化先进县”工作以来，我县以“党委总揽、政府负责、教育牵头、部门协同、社会参与”的工作思路，突出特色发展，全力推进学校办学提质、师资队伍提升、教育信息化等工程，全力提高教育现代化建设品位，于2018年1月被授予“广东省推进教育现代化先进县”称号。在争创“广东省推进教育现代化先进县”工作中，涌现出一批工作扎实、作风过硬、敢于担当的先进单位和先进个人。

为树立典型，激励先进，进一步调动干部职工干事创业的积极性和创造性，县委、县政府决定对争创“广东省推进教育现代化先进县”工作中做出突出贡献的单位和个人予以通报表彰。

一、争创“广东省推进教育现代化先进县”工作先进单位（共24个）

中共平远县委办公室、平远县人民政府办公室、平远县财政局、平远县国土资源局、平远县人力资源和社会保障局、平远县机构编制委员会办公室、平远县公安局、平远县文化广电新闻出版局、平远县广播电视台、平远中学、田家炳中学、城南中学、铁民中学、石正中学、仁居中学、冬青实验学校、坝头学校、实验小学、平远县第一小学、八尺中心小学、平远县幼儿园、平远县特殊教育学校、大柘镇、热柘镇。

二、争创“广东省推进教育现代化先进县”工作先进个人（共58人）

赖　炜　谢　锐　陈　宏　刘志坚　陈国栋　肖国强　肖洪海　凌育松　朱天俊　姚瑜明
黄思琼　刘正文　谢增芬　刘志华　余洪展　钟　友　姚文顺　林　松　颜奇真　谢石海
刘国贤　刘映红　刘　洪　杨　平　陈永忠　丘玉华　曾桂林　潘义安　刘　悦　韩垂栋
赖志勇　刘　安　凌映珍　李雪娥　俞源秀　黄金碧　肖宜祥　曾令平　姚　畅　吴小健
丘福龙　王伟均　谢远忠　凌瑞洪　马　英　张　凡　吴佑政　韩锦稳　黎石秀　张学铭
朱　今　廖新权　凌宏文　钟海辉　吴立新　张鹏云　黄　晶　韩　益

希望各先进单位和个人戒骄戒躁，发扬成绩，再接再厉，为开创我县教育发展新局面，加快推动平远“一城一区一带”建设而努力奋斗。

平远县人民政府
关于第四批名校长、名教师和2016—2017学年度优秀教师、优秀教育工作者及尊师重教先进单位的通报

（2017年9月5日　平府发〔2017〕11号）

各镇人民政府，县府直属和省、市属驻平各单位：

2016—2017学年度，全县中小学校长、教师和其他教育工作者在各级党委、政府的领导下，全面学习贯彻党的十八大历次全会精神和习近平总书记系列讲话精神，全面落实党的教育方针，坚持育人为本、以德为先，开拓进取、爱岗敬业、扎实工作，为发展我县教育事业，提升我县教育水平，办好人民满意的教育，全力加快平远振兴发展作出了积极贡献，涌现了一批名校长、名教师和大批优秀教师、优秀教育工作者。同时，全县各镇、各单位积极为争创教育现代化先进县办实事、办好事，涌现了一批尊师重教先进单位。

为进一步弘扬尊师重教的优良作风，激励全县教育工作者和广大干部、群众群策群力共同为我县教育事业作出更大贡献，县人民政府决定对下列名校长、名教师和优秀教师、优秀教育工作者及尊师重教先进单位（名单见附件）予以通报。

希望各先进单位和个人戒骄戒躁，发扬成绩，再接再厉，为开创我县教育新局面，加快推动平远振兴发展而努力奋斗。

附件：1.平远县第四批名校长、名教师名单

2.2016—2017学年度优秀教师、优秀教育工作者名单

3.2016—2017学年度尊师重教先进单位名单

附件1

平远县第四批名校长、名教师名单

一、名校长（5名）

刘彬水　中行中学

刘福传　实验小学

朱文安　平远中学

吴佑政　八尺中学

王欢元　县第二小学

二、名教师（10名）

刘婷婷　县第一小学

陈淼文　中行中学
王清梅　石正中学
林昭广　铁民中学
徐振兴　县第三小学
吴兰兰　县第二小学
马小凤　平远中学
张洁华　田家炳中学
张祥英　梅青中学
姚　铤　城南中学

附件2

2016—2017学年度优秀教师、优秀教育工作者名单

平远中学： 陈洪云、凌宏军、潘　浩、潘巧华、丘淑琴、吴岳峰、谢超华、张志远、韩德辉、钟萍香
梅青中学： 邱梅玉、蓝明英、刘正新、姚　媛
实验中学： 邝梅凤、龙金胜、潘东斌、潘　锋
县职校、教师进修学校： 黎菊红、苏龙兰
田家炳中学： 赖艳芳、林　苑、潘志浩、丘梅婷、张光淼
城南中学： 卓天平、姚利莲、刘　颖、杨秋兰、黄文招
石正中学： 凌　健、付咏琳、凌秀芳
热柘华侨学校： 林伟杰、刘　越
铁民中学： 林　晨、吴文新、朱运广、李绿海
泗水学校： 丘向晖、郭守澄
差干学校： 陈苑清、潘建辉
仁居中学： 张国飞、丘燕明
八尺中学： 肖焕祥、谢丽红
河头中学： 李银宏
中行中学： 林春燕、张玉轩
坝头学校： 余亦其、余升明、肖利玉
长田学校： 丘福生、刘富香、刘利霞
冬青实验学校： 王国昌、钟金源、郑雪利
县第一小学： 林利梅、谢云香、吴春梅、张宴华
县第二小学： 陈治兰、刘　兰、肖丽梅
县第三小学： 陈捷芳、凌　丽、吴晓媛

县实验小学：林　玲、马政超、姚雪玲、姚　珍
石正中心小学：王　敏、凌碧昌、吴书婷
大柘中心小学：陈干胜、杨春燕、钟金方
东石中心小学：林美兰、林小芳、林志达、刘静娴
茅坪中心小学：林　倜
上举中心小学：陈东豪
仁居中心小学：卓杰成、卓秋英
黄畲中心小学：俞国洋
八尺中心小学：韩祝凤、肖承辉
河头中心小学：林迈科
中行中心小学：林晓云
县幼儿园：谢雪梅、陈　曦
县第二幼儿园：李雪娥
实验幼儿园：饶玉娇
特殊教育学校：洪金祥
平远开放大学：黄梅珍
县教育局：刘正文、刘义伟

附件3

2016—2017学年度尊师重教先进单位名单

八尺镇人民政府
泗水镇人民政府
县国土资源局

政协平远县委员会
关于表彰2017年度优秀政协委员和
优秀提案及承办提案先进单位的决定

（2017 年 12 月 18 日 平协发〔2017〕8号）

政协第十届平远县委员会第二次会议以来，全体政协委员紧紧围绕县委、县政府中心工作和人民群众关注的社会热点难点问题，积极参与搞一次调查、献一个良策、写一份提案、反映一件社情民意、办一件实事（或引进一个项目）的“五个一”活动，展现了政协委员坚持履职为民、服务振兴发展、乐于回报社会的风采,以优异的履职成绩，树立了新时代政协委员的良好形象。提案承办单位对委员提案高度重视，破难攻坚，采取有效措施，积极抓好提案的办理落实，收到了明显实效。

为激励先进、推广典型，根据县政协《关于在县政协委员中开展“五个一”活动的通知》和《政协平远县委员会关于评选表彰优秀提案、承办提案先进单位的暂行办法》的规定，经县政协主席会议审议决定，对丘胜安等25位优秀政协委员，《关于着力推进县城及周边区域饮用水供水能力提升工程的建议》等10件优秀提案，县市政公用事业管理中心等6个提案承办先进单位予以表彰，以资鼓励。

希望优秀政协委员和先进单位珍惜荣誉、戒骄戒躁、再接再厉，各提案承办单位和全体委员，要以先进为榜样，在习近平新时代中国特色社会主义思想指引下，深入学习贯彻中共十九大精神，不忘初心，牢记使命，主动融入全县发展大局，积极履职、主动作为，为加快平远振兴发展，决胜全面建成小康社会作出新的更大贡献！

附件：2017年度优秀政协委员和优秀提案及承办提案先进单位名单

附件

2017年度优秀政协委员和优秀提案
及承办提案先进单位推荐名单

一、优秀政协委员（共25人）

丘胜安　刘良基　许　珍　陈平南　陈斌扬　李军帆　何华东　邱召云　吴秉浪　张　燕
林钢平　林康华　林德志　罗建民　杨柳芬　姚天保　姚宝华　姚福良　姚婷丹　凌来泉
曹　斌　曹艳山　黄文光　黄仕坤　谢裕荣

二、优秀提案（共10件）

1.《关于着力推进县城及周边区域饮用水供水能力提升工程的建议》（提案人：邱召云）

2.《加大畜禽养殖业污染源整治力度，建设美丽平远健康平远》（提案人：李军帆）

3.《关于在城南片区尽快规划建设第四小学的提案》（提案人：凌征善）

4.《关于修编县域交通公路网专项规划的建议》（提案人：林向东）

5.《关于加强县城居民小区物业管理的建议》（提案人：凌来泉）

6.《关注幼儿教育，关注幼儿教师》（提案人：刘利玲）

7.《关于提高农村土地确权登记精准率的建议》（提案人：谢传生）

8.《树立主体责任意识，抢抓两大政策机遇》（提案人：刘忠平）

9.《关于开通我县主要景区（景点）公交线路的建议》（提案人：姚婷丹）

10.《关于尽快成立平远县政府投资工程建设项目管理中心的建议》（提案人：罗建民）

三、承办提案先进单位（共6个）

1.平远县市政公用事业管理中心

2.平远县交通运输局

3.平远县教育局

4.平远县卫生和计划生育局

5.平远县环境保护局

6.平远县石正镇人民政府

文献选编

关于批准并公布平远县第六批县级非物质文化遗产保护项目名录的通知

（2017年11月28日 平府发〔2017〕13号）

各镇人民政府，县府直属和省、市属驻平各单位：

根据《国务院关于加强文化遗产保护的通知》（国发〔2005〕42号）和《国务院办公厅关于加强我国非物质文化遗产保护工作的意见》（国办发〔2005〕18号）的有关规定，经向社会公示，现批准将《平远客家炒绿制作技艺》和《平远仙人粄》两个项目列入我县第六批县级非物质文化遗产保护项目名录，并予公布。

附件：平远县第六批县级非物质文化遗产保护项目名录

附件

平远县第六批县级非物质文化遗产保护项目名录

序号	分类（代码）	项目名称	申报单位
1	传统技艺（Ⅷ）	平远仙人粄	平远县曹字仙人粄食品厂
2	传统技艺（Ⅷ）	平远客家炒绿制作技艺	广东茗丰茶业有限公司

附　录

一、中华人民共和国成立以来平远县全国和省、市劳动模范（先进工作者）一览表

（不完全统计）

表5　（全国劳模）　平远县总工会提供　2018年5月14日

序号	姓名	性别	工作单位	出生年月	所获得荣誉称号	备注
1	廖亚木	男	平远汽车运输公司	1948	1995年全国劳动模范	已去世
2	李金平	男	仁居镇后山村	1959.08.11	2005年全国劳动模范	

表6　（省级劳模）　平远县总工会提供　2018年5月14日

序号	姓名	性别	工作单位	出生年月	所获得荣誉称号	备注
1	黄耀宗	男	平远县供销社	1934.12.05	1958年省先进工作者	
2	涂元永	男	平远县供销社	1926.09.07	1963年省先进生产（工作）者	
3	张治平	男	平远县财政局	1931.03.11	1963年省先进生产（工作）者	
4	谢佛庆	男	平远县财政局	1935.08.16	1965年省先进工作者	2018年6月去世
5	卓柏泉	男	平远县汽车配件厂	1935.09.26	1965年省五好职工	
6	古兰英	女	平远县装卸运输公司	1926.11.11	1965年省五好职工	
7	马新福	男	平远县侨务办公室	1940.05.20	1966年省先进工作者	
8	陈华兴	男	平远县林业局石正林业站	1941.04.27	1966年省先进工作者	

续表6　（省级劳模）　平远县总工会提供　2018年5月14日

序号	姓　名	性别	工 作 单 位	出生年月	所 获 得 荣 誉 称 号	备 注
9	林四妹	女	石正镇西湖村	1930.11.16	1966年省先进工作者	
10	卓明招	男	平远县地方税务局	1953.02.01	1973年省先进工作者	
11	凌浩育	男	平远县公安局	1932.09.25	1974年省先进工作者	
12	姚汉尹	男	平远县大柘镇	1947.10.11	1974年省先进工作者	
13	凌忠文	男	平远县公安局	1943.12.11	1977年省先进工作者	
14	曾德平	男	平远县八尺镇计育站	1953.11.30	1977年省先进工作者	
15	李群英	女	农业银行平远县支行	1939.01.09	1977年省先进工作者	
16	张　昭	男	平远中学	1926.02.19	1982年省先进生产（工作）者	
17	朱迪华	女	平远县第一小学	1938.09.03	1988年省先进生产（工作）者	
18	王丰玉	男	平远县公路局中村道班	1946.06.20	1994年省先进生产（工作）者	
19	吴自兴	男	平远县元宝家私有限公司	1945.07.05	1997年省劳动模范	
20	刘连珍	男	上举卫生院八社卫生站医生	1941.06.15	1997年省劳动模范	
21	林金凤	女	平远县东石镇双石村	1955.09.17	2000年省劳动模范	
22	姚增兴	男	平远县教育局	1953.01.23	2003年省劳动模范	
23	黄凤林	女	广东省平远县公安局	1960.12.27	2006年省劳动模范	
24	何运生	男	平远县南台药业有限公司	1958.07.01	2009年省劳动模范	
25	黄碧玉	女	平远县公安局	1978.04.10	2012年省先进工作者	

表7　　（部级劳模）　　平远县总工会提供　　2018年5月14日

序号	姓　名	性别	工　作　单　位	出生年月	所　获　得　荣　誉　称　号	备　注
1	林管申	男	平远县人民政府	1933.11.02	1985全国地甲病防治先进个人	
2	刘丁桂	男	平远县供销社	1939.07.10	1985全国地甲病防治先进个人	
3	黎　辉	男	平远县电影公司	1947.10.05	1989年10月全国电影发行放映先进工作者	
4	谢立新	男	平远县国土资源局	1966.10.16	2015年12月全国土地资源管理系统先进工作者	
5						
6						
7						
8						
9						
10						
11						
12						
13						
14						

表8　（市级劳模）　平远县总工会提供　2018年5月14日

序号	姓名	性别	工作单位	出生年月	所获得荣誉称号	备注
1	肖权清	男	平远县民政局	1950.05.10	1991年市一届先进工作者	
2	叶振华	男	平远县科技局	1960.10.01	1991年市一届先进工作者	
3	陈向华	女	平远县新华书店	1963.06.14	1997年市二届先进工作者	
4	余方添	男	平远县广发水泥厂	1962.12.01	1997年市二届先进工作者	
5	刘忠玉	男	平远县上举镇小畲村	1962.08.15	2002年市三届劳动模范	
6	陈祝兰	女	平远县八尺镇黄沙村	1962.06.15	2002年市三届劳动模范	
7	凌育双	男	平远县城南中学	1969.02.20	2002年市三届劳动模范	
8	韩垂文	男	平远县农业局	1965.07.05	2002年市三届先进工作者	
9	马廷凯	男	平远县文化局	1943.09.16	2002年市三届先进工作者	
10	吴良君	男	平远县中医院	1949.10.02	2006年市四届劳动模范	
11	蓝学裕	男	平远县宝山铁矿公司	1956.09.09	2006年市四届劳动模范	
12	曾繁浩	男	平远县脐橙专业协会	1956.08.02	2006年市四届劳动模范	
13	姚佛寿	男	平远县大柘镇岭下村	1958.12.20	2006年市四届劳动模范	
14	黄运江	男	广东新大地生物科技有限公司	1963.07.28	2006年市四届劳动模范	
15	刘梓先	男	平远县税务局	1951.02.26	2006年市先进工作者	

续表8　　（市级劳模）　　平远县总工会提供　　2018年5月14日

序号	姓　名	性别	工　作　单　位	出生年月	所　获　得　荣　誉　称　号	备　注
16	陈俊平	男	梅州市飞龙果业有限公司	1972.10.29	2009年市五届劳动模范	
17	冯展宏	男	平远县第一小学	1973.09.17	2009年市五届劳动模范	
18	韩垂春	男	平远县八尺镇八尺村	1961.03.23	2009年市五届劳动模范	
19	黄志平	男	平远县长田镇官仁村	1961.02.21	2009年市五届劳动模范	
20	叶英红	女	平远县妇幼保健院	1975.05.10	2009年市五届劳动模范	
21	林志伟	男	平远县信访局	1952.05.13	2009年市先进工作者	
22	钟　理	男	平远县公安局	1978.06.07	2013年市六届劳动模范	
23	韩垂财	男	平远县八珍娘实业有限公司	1975.05.28	2013年市六届劳动模范	
24	谢裕荣	男	平远县南台酒业股份有限公司	1958.03.22	2013年市六届劳动模范	
25	刘平林	男	平远县汽车运输公司	1965.11.16	2013年市六届劳动模范	
26	黄志东	男	平远县家炳中学	1963.04.05	2013年市六届劳动模范	
27	李侃权	男	平远县农业局	1962.09.04	2013年市六届劳动模范	
28						
29						
30						

表9 （省五一劳动奖章） 平远县总工会提供 2018年5月14日

序号	姓 名	性别	工 作 单 位	出生年月	所 获 得 荣 誉 称 号	备 注
1	郑邦业	男	平远县环卫所	1955.02.27	1994年省五一劳动奖章	
2	黄运江	男	广东新大地生物科技有限公司	1963.07.28	2006年市四届劳动模范	
3	张教锋	男	平远县水务局	1955.03.15	2010年省五一劳动奖章	
4	林庭佳	女	平远县人民医院	1972.11.09	2014年省五一劳动奖章	
5	凌明球	男	平远县粮食收储公司	1962.07.14	2016年省五一劳动奖章	
6	将凤良	男	广东新大地生物科技有限公司	1963.03.09	2018年省五一劳动奖章	
7						
8						
9						
10						
11						
12						
13						
14						
15						

二、平远县历届五星道德楷模名单及提名奖名单

（平远县精神文明建设委员会办公室供）

第一届平远县五星道德楷模名单（2006年）

一、“校园之星”名单：40名

1. 县一小：凌一鹏、卓　怡
2. 县二小：徐晓芬
3. 县三小：韩　芸、潘　岚
4. 中行中心小学：张梓姝
5. 河头中心小学：张志文
6. 八尺中心小学：韩　星
7. 黄畲中心小学：韩丽丽
8. 仁居中心小学：余　珍
9. 差干中心小学：谢晓琳
10. 上举中心小学：黄小平
11. 泗水中心小学：龙晓莹
12. 东石中心小学：林嘉梅
13. 茅坪中心小学：黄丽萍
14. 坝头中心小学：刘钰娴
15. 热柘中心小学：张园媛
16. 长田中心小学：丘思琴
17. 石正中心小学：谢紫珍、凌晓霞
18. 大柘中心小学：姚森峰
19. 平远中学：赖锦伟、赖爱萍
20. 梅青中学：杨巧兰
21. 县职业技术学校：张爱萍
22. 田家炳中学：张臻然
23. 城南中学：林迪斐
24. 中行中学：朱文秀
25. 河头中学：张依祺
26. 八尺中学：韩利红
27. 黄畲中学：韩云彬
28. 仁居中学：卓晓丹

29. 差干中学：谢梓平
30. 铁民中学：曾金凤
31. 茅坪中学：李育红
32. 坝头中学：余金兰
33. 热柘华侨中学：刘慧玲
34. 长田中学：吴思苑
35. 石正中学：黎平平
36. 冬青实验中学：何春玉

二、“诚信之星”名单：5名

1. 平远长远农资批发部　王长远
2. 梅州市金穗生态农业发展有限公司　王运章
3. 平远县金利贸易有限公司　钟利华
4. 平远县金福商行　黄丽芬
5. 平远春晓购物中心　梁健坤

三、“孝敬之星”名单：10名

1. 差干镇文丰村　谢小梅
2. 仁居镇礤头村　杨玉梅
3. 八尺镇黄沙村　肖远惠
4. 上举镇龙文村　谢秀芬
5. 泗水镇泗水村　林双桂
6. 东石镇双石村　朱辉忠
7. 大柘镇杞园村　姚美华
8. 石正镇中东村　凌冬香
9. 长田镇长江村　林庚凤
10. 热柘镇升平村　李秋荣

四、“爱心之星”名单：10名

1. 平远县泗水镇成文村　李良恩
2. 梅州市鹏苑房地产开发有限公司　余苑隆
3. 梅州市飞龙果业有限公司　陈俊平
4. 平远县远南实业有限公司　王志群
5. 热柘镇乡贤　张志坚（深圳南山区武装部）
6. 长田镇乡贤　黄生平（广州市建协建设工程有限公司）
7. 平远县裕兴万年水泥实业有限公司　谢裕荣
8. 平远县横龙木业有限公司　谢艳芬

9. 河头镇乡贤　刘良基（欧雅典建材有限公司）
10. 平远县兴达胶合板有限公司　李　锋

五、“外来之星”名单：5名
1. 平远县粤东铸钢实业有限公司董事长　苏会献（福建周宁）
2. 平远县兴发尖山水泥有限公司总经理　何海燕（广东兴宁）
3. 平远县恒明汽车底盘制造公司总经理　蔡惠明（广东五华）
4. 平远县大柘镇风池菜农　李万东（湖南）
5. 平远县南山面粉厂工人　赖其生（江西寻乌）

第二届平远县五星道德楷模名单及提名奖名单（2008年）

一、五星道德楷模名单
敬业奉献之星：叶英红（县妇幼保健院副院长）
姚远华（县农业局种植业股股长）
诚实守信之星：钟利华（县金利贸易有限公司总经理）
何运生（广东南台药业有限公司总经理）
助人为乐之星：黄怀忠（梅州市青草湖果业有限公司总经理）
吴伟华（广东电网梅州平远供电局团总支副书记）
见义勇为之星：吴观权（县消防中队战士）、钟云强（大柘镇派出所干警）
孝老爱亲之星：李良恩（泗水镇成文村村民）、谢奎浪（差干镇文丰村村民）

二、五星道德楷模提名奖名单
敬业奉献之星提名奖：谢建生（县药监局食品协调股副股长）
林利旺（上举镇财政所所长）
助人为乐之星提名奖：赖名忠（仁居镇木溪村村民）
易源华（中行镇中行村村民）
孝老爱亲之星提名奖：曾影飞（石正镇潭头村村民）
陈其仁（中行镇儒地村村民）

第三届平远县五星道德楷模名单及提名奖名单（2010年）

一、五星道德楷模名单
敬业奉献之星：
李剑文（县民政局副局长）
黄军洋（城南中学教师）

诚实守信之星：

苏会献（平远县粤东铸钢有限公司经理）

张伟标（大柘镇新世纪电器行经理）

助人为乐之星：

王满秀（泗水镇泗水村党支部书记、村委主任）

王海发（石正镇个体工商户）

见义勇为之星：

黎　强（大柘镇派出所副所长）

纪太白（消防中队战士）

孝老爱亲之星：

丘德尧（农机局退休干部）

林昭辉（文广新局副局长）

二、五星道德楷模提名奖名单

敬业奉献之星提名奖：

陈东英（县委办公室副主任）

林昭仁（县人民法院立案庭庭长）

助人为乐之星提名奖：

林　峰（铁民中学教师）

孝老爱亲之星提名奖：

谢文雄（差干镇新岭村村民）

肖继珍（仁居镇麻楼村村民）

第四届平远县五星道德模范名单及提名奖名单（2012年）

一、五星道德模范名单

敬业奉献之星：张光华　（县公路局八尺养护中心养护工人）

刘基雁（原河头中学校长）

诚实守信之星：林立人　（平远锅𥑮土特产有限公司总经理）

黄雪平　（东石镇明洋村村民）

助人为乐之星：丘晓钦、吴钦福（县公安局森林分局民警）

刘　圣　（热柘镇热柘村党支部书记、村卫生站医生）

孝老爱亲之星：刘金红　（县中医院护士）

林小清　（东石镇凉庭村村民）

见义勇为之星：刘其千　（梅州日报仁居镇发行点送报员）

杜　勇　（县公安局交警大队副大队长）

二、五星道德模范提名奖名单

敬业奉献之星提名奖：张仕平（县地税局河头分局局长）
李寿香（城南中学教师）

诚实守信之星提名奖：刘庆春（平远老板橱柜电器店业主）

助人为乐之星提名奖：谢能扬（梅州日报差干发行点送报员）

孝老爱亲之星提名奖：张悦平（上举供电所所长）
徐振兴（县第三小学高级教师）

见义勇为之星提名奖：蔡达新（平远中学教师）

第五届平远县五星道德模范名单及提名奖名单（2014年）

一、五星道德模范名单

敬业奉献模范：

林庭佳，女，县人民医院妇产科主任、副主任医师

林捷新，县农作物病虫测报站站长

诚实守信模范：

姚国平，平远县顺风实业有限公司董事长

黄亮新，梅州市超凡装饰工程有限公司总经理

助人为乐模范：

潘志娟，女，差干镇新岭村村民

赖　诚，平远县中医医院

孝老爱亲模范：

张悦平，平远供电局上举供电所所长

姚书琴，女，中行镇中行中学学生

见义勇为模范：

姚婉婉，女，城镇幼儿园老师

姚彦玲，女，清河村卫生站护士

龙仲达，泗水镇文贵村党支部书记、村委会主任

二、五星道德模范提名奖名单

敬业奉献模范提名奖：

王云发，平远县司法局公证处主任

韩玉清，女，平远中学老师

诚实守信模范提名奖：

刘汶兴，鑫盛建材城总经理

助人为乐模范提名奖：

姚雪军，县畜牧兽医局办公室副主任

卓标廉，大柘镇程北村党支部书记、主任

孝老爱亲模范提名奖：

刘碧兰，女，中行镇中行村村民

沈美玲，女，县委党校电大老师

见义勇为模范提名奖：

林志达，中共党员，东石中心小学副校长

林登峰，男，平远中学学生

第六届平远县五星道德模范名单及提名奖名单（2016年）

一、五星道德模范名单

敬业奉献模范

林冬芳　平远县田家炳中学英语高级教师

林健平　平远县中医院门急诊科主任

刘菊香　泗水镇保洁员

孝老爱亲模范

王九妹　石正镇南台村村民

卓志豪　平远县职业学校教师

助人为乐模范

胡春扬　平远县托老中心副主任、民办非企业单位联合支部书记

钟文焯　广州市白云区大源小学（黄畲支教）

见义勇为模范

李　龙　平远县公安消防大队大队长

诚实守信模范

王桂洪　梅州市粤嘉农产品贸易有限公司总经理

张力中　平远县客家尚品农业发展有限公司总经理

二、五星道德模范提名奖名单

敬业奉献模范提名奖

廖佐标　平远移动网络技术人员

肖兴寿　平远县国土资源技术中心副主任

刘军芬　平远县人民医院内科主任

孝老爱亲模范提名奖

余小香　平远县卫生监督所职工

黄雪英　平远县妇保计划生育服务中心护士

助人为乐模范提名奖

姚雪军　平远县畜牧局办公室副主任，农口系统团委书记

赖远荣　东石镇双石村支委

见义勇为模范提名奖

叶海明　平远县公安消防中队战士

诚实守信模范提名奖

黄军宏　梅州市菱电电梯设备有限公司总经理

陈秋生　平远县秋生水泥经营部总经理，大柘个体协会分会副会长

三、平远县首届“自强不息好少年”“孝老敬亲好媳妇”名单及提名奖名单

（平远县精神文明建设委员会　2017年11月）

平远县首届“自强不息好少年”“孝老敬亲好媳妇”名单

“自强不息好少年”（5名）

谢宝平　平远县上举中心小学学生

罗皓诗　平远县实验小学学生

卓佛英　平远县热柘华侨中学学生

林钰茹　平远县田家炳中学学生

涂芊芊　梅县东山中学学生

“孝老敬亲好媳妇”（5名）

谢春凤　平远县差干镇文丰村村民

肖婉荣　平远县八尺镇笙竹村村民

邱梅英　平远县上举镇八社村村民

余春梅　平远县东石镇东石村黄机塘片村民

林碧芬　平远县东石镇锡水村上屋村民小组村民

平远县首届“自强不息好少年”“孝老敬亲好媳妇”提名奖名单

“自强不息好少年”提名奖（5名）

姚欣琦　平远县大柘镇超竹小学学生

丘　瑾　平远县长田中学学生

林依梅　平远县第二小学生

王思梅　平远县第三小学生

黄如贞　平远县铁民中学学生

“孝老敬亲好媳妇”提名奖（5名）

严福招　平远县差干镇差干村村民

谢兰芬　平远县差干镇三达村村民

肖晓丽　平远县八尺镇排下村村民

陈素芳　平远县中行镇仲石村村民

邱雪琴　平远县上举镇龙文村村民

主题索引

☆☆☆

说明

一、本索引采用主题分析方法，款目按汉语拼音字母（同音字按声调）顺序排列。

二、索引款目后的数字表示内容所在的页码，数字后面的拉丁字母（a、b）表示栏别（即版面的左右栏）。

三、同一主题的内容在文中多次出现的,在其款目后用不同的页码标明。

四、本索引对特载、大事记、光荣榜、表彰通报及附录等篇不做内容主题分析。

☆☆☆

A

B

C

D

E

F

G

K

L

M

N

P

Q

R

S

T

W

X